H. V. Morton ist ein bekannter englischer Journalist und Reiseschriftsteller, von dessen Werk einiges in deutscher Sprache erschienen ist. Sein oberster Grundsatz, sich nur auf den eigenen Augenschein und nicht auf Darstellungen aus zweiter Hand zu verlassen, verleiht seinem Stil jene unmittelbare Frische, die ihm einen weiten Leserkreis sicherte. Sein Buch »Rom – Wanderungen durch Vergangenheit und Gegenwart« wurde vom Oberbürgermeister der Stadt Rom als eine der besten Beschreibungen der Ewigen Stadt mit einer Ehrenmedaille ausgezeichnet.

W0228894

Ebenfalls von H. V. Morton im Knaur-Programm:

»Rom« (Band 3655)
»Spanien« (Band 3656)
»Toskana und Umbrien« (Band 3759)
»Schottlandreise« (Band 4621)

Vollständige Taschenbuchausgabe 1989
Droemersche Verlagsanstalt Th. Knaur Nachf., München
Lizenzausgabe mit freundlicher Genehmigung des Societäts-Verlags
Titel der Originalausgabe »In search of Irland«
Copyright © 1930 by Henry Vollam Morton
Umschlaggestaltung Adolf Bachmann
Umschlagfoto Muschenetz/Bavaria
Druck und Bindung Ebner Ulm
Printed in Germany   5 4 3 2 1
ISBN 3-426-04622-9

H. V. Morton:
Wanderungen in Irland

IRLAND

Malin Head

Erris Hd

Ballin

Lough Conn

Mallaranny
Newport
Castlebar
Westport

Leenare

Lough Mask

Clisden
o Recess
Lough Corrib

Slyne Hd

Galway
Athe

Aran
Galway Bay
Ardrahan

Ennis
Ball

R. Shannon
Limeric

Newcastle

o Tralee

Killarney

Bray Hd
Lakes of Killarney

Coachford
Macroom
Bla

Kenmare
Ballincollig Cor

Kenmare Bay
Glengariff
Bantry

Cape Clear

Meilen

0   10   20   30   40   50

Reiseweg

A. E. TAYLOR 36

So sind dort die Menschen geartet: religiös, frei, liebevoll, unendliche Mühen und Leiden ertragend, reich an Ruhm, höchst zauberkundig, ausgezeichnete Reiter, von Kriegen begeistert, große Almosenspender, überschwenglich in ihrer Gastfreundschaft.

Holinsheds Chroniken

INHALTSVERZEICHNIS

I

Ich begebe mich auf die Suche nach Irland, treffe in Dublin ein, begegne einem Dichter, belausche eine irische Unterhaltung, besuche das Dail Eireann und betrete ein Haus, das Michael Collins Zuflucht gewährte.   Seite 5

II

Ich sehe das Buch von Kells, stehe am Grabe Strongbows, erlebe, wie der »Schwarze Wein« Dublins gemacht wird, werde zum Frühstück in den Zoo eingeladen, entdecke eine Kirche voller Mumien und entkomme schließlich aus Dublin.   Seite 33

III

Die Straße geht über die Berge nach Glendalough und seinen Kirchen. Ich höre die Legende vom heiligen Kevin und gehe zum Curragh, wo ich Pferde und Zuchtfarmen sehe. Ich gehe zu einem irischen Rennen und gewinne etwas Geld.   Seite 55

IV

Ich verweile in den pferdenärrischen Städten auf dem Lande, höre das Angelusgeläut in Cahir und reise weiter zum Ruhm von Tipperary und nach Cashel der Könige.   Seite 81

V

Ich besuche die Trappisten vom Kloster Melleray, verbringe eine Nacht bei ihnen, höre nachts eine Stimme, belausche sie wieder am nächsten Morgen, stehe zeitig auf, besichtige das Kloster, beobachte die schweigenden Mönche bei ihren Pflichten und setze meinen Weg nach Cork fort, höre dort die Glocken von Shandon und küsse den Stein von Blarney.   Seite 103

VI

Der heidnische Zauber von Kerry wird beschrieben. Ich erforsche die Geschichte eines zerstörten Hauses, meditiere an der Mauer von Pat Flannigans Schweinestall, erlebe eine »Messe« und trinke einen gefährlichen Schluck des selbstgebrannten irischen Whiskys.   Seite 147

VII

Durch eine wilde Schlucht erreiche ich die Seen von Killarney, verfalle in ein Koma, höre unwahrscheinliche Geschichten und reite durch die Schlucht von Dunloe.
Seite 173

VIII

Ich stehe am »Vertragsstein« von Limerick, esse im 18. Jahrhundert zu Mittag und reise weiter in die graue Stadt Galway. Man zeigt mir die Claddagh und ihre Menschen. Morgens lehne ich über die Brücke von Galway und schaue den Lachsen zu, die vom Meer anschwimmen.

Seite 189

IX

Hier wird berichtet, wie die Welt an den Steinmauern von Connemara endet. Ich betrete ein nacktes, schönes Land, höre gälische Lieder und unterhalte mich am Rande des Atlantik mit einem barfüßigen Mädchen.
Seite 217

X

Ich komme in die Gegend von Joyce, besteige den Croagh Patrick und sehe die Insel Clare, auf der Grace O'Malley, die Seeräuberkönigin, nach einem stürmischen Leben begraben wurde.
Seite 245

XI

In Mallaranny erlebe ich einen Sonnenuntergang, höre Geschichten von verzauberten Dingen und Menschen und darf an einer Totenwache teilnehmen. Ich überquere die kleine Brücke zur herrlichen Insel Achill und lerne Donegal im Regen kennen.
Seite 263

XII

Ich überquere die Grenze nach Nordirland, spaziere um die Stadtmauern von Derry, höre von der Belagerung und erinnere mich an Columcille. Die Fahrt geht weiter nach Antrim, und ich erkunde Belfast, sehe die Berge von Mourne und verabschiede mich auf dem Hügel von Tara von Irland.
Seite 287

Ich begebe mich auf die Suche nach Irland, treffe in Dublin ein, begegne einem Dichter, belausche eine irische Unterhaltung, besuche das Dail Eireann und betrete ein Haus, das Michael Collins Zuflucht gewährte.

I

Die Rosen auf den Tischen im Salon erster Klasse zitterten leicht, und gelegentlich fiel ein Blatt in den Salat. Dies und das verstohlene Knarren des Mahagoniholzes waren die einzigen Anzeichen, daß wir auf See waren. Beim Blick durch die Luken sahen wir, daß sich das Schiff von Holyhead durch das stille, grüne Wasser Irland näherte. Es war Juni.

Drei amerikanische Familien waren an Bord. Ich nehme an, sie wollten in einem Straßenkreuzer das Dorf aufsuchen, das ihre Vorfahren einst zu Fuß verlassen hatten. Es gab Engländer mit Spazierstöcken und Golfschlägern, die üblichen Botschafter der Freizeit, und sie waren herzhaft und rosa, gewaschen und poliert. Auch Engländerinnen vom Land in Tweedkostümen waren da, die mich immer an die »Kumpel« erinnern, mit denen man »Pferde stehlen kann«.

Auf Deck waren zwei Priester, die so fremd wirkten wie Franzosen auf dem Weg nach England. Die unfreundlichen, religiösen Hüte verbargen die Gesichter von Farmern, und, während ich sie beobachtete, überlegte ich, wie schnell sie alle Tricks einer Dorfgemeinde lernen würden. In ernsthafter Unterhaltung stampften die Priester über Deck. Nur die Heiligkeit ließ ihre derben Stiefel anders erscheinen als jene, die einem Pflug folgen. Zwei Nonnen saßen dicht beieinander, als müßten sie sich gegenseitig beschützen, und sie hatten den Ausdruck aller Nonnen auf Reisen. Es war, als seien sie unschuldig und mit gefalteten Händen aus einer vergangenen Zeit aufgetaucht. Wir alle waren, aus verschiedenen Gründen, unterwegs nach Irland, einige, wie ich, bestimmt zum ersten Mal.

Ich kam mir so recht wie der Narr der Gesellschaft vor, denn ich hatte die vielleicht dümmste und undankbarste Aufgabe übernommen, die sich ein Mann nur stellen kann: ich wollte dem Berg von Büchern über Irland noch ein weiteres hinzufügen. Die anderen Reisenden wollten nur angeln, Golf spielen, die alte Heimat wiedersehen oder einen Sünder ermahnen. Ich aber stand auf weit gefährlicherem Boden, und ich wußte es wohl.

Um Grübeleien zu vermeiden und auch um einer natürlichen Neugierde nachzugeben, erforschte ich das Zwischendeck. Es war, wie ich entdeckte, viel interessanter als die Räumlichkeiten in der ersten Klasse. Herzhafte junge Iren waren dabei, an der Bar zu viel zu trinken. Sie waren voller Erregung und in bester Stimmung. Einer von ihnen berichtete, er wäre Barkellner in der Londoner Edgware Road. Die meisten seiner Freunde waren Chauffeure und Kellner, oder sie gehörten zur Garde jener jungen Männer, die als Hausdiener vielerlei Pflichten nachgehen, und alle hatten sie Urlaub und fuhren nach Hause.

Man sah auch viele junge Mädchen mit glänzenden Augen. Es waren empfindsame Geschöpfe, sehr redegewandt und unenglisch, Hausangestellte, die gleichfalls Urlaub hatten oder die eine Woche zur Mutter nach Hause fuhren, ehe sie den irischen Drang befriedigten, weiter in ein fernes Land zu ziehen. Die Männer standen zusammen an der Bar, die Mädchen saßen für sich. Hin und wieder trug einer der Männer ein kleines Glas Portwein zu der Mädchengruppe und machte dabei eine galante Bemerkung, was große Heiterkeit erregte.

»Scher dich fort, Mick«, rief ein großes Mädchen mit dunklen Augen, »oder ich erzähl' deiner Mutter, wie du es im Hyde Park treibst, ja das tu' ich . . .«

Alle lachten laut. Die Stimmung war besonders freundlich. Mich faszinierte dieses kleine Stück Irland auf dem Weg in die Heimat. Jeder kannte jeden. Überall wurden Namen gerufen – Bridie, Kate, Pat, Mick ... Man hätte meinen können, alle arbeiteten im gleichen Stadtteil Londons, aber ich merkte bald, daß dies nicht der Fall war. Die jungen Männer und Mädchen waren über ganz London verteilt gewesen, aber es war ihnen gelungen, an ihren freien Abenden zusammenzukommen, entweder im Hyde Park, der so gar keine Schrecken für sie barg, oder in irischen Klubs und bei Tanzveranstaltungen. Diese Gesellschaft hielt zusammen wie ein großer Clan, was wahrscheinlich die Größe und Fremdheit Londons bewirkt hatten. Ich sinnierte, wie viele Pläne in Küchen, Garagen und Restaurants in ganz London wohl geschmiedet worden waren, ehe sich diese Freundesgruppe auf demselben Schiff in Richtung Heimat getroffen hatte.

»Komm schon, Mick, sing ›Danny Boy‹!«, rief einer der Männer.

»Das tue ich nicht«, sagte mein Freund von der Edgware Road. Es wurde weiter getrunken. Alle hatten ziemlich glasige Augen. Dann begann einer, eine Melodie zu summen, und, nachdem er sehr viel Aufhebens gemacht hatte, trank der junge Barkellner sein Bier aus und sang mit recht mädchenhaftem Tenor jenes Lied, das meiner Meinung nach zu den großen Liedern der Welt gehört:

> O Danny Boy, die Flöten rufen vom Tal.
> Aus Schluchten und auf Bergeshöhn.
> Verblüht sind die Rosen, der Sommer ist schal.
> Ich muß hier bleiben, und du mußt gehn.
> Doch kehr' zurück, wenn der Sommer kommt
> auf die Bergesmatten,
> Oder das Tal wird still und der Schnee ganz weiß –
> Ich werde warten, in der Sonne oder im Schatten.
> O Danny Boy, ich liebe dich so heiß.

Das Lied ließ die Fröhlichkeit an der Bar verstummen. In der kurzen Stille, die folgte, wurden wir uns der Schiffsschrauben bewußt, die sich durch das Wasser arbeiteten, und wir vernahmen den Lärm der Matrosen und alle Geräusche des Schiffs. Dann, als gelte es, die melancholische Stimmung zu vertreiben, wurde erneut nach Getränken verlangt, und alle fingen wieder an zu schreien und zu lachen. Ich stahl mich fort.

Zurück auf Deck, lehnte ich mich über die Reling und blickte nach Irland. Wie würde es werden? Ich war voller Eifer und Erregung.

Wie wenig wußte ich von Irland? Als Junge war ich ein sentimentaler Anhänger des Home Rule gewesen, nachdem ich die Literatur der Gälischen Liga kennengelernt hatte, obwohl ich nie ganz herausbekam, weshalb jene Kathleen im Lied weinte. Im Angesicht der Verse von Yeats machte das aber nichts. Welcher Jüngling würde denn nicht instinktiv zu einer schönen, weinenden Frau eilen?

Iren, denen ich im Ersten Weltkrieg begegnet war, ähnelten alle den Engländern, nur dann nicht, wenn sie sich betrunken hatten. Da waren sie entweder äußerst gewalttätig und zerschlugen das Heeresmobiliar, oder sie wurden unglaublich pathetisch, was sich weit schwerer ertragen ließ. In solchen Momenten sprachen sie ein ganz anderes Englisch und bedienten sich einer angedeuteten irischen Mundart, wobei sie Ausdrücke hatten, die sie wahrscheinlich als Kinder von Wildhütern und Pferdeknechten gelernt hatten. Wenn man diese angetrunkenen Iren ins Bett brachte, war man nie sicher, ob sie versuchen würden, einen zu schlagen oder zu küssen, doch auch sie wußten nicht, weshalb Kathleen weinte. Es war alles sehr verwirrend. Es gab Dinge vom eigenen Land, die diese Iren nicht verstanden.

Vielen dieser guten Männer — und es waren herzliche, großzügige und sorgenfreie Kerle — waren nach dem Weltkrieg Höfe und Häuser verbrannt. Es war der erste Hinweis für mich —

nur wenige Engländer lesen nämlich irische Geschichte –, daß es zwei Sorten von Iren gab: die Iren englischer Abstammung waren meistens Protestanten und Offiziere und die Iren irischer Herkunft gewöhnlich Katholiken und zuweilen Feldwebel. Die protestantischen Offiziere wären empört gewesen, hätte man sie als Engländer bezeichnet. In der Tat hatte man sie auch »Zum Teufel mit England!« rufen hören, wenn sie zu tief ins Glas geschaut hatten, doch von den katholischen Feldwebeln wurden sie als eine Art von Engländern empfunden. Dies alles war selbstverständlich äußerst verwirrend für jemanden, den man in der schönen englischen Tradition erzogen hatte, schlafende Hunde nicht aufzuwecken.

Ich dachte an die Zeit nach dem Aufstand von 1916, als Irlands Armee (wenige Engländer wissen, daß die Iren 250 000 Mann stellten) durch die Straßen Frankreichs mit Schmährufen wie »Feiglinge« und »Verräter« getrieben wurde. Für die Iren war das ein recht grausamer Augenblick.

Mir war klar, daß es für England Zeit wurde, Irland aus neuer Perspektive zu betrachten. Irland war nicht mehr ein Stück von England, das irgendwie unartig gewesen war. Aus der irischen »Frage« – eine offenbar politische Bezeichnung, die bewußt einen Rassenzwist verschleiern sollte – war die irische Nation geworden.

Ich fuhr nicht mehr in das Land der Clowns und »Bullen«, an denen sich die herrschende Klasse zwei Jahrhunderte lang vergnügt hatte, sondern in ein kleines Land, das in einem permanenten Unabhängigkeitskampf seinen Mann gestanden hatte, und es war ein müder, blutbefleckter Weg durch neun Jahrhunderte geworden – der längste Kampf der Weltgeschichte. Vor mir am Horizont lag die Republik Irland.

Auf Deck traf ich einen netten jungen Mann, der mir erzählte, sein Lebenszweck sei der Verkauf von Bürobedarf an die Anwälte des Freistaats. Sein Beruf ließ ihm, wie ich heraushörte, keine Freizeit. Im Verlauf seiner ausgedehnten Autotouren hatte er das Land gut kennengelernt. Als ich ihm berichtete, es würde sich um meinen ersten Besuch im Land handeln, schrieb er mir Empfehlungen an Rechtsanwälte in ganz Irland. Ich kam nie dazu, von ihnen Gebrauch zu machen, weil ich sie alle verlor.

»Irland«, sagte der junge Mann, »wird Ihnen gefallen. Sie können gar nichts dagegen machen. Das Land hat so seine Art. Aber diskutieren Sie nicht. Man wird versuchen, Sie dazu zu zwingen. Es ist ein nationales Laster. Sind Sie für die Iren, dann sind die anderen für die Engländer, und Sie werden nie wissen, wo Sie stehen. Und glauben Sie ihnen nicht, wenn sie erzählen, sie wünschten sich die Engländer zurück, es sei denn, Sie hören das auf dem Rennplatz, und auch dann ist noch Vorsicht geboten.«

»Wie tief hassen die Iren die Engländer?«

»Haben Sie je eine irische Geschichte von Irland gelesen? Dann wissen Sie, daß die Geschichte Irlands ganz einfach ist: es existiert nur Irlands Widerstand gegen England. Weshalb? Weil wir verschiedene Rassen sind. Der echte Ire unterscheidet sich von uns ebenso wie ein Spanier oder Italiener. Jahrhundertelang waren wir bemüht, aus einem Iren eine Art von Engländer zu machen, und es ist uns nicht gelungen. Doch sie hassen nicht das englische Volk. Ich glaube, sie mögen uns sogar lieber als die meisten Ausländer, aber sie hassen unsere Politiker.«

Ein Strich Land wurde klarer, und aus dem Meer erhoben sich langsam die Berge von Wicklow. Auf den ersten Blick wirkten sie sehr ausländisch, ähnelten keinen Bergen in England oder Schottland, und es war schwierig, hierfür eine Begründung zu finden. Das Licht über ihnen war – vielleicht – anders. Selbst die Wolken schienen irisch.

Dunleary oder Dun Laoghaire – ursprünglich Kingstown – bot einen interessanten Kontrast zu diesen ausländischen Bergen. Es gab einen altmodischen englischen Hafen mit einer altmodischen englischen Bahnstation. Irgendwie schien man ein halbes Jahrhundert zurückzugehen zur Zeit der Königin Victoria.

Der Zollbeamte reichte mir ein Verzeichnis und wollte wissen, ob ich etwas zu verzollen hätte. Er wirkte, als müsse er sich entschuldigen, ließ mich eine Tasche öffnen und durchsuchte sie in einer Art, als sei das Ganze ein furchtbarer Verstoß gegen gute Sitten. Der Mann neben mir hatte einen ledernen Zylinderkoffer in seinem Gepäck.

»Und was mag das sein?«, fragte der Zollbeamte und zeigte auf den Koffer.

»Ein Zylinder. Ich muß zu einer Beerdigung«, sagte der Reisende.

»Oh, Gott helfe Ihnen«, antwortete der Beamte und machte sofort Kreidezeichen auf alle Gepäckstücke, die dem Mann gehörten.

Dies war mein erster Eindruck von Irland. Ich habe dann öfters daran zurückdenken müssen.

3

Zu früher Morgenstunde, wenn die Sonne scheint, hat Dublin die Farbe des Rotweins. Die georgianischen Herrschaftshäuser mit den roten Ziegeln, schönen Türen, Fächerfenstern und kleinen, eisernen Balkons vor den Fenstern im ersten Stock treten in wohlerzogener Bescheidenheit vor den breiten Straßen zurück. Sie sind ruhig und würdevoll, als sei die Familie gerade mit der Kutsche aufgebrochen. Dublin teilt sich mit Edinburgh das Flair einer einstigen großen Hauptstadt.

Die Stadt ist, genau wie Bath in England, eine vollkommene Schöpfung des 18. Jahrhunderts. Sie ist eine prachtvolle und lässige Aristokratin mit ungezwungenem Benehmen und natürlicher Eleganz. Die Liffey wird von acht Brücken durchzogen. Einige davon sind schön. Sie teilen die Stadt in einen nördlichen und einen südlichen Teil, und durch die Nähe der Berge durchzieht Dublin ein zartes Etwas, das so lebendig und besonders ist wie Schiffe und Docks. Unmittelbar hinter Dublin liegen die langen, sanften Wicklow-Berge klar gegen den Himmel. Sie sind braun-grün, und man hat mir erzählt, daß man an klaren Tagen von der Irischen See bis zu den Bergen von Wales sehen kann.

Zu den ersten Dingen, die mich mit ihrem Charme einfingen, was bei allen Besuchern der Fall ist, zählte die irische Stimme. Die Iren mögen den »Akzent von Dublin« nicht, doch es handelt sich nicht so sehr um einen Akzent, sondern um eine Betonung. Ich merkte, wie ich die Menschen auf der Straße belauschte. Der Tonfall der irischen Stimme geht ins Ohr. Die Angewohnheit, dem Ende eines Satzes einen kleinen Stoß nach oben zu versetzen, ist charmant, bei Frauen hinreißend.

Weshalb hat man Dublin das »liebe, schmuddelige Dublin« genannt? Das muß eine Schmähung von alters her sein. Die Straßen außerhalb von Dublin sind offenbar schmutzig, wie die Omnibusräder beweisen, an denen kleine Besen mit steifen Borsten angebracht sind. Die Besen kitzeln die Reifen, wenn sie sich in Bewegung setzen, und bürsten den Schmutz ab. Die Stadt selbst aber ist sauber. Außer Taxis stehen in den Straßen noch einige der ältesten Pferdedroschken der Welt. Ihr Alter ist bemerkenswert, und gewiß funktionieren sie durch irgendeine Tugend des irischen Temperaments. Sitzt man in so einem Gefährt, lächelt einem Dublin nachsichtig vom Bürgersteig aus zu. Ich stand hinter einem Pony, und der Kutscher wies mit seiner Peitsche auf die Sehenswürdigkeiten hin.

Wachposten in schmucken, grünen Uniformen mit braunen Gamaschen marschierten vor dem Regierungsgebäude mit der Tricolore des Freistaats. Ein stämmiger, junger Mann, mit einer Pistole bewaffnet, stand auf den Treppen. Auf einem Militärgelände übte eine Kompanie junger Soldaten mit Bajonetten.

Die Menschenmassen auf den Straßen von Dublin sind ganz anders als die in England. Man sieht nicht jenen abgehetzten Geld-Ausdruck, der sehr charakteristisch für die größeren englischen Städte wird. Es gibt mehr Gelächter und kein schmerzliches Herumrasen. Um Dublin sind fröhliche Lässigkeit, ruhige und gute Laune, und dadurch fällt es schwer, sich der dunklen Zeiten zu vergegenwärtigen, durch die die Stadt gegangen ist. Es gibt einige sehr auffällige Äußerlichkeiten, denen allerdings tiefe Bedeutung beizumessen ist. Das englische Rot ist aus dem Straßenbild verschwunden. Die Briefkästen sind grün, auch die Umschläge, in denen Telegramme ausgeliefert werden, und die Postautos ebenso. Die Straßenschilder sind Gälisch, und kaum ein Dubliner kann sie lesen.

Als wir zum Ende unserer Rundfahrt kamen und ich den Kutscher fragte, wieviel er haben wollte, meinte er: »Das überlasse ich Ihnen.« Ein Franzose hätte die enorme Bestechung mit brummigem Zweifel entgegengenommen, mein Kutscher aber zeigte mit irischer Offenheit, daß er ganz offensichtlich überbezahlt war. »Gott schütze Sie«, sagte er, »und wie wär's morgen mit einer kleinen Spazierfahrt?«

Zur Teezeit kann man Männer mit Reithosen in den Hotels von Dublin sehen und Damen im Sportdreß mit windgeröteten Wangen. In der Saison jagen die Herren mit der Meute von Meath oder Kildare und sind dann rechtzeitig zum Tee in Dublin zurück. Diese Verbundenheit mit dem Landleben und die beharrliche Leidenschaft der Iren für Pferde ist ein weiteres Erbe Dublins aus der georgianischen Zeit. Noch keine zehn Kilometer von der Hauptpost kann ein Mann in den Bergen jagen und in gleicher Nähe auch Forellen angeln. Er kann sich einen Tag lang von seinen Geschäften freimachen, zu den Jagd-

hunden reiten und rechtzeitig zu Hause sein, um seine Abend-
post durchzusehen.

Dies gibt Dublin ein gesundes Gleichgewicht. Die alte Hauptstadt hat das Gehabe einer ländlichen Kreisstadt. Dublin ist
nicht allein georgianisch in der Architektur, sondern auch in
der Einstellung zum Leben.

4

In London und anderen großen Hauptstädten ist das gesell-
schaftliche Leben förmlich, und Zusammenkünfte werden vor-
her vereinbart. In Dublin nicht. Natürlich gibt es eine ansehn-
liche Zahl von offiziellen Veranstaltungen, aber wichtiger und
gesellschaftlich interessanter sind die nichtorganisierten Partys
Nacht für Nacht. Es muß unmöglich sein, in Dublin allein zu
bleiben. Die Iren haben ein geniales Improvisationstalent –
und sie hassen das Alleinsein! Man mag zufällig um die Mit-
tagsstunde einen Freund in der Dubliner Straßenbahn treffen
und sich von ihm um drei Uhr morgens verabschieden. In den
Abendstunden hat man gemeinsam verschiedene Freunde auf-
gesucht, überall herzlich empfangen, als interessante Anregung
für die Unterhaltung betrachtet und wie Wanderschauspieler
willkommen geheißen.

In Dublin geben die Menschen nichts auf Äußerlichkeiten.
Ein Engländer, der im Straßenanzug in eine Gesellschaft
platzt, in der sich alle anderen umgezogen haben, fühlt sich
unbehaglich. In Dublin spielt so etwas keine Rolle. Auch Geld
ist nicht bestimmend. Auf die Unterhaltung kommt es an, auf
den Geist, auf Gelächter, und einem Mann, der etwas zu sagen
hat, stehen mehr Tribünen zur Verfügung, als er besteigen kann.
Für einen Besucher aus England ist die Gastfreundschaft
Dublins beinahe peinlich. Kennt ein Fremder nur einen einzigen Menschen, lernt er bald Hunderte kennen. Sie öffnen ihm

ihr Haus und überlassen es ihm, sich darin zurechtzufinden. In keiner anderen Hauptstadt wird man großherziger aufgenommen, aber keine kann auch so schroff abweisend sein. Bittere Boshaftigkeit durchzieht nämlich das Leben und die Konversation in Irland. Zunächst verwirrt einen dies, und dann begreift man, daß es sich um eine Volksgabe handelt. Ein katholischer Bischof hat einmal zu Padraic Colum gesagt, Bosheit und Neid seien katholische Laster, die Kehrseite der katholischen Tugend der Gleichheit, und schroffer Individualismus und Snobismus seien protestantische Übel. Daran könnte etwas sein, obwohl mir scheint, diese Untugenden finden sich bei Katholiken und Protestanten gleichermaßen. Tatsache aber ist, daß die Iren ein geniales Talent zur Satire haben. Bei ihren Zusammenkünften erzählen sie leidenschaftlich gern Geschichten, in denen Menschen, die sie an sich bewundern oder für bedeutend und prominent halten, in einem ziemlich unbarmherzigen Licht erscheinen und heruntergeputzt werden. Zunächst ist man befremdet. Was aber sind »Hail und Farewell« von George Moore und »Ulysses« von James Joyce anderes als Ausdruck dieser irischen Gabe der Satire, die stets an Bosheit grenzt?

Ein Fremder, der im Irrgarten irischer Konversation gestrandet ist, glaubt zunächst, den Iren sei nichts heilig. Dann entdeckt er plötzlich, daß ein Bekannter, der den ganzen Abend eine glanzvolle Schau als Alleinunterhalter geliefert hat, sobald er mit ihm früh morgens allein ist, die Brillanz so unvermittelt abstreift wie ein Schauspieler das Kostüm nach der Vorstellung. Aus dem vergnüglichen Alleinunterhalter des Abends wird ein ernsthafter Hamlet. Während er durch die leere Straße wandert, stellt er all das in Frage, was er zuvor behauptet hat, und zwar mit einer Stimme, die in abgrundtiefer Melancholie ertrinkt. Und da wird einem klar, daß Konversation in Irland ein Spiel ohne Regeln ist.

Im kalten Morgenlicht fragt man sich, weshalb alles so geistreich klang!

5

Als der Dichter, der behauptete, Atheist zu sein, es leid wurde, die Kirche vor den Angriffen eines gläubigen Katholiken zu schützen, verließen wir das Kabarett. Wir liefen eine Zeitlang durch die ruhigen Straßen, traten durch eine niedrige Tür und stolperten eine Schlucht dunkler Treppen ins Abbey Theatre herunter, wurden als unerwarteter Coup begrüßt und ins Grüne Zimmer geleitet, das im Gegensatz zu sonstigen Grünen Zimmern wirklich grün ist. Der Dichter zog den Mantel aus und begann sofort eine Diskussion darüber, daß die Sachsen den Kelten überlegen seien. Das schien der beste Hase zu sein, den er an diesem Abend losgelassen hatte, doch ein Junge schlug ihn tot, als er den Kopf zur Tür hereinstreckte und sagte, es sei Zeit zum Schließen.

»Was sollen wir jetzt anfangen?« fragte der Dichter unglücklich und strich in der Bildergalerie umher. »Gehen wir zu den Michaels. Mrs. Mike wird Ihnen gefallen . . .«

In Dublin ist es Brauch, sich auf die Suche nach geistiger Erfrischung zu begeben, indem man von Haus zu Haus zu Freunden zieht. (Die Kosten, sich in Dublin Freunde zu halten, müssen schrecklich hoch sein!)

Der Dichter klopfte an die Tür, und ehe sie geöffnet wurde, fand er Zeit, die keltische Dämmerung zu verfluchen, die Gälische Liga, die Regierung, die Opposition und das Heilige Römische Reich. Er war gut in Form.

»Ihnen einen schönen guten Abend, Dame des Hauses«, rezitierte der Dichter und verneigte sich tief, als ihm geöffnet wurde. »Ich bin's, der bei Anbruch der Nacht mit Torf im Haar und der Sumpfmyrte im Ohr kommt, und seit Sonnenuntergang habe ich nichts mehr zu essen bekommen . . .«

»Sei kein Esel, Pat«, sagte die Dame des Hauses, »komm rein.«

»Hast du Eier mit Speck?«, fragte der Dichter ängstlich.

»In der Küche«, antwortete seine Gastgeberin.

Ein lautes Krachen verkündete, daß er dort angekommen war. Eine Tür wurde geöffnet, und ich betrat einen Raum, der blau von Pfeifenrauch war. Das Zimmer war nicht für so viele Menschen gedacht. Dunkle und blonde Iren, ältere und junge räkelten sich in den Sesseln. Eine Schar von Mädchen saß auf dem Boden. Jeder gleichzeitig am Reden, aber ein junger Mann mit roten Haaren war dabei, den Vogel abzuschießen.

»Was wir in Irland brauchen«, schrie er, so laut er konnte, »das ist ein König.«

»Zum Teufel mit ihm«, kam es instinktiv zurück.

»Ich schlage vor«, fuhr der junge Mann fort, »daß wir George Bernard Shaw zum König und W. B. Yeats zu seinem designierten Nachfolger machen . . .«

»Das ist eine gute Idee«, sagte jemand, »und wenn wir einen Hofnarren brauchen, wie wäre es mit Tim Healy?«

»Hört mal«, mischte sich einer ein, »wir können keinen König ohne eine Nationalhymne haben. Das ›Soldatenlied‹ ist so langweilig wie die ›Rote Fahne‹. Wir müssen eine irische Nationalhymne haben.«

»Ich kenne eine«, rief der rothaarige Jüngling und sprang auf. »Mein Freund Gerald Kelly hat sie geschrieben.« Er begann nach der Melodie von »Paddy McGintys Ziege« zu singen:

Gott schütz' den Freistaat,
Tim Healy und den König,
Den alten Ring von Claddagh,
Die Harfe und das Kleeblatt grün,
Den runden Turm von Clonmacnoise,
Die Bombe in der Hand.
Doch haben wir die Republik,
Dann knallt's im alten Land.

Das Gelächter dröhnte. Er sang das Ganze sehr ernsthaft noch einmal.

»Das«, rief er, »ist die ideale Nationalhymne, denn sie hat für jeden ein gutes Wort. Sie ist unerreicht. Sie ist mehr als unparteiisch, sie ist . . .«

Wir wurden vom Dichter unterbrochen, der, tief gekränkt, mitteilte, er könne die Bratpfanne nicht finden.

Irische Konversation nimmt oft ganz irrsinnige Wendungen. Die ernsthafteste Diskussion läuft stets Gefahr, von einem Spaß zerstört zu werden. Geschieht dies, dehnt sich der Witz zu phantastischen Längen aus, und es braucht Zeit, bis sich alle wieder beruhigen.

Bemerkenswert ist auch das Tempo der Gedanken. Ein Ire scheint von einem Thema zum nächsten zu springen. Tatsächlich aber denkt er viel schneller, als er spricht, so daß er über Selbstverständlichkeiten in der Annahme hinwegspringt, sein Gesprächspartner sei mit ihm gesprungen.

»Der Fluch Irlands«, sagte ein junger Mann, »ist, daß das Land kein Ort für eine richtige Jugend ist. In den frühen Lebensjahren werden wir Seite an Seite mit dem Gespenst eines Auswandererschiffs erzogen, später wissen wir, daß wir nach England gehen müssen, wenn wir unseren Lebensunterhalt verdienen wollen . . .«

»Ich hasse England«, murmelte ein sanft aussehendes junges Ding. (Jemand flüsterte mir zu, sie hätte als Achtzehnjährige Bomben in einer Aktentasche geschleppt.)

»Ich hasse England nicht«, erklärte ein anderes Mädchen, »aber seine Minister mag ich nicht.«

»Ich kann keinen hassen«, begann ein junger Mann.

»Dann bist du eine Schande für Irland!«

»Aber was ich hasse«, fuhr er fort, »ist unsere Altersvergötzung. Das ist ein Relikt der Sippenwirtschaft, so was Patriarchalisches. Weshalb geben wir denn nicht der Jugend eine Chance? Wenn sich ein Mann von zwanzig und einer von vierzig für den gleichen Posten bewerben und beide zum Zug kommen, dann verdient der junge Mann drei Pfund in der Woche und der ältere wöchentlich sechs Pfund, nur weil er älter ist. Wäre jeder Ire gezwungen, zwei Jahre lang seinen Lebensunterhalt in London zu verdienen . . .«

»Gott bewahre uns davor«, ertönte die verdrießliche Stimme des Dichters aus der Ecke, in der er Eier mit Speck vertilgte. »Die Schönheit Irlands ist doch, daß wir von der Reformation und der industriellen Revolution unberührt geblieben sind. Jetzt haben wir die Chance zu einem großartigen Experiment. Wir können den nichtmaterialistischen Staat gründen.«

»Geschwätz«, rief eine Stimme.

»Keineswegs«, entgegnete der Dichter. »Wir werden nie große Geschäfte machen, und wozu sollten wir das auch versuchen? Sind andere Länder damit glücklich geworden? Das liegt nicht auf unserer Linie. Was wir machen sollten, ist fortschrittlich in Dingen sein, die wir wirklich können. Wir könnten beispielsweise aus der Landwirtschaft ein Geschäft statt einer sentimentalen Krankheit machen . . .«

Jemand bat ihn, das Wort »Fortschritt« zu definieren, und innerhalb von zehn Sekunden war der Raum die wahre Hölle.

Der Reiz irischer Konversation ist die dabei fehlende Disziplin. Unterhaltung ist eine Ansammlung guter Aussagen, doch kann man leider der Konversation wegen nicht viel davon verstehen. Irische Gedanken und ihr Ausdruck in Worten sind eine Sache der Gleichzeitigkeit, und stets überrascht ein Ire sich selbst mit der eigenen Brillanz. Vielleicht lacht er deshalb auch über seine eigenen Witze.

»Natürlich ist der größte Witz über England«, sagte ein trauriger, nachdenklicher Mann, der nicht viel zum geistigen Tumult beigesteuert hatte, »die Anzahl der englischen Staatsmänner, die mit den Worten starben: Gott sei Dank wurde ich geboren, um das irische Problem zu lösen. Ich gab ihnen alles, was sie haben wollten! « Irgendeiner entdeckte, daß es zwei Uhr morgens war. Der Dichter wurde wieder hungrig und wollte weiterziehen. So sagten wir »Guten Morgen« und gingen fort.

Am nächsten Morgen kam der Dichter, um mir zu sagen, er wolle mir die interessantesten Sehenswürdigkeiten von Dublin zeigen. »Wir werden«, erklärte er, »das Dáil Eireann sehen, das Parlament des Freistaats, wie Sie vielleicht wissen.«

Das Dáil tagt in einem großen Haus aus dem 18. Jahrhundert, der ehemaligen Residenz der Herzöge von Leinster. Davor steht eine Statue der Königin Victoria, die zwar nicht schmeichelhaft ist, aber doch nicht ganz so schlimm wie die in Manchester. »Das«, erklärte der Dichter und zeigte auf das Denkmal, »ist gerechterweise als ›Irlands Rache‹ bekannt.«

Der Eingang zum Dáil gleicht dem irgendeines großen Londoner Klubs. Die Abgeordneten treten mit ihren Pfeifen und Zigaretten ein, holen ihre Post aus der Portiersloge zur Rechten, gehen durch Galerien, die denen von Grosvenor Square in London ähneln, und steigen breite, herzogliche Treppen zum »Haus« herauf.

Das Parlament des Freistaats tritt im alten Vortragsraum der Königlichen Gesellschaft von Dublin zusammen, die 1731 zur Förderung der Künste und Wissenschaften gegründet wurde. Man hat die Galerie umgebaut und mit einem schützenden Geländer versehen, um zu vermeiden, daß den Abgeordneten versehentlich Zuhörer oder andere Dinge auf den Kopf fallen. Das Theaterparkett ist mit glänzenden Mahagonistühlen versehen worden, die ansteigen und hufeisenförmig um den Sessel des Speakers plaziert sind. Das Haus ist voller Würde. Unter der Galerie hängen alte Stiche von Dublin in der Hogarth-Manier. Das erste, was einem auffällt, ist die große Mühe, die man sich gemacht hat, soviel Grün wie möglich in die Szene zu bringen. Abgeordnete haben grüne Fragebogen in der Hand. Wenn sie diese vereint wenden, ist es, als habe ein Windstoß durch einen Wald geblasen! Die Akten sind grün. Die Notizbücher sind grün eingebunden. Dann und wann laufen Boten auf Zehenspitzen durch die Reihen und liefern Telegramme in smaragd-grünen Umschlägen ab. Auf den obersten Treppen und an den Türen stehen so tüchtig wirkende Herausschmeißer, wie man sie in der Öffentlichkeit seit den Blütezeiten der Music-Halls nicht mehr gesehen hat. Ich gebe einem Mann von durch-schnittlicher Kondition zwei Sekunden, um einen richtigen Krach im Dáil durchzustehen.

Auf den Gängen klingelte eine elektrische Glocke; die Abge-ordneten kamen lässig herbei und nahmen ihre Plätze ein. Mr. Cosgrave setzte sich auf die Regierungsbank, und das Dáil Eireann wurde so rasch eröffnet wie eine Tagung von General-direktoren, wenn der Vorsitzende zum Zug muß.

Mr. Guedalla blickte auf das Dáil und fragte, was Mr. Glad-stone wohl über den »letzten seiner Träume« gedacht haben würde. Padraic Colum beobachtete Cosgrave und machte die kluge Bemerkung, daß »die einstigen irischen Anführer, selbst wenn sie Intellektuelle waren wie John Dillon oder Gentlemen vom Lande wie John Redmond, alle wie Häuptlinge wirkten. Der Präsident sah eher wie ein Beamter aus als wie ein Häupt-ling, und dieser Kontrast macht uns bewußt, daß der irische Nationalismus heute nicht mehr eine Revolte ist, ein Aufruf, eine verlorene Hoffnung. Der Nationalismus ist nun etabliert, eine leitende Kraft: Irland, eine Nation, ist zum Nationalstaat Irland geworden.«

Während ich diesen recht gebrechlich aussehenden Mann mit dem hellen Haar, das wie der Kamm eines Kakadus abstand, dem hellen Schnurrbart und blassen Augen beobachtete, über-legte ich, daß ich noch keinen Mann gesehen hatte, der so wenig wie ein Rebell wirkte. Es war schwer zu glauben, daß dieser Mann nicht allein im Gefängnis für seine Überzeugung gelitten hatte, sondern daß er den nötigen größeren Mut aufgebracht hatte, die Regierung des Freistaats durch die ersten Jahre zu steuern. (Ich konnte Griffith, Michael Collins und O'Higgins nicht vergessen.) Präsident Cosgrave sprach ruhig und gedämpft, als wolle er nur eine städtische Behörde kontrollieren; in ihm erkannte ich die bemerkenswerteste Persönlichkeit des Dáil. Auf De Valera blickte man neugierig, auf Cosgrave respektvoll. Er hat zur Leitung der irischen Staatsgeschäfte einen neuen Zug beigetragen: Würde, Ruhe, Sinn für Maß, Autorität und Selbstbewußtsein.

Für einen Fremden ist der grüne Fragebogen im Dáil verwirrend. Es handelt sich, in Kürze, um simple, zweisprachige Fetzen Papier. Fragen an die Minister werden zunächst in Gälisch gestellt und dann, für den Fall, daß sie niemand verstanden hat, in Englisch. Iren haben jeweils zwei Namen: einen englischen und einen, der sich schwerer aussprechen läßt, in Gälisch. Die meisten Abgeordneten wollen im Dáil mit dem gälischen Namen angesprochen werden, und so begegnen einem in den Fragebogen heroisch klingende Bezeichnungen, die Schlachten zwischen Riesen vermuten lassen.

Ich betrachtete mir das Dáil und sinnierte, daß Irland stets anders ist als erwartet. Ich hatte Beredsamkeit erwartet. Ich hatte gedacht, irgendein Politiker würde aufspringen und etwas sagen, was mich als Engländer mit Zorn erfüllen würde. Nichts davon. Es war noch anstrengender, dem Dáil Eireann zuzuhören, als dem englischen Unterhaus! Wo war der irische Witz? Wo die irische Streitlust? Wo der schnelle Schlagabtausch, dem man in Unterhaltungen an irischen Kaminen begegnet? Wo waren jene verblüffend klugen Gedanken, die einem Iren entschlüpfen, ehe er überhaupt weiß, was er gesagt hat? Im Dáil war nichts davon zu hören! Ich war verblüfft, daß ein solch guter Redner ein so lähmendes Schauspiel im Parlament bot.

Dann wurde mir aber bewußt, daß alle diese Männer – natürlich – sehr ernst bei der Sache waren. Um sie war nichts Spielerisches wie gelegentlich im englischen Unterhaus. Sie hatten um ihren Platz kämpfen müssen – nicht allein mit Wählerstimmen, sondern mit dem Gewehr. Ihr Parlament war vom Blut der Freunde und Schulkameraden getränkt.

Sie sprachen gleichmäßig ernst und ohne Emotionen weiter, und als ich mit dem Dichter die Treppe herunterging, kam mir dies als gutes Omen für Irland vor.

7

Die Gefühle eines vorurteilslosen Engländers nach ersten Kontakten mit dem irischen Leben hat H. W. Nevinson im Vorwort zu einem seiner ausgezeichneten Bücher treffend beschrieben. Er erzählt: Nachdem er irische Freunde getroffen und mit ihnen über England diskutiert hatte, sei er sich vorgekommen, als sei er fachkundig von einer Krankheit geheilt worden, die er nie gehabt hatte. Die Iren hatten ihn mit ihrem Haß auf England angesteckt.

Das ist nur allzu wahr. Der Fremde muß sich ständig davor hüten, zuviel zu hassen. Es liegt etwas Extravagantes in der irischen Luft, das zusammen mit der fesselnden Art seiner Menschen und deren Überzeugungskraft direkt zu Herzen geht und einem manchmal zu Kopf steigt. Viele der größten irischen Nationalisten waren Engländer oder anglo-irisch. Jeder Engländer in Irland sollte sich täglich sagen, ehe er ins Bett geht: »Ich werde meine erste Pflicht gegenüber England erfüllen und meinem Land trotz der furchtbaren Versuchung treu bleiben!« Natürlich sind die Iren manchmal nicht fair, was, glaube ich, daher rührt, daß sie keinen Sinn für historische Perspektiven besitzen. Selbst gebildete Iren reden über Cromwells Feldzug, als habe ihn die derzeitige englische Regierung verursacht. Unrecht wird in Irland nie vergessen. Jede Ungerechtigkeit, die man Irland seit den Zeiten von Strongbow angetan hat, ist so gegenwärtig wie der Etat vom Vorjahr. Man macht keine Abstriche wegen der größeren Brutalität früherer Jahrhunderte, und wagt einer Widerspruch, dann wird ihm bewiesen, daß der »Sachse« (eine erheiternde Bezeichnung) stets ein rohes Scheusal gewesen ist.

Es passiert manchmal, daß sich ein Mann die Klagen der Frau seines Freundes anhören muß. Den Freund kennt man vielleicht nur als einen guten Kerl, der herzlich, aufrichtig und ehrlich ist. Doch die Frau erzählt, sie reiche die Scheidung wegen Grausamkeit ein. So was ist schwer zu glauben. Wie ist es möglich, daß ein sonst so guter Kerl sie so herumgestoßen und geängstigt hat? Entsetzt hört man die Geschichte ihrer seelischen und körperlichen Leiden.

Die Unvereinbarkeit des irischen und des englischen Naturells berührt einen in genau der gleichen Weise. Man sieht die Fahne des Freistaats und sagt sich: »Gott sei Dank wurde die Scheidung ausgesprochen!«.

Schließt sich ein Fremder mit einem Haufen Bücher über Irland ein, erkennt er verblüfft und auch schmerzlich berührt, falls er Engländer ist, daß England mit tiefem Mitgefühl, großer Empörung und eifriger Unterstützung Irland geholfen hätte, wenn die Schlacht irgendwo anders in Europa geschlagen worden wäre und es sich bei den Unterdrückern um Franzosen, Italiener oder Türken gehandelt hätte. Eine große Anzahl von Byrons wäre aufgebrochen, um die irischen Ideale zu unterstützen.

Wer bisher seine Ansichten über Irland aus den Karikaturen im »Punch« oder vielleicht aus der Belletristik des 18. Jahrhunderts bezogen hat, erkennt beim Studium der irischen Geschichte, daß der Widerstand Irlands gegen England, den er bis dahin für eine angeborene und vom unreifen Whisky geförderte Streitlust gehalten hat, seit Jahrhunderten in einer der tiefsten menschlichsten Leidenschaften wurzelt, im Nationalismus. Wie, fragt man sich, können die Iren Verräter gewesen sein, wenn sie sich überhaupt niemals loyal gezeigt haben? Die Keime des Nationalismus sind nie abgestorben, auch in jenen Zeiten nicht, da England und Irland zu einer Nation zu verschmelzen schienen.

Es ist seltsam, daß die Eigenschaften ausdauernder Härte und

verbissener Entschlußkraft, die man in England als typisch englische Charaktermerkmale empfindet, sich in so viel höherem
Ausmaß in Irland zeigten. Irlands Kampf ist eines der bestän-
digsten Ereignisse der Weltgeschichte geworden. Wurden die
Iren verbannt und zur Auswanderung gezwungen, so verbrei-
terten sie nur die Basis der Rebellion und erwiderten den Angriff.

Die Geschichte Irlands ist der Kampf des gälischen Volkes. Der
alte Stamm wurde vertrieben, doch niemals besiegt. Er fand ein
Ventil für seinen Widerstand, selbst wenn er in fremden Heeren
kämpfen und sich manchmal hoffnungslos in die Intrigen fremder Länder einmischen mußte. Stets aber stand hinter irgendeiner irischen Hecke ein Mann mit einer Heugabel, der sich als
wahrer Herrscher des Landes und als König der Könige empfand.

Jetzt aber, erstmals seit der Schlacht von Kinsale, führen die
Männer vom alten Stamm in Irland das Wort, und ihre Namen
beginnen mit dem typischen »O'« und »Mac«. Irland ist keine
»Frage« mehr, sondern eine Nation. Jeder, gleichgültig welche
Staatsangehörigkeit er besitzt, muß froh sein, den Sieg des
gälischen Volkes zu sehen.

8

Ich war dabei, mit einem ehemaligen Offizier Kriegsgeschich-
ten auszutauschen. Er war glühender gälischer Patriot und
glaubte, Irland würde eines Tages dazu berufen sein, das Christentum erneut in die Welt zu tragen. Doch hatten wir uns schon
einige Zeit unterhalten und waren vielleicht nicht mehr voll
verantwortlich. Er erzählte mir eine Geschichte von einem
Feldwebel in Frankreich. Nennen wir ihn Murphy.

Eines Tages wurde Murphys Urlaub bewilligt, und er machte
sich zu einem Dorf im Süden Irlands auf, irgendwo in Kerry,
glaube ich. Als Murphy nach Frankreich zurückkehrte, fragte

ihn mein Freund: »Nun, Murphy, war's ein guter Urlaub? Wie sieht das alte Land aus, und was hast du so getrieben?«

»Nun, Sir«, erwiderte Feldwebel Murphy, »ich zog meine Uniform aus und brachte den Sinn Feiners – den Untergrundkämpfern von damals – etwas Schliff bei . . .«

Dies ist, finde ich, keine wirklich komische Geschichte, aber sie ist wahr.

9

Man konnte zu jener Zeit in Dublin nirgends hingehen, ohne irgendwelche Erinnerungen – meistens humorvolle – vom Aufstand oder vom Bürgerkrieg zu hören oder irgendeine – meistens tragische – Geschichte von den verhaßten Engländern.

Ich besuchte einen jungen Iren, der eine Rolle im Unabhängigkeitskampf gespielt hatte. Er wohnte in einem kleinen Haus in einer der Vorstädte von Dublin. Das Haus hatte einen kleinen Vorgarten und war von englischer Zurückgezogenheit. Das Arbeitszimmer war im oberen Stockwerk.

»Michael Collins hat sich hier auf seiner Flucht versteckt«, erzählte mein Gastgeber. Die Häuser Dublins, in denen Michael Collins Zuflucht suchte, sind so zahlreich wie die englischen Betten, in denen Königin Elizabeth I. geschlafen hat.

Stets werde ich es bedauern, daß ich Michael Collins damals nur um fünf Minuten verfehlt habe, als er in London war, sich recht vorsichtig und scheu bewegte und sich weigerte, ein gesellschaftliches Ereignis zu werden, wie es sich die reichen Gastgeberinnen von Mayfair wünschten. Vor der Unterzeichnung des Abkommens war es der Traum vieler törichter Frauen, »Mick« Collins zum Dinner zu präsentieren.

Der ehemalige Postangestellte war einer jener bemerkenswerten Menschen, die Völker in ihren glückhaften Momenten hervorbringen und die sich in ganz unvorhergesehener Richtung entwickeln. Obwohl die Iren heute nicht mehr viel von ihm reden, glaube ich, künftige Generationen werden ihn so sehen wie die Engländer ihren Bonnie Prince Charlie. Wie Prinz Charles Edward war Collins jung, gut aussehend, furchtlos – und Flüchtling. Die Romantik wird sich seiner im Verlauf der Zeit bemächtigen. Doch anders als Charles Edward war er erfolgreich und starb, wie Charles hätte auf dem Moor von Culloden sterben sollen, ehe der Frieden den im Krieg erworbenen Ruhm zunichte machte. Die einzigen glückhaften Krieger sind diejenigen, die das Glück haben, im Moment des Sieges umzukommen.

Ich habe mich mit vielen englischen Soldaten und zahlreichen Journalisten unterhalten, die während der »Unruhen« Sonderkorrespondenten waren. Die meisten von ihnen sympathisierten übrigens mit der Sinn Fein. In diesen Gesprächen habe ich stets Bewunderung für die militärische Taktik und den persönlichen Mut von Michael Collins zu hören bekommen. Ich habe ein äußerst umfangreiches, zweibändiges Werk über Michael Collins von Piaras Beaslaf gelesen, doch es vermittelte mir kein so lebendiges Bild von ihm wie die weniger aufwendigen, aber sehr packenden Erinnerungen aus jener Zeit. Sehr aufschlußreich ist zum Beispiel das Buch von Batt O'Connor *With Michael Collins Through the Fight for Irish Independence.* Er schildert, wie sehr Michael Collins im Angesicht der Gefahr einen kühlen Kopf wahrte, und Gefahr in jenen Tagen bedeutete ein Exekutionskommando: »Bei einer Gelegenheit, als das Hauptquartier der Sinn Fein in der Harcourt Street 6 durchsucht wurde, hielt sich Michael Collins in einem Raum der oberen Stockwerke auf. Er hatte in dem Gebäude ein Büro. Es gelang ihm, den ersten Polizisten, der das Zimmer betrat, zu bluffen und so lässig herauszugehen, als sei er irgendein unbedeutender Angestellter. Dann lief er schnell zum oberen Stockwerk und entkam durch das Dachfenster.

Seine Papiere fielen in die Hände der Eindringlinge, und da das

Haus Nr. 6 nun wertlos geworden war, beauftragte er mich, ein Haus anzukaufen, das weiter oben in der Straße angeboten wurde: Nr. 76. Da ich im Baugewerbe arbeitete, konnte ich leicht Häuser kaufen, ohne Verdacht zu erregen. Wir mußten uns vorsichtig bewegen und nicht allein den Feind im Auge haben, sondern auch die Leute, mit denen wir Geschäfte machten. Bei der besitzenden Klasse war Sinn Fein selbstverständlich nicht beliebt. Ein Hausbesitzer in Stephen's Green verweigerte uns den Verkauf, als er entdeckte, das Haus sollte eines unserer Quartiere werden.

So lernten wir schweigen. Wenn ich beauftragt wurde, ein Haus zu erwerben, das als Verwaltungsquartier für eine unserer Abteilungen dienen sollte – und diese Geschäfte wickelte ich fast alle ab –, dann achtete ich sehr darauf, das Gebäude für ›einen Klienten‹ oder irgendeinen ›guten Freund von mir‹ zu kaufen, der einen ›schönen Wohnsitz in Dublin‹ oder in ›guter Geschäftslage‹ wünschte. Das Haus wurde dann auf diesen fingierten Namen angekauft. Als wir das Haus Nr. 76 endlich erworben hatten, ging ich zu Michael Collins.

›Michael‹, sagte ich, ›sie haben eine Razzia auf Nr. 6 gemacht, und es liegt innerhalb der Grenzen der Wahrscheinlichkeit, daß sie Nr. 76 entdecken und durchsuchen werden. Soll ich nicht ein Versteck für deine Papiere vorsehen?‹

Die Idee gefiel ihm, und ich fand einen geeigneten Platz für mein Vorhaben in einem eingebauten Schrank in einem der Zimmer. Während der Maler- und Tapezierarbeiten war es einfach, einen Teil vom Schrank abzutrennen, eine geheime Feder anzubringen und das Ganze mit Tapete zu überkleben.

Ich arrangierte auch eine Fluchtmöglichkeit für Michael, indem ich am Dachfenster eine leichte Leiter aufstellte, die er hinter sich hochziehen konnte. Zwei oder drei Häuser weiter war ein Hotel, und wir zogen die Besitzer in unser Vertrauen. Sie stimmten zu, daß im Falle einer Razzia auf Nr. 76 ihr Dachfenster benutzt werden sollte. Diese Gentlemen dachten nicht wie

wir, und es widersprach ihren religiösen Prinzipien, an irgendeiner Form von Gewalt teilzunehmen, aber sie waren ritterlich
gesonnen, Männer, für die es selbstverständlich war, auf der
Seite der Unterdrückten zu stehen, und sie bewiesen uns ihre
Freundschaft bei dieser und vielen anderen Gelegenheiten. Wir
arrangierten auch mit den Pagen des Hotels, daß die Dachfenster stets offenbleiben sollten.

Alle diese Vorsichtsmaßnahmen trugen für uns reiche Früchte,
denn nach kurzer Zeit fiel Nr. 76 gleichfalls in die Hände des
Gegners. Michael benutzte die Dachfenster und stürzte ins
Hotel hinein ab, nachdem er seine Rippen fast am Treppenge-
länder gebrochen hatte. Das Dachfenster war zufällig so über
der Treppe gelegen, daß er hin- und herschaukeln mußte, ehe
er sich fallen lassen konnte, und er entging dem Sturz in den
Treppenschacht nur, indem er auf das Geländer fiel. Er verließ
das Hotel als Gast, tauchte in der Menge auf der Straße unter
und beobachtete den Verlauf der Razzia.«

Das Haus des Verfassers dieses Berichts in der Brendan Road
dürfte für das künftige Irland eine Bedeutung haben, denn dort
wurde vom Juli 1920 bis September 1922 ein Teil der Dáil-
Anleihe von 25 071 englischen Pfund in Gold versteckt.

»Für die neue Verwaltung«, schreibt O'Connor, »war Geld
nötig und auch für die vom Dáil Eireann verabschiedeten Wie-
deraufbaupläne. Als Finanzminister brachte Michael Collins
die Dáil-Anleihe für 1919/20 auf. Er hatte um 250 000 Pfund
Sterling gebeten, aber tatsächlich wurden 400 000 gezeichnet
und 25 000 davon in Gold.

›Bringe es mir in Gold, Batt‹, sagte er, als ich zu ihm mit den
Spenden ging, die ich gesammelt hatte.

Ich gehorchte. Ich ging zu Ladenbesitzern und Geschäftsleuten,
von denen ich wußte, daß sie jede Goldmünze horteten, die
ihnen in die Hand fiel, und von Zeit zu Zeit wechselte ich das
Papiergeld in Gold ein.

Als die Anleihe im Juli 1920 geschlossen wurde, wurde mir das

Gold anvertraut, aber um an einem sicheren Ort versteckt zu werden. Selbstverständlich war die Anleihe für illegal erklärt worden, und jeder, der wegen Sammeln oder Spenden verurteilt wurde, kam ins Gefängnis. Während dies jedoch den Erfolg nicht beeinträchtigte (ganz im Gegenteil), bedeutete es immerhin, daß jede Geldsumme, die man gefunden hätte, sofort beschlagnahmt worden wäre.

Doctor Fogarty, der Bischof von Killaloe, ein großartiger irischer Patriot und einer unserer besten Freunde, war einer der vielen Treuhänder, und ich glaube, Lord Monteagle war auch einer davon. Der Hauptfonds in Papiergeld wurde auf ihren Namen zur Bank gebracht. Das Gold – in vier Kisten von beträchtlichem Gewicht und in einen Kindersarg verpackt – wurde mir anvertraut.

Die ganze Nacht arbeitete ich allein und vergrub die Kisten unter dem Betonfußboden meines Hauses in der Brendan Road. Ich lag auf der Seite und mußte mich unter dem Fußboden vorwärtsarbeiten. Wie ein Wurm rutschte ich rückwärts und vorwärts, auf Hüfte und Ellenbogen gestützt, holte eine Kiste nach der anderen, schob sie vor mir her und in den dreißig Zentimeter breiten Spalt zwischen dem Zementfußboden des Hauses und dem Holzfußboden des Zimmers, in dem ich arbeitete, hinein.

Ich war außer Atem und durchgeschwitzt, so daß ich mich schon sehr bald bis fast auf die Haut auszog. Ich brauchte sieben Stunden, um mit der Arbeit fertig zu werden. Eine meiner Schwierigkeiten bestand darin, daß ich zu wenig Platz hatte, um den Arm richtig hochzuheben, ehe ich den Hammer aufschlug, um den Zement aufzustemmen. Aber ich hielt durch, und nachdem ich die notwendigen Löcher geschlagen hatte, begrub ich die Kisten und richtete den Betonboden wieder her. Diese Arbeit führte ich mit großer Sorgfalt aus und kam auch zu meiner Belohnung, denn das Haus wurde einige Male durchsucht, aber der Fußboden erregte niemals Verdacht. Das Versteck war nur mir und meiner Frau bekannt. Michael fragte mich nie, wo ich das Gold verborgen hielt. Er wußte es am sichersten Ort, den ich mir hatte einfallen lassen, und das genügte ihm.

Das Versteck blieb bis September 1922 unberührt, als ich kurz nach Michaels Tod von dem Generalrevisor des Dáil Eireann, George McGrath, gebeten wurde, die Kisten hervorzuholen, weil das Gold in den Tresor der Bank von Irland gebracht werden sollte.

Dies geschah in Gegenwart des Generalrevisors. Als die Bank nachmittags um drei Uhr für den Publikumsverkehr geschlossen wurde, zählten vierzehn Bankangestellte das Gold. Auf der Innenseite jeder Kiste war ein Zettel, der Auskunft über den Inhalt gab, und in jedem Fall stimmte der Inhalt ganz genau mit der angegebenen Summe überein.

Es waren Goldmünzen im Wert von 24 957 Pfund Sterling, und einige Säcke mit Goldbarren und fremder Währung hatten den Wert von 114 Pfund. Die Bank stellte dem Generalrevisor eine Quittung für diese Summe aus: 25 071 Pfund.

Das war kurz nachdem Michael umgekommen war, und wir waren noch ganz verzweifelt über seinen Verlust. An jenem Tag in der Bank betrachtete ich die Zettel, die er mit seinen Händen berührt hatte, und fühlte mich zurückversetzt in die ersten Tage unserer Trauer. In meiner Vorstellung sah ich ihn vor drei Jahren an irgendeinem sicheren Ort stolz das Gold zählen und beschriften, das uns in dem Kampf unterstützen sollte, den er mit viel Hoffnung begonnen hatte.«

Kein Engländer kann die Geschichte der irischen Revolution lesen, die von einer Handvoll junger Männer gegen organisierte und unvorstellbare Widrigkeiten erkämpft wurde – obwohl auf beiden Seiten von Wahnsinn und Mord gezeichnet –, ohne das Gefühl zu haben, daß es Pflicht und Privileg für uns gewesen wäre, umgekehrt ebenso für England zu handeln.

Das einzige gälische Wort, das überall in Irland bekannt scheint, heißt »Slainte«, und das ist ein guter Anfang. Man sagt es, wenn man das Glas hebt.

Kein Fremder kann beurteilen, ob die jungen Männer, die den irischen Staat aufbauen, Glück in dem Bemühen haben werden, das Gälische zu neuem Leben zu erwecken. Alle Straßenschilder in Dublin sind gälisch und in den Schrifttypen, die noch Königin Elizabeth I. herübergeschickt hatte. Amtliche Bekanntmachungen sind in Englisch und Gälisch abgefaßt. Ein bekannter irischer Sprachforscher hat bemerkt, diese Sitte hätte zu einem »Amtsgälisch« geführt, das einem Kenner des Gälischen mehr oder minder so erscheint, als wäre eine Bekanntmachung in England im Dialekt eines Omnibusschaffners aus dem Londoner Bezirk Bethnal Green verfaßt.

Die irische Revolution aber wurzelt in der Wiederbelebung der gälischen Sprache. Die Gegner behaupten, dies könne niemals von einem modernen Staatswesen durchgehalten werden. Die Anhänger glauben fast fanatisch an das Gälische als einziges Mittel, ein Nationalbewußtsein zu erwecken. Andere wiederum bewundern das Gälische als literarische Sprache und würden es gern an den Schulen zusammen mit Latein und Griechisch gelehrt sehen.

Wird es aber jemals möglich sein, daß eine Frau gälisch einkaufen geht? Was ist das gälische Wort für Hosenträger?

KAPITEL II

Ich sehe das Buch von Kells, stehe am Grabe Strongbows, er-
lebe, wie der »Schwarze Wein« Dublins gemacht wird, werde
zum Frühstück in den Zoo eingeladen, entdecke eine Kirche
voller Mumien und entkomme schließlich aus Dublin.

I

Der Fremde, der unter den Blicken von Burke und Goldsmith
durch das Tor von Trinity College tritt, findet sich auf einem
großen Platz mit Kopfsteinpflaster, das von einem Spaßvogel
des klassischen Zeitalters angelegt wurde, um die Hühneraugen
gelehrter Männer zu peinigen. Die meisten Städte haben solch
ein Heiligtum mit einem äußeren Erscheinungsbild, das sich anzusehen lohnt, um dem Alltag zu entfliehen; beispielsweise der
Temple in London oder das Cheetam's Hospital von Manchester. Solche Stätten wirken um so eindrucksvoller, wenn sie im
Herzen der Stadt liegen, so auch Trinity College. Man tritt
durch die Tore in eine recht besinnlich stimmende Welt ein.
Trinity College ist das einzige Denkmal des elisabethanischen
Zeitalters in Dublin. »Seine Gründung ist der erste wirkliche
Markstein in Dublin, der uns bekannt ist – die Metropole von
Irland, ein Ausdruck für die positive und aufbauende Seite der
elisabethanischen Herrschaft«, schreibt Stephen Gwynn in sei-
nem Buch »Berühmte Städte Irlands«. »Englische Staatsmän-
ner waren damals entschlossen, Irland zu einer protestantischen
Nation zu machen. Männer englischer Herkunft in Irland hiel-
ten es für notwendig, diese Nation entsprechend zu unterwei-
sen, um gleichermaßen die Protestanten zu erziehen und die
Katholiken zu bekehren. Auf das Ersuchen einiger führender
Geistlicher hin, unter ihnen Adam Loftus, Erzbischof, und

Henry Usher, Erzdekan von Dublin, wurde von Elizabeth eine Urkunde zur Gründung der Universität ausgestellt. Als Platz dafür wurde das Gebiet der Augustinerklöster von All Hallows gewählt. Nach der Enteignung unter Heinrich VIII. waren die Baulichkeiten in das Eigentum des Bürgermeisters und der Verwaltung übergegangen, und diese bewilligten sie nun der neuen Einrichtung, jedoch Geld ging nur langsam ein, und der beste Beweis, daß die neuen Ansiedler die Notwendigkeit spürten, Wissen zu erwerben, ist die Art, in der dafür Unterstützung geschaffen wurde. Als die spanischen Truppen in Kinsale und die irische Armee unter Hugh O'Neill und Red Hugh O'Donnell 1601 von Mountjoy und Carew geschlagen wurden, boten die siegreichen Feldherren ihre Kriegsbeute der neuen Universität an. Mit dem Schwert hatten sie die päpstlichen Truppen geschlagen, der Sieg sollte vom Arm der Wissenschaft untermauert werden.

Von Beginn des 17. Jahrhunderts an ist die Universität dagewesen, nicht ummauert und außerhalb gelegen wie Oxford und Cambridge, nach deren Vorbildern sie konzipiert wurde, sondern als Bestandteil des Stadtlebens. Die Universität hält zu den Regierungsstellen in Irland, steht auf dem Boden ihrer Auffassung und dämmt auch, soweit es in ihrer Macht steht, gegensätzliche Tendenzen unter den Studenten ein. Aber nach solcher Abklärung stellt sie eine Art von Gärungsfaß dar, in dem Irlands protestantische Jugend heranreifen kann.«

Man hat Trinity stets als die Festung der protestantischen Eindringlinge verketzert und mir berichtet, daß im Aufstand von 1916 Briefe abgefangen wurden, die von einer »ausländischen Universität« sprachen.

In seinem Buch »Das Rätsel der Iren« hat J. Chartres Malony interessante Kritik an Trinity geübt, die nicht die verdiente Aufmerksamkeit fand: »Es ist eher Irlands Mißgeschick als die Schuld von Trinity, daß nur wenige dorthin gehen (zumindest war es zu meiner Zeit so), ohne ein praktisches Studienziel vor

Augen zu haben. Einige wollten die Wissenschaft oder wenigstens den akademischen Status sofort gewinnbringend einsetzen. Andere schrieben sich von Anbeginn an in die »beruflichen Fakultäten« ein (Jura, Medizin, Technik, Theologie) mit dem Ziel, damit ihren Lebensunterhalt zu bestreiten. Ein Vorteil der englischen Universitäten sind aber die vielen Leute, die zunächst ihren Universitätsabschluß erreichen und erst dann ins englische öffentliche Leben eintreten, ohne das Gelernte praktisch auswerten zu können, wohl aber übertragen sie die Lebensart der Universität, mit ihrem Weitblick und ihrer Toleranz, den Meinungen und Hoffnungen ihrer Gegner entgegenzuhalten. Irland hat vielleicht keine so zahlreiche Schicht von Menschen wie England, die es sich leisten können, drei oder vier Jahre einfach mit ihrer kulturellen Ausbildung zu verbringen, ohne einen finanziellen Gegenwert. So klein aber die Anzahl solcher Leute in Irland auch sein mag, so wäre es doch ein unschätzbarer Vorteil für das land, wenn sie an der Universität engeren Kontakt zu ihren Landsleuten bekämen. Die unselige Zersplitterung Irlands beruht zur Hälfte auf dem Umstand, daß die geborenen Führer des irischen Volkes, die Gentlemen von Irland, die Führung nicht übernommen haben und dazu auch gar nicht imstande waren. Von der Masse des Volkes und auch voneinander waren sie getrennt. Sie hatten keinen gemeinsamen Nenner ihrer Wertmessungen, und oft hatte jeder eine unbegrenzte und übertriebene Vorstellung seiner eigenen Wichtigkeit und seiner eigenen Gesellschaftsklasse.

Jeder Dublin-Reisende sollte Trinity aufsuchen und sich dort eine der kostbaren Handschriften zeigen lassen, die es gibt — wie den berühmten Kodex von Kells. Jeden Abend wird dieses Buch aus seiner Vitrine genommen und sicher weggeschlossen; jeden Morgen wird es dann ehrfürchtig wieder in seinen Glaskasten gelegt. Täglich wird eine neue Seite aufgeschlagen. Welchen realen Wert stellt nun dieses illuminierte Buch dar? Viele haben sich das gefragt. Im engsten Kreis haben Professoren schon berechnet, wieviel es im Jahr einbringen würde, wenn Trinity den verflixten Kodex verkaufen und den Gewinn unter den Angestellten aufteilen würde. (Dies ist natürlich ein irischer Witz.) Der Wert entspricht der Summe, die ein Millionär gegen einen anderen Millionär im Londoner Auktionshaus Sotheby's dafür einsetzen würde. Und dies hängt von Wetteifer und Rivalität beider ab. Beide könnten am Ende denken, sie hätten gewonnen. Das Buch von Kells ist nicht versichert. Eigentlich kann es kein Buch dieser Art auf der Welt geben, das nicht versichert ist. Die Autoritäten der Universität aber fühlen wahrscheinlich und sicherlich ganz treffend, daß ein solches Buch für kein Geld der Welt mehr zu haben wäre. Die beste Versicherung scheint ihnen, für einen Bruchteil der Versicherungsprämie für mehr Feuerlöscher und mehr Wachmänner auszugeben.

Was ist zu dem Buch von Kells zu sagen?

Als die Ruinen der römischen Städte in England von den Heiden untersucht wurden und die fremden Götter an der Küste von Norfolk nach Blut schrien, entschlossen sich irische Mönche, nach England zu segeln und jenem beklagenswerten Land das Licht der christlichen Lehre zu bringen.

London war damals eine verwunschene römische Ruinenstätte auf einem Hügel. Auf der Stadtmauer wuchsen Brombeerhekken, und die Herdfeuer der Ostangeln leuchteten über den Sumpf von jenseits der Stadt herüber, die zu betreten sie fürchteten. Paris war schon zur Wüstenei geworden, und über Rom brach gerade die Nacht herein. Armagh aber, die religiöse Hauptstadt von Irland, war das Zentrum europäischer Kultur geworden. Während der drei dunkelsten Jahrhunderte der englischen Geschichte war Irland dazu bestimmt, die griechische und lateinische Kultur für Europa zu retten. Von Irland aus — über Iona und Lindisfarne, das sandige kleine Eiland vor der Küste von Northumberland — gelangte das Christentum nach Nordengland.

Es geschah zu Beginn dieser Zeit, daß ein unbekannter irischer Mönch in einem Kloster von Kells in Meath, das von der heiligen Columba gegründet worden war, das Evangeliar niederschrieb. Er war einer der großen Künstler der Welt. Im Italien der Renaissance wäre er vielleicht ein zweiter Michelangelo geworden. Er bereicherte sein Buch mit tausenderlei Phantasiewerk und tausend Schönheiten in den äußerst komplizierten Darstellungen. Die ganze Kraft seines Vorstellungsvermögens ließ er in dieses Buch einfließen. Wer es heute sieht, wundert sich nicht allein über die Fruchtbarkeit seines Geistes, sondern vor allem über sein scharfes Auge. Wie ist es möglich, daß ein Mensch, ohne eine Art von Vergrößerungsglas, das in jenen Tagen noch unbekannt war, derartig mikroskopische Zeichnungen zustande bringt? Sie sind so vollkommen, daß sie nirgends einen Bruch der Linien und des Rankenwerks aufweisen, obwohl einige von ihnen nicht größer als Briefmarken sind.

Dieses große Denkmal irischer Kunst wurde in eine kostbare goldene Schatulle getan. Viel später in der Geschichte wurde es aus der Sakristei des Klosters von Kells gestohlen. Zwei Monate später fand man dann das Buch in der Erde vergraben. Der Dieb hatte die Schatulle dem Buch vorgezogen, und so wurde es wieder geborgen und bleibt der vollkommenste Ausdruck christlicher Kunst, die Irlands goldenes Zeitalter überdauert hat.

Die technische Vollendung des Buches von Kells wie auch anderer irischer Handschriften müssen jedermann interessieren und beeindrucken, der sie zu sehen bekommt: »Die Tinte, die man gebrauchte«, schreibt Professor Macalister in seinem Buch »Die Archäologie Irlands«, »war ein Sud aus Galläpfeln, der in den meisten Fällen bis zum heutigen Tag seine intensive Schwärze beibehalten hat. Manchmal wurde von der klösterlichen Scriptoria eine minderwertigere Tinte geliefert, und diese ist später bräunlich geworden. Beschwerden über schlechte Tinte und schlechte Federn finden sich auch manchmal auf dem Manuskriptrand. Ein Gelehrter des 16. Jahrhunderts, der Auszüge aus einem großen Manuskript abschrieb, hatte besonderen Ärger. Auf Seite 17 der Handschrift schrieb er: ›O, Maria, hilf der Tinte!‹ (Entschuldbar, denn die Tinte ist von sehr ärmlicher brauner Farbe!) Auf Seite 141 finden wir: ›O, Maria, geht es Dir jetzt besser?‹ Auf Seite 197 riß ihm die Geduld, und er brach in diese Worte aus: ›Mein Gott, willst Du uns immer noch wohl wegen der Tinte? Ich bin Cormac, Sohn des Cosnomach, der sie in Don Doighre (Duniry, Galaway) untersucht, und ich fürchte, wir werden mit dieser Tinte viel Ärger bekommen. Anno Domini 1575.‹ Übrigens zeugen diese und auch andere Randbemerkungen sehr von der menschlichen Natur, obwohl viele davon sehr quälend sind. Welchen Ärger gab es in einem Kloster, der einen Gelehrten dazu brachte, dankbar zu bemerken: ›Gott sei Dank war ich gestern nacht nicht da.‹ Und warum schrieb ein anderer: Brian ist ein ungezogener Junge‹? Es gibt eine Manuskriptsammlung über juristische und andere Vorfälle, die nun in der Bibliothek des British Museum ist. Sie wurde im 16. Jahrhundert von einem Juristen namens Domhnall o Duibhdabhoireann verfaßt. Heute würde er Donal O'Davoren heißen. In dem Manuskript befindet sich eine Randbemerkung, die beweist, daß einer der fruchtbarsten Anlässe zum Ärger für Literaten nichts Neues ist: ›Mein Fluch und Gottes Zorn dazu treffe die Weiber, die alle meine Tinte, meine Farben und meine Bücher in Unordnung gebracht haben. Und Gottes Zorn treffe jeden, der dies liest und sie nicht verwünscht. Mein Gott, dies ist ein schlechter Auftrag!‹ Donal schien über das zu verfügen, was man im modernen Sprachgebrauch Temperament nennt. Er war allerdings nicht ohne einige Rechtfertigung, denn sein Weibervolk nahm sich unverzeihliche Freiheiten an seinen Papieren heraus. Bald nachdem er seinem Zorn Luft gemacht hatte, entdeckte eine Frau voller Neugierde die Bemerkung und schrieb ein paar Seiten später dazu: ›Ich bin nicht die Frau, Donal!‹.«

In der Nähe des Buches von Kells zeigt man auch die »Harfe von Irland«. Es soll sich um die ursprüngliche handeln, auf der »einmal durch die Hallen von Tara« gespielt wurde, aber niemand glaubt so recht daran. Sie gehört indessen zum Wappenzeichen des Freistaates. »Die Geschichte meldet«, erzählt der Führer, »daß nach Brian Borus Tod in der Schlacht von Clontarf diese Harfe Papst Alexander II. übergeben wurde. Sie blieb fast fünfhundert Jahre im Vatikan und wurde 1521 Heinrich VIII. als Anerkennung für seine Verteidigung der Sakramente geschenkt. Zwanzig Jahre später gab Heinrich VIII. die Harfe an den Earl von Clanricarde weiter, und sie wurde immer weitergereicht, bis sie in den Besitz eines Antiquitätenhändlers in Limerick gelangte ... ich selbst kann mich noch erinnern, daß sie Saiten hatte, aber die sind jetzt verlorengegangen ... «
Die Geschichte hört sich schön an, aber die Fachleute behaupten, die Harfe stamme höchstens aus dem 14. Jahrhundert.
Im Buch von Kells lebt Irlands ferne Vergangenheit glorreich weiter in sorgsam gezogenen Linien und vollkommenen Farben. Blättert man die Seiten des großartigen Buches um, so blättert man die Jahrhunderte zur Welt der irischen Heiligen zurück, zu irischen Gedichten, irischen Legenden und irischen Schiffen, die über das Meer segelten, um das Licht der christlichen Kirche zu den dunklen Plätzen der Welt zu bringen.

2

Das Buch von Kells und das »Goldene Zimmer« in dem bemerkenswerten Museum von Dublin müssen jene erstaunen, die nichts von der Stellung wissen, die dieses Land von 600 bis 800 n. Chr. innehatte.
Ich frage mich, welche neuen Erkenntnisse über die irische Kultur noch weiterhin in den Manuskripten der Museen verborgen liegen. Es wird Aufgabe irischer Gelehrter sein, diese Schatztruhe aufzuschließen. Wenn es einen Engländer gibt, der meint,

das Irland der Frühzeit sei so wild gewesen wie das England der Angelsachsen, dann soll er das »Goldene Zimmer« aufsuchen. Das ist einer der interessantesten Räume von Dublin. Dort möge er die Fackelhalter aus geschlagenem Gold untersuchen, die glänzenden Sakralgegenstände, die juwelenbesetzten Schreine, die exquisiten Becher und Vasen, die alle den Stempel einer kraftvollen Kunst und strengen Gesinnung tragen, so ganz verschieden von dem, was wir von der Kunst Ägyptens und Griechenlands her kennen.

Für mich ist die Brosche von Tara einer der exquisitesten Kunstgegenstände von Dublin. Man fand sie am Strand in der Nähe von Bettystown bei Drogheda im Jahr 1850. Zwischen dieser Brosche und Tara gibt es keine Verbindung. Der Name wurde ihr von dem Juwelier gegeben, in dessen Besitz sie gelangte. Es ist eine Bronzenadel in Form einer römischen Fibula, dekoriert mit Lagen von feinem Gold in Filigranarbeit, Email, Bernstein und Glas. Auf beiden Seiten ist die Brosche mit keltischen Ornamenten versehen: Spiralen, Menschenköpfen und Tiermotiven, die sich überkreuzen.

3

Der Küster von Christ Church Cathedral — eine der drei Kathedralen von Dublin — ist gern bereit, den Fremden in die geisterhafte Gruft zu führen, die von den Dänen zur Zeit König Sigtryggs Seidenbart gebaut worden sein soll. An diesem kalten Ort, an dem das elektrische Licht nur die Düsterkeit der Bogen betont, die aus einem Wald abgeflachter Säulen wachsen, liegen die Wurzeln der Stadt.

Als die Krypta erbaut wurde, lebten noch Männer, die sich an die homerische Schlacht von Clontarf erinnern konnten und daran, wie die große Streitaxt des Prinzen Murragh, des ältesten Sohnes von Brian Boru, triefend rot in der Schlacht geschwungen wurde, als er seine Leute gegen tausend kampfstarke Nordländer in seiner Kettenrüstung anführte. Vielleicht hatten dieselben Männer, die hier Stein auf Stein setzten, den Kampf um Brians Zelt gesehen, als bekannt wurde, daß der Seekönig Brodar herbeigeeilt war und den betagten Herrscher getötet hatte, während er zum Gebet niederkniete, um Gott für den Sieg zu danken.

Der Küster aber, den Umgang mit englischen und amerikanischen Touristen gewohnt, führte seinen Besucher zu einer zugemauerten Tür und erzählte, es hätte einen geheimen, unterirdischen Weg von Christ Church aus gegeben. Im 18. Jahrhundert sei dieser verschlossen worden, als ein britischer Offizier nach der Beerdigung eines Generals versehentlich in der Gruft zurückgelassen und erst Wochen nach seinem Hinscheiden entdeckt worden sei. (Er liefert einige grausige Details über die Entdeckung dazu.)

Die ganze Zeit wandern die Gedanken von solchen Jahrmarktsgeschichten zu den wuchtigen Bogen empor, und man ist bemüht, sich die Vergangenheit vorzustellen. Christ Church wurde 4 Jahre nach der Schlacht von Clontarf erbaut. Zwischen diesem Ereignis und dem Bau der Krypta zerfiel das Königreich Irland wieder in Kleinstaaten; die Geschichte wird zum Nebel, der sich nur dann und wann lichtet, um uns die Schiffe der Dänen auf der Ostküste Irlands erkennen zu lassen, Schlachten, Niederlagen, Siege und schließlich eine kleine dänische Ansiedlung in Dublin.

Der Küster führt seinen Gast empor in die Kirche, und man steht in einem schönen normannischen Querschiff; unweit davon in einer Nische ruht der Körper eines steinernen Ritters in voller Rüstung. Es ist das Grab von Strongbow. Mit ihm begannen alle Sorgen Irlands. Er behauptete Dublin für den englischen König Heinrich II. und schuf damit die irische Frage.

Zumindesten beim Küster der Christ Church ist die Erinnerung an Strongbows Unbarmherzigkeit noch lebendig. Er berichtet, wie er plündernd und mordend sich durch die Mauer von

Dublin eine Bresche brach. Dann zeigt er auf ein kleines Stein-
bildnis neben dem Normannen. Es zeigt den Oberkörper eines
Knaben.

»Und wissen Sie, wer das ist?«, fragte der Küster und hob seine
Stimme dramatisch: »Das ist Strongbows Sohn. Er war erst ein
Knabe, aber sein Vater erklärte, er hätte in der Schlacht Furcht
gezeigt, und so zerteilte er seinen Sohn in zwei Hälften als
Warnung für alle Feiglinge. Solch ein Mensch war das, solch ein
grausamer und harter durch und durch ... Nun kommen Sie
mal hierher, ich werde Ihnen das Herz des heiligen Laurence
O'Toole zeigen.« Er weist auf einen herzförmigen Metallkasten
von der Größe eines Kissens, der an die Wand gekettet ist. In
diesem Kasten ruht das Herz des berühmten Laurence O'Toole,
der Erzbischof von Dublin war und 1180 in der Normandie
verstarb.

Meiner Meinung nach ist der Küster aber besonders stolz auf
das Denkmal eines Waisenkindes, dem eine steinerne Träne die
Wange herunterrinnt. Für ihn ist es das schönste der vielen geschichtlichen und grotesken Mysterien von Christ Church. Er
entzündet ein Streichholz und hält es an die Statue. »Können
Sie es sehen?«, fragt er.

Wahrscheinlich erregt dies bei seinen Besuchern größeres Stau-
nen als die grimmigen und grausamen Erinnerungen, welche
die von Sigtrygg Seidenbart gegründete Kirche wachruft ...

In der in der Nähe gelegenen Sankt Patricks-Kathedrale begegnet man mit einigem Schock den Gräbern von Swift und Stella,
im Tode endlich vereint. Man muß nach der berühmten Grab-
inschrift suchen, die hart und bitter ist wie der Verfasser und die
niemand außer Swift geschrieben haben könnte. Sie wurde vor
langer Zeit vom Grab entfernt, und nun kann man sie über der
Tür des Ankleidezimmers sehen:

> Hier liegt der Körper von
> Jonathan Swift,
> dreißig Jahre lang Dekan

dieser Kathedrale,
wo wilde Wut sein Herz
nicht mehr treffen kann.
Geh, Reisender, und
ahme nach, wenn du kannst, einen,
der die Rolle eines Mannes in
der Verteidigung der Freiheit übernahm.

Diese Worte sind um die Welt gegangen. Und wie armselig und voller Gemeinplätze sind im Vergleich jene, die unweit davon an Stella erinnern.
Es gibt viel in Sankt Patricks zu sehen — die Fahnen aufgelöster irischer Regimenter, die Logen der Patricks-Ritter und eine Anzahl von schönen Denkmälern —, doch stets wendet man sich der Nische mit den zwei Steinen zu, die die Körper der geheimnisvollsten Liebenden der englischen Literatur bedecken.

4

Es gibt in Irland eine uns unbekannte Wissenschaft, die man »codology« nennt und als Spiel mit Worten umschreiben könnte. Fast jeder wirkliche Ire ist entweder Professor darin oder hat mindestens promoviert. Und es gibt nichts, das einem wirklichen Iren besser schmeckt, als einen Engländer mit einer guten Geschichte auf den Arm zu nehmen.
Als ich eine Einladung zum Frühstück im Zoo von Dublin erhielt, glaubte ich, die Handschrift einer solchen Phantasie herauszulesen, doch brauchte ich nur wenige Minuten für die Entdeckung, daß die Einladung zu einem Zoo-Frühstück in Dublin nicht allein ein Kompliment ist, sondern ein ernsthaftes und historisches Ereignis. Am kühlen Morgen, als der Wind von den Wicklow-Bergen blies, nahm ich eines der ältesten Taxis von Dublin und ließ mich zum Phoenix-Park fahren. An den Toren des Zoos wurde ich abgeholt und in ein Zimmer geführt, das mit

präparierten Tieren dekoriert war. Darin stand der gedeckte Frühstückstisch.

Ein Dutzend ernsthafter Fachleute standen herum und aßen ihren Haferbrei aus kleinen Schüsseln. Bei den Zoologen von Dublin ist es Tradition, den Haferbrei niemals im Sitzen zu essen. Meine Gastgeber waren Mitglieder der Ratsversammlung der Königlichen Zoologischen Gesellschaft von Irland, die seit neunzig Jahren wöchentlich einmal im Zoo zu frühstücken pflegten. Nach dem Frühstück findet die Versammlung statt.

»Wie hat das angefangen?«, fragte ich.

»Mit der Brigade, die jeden Morgen im Phoenix-Park zu reiten pflegte«, erwiderte der aufsichtführende Dr. Farrer. »Damals war man mit der Art und Weise unzufrieden, in der die Ratsversammlung die Gärten inspizierte. So wurde 1837 ein wöchentliches gemeinsames Frühstück festgesetzt, und die drei, die zum Jahresende am häufigsten gefehlt hatten, wurden aus der Versammlung ausgeschlossen. Sie sehen also, das Frühstück bringt uns auf Trab.« Nach dem Frühstück wurde mir ein Elefantenfuß zur Inspektion gereicht. Es ist die tragischste Erinnerung, die man in dem Raum aufbewahrt und trägt die Inschrift:

SITA,

die ihren Wärter tötete

und erschossen wurde.

11. Juni 1903.

Nach dem Toast mit Orangenmarmelade machte sich die Versammlung an die Arbeit, und ich verabschiedete mich.

Wie viele Menschen wissen schon, daß Dublin berühmt für den Export von Löwenjungen ist? Ich spreche hier nicht von den jungen Dramatikern und Dichtern, die angenehmerweise von Zeit zu Zeit im vornehmen Londoner Stadtteil Mayfair auftauchen, sondern vom Nachwuchs des ungezähmten Löwen. Die Fabrik steht im Phoenix-Park und nennt sich Zoo.

Als ich durch die Anlagen spazierte, traf ich Herrn Christopher Flood, der bereits vierzig Jahre lang für die einzige Löwenzucht der Welt verantwortlich war. Geschichten von Herrn Flood und seiner Macht über wilde Tiere, so wunderlich und authentisch, daß sie nur aus Irland stammen konnten, zirkulierten schon im Ersten Weltkrieg in Frankreich, als jeder Soldat, der einmal in einem Krankenhaus in Dublin gelegen hatte, sie weiter anreicherte. Falls es sich bei dem Erzähler um einen Iren handelte, wurden sie dann und wann auch noch verbessert.

»Und was ist das Geheimnis dieser Löwenzucht?« gab Herr Flood zurück. »Was gibt's denn Besseres auf der Welt als die Luft von Dublin?«

»Sie schlagen aber nicht vor, Junglöwen wie die Völker mit heißer Luft großzuziehen?«

Wir brauchen in Dublin auch Bier«, erwiderte Herr Flood neckisch.

Wir waren nach Meinung aller bekannten Naturwissenschaftler, Großwildjäger, Zoodirektoren und anderer Experten von den schönsten Löwen umgeben, die irgendwo auf der Welt in Gefangenschaft gehalten werden. Wer häufig in den Zoo geht, kennt den Anblick des grimmig aussehenden, mähnigen Königs der Wüste, der in betrübter Teilnahmslosigkeit mit Tränensäkken unter den Augen und einem mottenzerfressenen Schwanz herumhockt, zu trübselig selbst, um sich beim Anblick eines schönen, rosigen Babys angeregt zu fühlen. Es gibt keinen ärgeren Anblick.

Nichts davon bei den Löwen von Dublin. Ihre Muskeln spielen unter dem honigfarbenen Fell, und ihre Augen sind so klar wie zwei Bernsteinringe im Wasser eines Sees. Sie sind furchterregend vital und richtige Löwen.

Einige von ihnen würden alles darum geben, Herrn Flood zu verschlingen, andere liegen gern auf dem Rücken und lassen sich den Bart kraulen, wenn er vorbeigeht.

Wir gingen zur Sanitätsstation. Zwei pummelige Löwenbabys spielten zusammen, die jüngsten Sprößlinge einer Familie, die über die zoologischen Gärten der Welt verstreut lebt und nach

Hunderten zählt. In den meisten Zoos werden Löwenjunge geboren, doch selten großgezogen. Werden sie nicht von ihren Eltern gefressen, so gehen sie vor dem sechsten Lebensmonat ein. Das Verblüffende an Herrn Flood ist die Tatsache, daß er Hunderte großgezogen und niemals eines verloren hat. Als Rezept gibt er Verständnis für seine Löwen an, doch bringt einen das nicht weit. Wie versteht man denn einen Löwen? Keine zwei Löwen gleichen einander, erzählt er. Jeder einzelne ist eine Persönlichkeit mit Launen und Gefühlen wie ein Mensch. Geschmack und Appetit sind unterschiedlich. Das Essen muß kontrolliert werden, so wie es auch die Oberschwester in einem Entbindungsheim tut oder tun sollte.

»Das Geheimnis wird wohl sein«, erklärte Herr Flood, »daß ich ganz für sie da bin. Ich könnte nichts anderes machen. Seitdem ich ein ganz kleiner Junge war, wollte ich mich schon mit Löwen beschäftigen. Ich hab's dann getan und bin glücklich damit geworden.«

»Sind die Geschichten von der Macht, die Sie über wilde Tiere haben, wahr?«

»Teilweise. Das Ganze ist eine Frage der Stimme. Es gibt etwas in meiner Stimme, in der Tonlage, müssen Sie wissen, dem sie gehorchen. Ich brülle sie nie an. Ich habe noch nie in meinem Leben einen Stock gegen ein Tier erhoben. Ich spreche nur zu ihnen. Sie wissen, sie müssen mir gehorchen. Ich habe diese Macht über sie unbewußt entwickelt. Sie sehen, jedes Tier beobachtet mich und nur mich. So ist es auch, wenn das Löwenhaus voller Leute ist. Wenn ich ganz still hereinkomme und hinten stehe, merken sie es trotzdem. Sie sehen niemanden anders . . .«

Das traf zu, und jedermann in Dublin konnte das ausprobieren. Er mußte nur versuchen, einen Löwen mit dem Blick zu fesseln, während Herr Flood im Löwenhaus war.«

Dublins Löwenexport begann schon im vorigen Jahrhundert. Als die Deutschen zu Beginn des Ersten Weltkriegs Antwerpen bombardierten, wurde der dortige Zoo getroffen. Den Tieren,

die nicht sofort umkamen, gab man den Gnadentod. Optimisti-
scherweise glaubte der Zoo von Antwerpen, der Krieg würde
nur einige Monate dauern; man schrieb umgehend nach Dublin
und bestellte neue Löwenjungen. Eine Auswahl wurde für Antwerpen zurückgehalten und fünf Jahre später als ausgewach-
sene Löwen geliefert.

Es gibt Löwen aus Dublin in Adelaide und Toronto und welche,
die von Dublin aus auf Jahrmärkten und in Tierschauen die
ganze Welt bereisen. Die berühmteste Löwin war Nigeria, ein
prachtvolles Geschöpf, ein Geschenk von König Edward VII.
In ihrem langen und produktiven Leben brachte sie 6 Junge
zur Welt, und jedes einzelne kam durch. Der Zoo von Dublin
hat viele von ihren Urenkeln in seinem Bestand. Es war eine
sehr jugendlich wirkende alte Dame. Laut Herrn Flood wirkte
sie sogar noch kurz vor ihrem Ende jünger als die Enkelschar.

Der Zoo von Dublin wurde 1831 eröffnet. Seine Anfänge bleiben ein Geheimnis, weil keine Aufzeichnungen gemacht wurden. Die ersten Tiere waren ein Geschenk von Heinrich IV. aus
der königlichen Menagerie im Windsor-Park. Vom Tower of
London schickte er einen Wolf, einen Leoparden und eine
Hyäne.

Zoo-Frühstücke sind eine seltsame und unterhaltsame Seite im
Leben von Dublin, und es paßt zu diesem Land der Gegensätze,
daß ausgerechnet die irische Hauptstadt berühmt für die Zucht
des englischen Wappentieres wurde.

5

Stout ist ein Getränk, das in geheimnisvoller Weise die Ehe mit
Austern eingegangen ist. Es ist der robuste und etwas schwerere
Bruder des Bieres. Die meisten Männer mögen Stout, und
magere Frauen bevorzugen es als ihr Pflichtgetränk. Ständig
wird uns erklärt, es sei »bekömmlich«.

Diese dunkle und wohltuende Flüssigkeit wird gelegentlich von

Leuten mit exotischem Geschmack zusammen mit Sherry oder mit Portwein gemixt. Dann entsteht ein Getränk, das als »Aufwecker« renommiert ist.

Dublin ist die Heimat des Stout. Die Guiness-Brauerei ist die größte der Welt, und sie ist – wirtschaftlich gesehen – Dublin. In der irischen Hauptstadt ist sie der größte Arbeitgeber und die einzige Firma von Weltruf. Ein pechschwarzer Fluß von Guiness rinnt in jede Ecke der durstigen Welt und spült Dublins Namen mit sich.

Als ich dorthin ging, um das Geheimnis des Stout zu erlernen, betrat ich eine richtige dem Durst ergebene, ummauerte Stadt. Sie verfügt über ein eigenes Eisenbahnnetz und über einen Kanal, auf dem Barkassen mit Frachten von allen Gerstenfeldern Irlands fahren. Gelegentlich fordern diese Barkassen, ein sehr typisches Merkmal der Landschaft, Müßiggänger am Ufer zu dem ironischen Ausruf heraus: »Bringt Ihr uns auf dem Rückweg einen Papagei mit?«

Das Rezept für Stout ist einfach: Hopfen (aus Kent und Kalifornien gemischt), helles Malz und eine bestimmte Menge von geröstetem Malz oder Gerste. Geröstetes Malz sieht genau aus wie Kaffee, was die »ägyptische Farbe« des »Weins von Irland« erklärt.

Die erste Feuerprobe, die das künftige Guiness zu bestehen hat, findet im Brauhaus statt, wo es nach dem Mischen als dünne, süße, kaffeeähnliche Flüssigkeit gezogen wird, die als »Würze« bekannt ist. Die »Würze« wird dann mit Hopfen verkocht und durch lange Rohre ins Reifehaus gepumpt. Dann wird Hefe hinzugefügt, um die Reife zu fördern. Blickt man durch die Tür, sieht man einen hellfarbigen Schaum, der sich auf langsame, zögernde Art bewegt und dabei gelegentlich ein Auge wie eine Blase auf- und zuklappt, dies alles mit einem Hauch von beinahe unzüchtiger Intelligenz.

Ein besonderer Spaß ist es, den Besucher der Brauerei zu den Gärbottichen hinzuführen und auf den unausbleiblichen

Moment zu warten, wenn er seinen Kopf nach vorn beugt, um besser sehen zu können. Dann, mit der Schnelligkeit eines Stromschlags, wird er von etwas getroffen, das weit schlimmer ist als der infernalischste Gestank dieser Welt. Es ist ein Gas. Würde man jemanden fünf Sekunden in dieses Gas tauchen, könnte er nicht mehr atmen. Nach zehn Sekunden wäre er wohl erstickt.

Wir öffneten eine Tür und betraten einen langen Schuppen, in dem etwa dreihundert Männer und Jugendliche im stechenden Gestank brennender Eichenbohlen arbeiteten. Dies ist für mich die interessanteste Abteilung der Brauerei. Diese Männer sind Küfer, Angehörige eines aussterbenden Gewerbes, die im Mittelalter zu den einflußreichsten Handwerkszünften gehörte. Heute ist die Küferei in Dublin die bedeutendste der noch bestehenden Handwerkszweige.

Die Küferei ist ein gern vererbtes Handwerk mit strengen Gebräuchen. Knaben, jeder einzelne von ihnen ein Küferssohn, werden Lehrling bei einem Meisterküfer und nicht von der Brauerei, sondern vom Lehrherrn entlohnt. Die Disziplin ist fast mittelalterlich: findet der Meister seinen Lehrling faul, so sperrt er ihm den Lohn.

Jedes Stück der Fässer wird an der Innenseite über den Abfällen von Eichenholz gedörrt, um jeden Geschmack zu vermeiden, der den Stout beeinträchtigen könnte.

Vor der Küferei sieht man dann, wie Leute die Nase ins Spundloch eines leeren Fasses stecken. Sie schnüffeln so systematisch, daß der erste Gedanke, sie würden so etwas vielleicht zum Vergnügen machen, offensichtlich nicht zutrifft. Diese Männer sind die weniger bekannten Vertreter seltsamer Berufe: sie sind Geruchsprüfer für leere Fässer. Ihre empfindliche Nase, mit den Gerüchen der Küferei so vollkommen vertraut, läßt sie sofort erkennen, wenn ein Faß süß und sauber genug ist, um neu gefüllt und als Tröster in die Welt geschickt zu werden.

Jeder, der die Brauerei besucht, landet schließlich in diesem

Prüfraum, in dem ihn das Beste dieser Erzeugung erwartet. Ein Weiser trinkt nur einen einzigen Krug jenes geheimnisvollen Getränks mit der Bezeichnung »Export extra«. Es handelt sich um ein Stout von likörähnlicher Zusammensetzung, das fünf oder sieben Jahre herangereift und zum Verbrauch im Ausland gedacht ist. Man behauptet, es tröste die im Ausland lebenden Menschen über ihr trauriges Los im Exil hinweg. Aber der Fußtritt eines ausgewachsenen Maulesels steckt in jeder Flasche davon. »Och«, sagte mein Führer, »sie nennen es den Himmelstrunk«. Ich finde, das ist kein so guter Name.

Der Spaß besteht darin, sich den Besucher in diesem Raum zwei Flaschen »Export extra« genehmigen zu lassen und ihn dann zu beobachten, wie er bei den Toren anlangt.

6

Das Grausigste, das ich überhaupt jemals in einer Stadt gesehen habe, findet man aber unter der Kirche von St. Michan in Dublin.

Der heilige Michan soll ein dänischer Bischof gewesen sein, der 1095 n. Chr. eine Kirche über Grüften gründete, die auf dem Gelände eines alten Eichenwaldes standen. Die Kirche wurde nach den Weisungen der Stadtverwaltung im 18. Jahrhundert wiederaufgebaut. Interessant sind nur der Beichtstuhl, eine Kanzel, die einst so gedreht werden konnte, um jeden Teil der Gemeinde zu sehen, und eine gut aussehende Orgel mit goldenen Erzengeln, auf der Händel, so wird erzählt, seinen »Messias« vor seinem ersten Auftreten in Dublin geübt hat.

Besucher der Kirche Sankt Michan sehen sich die Mumien in den unterirdischen Grüften an. Durch irgendeine atmosphärische Eigenart sind sie so gut erhalten wie die ägyptischen. Dekadente Menschen und solche, die gern Gänsehaut bekommen, werden es lohnend finden, diesen erschreckenden Ort in Dublin aufzusuchen, denn er ist einzigartig in Irland. Ich glaube, mich

an eine Reihe mumifizierter Mönche in einer Kirchengruft von
Bonn zu erinnern, aber im Vergleich zu den Mumien hier waren
es bloße Knochengerippe.

Der Totengräber führt einen durch den Kirchhof und nähert
sich auf ebener Erde schweren Eisentüren in der Kirchenmauer.
Er schließt sie auf, und man blickt eine steile Flucht von Steintreppen hinunter in die Dunkelheit des Beinhauses. Beim Her-
untergehen fällt die Luft auf: sie ist nicht kalt und feucht wie in
einer Gruft, sondern fast warm und überraschend frisch.

»Dies hier«, sagt der Totengräber und geht voran, »ist die beste
Luft in ganz Dublin.«

Eine Reihe von hohen Zellen zweigt von jeder Seite des Mittel-
ganges ab, der östlich und westlich unter der Kirche verläuft.
Sie haben Eisentore. Der Küster nimmt eine Lampe, öffnet ein
Tor, führt in eine Gruft und läßt das Licht über den schreckens-
vollsten Anblick leuchten, den man sich vorstellen kann. Fast
bis zum Dach sind die Särge übereinander gestapelt. Man befindet sich in der Gruft einer vornehmen Familie. Lords und
Ladys, Generale und Staatsmänner, bekannt und unbekannt,
liegen um einen herum, der noch auf der Straße des Lebens
geht. Der letzte Sarg, den man hingestellt hat, liegt auf den anderen, die ihrerseits wiederum auf dem des Ururgroßvaters
ruhen. Die unteren Särge sind nach Form und Farbe schon
lange aus der Mode gekommen. Einige mit Wappen auf dem
Holz sind von rotem Samt bedeckt, der noch nicht verrottet ist
und die Farbe kaum verloren hat, andere sind in schwarzem
Leder eingebunden und mit großen Kupfernägeln beschlagen,
die noch nicht grün geworden sind.

Sieht man näher hin, entdeckt man, daß das Gewicht der Toten
übereinander die Särge zusammengedrückt hat. Hier erblickt
man eine Hand, dort einen Arm, ein Bein oder einen Kopf. Die
Vorstellung, daß Tote ihre Ahnen aus den Särgen drücken, ist
eines Edgar Allan Poe würdig. Was aber besonders erstaunt und
erschreckt ist die Tatsache, daß diese Männer und Frauen, von

denen viele mehr als fünfhundert Jahre tot sind, nicht zu Staub geworden sind. Sie sind wie Mumien, ihr Fleisch ist wie rauhes Leder und, am seltsamsten von allem, ihre Gelenke funktionieren. »Schauen Sie«, sagte der Totengräber, der wohl befürchtete, daß ich etwas verpassen könnte, und bewegte ein Knie.

In einer Ecke sah ich den Körper eines Mannes mit einem Bein über dem anderen gekreuzt, die traditionelle Totenlage eines Kreuzritters. Das deutete darauf hin, daß er im Heiligen Land gewesen war. Diese Lage, in Stein gehauen, kann man auf den Gräbern in Temple Church in London und in Tausenden von anderen normannischen Denkmälern in ganz England sehen, aber ich hatte nie daran gedacht, es wäre möglich, solch einen Kreuzritter selbst zu sehen.

Sie können ihm die Hand geben!«, sagte der Totengräber. Ich beugte mich nieder und besah mir die Nägel des Mannes, der seit fast achthundert Jahren tot war.

In der gleichen Gruft befindet sich der Körper einer Frau. Es soll sich um eine Nonne handeln, deren Füße und rechte Hand amputiert wurden. Man erzählt sich, sie sei vor Hunderten von Jahren gefoltert und verstümmelt worden.

Wir gingen in viele andere Grüfte. Bemerkenswert war die einer Familie, die inzwischen ausgestorben ist. Dieser Ort war ein Alptraum. Ganze Körperteile lagen auf dem Boden im dünnen, braunen Staub der verwitterten Särge umher.

Die einzigen Lebewesen in den Grüften sind die Spinnen. An gewissen Stellen haben sie ihre Netze vom Boden bis zum Dach gezogen und in einer Gruft einen gnädigen Vorhang über die Tür gesponnen.

»Wovon leben sie?«

»Voneinander«, erwiderte der Totengräber. Hierher kommen aus allen Ecken der Welt Forscher, die auf Spinnen spezialisiert sind, und man hat mir erzählt, Spinnen seien Kannibalen . . .«

Die allgemein anerkannte Theorie, um die Konservierung in den Grüften zu erklären, ist wohl, daß die Luft chemisch von den Säureresten des Eichenwaldes imprägniert wird, der zu alten Zeiten dort wuchs. Solange die Grüfte völlig trocken gehalten werden, kommt es nicht zur Verwesung. Dringt aber nur ein wenig Feuchtigkeit ein, zerfallen Körper und Särge zu Staub. Als die zwei Brüder, John und Henry Sheares, im 18. Jahrhundert geköpft, 1835 neu eingesargt werden sollten, standen sie aufrecht in der Gruft mit dem Kopf neben den Füßen. Die Leute von Dublin brachten Blumen und Kränze zur Gruft, und die Feuchtigkeit dieser Blumen machte binnen eines Jahres alles zunichte.

Ich war froh, wieder an die kalte Luft und ans Tageslicht zu kommen.

»Führen Sie auch Frauen durch die Grüfte?« fragte ich. »Ich warne die Damen immer«, antwortete er, »sonst würden sie mir ja ohnmächtig werden ... Ich werde nie vergessen, als ich vor vierzehn Jahren das erste Mal hierher kam, und nichts wußte ich von all dem hier. Ich nahm eine Kerze — elektrisches Licht gab es noch nicht — und kam 'runter, um zu gucken. Ich bekam den größten Schrecken meines Lebens ...«

»Ja, es gibt davon auch eine Gespenstergeschichte. Es geht um einen Dieb, der in dunkler Nacht herunterkam, um einer Dame den Ring vom Finger zu ziehen, und, während er an der Arbeit war, richtete sich die Lady in ihrem Sarg auf, kam heraus und ging fort. Ja, genau das tat sie! Und man erzählt sich, sie lebte noch jahrelang. Aber das ist alles Flunkerei, Sir ...«

Die Michans-Kirche ist Dublins Schreckenskammer!

7

Es dämmerte mir eines Morgens um drei, daß ich mich von der erschreckenden Freundlichkeit Dublins losreißen und Irland sehen mußte. Ich wußte, ich würde meinen neuen Freunden nicht so leicht ins Gesicht sagen können: »Ich muß sofort weg!«

Sie hätten erwidert: »Weshalb die Eile? Komm schon, wir gehen mal den Sowieso besuchen!«
Und ich hätte mich geschmeichelt gefühlt, wäre schwankend und besiegt worden. So traf ich geheime Vorbereitungen für ein Auto, schrieb viele Entschuldigungsbriefe, und ganz zeitig eines Morgens floh ich wie ein Verbrecher aus Dublin.

Kapitel III

Die Straße geht über die Berge nach Glendalough und seinen
Kirchen. Ich höre die Legende vom heiligen Kevin und gehe
zum Curragh, wo ich Pferde und Zuchtfarmen sehe. Ich gehe zu
einem irischen Rennen und gewinne etwas Geld.

I

Es war ein warmer Sommermorgen noch mit dem Tau auf dem
Gras, als ich die Straße über die Berge von Dublin nahm. Vor
den Toren keiner anderen Großstadt liegen Berge von solcher
Wildheit. Der Peak District im Hinterland von Sheffield in
England ist zahm im Vergleich dazu und zu dem melancholischen Sumpfmoor, das dem Menschen zu keiner Zeit Nahrung
oder Schutz gewährt hat.

Eine Stunde hinter Dublin kann man sich schon im Bergland
verirren; tagelang kann man wandern, ohne einer Menschenseele zu begegnen. Man könnte aber auch, sollte man verletzt
sein, im Moor liegenbleiben. Eine Chance, dort Hilfe zu finden,
wäre gering.

Die großen Bergketten erstrecken sich hintereinander, einige
mit langen und weichen Umrissen, andere sind scharf und
kegelförmig. In ihren Klüften stößt man unerwartet auf tiefe
Seen, wie der Lough Dan, der wie eine vom Himmel gefallene
Träne daliegt. Schmale, braune Wasserläufe durchrinnen das
Moor. Die ganze Landschaft zeigt eine Palette von verschiede-
nen bräunlichen Farben, vom Sumpfbraun bis zur dunklen
Schokolade, schwarzbraunes Wasser, hellbraunes Gras, dunkel-
braune Pyramiden aus gestochenem Torf sind auf den braunen
Feldwegen zusammengefügt.

Abends aber werden die Berge blau. Weißer Nebel steigt dann

aus den Höhlen und liegt darüber wie ein dünner Schleier, der von Berg zu Berg gespannt wurde. Die Sonne geht unter. Und es gibt keinen Laut außer dem Wind, der durch das dicke Gras bläst, und außer dem dünnen Wasserlauf, der in die Täler rinnt. Man könnte in den toten Mondbergen sein.

Ich bin also in Wicklow angekommen, wo die Felder von scharfem Grün sind, wo wilde Schönheiten sich im Tal versteckt halten und plötzliche Aussichten sich öffnen, wenn die Straße sich hebt und senkt. Hier rieche ich zum ersten Mal den Weihrauch von Irland, den Rauch der Torffeuer, und zum ersten Mal erblicke ich das echte Gesicht der irischen Landschaft.

Es ist keine leichte und gemütvolle Landschaft wie die englische. Sie hat nicht die gleiche Selbstgelassenheit. Sie zeigt ein fremdes, ein ausländisches Gesicht. Manchmal denke ich, in Frankreich zu sein. Keine halbgezimmerten Hütten mit Dächern wie alte Hüte wachsen aus der Erde, keine gemütlichen Gasthöfe mit Namen wie »Zum alten Klepperkopf« oder »Fuchs und Jagdhund«. Statt dessen kleine einstöckige Häuser aus Stein, so weiß getüncht, daß sie im Sonnenlicht das Auge schmerzen. Einige sind so klein, daß ein Kind sie für Puppenhäuser halten könnte. Manchmal sieht man doch ein ausgewachsenes irisches Gesicht aus solch einem Fenster blicken, das nicht größer ist als ein Mundtuch. Alle diese Häuser auf dem Weg haben kleine grüne Türen, wie für Beschaulichkeit gemacht. Man kann auch halbe Türen daraus machen; ein sinnender Mann kann sich darauf lehnen und eine Pfeife rauchen und die Welt vorüberziehen sehen, gerade so, als lehne er auf einer Schiffsreeling.

Wenn diese Türen offen sind, kann ich in das Halbdunkel eines kleinen Zimmers sehen, in dem eine kleine rote Flamme vor einem kleinen Altar brennt.

Auf dem Feld in der Nähe steht ein Bauer zwischen seinen Herden, eine Pfeife im Mund, einen Stock in der Hand, ein Auge auf die Hauptstraße gerichtet; seine Frau macht sich zur nächsten kleinen Stadt auf und lenkt einen kleinen Esel vor einem kleinen Wagen. Auf Irlands ländlichen Straßen sind Bauernmädchen zu finden, die zu den hübschesten der Welt gezählt werden dürfen. Manche sind klein und haben gerötete Gesichter mit dunklen Augen, andere sind blond mit Sommersprossen um die Nase und blauen Augen. Ihr Gang zeigt viel Würde. Ich sah ein Mädchen ohne Kopfbedeckung mit einem Korb auf dem einen Arm und einem Baby im schwarzen Schal auf dem anderen. Sie hatte ein schönes Gesicht und Rasse in den Beinen. Nichts Bäuerliches war in ihrer Erscheinung.

Weit kann man nicht auf einer irischen Straße kommen, ohne einem Pferdekenner zu begegnen. Häufig unterhält sich ein Priester mit einem jungen Bauern, der sich aus dem Sattel lehnt und sein Pferd streichelt, während er sich mit »seinem Pfarrer« unterhält. Das Pferd aber sieht anders aus als ein alter Gaul eines englischen Bauern; irisches Vollblut fließt in seinen Adern.

Die Blumen in den Gärten vor den Häuschen vermisse ich. Ich durchfahre ein Dorf nach dem anderen und überlege, daß ich, wäre ich Ire, eine Gesellschaft mit dem Ziel gründen würde, in den kleinen Gärten im ganzen Land Blumen zu pflanzen. Am meisten aber vermisse ich den Trumpf der englischen Landschaft – das Dorfgasthaus.

Es gibt wohl, das ist wahr, in jeder Stadt eine Wirtschaft mit dem Namen des früheren oder gegenwärtigen Besitzers. Da liest man »Casey's« oder »Dempsey's«. Es sind reizlose, sogar häßliche Gebäude, seltsam und ungeschlacht in einem Land, das so berühmt ist für seine Gastlichkeit und gute Lebensart. In den Durstpausen des Tages sieht man vor den Türen Wagen, Pferdefuhrwerke, und manchmal ein Wägelchen und einen kleinen, zotteligen Esel.

Doch über alledem – den weißen Häusern, den grünen Feldern mit ihren Steinmauern, dem langen sich windenden Weg, den langsamen Herden im knietiefen Staub, dem süßen Duft von brennendem Torf, den kleinen bemalten Wagen, den sanften irischen Stimmen, dem flinken irischen Lächeln – über alledem, wie eingefangen im Stein und Ziegel dieses Landes und unter dem Gras versteckt und zwischen den Bäumen verborgen liegt etwas in den leisen Tönen, das man nie gänzlich ausmacht. Vielleicht kann es ein Fremder nie wahrnehmen. Aber ich glaube, die Iren können es hören. Die Melodie dringt aus Irlands Erde, aus dem Wasser der Bäche und dem Gras und den Blumen im Feld, vom Himmel herab und von der Erde empor –, geheimnisvoll wie das Fallen von Tau auf den Boden. Wahrscheinlich werde ich nie wissen, was es ist. Das jedenfalls meinen die Leute, wenn sie sagen, Irland »fängt einen« oder Irland sei »faszinierend«.

Es ist etwas Subtiles, tief Verwurzeltes, sehr Altes, etwas, das Segen oder Fluch Irlands sein könnte. Könnte man diesen Ton in Musik umsetzen, so käme er wahrscheinlich von einer Fidel. Ich bin sicher, daß dieser leise Ton, der dem Ohr so gerade noch entgeht, bedeutsam ist. Würde man ihn heraushören, wüßte man alles über Irland, was es zu wissen gibt.

Nachts nahm ich die Bücher zur Hand, die mit mir reisten, und blätterte die wenigen mit irischer Lyrik durch. Ich hoffte bei ihnen Hilfe zu finden, um ein Gefühl auszudrücken, das so vage und schwer in Worte zu kleiden ist. Nur wenige von denen, die keinen keltischen Blutstropfen in ihren Adern haben, werden verstehen, was ich meine. In den paar irischen Gedichten, die mir zur Verfügung standen, fand ich immer wieder interessante Hinweise auf die irische Klangwelt. Synge besonders beschreibt eine Landschaft durch ihre Laute. Beispielsweise die Rede des Landstreichers im »Schatten der Bergschlucht«:

»Kommen Sie nur mit mir, Dame des Hauses, und Sie werden nicht allein mein Geschwätz hören, sondern den Schrei der Reiher über den schwarzen Seen, und dazu werden Sie die Waldhühner und Eulen hören und die Lerchen und die großen Drosseln, wenn die Tage warm sind; von ihresgleichen werden Sie kein Gerede hören, daß man alt wird wie Peggy Cavanagh und daß das Haar sich lichtet und der Glanz aus den Augen schwindet. Von ihnen hört man schöne Lieder, wenn die Sonne aufgeht, und kein alter Kerl keucht wie ein krankes Schaf am Ohr.«

Im selben Stück sagt Nora Burke:

»Wenn man da sitzt und zu einer Tür wie jener da herausschaut und nichts sieht außer dem Nebel, der vom Moor herabrollt, und nichts hört außer dem Wind, der in den vom großen Sturm gebrochenen Bäumen weint, und die Ströme schreien voller Regen . . .«

Im »Brunnen der Heiligen« wiederum heißt es:

»Ich rieche den Stechginster, der vor kurzem auf dem Berg blühte, und wenn du deinen Mund halten würdest, würdest du die Lämmer von Grianan hören, obwohl ihre Schreie fast von dem vollen Fluß erstickt werden, der in der Bergschlucht lärmt.«

Und dann die Gedichte von Francis Ledwidge:

> Und ist der Krieg erst vorbei,
> hol' ich die Laute und singe aufs neu
> von den flüsternden Dingen im Farn.

Es sind diese »flüsternden Dinge«, die nie weit von einem fort sind in Irland. Aber man hört nicht, was sie sagen.

2

Ich habe auf dem windigen Sand von Lindisfarne gestanden, auf dem der heilige Cuthbert seine Zelle baute, und auf jenem Berg in Somerset, auf dem der heilige Joseph von Arimathia den Heiligen Dorn gepflanzt haben soll, so erzählt man, nirgends aber wurde mir ein klareres Bild vom frühen Christentum vermittelt als in der seltsamen kleinen verfallenen Stadt von Glendalough in der Grafschaft Wicklow.

Ich glaube nicht, daß Irland etwas Schöneres vorzeigen kann als dieses himmlische kleine Tal mit seinen zwei Seen am Fuße der Berge. Die Berge sind so hoch und die Seen so tief, daß das Wasser selbst an sonnigen Tagen still und schwarz ist.

Ein hoher runder Turm erhebt sich über den Bäumen am Seeufer. Es ist einer der für Irland typischen Türme, vor fast tausend Jahren als Glockenstuhl wie als Fluchtburg vor den Dänen erbaut. In diesen Türmen befinden sich die Türöffnungen im oberen Teil des Turmes, so daß Flüchtlinge die Leiter hinter sich emporziehen und sich vor Angriffen gesichert fühlen konnten.

Um den Turm herum, verloren in Bäumen, vom grünen Moos bedeckt und von Brombeerhecken überwachsen oder auch hoch auf den Klippen finden sich die Ruinen einer religiösen Gemeinschaft aus den Jahrhunderten, als England noch kein christliches Land war.

Die Glocken riefen in Glendalough schon zur Messe, als es in England außer dem Klirren von Schwertern und dem Geschrei landender Wikinger noch keinen Laut gab. In Glendalough sprechen die Leute davon, daß es die Ruinen der Sieben Kirchen sind, doch eine solche Zahl fand sich niemals zusammen, wie Professor Macalister in seiner »Archäologie von Irland« hervorhebt:

»Eine bemerkenswerte Besonderheit der geistlichen Gründungen in Irland«, schreibt er, »ist die Vielzahl der kleinen Kirchengebäude. In Glendalough, Ucht Hama, Clonmacnois, Kilmacduach, Inis Cealtra und anderswo findet man in ein und derselben Umzäunung eine Anzahl unabhängiger Kirchen, die meisten von ihnen sind klein. Es handelt sich hierbei um eine beliebige Zahl, mancherorts sind es zwei oder drei, anderswo dreizehn. Eine Zahl, die man so gut wie nie findet, ist sieben; dennoch tragen diese Gruppen oft den populären Namen ›Die Sieben Kirchen‹ in der kuriosen Annahme, dies sei Symbol für die Sieben Kirchen der Apokalypse. Ein solcher Symbolismus wäre jedenfalls ganz unmotiviert, und hätte es selbst einen ein-

leuchtenden Grund für die Kirchenbauer gegeben, darauf an-
zuspielen, so beweisen doch die Tatsachen, daß ihnen ein solcher Gedanke niemals gekommen ist. Eine solche Gruppe von
sieben Kirchen existiert gar nicht, manchmal stellen die einzelnen Bestandteile nicht Kirchen, sondern Wirtschaftsgebäude
dar, und diese Gebäude wurden ganz offensichtlich zu verschiedenen Zeiten errichtet.

Um die tatsächliche Bedeutung dieser Gebäudegruppen zu verstehen, müssen wir nur an eine mittelalterliche Kathedrale denken oder an eine große zur Universität gehörende Kirche und
deren verwickeltes System von Meßkapellen, von denen jede
einzelne einen Altar hatte. Dann muß man sich die Auflösung
einer solchen Einheit vorstellen und daß jede Kapelle eine
eigenständige Kirche wird: wir haben dann eine Gruppe von
Kirchen wie jene an den Stätten der irischen Mönche. Jede Kirche ist hauptsächlich eine Meßkapelle, gegründet von einem
Wohltäter der Siedlung.«

Ich saß auf einer Brücke, die über einen braunen Strom voller
Forellen führte, und beobachtete zwei näher kommende Jungen. Sie führten einen mit Holz beladenen Esel und verspra-
chen, mir den Bootsmann zu schicken, damit ich den See überqueren und zum Bett des heiligen Kevin hinaufsteigen konnte.
Der heilige Kevin war der Gründer von Glendalough. Er kam
ungefähr im Jahr 520 dorthin – gab es damals einen Christen
in England? –, um das Leben eines Eremiten zu führen.

Es gibt eine alte Legende, Quelle von tausend Liedern und Gedichten, wonach er durch die Leidenschaft eines wunderschö-
nen Mädchens namens Kathleen, das ihn mit unbarmherziger
Glut bedachte, zur Einsamkeit getrieben wurde. Die alte Chronik behauptet, daß »der heilige Jüngling allen diesen Verlok-
kungen widerstand«.

Eines Tages traf Kathleen den jungen Mönch allein auf dem
Feld und nahm ihn in ihre Arme. »Doch der Soldat Christi, mit
dem heiligen Zeichen bewaffnet und vom Heiligen Geist er-

füllt, leistete heftigen Widerstand, raste aus ihren Armen in den Wald, fand dort Brennesseln, pflückte insgeheim einen Strauß und schlug ihr damit ins Gesicht, auf die Hände und die Füße. Und als sie von den Nesseln Blasen bekam, erlosch das Vergnügen ihrer Liebe.«

So erzählt es die Legende. Eine andere Version, von dem Dichter Moore verherrlicht, behauptet, der heilige Kevin habe seine schöne Anbeterin in den See gestoßen, um sich von ihr zu befreien!

Historisch bleibt die Tatsache, daß sich der junge Eremit nach Glendalough zurückzog, wo er zuerst in einer Baumhöhle lebte und später in einer kleinen Höhle, die er hoch oben im unmittelbaren Angesicht der Klippe entdeckte.

Jünger kamen von nah und fern. Allmählich erwuchs ein kleines Refugium der heiligen Männer um den See. Der heilige Kevin erlebte es noch, daß seine Jünger von Glendalough auszogen, um in den übrigen Teilen Irlands Schulen und Klöster zu gründen. Diese kleine verfallene Stadt – ein irisches Thebaid – war eine Schule für irische Heilige.

»Guten Abend, Sir.«

Ich blickte auf und sah den Bootsmann vor mir stehen. Er trug einen jener unsterblichen Filzhüte, die man nur in Irland findet. Sie werden, glaube ich, jahrhundertelang vom Vater auf den Sohn vererbt.

»Und es ist das Bett des Heiligen, das Sie heute abend sehen werden?« fragte er. »Einen Moment, bis ich das Boot heraushole . . . Langsam, bitte!«

Während wir das stille dunkle Wasser überquerten, erzählte er mir die Geschichte des heiligen Kevin und von dessen Kampf mit der leidenschaftlichen Kathleen, und ich fragte ihn, ob es stimme, daß der Heilige sie in den See gestoßen habe.

»Na«, meinte er, »und was wäre das ein komischer Heiliger, eine junge Dame so zu behandeln? Wahr ist wohl daran, daß er sie mit Brennesseln traktiert hat. Sie wurde von ihrer Liebe geheilt und trat ins Kloster ein. Nun, Sir, sehen Sie sich um!«

Er spitzte seine Lippen und sah ernst aus, wie es solch ein Typ gern tut, ehe er ein bißchen flunkert. »Jede Nacht um zehn erscheint Kathleen auf diesem Stein. Ich habe sie mit meinen eigenen Augen gesehen, und sie ist das schönste Geschöpf, das es je gab.«

»Wie tief ist der See?«

»Er ist so tief, Sir, daß meine Schwester vor einer Weile dort baden und unterging . . .« Er machte eine ernste Pause und fuhr dann fort: »Wir haben kein Wort von ihr gehört, bis wir einen Brief aus Manchester mit der Bitte bekamen, ihre einige trokkene Kleider zu schicken. So tief ist der See, Sir.«

Ich wußte, daß dieser Mann einer Tradition Genüge tat, die die Touristen vor Jahrhunderten ins Leben gerufen haben. Man erwartete von ihm solche Reden und tolle Geschichten, und ich konnte nicht umhin, ihn zu bewundern, weil er dies so gut verstand.

Das Bett des heiligen Kevin – die Zelle, in der der Heilige lebte, ehe die »Sieben Kirchen« erbaut wurden – ist hoch auf der Klippe gelegen. Es ist ein gefahrvoller Aufstieg, aber Tausende unternehmen ihn alljährlich. Hat man erst die Höhle erreicht, kann man sich hinsetzen und über dem Wasser brüten und sich überlegen, wie man um Himmels willen wieder herunterkommen soll.

Mit seltsam hoher Stimme rezitierte der Bootsmann Moores Gedicht von Kathleen, die in den See gestoßen wurde. Die erste Strophe lautet:

> Beim See, an dessen düsterem Ufer
> Die Lerche niemals wird zum Rufer,
> Wo hoch und steil die Klippen steh'n
> Wollt' schlafen der heilige Kevin geh'n.
> »Endlich da«, sagte er zufrieden.
> »Es findet keine Frau mein Bett hienieden.«
> Der gute Heilige konnt' kaum ahnen,
> Wie listig Frauen den Weg sich bahnen.

»Und das, Sir, ist wahr, denn wenn eine Dame ihr Herz an einen Mann verliert, sei er Heiliger oder Sünder, dann muß er achtgeben. Ja, das muß er. . . . So, jetzt haben Sie drei Wünsche frei!«

Ich kreuzte die Wicklow-Berge im Westen und kam nach Kildare. In einem Schaufenster sah ich eine Ankündigung für das Rennen auf dem Curragh und entschloß mich, dorthin zu gehen. Unterwegs hielt ich in einer kleinen ländlichen Stadt, um etwas zu essen und zu trinken. Ich traf einen Mann, dem ich zu gefallen schien. Er schwor, er würde auf den Knien die Hauptstraße herunterrutschen, wenn die britische Armee zurück zum Curragh marschierte. Ich sagte ihm offen, daß ich ihm nicht glaubte. Er schwor noch einmal, daß er die Wahrheit gesprochen hätte. Ich vermute, daß Leute, die so etwas einem Besucher aus England sagen, dies aus purer Höflichkeit tun.

»Sie sind doch gewiß stolz auf die Unabhängigkeit Ihres Landes?«, fragte ich.

»Wir kommen jedesmal vom Regen in die Traufe, Käpt'n«, erwiderte er.

Ich war überrascht, daß er mich Käpt'n nannte, denn der Rang ist ja als Kompliment für die Jugendlichkeit gedacht. Die Anrede wird heutzutage nur noch gelegentlich von den Zeitungsverkäufern am Piccadilly in London gebraucht. Doch das Ganze brachte Licht in die Geschichte: der Mann glaubte, mit einem englischen Offizier zu sprechen. Er spuckte angeekelt aus: »Vom Regen in die Traufe kommen wir«, wiederholte er. »Sicherlich ist dies hier ein verdammt unglückliches Land, und das stimmt auch!«

Ich war auf unbestimmte Art verstimmt. Mir hätte es leidgetan, wenn der Mann wirklich so denken sollte, und ich genierte mich bei dem Gedanken, daß er mich für einen solchen Narren hielt, seine Worte für bare Münze zu nehmen. Ich gab meine Bemühungen um ihn auf, fuhr weiter nach Kildare und überlegte, daß er wahrscheinlich die Ungerechtigkeit der Engländer, sobald die Wirtschaft wieder aufmachte, mit einem Publikum diskutieren würde, das verständiger wäre als ich.

Kildare hatte gerade seinen Markttag beendet. Ein paar unglücklich aussehende Kühe wurden die hügelige Straße nach Hause geführt. Ich legte mich in dieser Nacht unter einen stockfleckigen Kupferstich schlafen, der Lord Roberts in väterlicher Laune mit einem kleinen langhaarigen Mädchen auf den Knien zeigte: »Siehst du nicht, daß ich beschäftigt bin?« sagte seine Lordschaft zu einem atemlosen Untergebenen, der in der Tür stand und begierig darauf war, den Burenkrieg ins Gespräch zu bringen.

Eine wirklich stockfleckige Stimme aus der Vergangenheit!

3

Sieben Uhr morgens. Die Luft ist wie eisgekühlter Wein. Hell scheint die Sonne über dem Curragh in der Ebene von Salisbury in Irland. Unendliche Wolken liegen darüber, und weit weg am Himmel sind die Bergkämme bei Dublin im blauen Dunst hintereinander zu erkennen.

Mein Pferd wirft seinen Kopf zurück und tänzelt, um sich über das grüne Gras hinweg durch den Morgen zu werfen. Ich zügle es und finde seine Ungeduld und das fiebernde Leben in ihm, das seit Anbeginn der Welt etwas klassisch Reines hat, liebenswert. Ich streichele seinen Hals und flüstere ihm etwas zu; ich bin grausam, weil ich zur Geduld mahne. »Laß mich fort«, scheint das Pferd zu sagen, »laß mich meine Kraft an der Schönheit der Welt messen!«

»Los, los — jetzt!« Ich drücke leicht mit den Knien, und in einer Art von elementarer Spannung macht das Pferd einen Sprung nach vorn ins Sonnenlicht. Und ich vergesse alles außer dem Wehen des Windes, dem Rhythmus der Hufe auf dem Torf und die zu Kopf steigende Freude, am frühen Morgen zu reiten. Die ganze helle Welt rast auf uns zu. Ich erhasche ein schneeweißes Geländer im grünen Gras: die verlassene Rennbahn von Curragh. Doch das Gelände ist belebt. Überall üben und galoppieren Rennpferde. Dieser Ort ist eine Kinderstube für Rennpferde, die besten der Welt. Als ich an den Pferden vorbeiziehe, die im Schritt laufen, traben und galoppieren, wünsche ich mir einen Iren an meiner Seite, der mir ehrfurchtsvoll zuflüstert: »Jetzt kommt soundso, der Ahne so manch eines Siegers!«

Für die Männer vom Curragh sind diese Pferde die Lokalhelden. Die Seele vom Curragh ist ein flinkes Vollblut – Körenhaar in braunen Bandagen – eine echte Inkarnation von nervöser Energie, Schnelligkeit und Zucht.

Ich komme in die kleine Stadt Kildare. Am frühen Morgen sind die Fensterläden verschlossen und die Stadt verschlafen. Nur ein Viehtreiber ist zu sehen. Plötzlich wird das Geklapper von Pferdehufen laut, und um die Ecke trabt eine Kavallerieschwadron heran. Jeder Mann reitet ein Pferd und führt eines am Zügel. Die Jahre fallen von mir ab, und ich folge den Pferden sehnsuchtsvoll mit den Augen – man stelle sich das vor: Sehnsuchtsvoll einer Morgenparade nachzublicken! Mit schweren Schritten ziehen die Pferde den Hang herunter zu dem kilometerlangen offenen Land hinüber.

Während ich langsam folge, höre ich wiederum Hufe hinter mir, doch der Laut ist gänzlich verschieden von dem schweren der Kavallerieschwadron. Es ist ein helles, nervöses, weibliches Geräusch; ich blicke mich um und sehe Rennpferde. Sechzehn insgesamt, jedes einzelne eine Schönheit.

Jeweils ein Stalljunge führt sein Pferd mit einem weißen Band. Die Pferde tragen Knieschützer und Bandagen. Hinter der langen Reihe fährt ein leichter Jagdwagen mit einem Mann, der die Pferde wie eine Mutter betrachtet. Es ist der Verwalter des Gestüts, der sich die stattliche Prozession besieht, in der ein Jahr harter Arbeit und viel Liebe steckt.

Bei diesen Pferden handelt es sich um Jährlinge. Sie sind nervös wie junge Katzen. Schon der Laut ihrer Hufe auf der Straße erschreckt sie. Treten sie von der Sonne in den Schatten eines Baumes, gehen sie zur Seite und werfen ihre schönen, schmalen Köpfe zurück.

»Sie gehen zum Jährlings-Verkauf in Newmarket«, sagt der Mann in dem Jagdwagen. »Und ein besserer Wurf Jährlinge hat den Curragh nie verlassen. Arme kleine Deubel! Sie wissen nicht, was heute morgen los ist! Sie sind zum ersten Mal auf einer Straße. Sehen Sie das Füllen dort, das viertletzte, es ist Zehntausende von Pfund wert, wenn es überhaupt nur für einen Penny taugt! Schätze, hier vor uns heute morgen Tausende Pfund von Pferdefleisch . . . Ja, es ist eine aufregende Sache, die Jährlinge nach England zu bringen. Wir haben einen besonderen Zug, dann das Boot nach Holyhead und einen besonderen Zug nach Newmarket.

Aber die Jährlinge kennen das Reisen nicht. Ein erfahrenes, altes Rennpferd lehnt sich gegen die Box im Zug, ruht sich aus und macht die Schiffsbewegungen mit. Aber, du meine Güte, diese Jährlinge sind doch bloß kleine Kinderlein. Sie stoßen sich im Zug und geraten auf dem Boot gar in Panik. Dabei verlieren sie Pfunde. Kommen Sie und schauen Sie mal, wie die sich ihre erste Lokomotive ansehen.«

Der nervöse Pferdezug hielt in einiger Entfernung von der Eisenbahnbrücke, jedes Ohr zum Himmel gestellt, jeder Nerv in Bewegung. Ein unvermittelter Start beim ersten Pferd setzte sich fort bis zum letzten.

Der Verwalter und ich liefen bis zum Bahnhof, wo ein besonderer Zug mit Pferdeboxen wartete, gezogen von einer diskreten Lokomotive, die schon Dampf abgelassen hatte.

»So ist's recht«, sagte der Verwalter der Zuchtfarm, »diese Lokomotivführer sind an Pferde gewöhnt.«

»Wenn Sie rangieren«, bemerkte er zum Lokomotivführer, »lassen Sie die Puffer ja nicht aneinanderschlagen . . .«

»Bestimmt nicht«, antwortete der Lokomotivführer grinsend, »ich stoße so sanft und süß wie eine Dame zurück!«

Der Verwalter winkte mit der Hand, und die ganze Aristokratie überquerte sacht und unsicher die Brücke. Die Klappen der Pferdeboxen wurden mit einem Krach herabgelassen, der die Jährlinge ins Herz traf. Mit aufgestellten Ohren blickten sie über die Mauer und beäugten Zug und Lokomotive, verwundert, interessiert.

Stroh wurde in die Gänge geworfen, und der erste Jährling wurde langsam und mit aller Zärtlichkeit zum Zug geführt. Die übrigen sahen zu.

Das Pferd bewegte sich ruhig zur Box hin und scheute dann mit einem Mal. Es schüttelte seine Mähne und wieherte. Die anderen Pferde auf der Straße wieherten zurück.

»He, da, Junge, so ein braver Bursche, so ein großer Kerl, nun komm schon, komm, he da . . .« lockte der Knecht.

Das schöne Geschöpf tat einen Fuß vor, berührte die Planke ein wenig und schüttelte sich voller Zweifel und Furcht.

»He da, so ein artiger Junge, so ist's recht, so ein großer Kerl bist du . . .«

Das Pferd untersuchte die Planke mit beiden Füßen, befand sie unter dem Stroh als fest und schritt mit mächtigem Hufgetrappel in die Box herein. Der Stallknecht ging mit. Nun wurden die Seiten der Box verschlossen.

»Die Stallknechte machen die ganze Reise mit?«

»Sie lassen von dem Curragh bis Newmarket die Halfter nicht los«, sagte der Verwalter. »Sie haben die Pferde von ihrer Geburt an versorgt. Es ist, als würden die eigenen Kinder aus dem Haus gehen.«

Von den sechzehn Jährlingen wurde einer nach dem anderen in die ausgepolsterten Boxen geführt, wenn der Lokomotivführer »so sanft und süß wie eine Dame« seinen Zug rangierte. Es gab keinen Ärger. Nur das Füllen im Wert von 10 000 Pfund übte gewisse weibliche Vorrechte aus und sorgte für Ärger, ehe es beruhigt und überredet werden konnte.

»Nun, ich habe noch nie erlebt, daß sich die Jährlinge so gut in die Boxen führen ließen«, sagte der Verwalter. »Natürlich werden sie ein paar Pfunde herunterschwitzen. Wenn ich in Newmarket ankomme, werde ich ihnen Brei aus Kleie geben und sie eine Weile ausruhen lassen ... So, Jungs«, rief er und ging am Zug entlang, »laßt die Halfter keine Sekunde los ...«

»Machen wir nicht«, kam mit unterdrückten Lauten die Antwort aus den dunklen Boxen, und im ganzen Zug, aus jeder Box, hörte man die Koseworte der Ställe, das Streicheln auf den schlanken Körpern und irische Stimmen, die immer wieder sagten: »So ein guter Kerl, ach du herrlicher Junge, siehst du, du bist ein ganz großartiger Kerl ...«

»So«, meinte der Verwalter, »das wäre vorbei! Ich habe sie versorgt, seitdem sie auf der Welt sind. Damals waren sie einem Rennpferd so ähnlich wie eine Ratte, jetzt bin ich stolz auf sie, sie sind würdig der besten Ställe im Lande. Frag mich nur, ob ein Derby-Sieger darunter ist! Jedenfalls eine wunderbare Sache, die Jährlinge so fortziehen zu sehen. Einige werden in der ganzen Welt berühmt werden ... Wunderbar.«

Ein Pfiff kam. Die Reihe der verschlossenen Pferdeboxen setzte sich in Bewegung. Es gab gewieherte Proteste. Die unerfahrenen, ungetauften, möglichen Helden des Turfs verließen Irland zu ihrem ersten Abenteuer. Fest stand nur ihr Stammbaum.

4

»Sie können von Newmarket erzählen«, sagte der uralte Mann, der die Markthalle in Kildare aufstellte, »doch wenn Sie großartige Pferde suchen, dann heißt's: auf nach Irland. Was für Pferde haben denn die großen Rennen in diesem Jahr in England gewonnen? Jedes davon ein irisches!

Bei Gott, der Curragh ist Milch und Honig für sie. Gibt keinen besseren Fleck auf der Welt für die Pferdezucht.

»Richtig«, stimmten die Freunde des alten Mannes zu, die beim

Zauberwort »Pferde« wie ein Rabenschwarm von weit herbei-
kamen.

Ich fragte nach dem Weg zum staatlichen Zuchtgestüt und riß
mich gewaltsam von der Menge fort, denn jedes Zufallsge-
spräch an einer irischen Straßenecke hat die gefährliche Lok-
kung ewiger Freundschaft. Irland steckt voller Männer an Straßenecken, die seit Olims Zeiten zu konferieren scheinen.

Die Gestüte des Curragh wirken wie ein Zwischending zwischen Jagdställen und Sanatorien. Das staatliche Gestüt züchtet
und verkauft Rennpferde und ist nicht, wie sich viele vielleicht
vorstellen, im Besitz des Freistaates. Es gehört der britischen
Regierung, wird von Whitehall in London aus verwaltet, und
der Gewinn – ein beträchtlicher – geht an das Schatzamt. Die
zweitausend Morgen waren bis 1916 ein privates Gestüt von
Colonel Walker, jetzt Lord Wavertree, der sie in jenem Jahr
mit allen seinen Zuchthengsten und Stuten, Jährlingen, Fohlen
und Pferden, die gerade zugeritten wurden, der Regierung
übergab.

Ein kleines, rotes Haus bewacht den Eingang zum Gestüt.
Darin wohnt Mr. P. C. Purcell, ein heiterer, wohlaussehender
Mann in mittleren Jahren mit einem leichten, doch fremdarti-
gen englischen Akzent.

Purcell ist überall dort bekannt, wo Rennpferde Männer besit-
zen. Sein ganzes Leben lang hat er in Rennpferden gemacht. Er
weiß soviel darüber, wie die Mütter vieler Kinder von ihren
Sprößlingen wissen, was naturgemäß alles heißt. Wäre ich Frau
Purcell, wäre mein Leben ein Angsttraum, daß er sich jeden
Moment in einen Zentaur verwandeln könnte und ab in die
Wälder traben würde.

Die staatliche Zuchtfarm kann hundertfünfzig Pferde unter-
bringen. Die Weiden können wahrscheinlich für eine ganze
Kavalleriedivision ausreichen. Mr. Purcell führte mich zu
einem großen Platz, um den herum Ställe angelegt sind. Der
Platz war sauber gefegt wie auf einem Flaggschiff. Tatsächlich

hätte hier schon ein einziger Strohhalm ebenso wie ein Streichholz auf dem Achterdeck schockiert.

»So«, sagte Mr. Purcell und öffnete die Stalltüren, »hier sind
die Schönheiten.«

Es standen 26 Jährlinge da, die er in den letzten zwölf Monaten
zur Vollkommenheit gebracht hatte. Viele von ihnen stammten
von Diligence und Silvern ab, den Hengsten der Zucht.

»Sieht man es ihnen denn nicht an?« rief Mr. Purcell aus, während schwarze und braune Jährlinge ihre Ohren hochstellten.

Mir fiel auf, daß er jeden Jährling anders behandelte. Mit einigen war er zärtlich, mit manchen jovial, mit anderen kalt und
distanziert und bei einigen täuschte er Härte vor.

»Gott segne sie, für mich ist jeder eine Persönlichkeit. Habe ich
sie denn nicht großgezogen, seitdem sie da waren? Die meisten
kommen diese Woche nach England und werden in Newmarket
verkauft . . .«

»Du kommst niemals zurück«, sagte er und streichelte ein braunes Kind von Diligence. »Nie! Vielleicht höre ich demnächst
von dir aus Neuseeland oder Indien . . . Es heißt auf Wiedersehen morgen, alte Dame«, erzählte er einem schwarzen Fohlen.
»Du bist eine Schönheit, ein Rennpferd bist du, ein herrliches,
kleines Mädchen — ach! Das möchte dir so passen. Du bist viel
zu frech. Beißen willst du mich, was?«

Er schnalzte mit seinen Fingern und sah drohend aus, aber in
seinen Augen waren Liebe und Aufopferung. Mr. Purcell würde
natürlich niemals zugeben, daß er einmal im Jahr zärtliche Gefühle bekommt, wenn seine schönen und schnellen Kinder in
die Welt ziehen, doch, wie er mit ihnen umging, seine Kenntnisse und vor allem sein Interesse an ihren künftigen Laufbah-
nen und sein prophetischer Sinn für ihr Talent erinnerte mich
an einen Schuldirektor.

Als wir unseren Rundgang fortsetzten und über einen Jährling
und dessen Zuchtvater und wiederum über dessen Zuchtvater
sprachen, schien mir, das Staatliche Gestüt eine Schule auf vier

Beinen zu sein. Eine Art Eton auf Torf. Hier treten Fohlen mit historischem Bewußtsein alljährlich zur Prozession an, genießen dieselbe Erziehung und treten ein in eine Leistungswelt. Und Mr. Purcell erschien mir ein glücklicher Lehrer – seine Schüler werden wissenschaftlich gezüchtet.

»Hier ist die Entbindungsstation«.

Wir standen an einer Seite des Platzes, auf dem die Stuten mit Fohlen untergebracht sind. Nichts gleicht einem Rennpferd weniger als ein weiches Fohlen. Es ist unmöglich, sich vorzustellen, daß diese Säuglinge eines Tages in Newmarket oder Epsom mit einem zusammengekrümmten Jockei auf dem Rücken rasen könnten. Jedes Mal, wenn wir eine Tür öffneten, blickte uns die Stute an, während das Fohlen in ihrem Schatten Schutz suchte und zierlich dastand, um das beruhigende Gefühl von Mutters Nase auf dem kleinen Körper zu spüren.

»Sie müßten sie alle in einem Jahr sehen«, meinte Mr. Purcell, »der da stammt von Diligence.«

Das seltsamste, kleine, faunartige Geschöpf schaute uns aus dem Stroh entgegen. Ich fragte mich, ob es jemals ein Derby gewinnen würde.

Zum ersten Mal in meinem Leben spürte ich, welche Anziehungskraft ein Rennstall hat. Mir wurde bewußt, daß ich Pferde züchten würde, wenn ich Millionär wäre. Nicht allein, um Kontakt zu den sehr faszinierenden und absolut einmaligen Männern zu haben, die für Pferde leben und erdgebundene Humanität und prähistorische List ausschwitzen, sondern weil nichts ausschließlicher sein kann als dieses Mischen von Blut und die Umwandlung von Zucht in Schnelligkeit.

Mir wurden Silvern und Diligence gezeigt, immens, groß und ziemlich bedrohlich in ihren gepolsterten Ställen. Sie blähten ihre Nüstern, waren eine Studie in geballter Energie und schienen mir bereit, die Türen einzuschlagen und über uns hinweg in den Hof zu springen.

Wie recht ich doch hatte, das Gestüt mit einer Schule zu vergleichen. Da gibt es einen Rundbau, zum Himmel zu geöffnet, und dort erlernen die jungen Rennpferde ihre Berufsgeheimnisse. Überall liegt Stroh herum. Das ganze Gebäude wirkt beschützend. Hat es nicht über die ersten Stolperschritte klassischer Helden gewacht? Doch rund um den Bau, in einem glänzenden Metallbogen, sind die Schuhe aller Pferde der staatlichen Zucht genagelt, die auf dem Torf Ehren gewannen. Kein Lehrer hat jemals mit mehr Stolz auf die Preise seiner Schüler gewiesen als Mr. Purcell, wie er durch die Reitschule geht, die Namen der Gewinner und das gewonnene Geld seit 1917 notiert.

»Weshalb ist der Curragh so berühmt für Pferdezucht?«

»Es ist eine Kalksteinebene, und der Curragh hat das beste Weideland in der Welt, um die Knochenbildung zu fördern.«

»Ist das ganze Land so gut oder nur stellenweise?«

»Wenn Sie hier eine gute Zuchtfarm betreiben wollen, müssen Sie sich den besten Boden aussuchen, doch, wenn man ihn findet, kann man darauf wirklich Pferde züchten.«

In der Nachbarschaft und verbunden mit dem Gestüt ist eines der unbekannten Juwelen Irlands: der Garten von Lord Wavertrees altem Haus. Das Haus ist unbewohnt, doch der Garten wird von einem alten Gärtner, Mr. Taylor, versorgt, der jeden Quadratzentimeter liebt. Es ist ein erstaunliches, kleines Paradies, das man hier am Rande des Curragh entdeckt. Ein Bach flüstert, alte Bäume werfen ihren Schatten, und große Büsche von Blumen blühen und verwelken, ohne daß sie einer bewundert, denn der Garten ist unbekannt, und kein Besucher kommt dorthin.

Mr. Taylor führte mich durch dieses Paradies zu einer Pforte, die den Weg zu dem schönsten japanischen Garten freigibt, den ich jemals gesehen habe. Er wurde vor Jahren von einem japanischen Landschaftskünstler angelegt – und der war ein Genie. Er hatte fünfundvierzig Gehilfen und brauchte vier Jahre für seine Arbeit.

Garten ist selbstverständlich symbolisch gemeint. Es ist ein Roman in Stein und Blumen und erzählt die Geschichte eines Mannes von seiner Geburt an bis zu seinem Tod. Man zieht mit ihm in einem dunklen Tunnel los, der für das Mysterium der Geburt steht; man verfolgt seine unsicheren Schritte von der Jugend bis zur Mannesreife; man steigt zu einem Scheideweg hoch, der die Verwirrungen frühen Erlebens symbolisiert; man windet sich durch Felsen und geht über Bäche und gelangt zu einem Hügel, der für den Ehrgeiz steht; man folgt dem Mann durch Blumen zu einer Liebesgeschichte und erreicht seine Hochzeit. Da sind zwei Steine über einen Bach zusammengefügt worden.

Das Eheleben ist nicht einfach. Die Stufen zum Hügel sind steil übereinander und schwer zu besteigen. Man gelangt zu einem strittigen Kreuzweg, zwei Pfade führen von ihm weiter. Der Mann wählt den einen, die Frau den anderen. Auf der anderen Seite des Hügels aber findet der Weg wieder zusammen – der Streit ist beigelegt. Doch der Weg führt weiter, mit Kurven und Windungen und über Bäche, und jedes Jahr ist voller poetischer Symbole.

Dieser japanische Garten in Irland, der England gehört, ist von Anfang bis Ende eine pure Freude.

5

Ein alter Mann mit einem Hut wie ein verbrannter Brotpudding steht mit seinem Rücken zu einem Zelt und kratzt dünne Laute auf einer Fiedel. Niemand scheint ihn zu bemerken. Keiner gibt ihm Geld. Über dem Lärm des Rennens und besonders, wenn sie rufen: »Fort sind sie!« und ein Schweigen sich über die Menge legt, bis man die Lerchen am Himmel hört, spielt die Fiedel immer weiter. Der Mann spielt immer die gleiche Melodie und bewegt kaum seinen Bogen. Er hat bösartige, hellblaue Augen, rosa Apfelbacken und den komischen kleinen Mund in der Form des Amorbogens, wie ihn viele Iren haben. Er ist unübersehbar verwittert, auf seltsame Art entrückt. Er spielt schnell, und seine Augen fixieren die ganze Zeit das Gras vor seinen Füßen, als spiele er für irgendeinen unsichtbaren Zwerg. Ich gebe ihm eine halbe Krone.

Was ist eine halbe Krone? Nichts! Dreißig Pennies. Aber als die Münze in seiner schmutzigen Hand liegt und die Sonne darauf scheint, wird das Geld in überraschend schnellem und abnormem Tempo interessant, während der Mann erst das Geld und dann mich ansieht. Er hält die Münze dicht ans Auge, und ich erkenne, daß er fast blind ist. Dann kommt Leben in seine hellen Augen, und immer noch steht er da mit der hellen Münze in der Hand, und die Sonne scheint darauf. Er sieht mich an, als hätte ich ihm eine Börse voller Gold geschenkt.

»Gott sei gelobt«, ruft er aus, »und möge der Segen aller Heiligen auf dir ruhen!«

Ehe ich etwas zu diesem überwältigenden Dank für einen so kleinen Betrag sagen kann, bahnt sich der Mann einen Weg durch die Menge zu einem Zelt, in dem Getränke verkauft werden.

Hohe, goldene Wolken segeln über dem Curragh. Die weiße Reling des Rennplatzes schwingt sich um das Grün. Man fühlt die Weite, die Luft, die Vögel am Himmel, und leichte Pferdewagen, in Staubwolken gehüllt, eilen über die breiten Straßen herbei. Männer und Frauen leiten ihre Pferde mit langen, leichten Schritten über den grünen Torf, und kleine Kinder in Reithosen aus Cordsamt sitzen auf dicken Ponys. Am weißen Geländer wächst eine kleine Zeltsiedlung. Es riecht nach Holzfeuer, Torf und zertrampeltem Gras. Armselige Töpferwagen sind mit Töpfen und Pfannen beladen. Es gibt dort Buden mit gelber Limonade und bunten Kuchen und lange überfüllte Theken in Zelten, in denen Männer Porter oder irischen Whisky herunterspülen. Einige Stände bieten Schweinsfüße zum Verzehr an, die ebenso scheußlich aussehen wie der Aal in Gelee, den die Cockneys von London gern verspeisen. Auf kleinen, runden Spieltischen können die Leute das Geld verlieren, das sie beim Pferderennen gewonnen haben. Buchmacher schreien. Tausende von Männern und Frauen unterhalten sich, und das helle Licht gibt allem Glanz und unterstreicht die Farben, bis das Ganze wie ein schönes glänzendes Zelt wirkt, die unerläßliche Grundlage aller Rennplätze.

Rennen scheinen in Irland alle Exzentriker der Nachbarschaft anzuziehen. Irland ist ein Land lebendiger Persönlichkeiten, so wie es England im 18. und 19. Jahrhundert war, ehe das Leben genormt wurde. Die einzigen Charaktere im heutigen England sind die alten Farmer und die Arbeiter in abgelegenen Ortschaften. Sie werden bald aussterben und die Bühne den Söhnen überlassen, die gleich aussehen und gleich denken, die gleichen von der Werbung angepriesenen Rasierklingen und Seife benutzen, die gleichen Autos kaufen, die gleichen Zeitungen lesen und das gleiche Radio bedienen. Die Individualität einer irischen Menschenansammlung ist stimulierend, voller Vitalität und Originalität. Da lebt noch die Robustheit Hogarths.

Eine alte Frau, deren mattes, graues Haar aus einem Schal hervorschaut, bettelt mit melodischer Stimme, so weich wie Licht, das durch ein buntes Kirchenfenster fällt. Gibt man ihr eine Münze, spricht sie einen Segensspruch, der wie der Dank der meisten irischen Bettler tatsächlich das Innerste des Herzens erwärmt. Sie eilt in eine Trinkhalle und wirft die Münze auf den nassen Schalter. »Ein Glas Whisky, wenn's gefällt . . .«

Der Kellner betrachtet sie mißbilligend: »Hab' ich dir nicht gesagt, Bridget O'Brien, daß, wenn du heute noch etwas trinkst, die Polizei kommen und dich einsperren wird, so wie sie dich in Punchestown eingelocht haben . . . ?«

»Die Polizei«, schreit sie, legt plötzlich ihre Madonnenpose ab und bleckt ihre Zähne, während sie sich über den Schalter lehnt, »die Polizei . . .«

Das Wort Polizei scheint ihren Zorn zu wecken.

»Bringt sie her«, schreit sie mit extravaganter Rage. »Es gibt keinen Polizisten im ganzen Land, der heute seine dreckigen Hände an mich legt. Bringt sie her . . .!«

Sie steht da wie ein Preiskämpfer, der in der Schlacht die Feuerprobe anbietet.

»Nun, mach, daß du weiterkommst«, sagt ihr der Kellner beruhigend, »denn ich hab' keinen Whisky für dich!«

»Zur Hölle mit der Polizei«, schreit sie und wird zur rasenden Megäre, »zur Hölle mit ihnen allen, sag ich. Und ich bin eine O'Brien!«

Sie schüttelt ihren Kopf und brütet dumpf. Ihr Zorn fällt von ihr ab. Sie ist in irgendeine abgrundtiefe Grube der Trauer herabgestiegen, wo sie offensichtlich mit der Seele aller O'Briens Kontakt aufnimmt. Sie schaut empor mit Tränen in den Augen: eine verletzte Aristokratin.

»Och, du wirst doch nicht so hart zu einer armen, alten Frau sein. Komm schon, nur ein Glas, und ich werde es nicht sein, der dich heute noch belästigt.«

Sie starrt den Kellner an, als hätte sie ihn das erste Mal gesehen und etwas Unglaubliches über ihn erfahren.

»Kann ein gut aussehender, wohlerzogener, junger Mann wie du eine alte Frau mit so bösen Worten fortschicken? Sie verlangt nicht mehr, als wofür sie bezahlen kann . . . Arrrah, komm schon . . .«

Der Kellner, mit seiner Geduld am Ende, macht eine Bewegung, als wolle er um die Theke herumkommen und sie herauswerfen. Sofort kocht ihre Wut wieder auf.

»Zum Teufel mit dir«, schreit sie und schlägt mit den Fäusten gegen die Theke, die nur aus einem wackeligen Tisch mit einer Wachstuchdecke besteht und ihrer Wut sofort nachgibt. »Pech sei mit dir, und mag dich der Teufel holen . . . die Polizei! Die Polizei willst du auf mich hetzen? Beleidigen willst du mich?«

In diesem Augenblick erscheint ein junger Polizist am Eingang des Zelts. Er sagt nichts. Er steht nur da. Die alte Frau erdolcht den Kellner mit ihren Blicken. Es ist der Blick einer tragischen Königin. Darin liegen Zorn, Würde, ein kolossales Gefühl der Gekränktheit und die enorme Übersteigerung, die so häufig im irischen Alltag zu finden ist. Der Polizist winkt dem Kellner. Der beschäftigt sich mit seinen nassen Gläsern.

»Betrinken würde sie sich, wenn ich sie ließe«, sagt er, »armes, altes Teufelsweib ... bestimmt, mir tut die arme Frau leid.«

In der Menge sieht man die bejammernswerte Figur der alten Bridget. »Um Gottes Liebe willen«, flüstert sie mit einer Stimme so sanft wie der Schein von Altarkerzen.

Farmer, auf seltsame Art unbehaglich in ihrem Sonntagsstaat, sind auch unter den Besuchern zu finden. Unglaublich alte Wagen hat man hervorgeholt und sie als Haupttribünen errichtet. Die Besitzer gehen durch die Menge und verkaufen Sitzplätze. Ab und zu liefern sich zwei stämmige Männer vom Land einen wilden Streit, und sofort versammeln sich die Menschen um sie herum. Man glaubt, jede Sekunde werde der eine dem anderen einen Kinnhaken versetzen. Gerade, als der Streit am heftigsten tobt, beide Männer an die Zuschauer appelliert haben und Versöhnung außer Frage scheint, kommen die beiden Männer zu einer Einigung und gehen Arm in Arm fort.

Es gibt Schießstände und Spieltische, an denen immer viel Betrieb herrscht. Die Leute werfen Pennies auf verschiedene Vierecke und erleiden eine Niederlage — oder gewinnen drei Pennies.

Auf der gegenüberliegenden und privilegierten Seite sind eine Haupttribüne, eine Pferdekoppel, Rasen und ein Raum, in dem man den Tee einnehmen kann. Die Pferdekoppel und die Haupttribüne sind von einer vorwiegend männlichen Gruppe besetzt, die ausnahmslos auf Pferde eingestellt ist.

Die Angestellten des Gestüts vom Curragh sind vollzählig erschienen. Es ist unmöglich, eine Gruppe zu finden, die besser informiert aussieht. Betrachtet man sie, empfindet man ein gewisses Mitleid mit den Buchmachern. Wie kommen die um

Himmels willen zu ihrem Geld? Ihre Klienten sind nicht die
üblichen Wettleute, die etwas aus dem Mund des Pferdes ver-
nommen haben – sie sind der Mund des Pferdes.

»Auf wen soll ich setzen?«

»Einen Moment«, meint ein Freund, »ich werde Johnnie fragen
gehen, ob sein Pferd gewinnt.«

Er verschwindet in Richtung der Quartiere von Jockeis und Be-
sitzern und kehrt voller Geheimnisse wieder, hinter seiner
Rennkarte wie ein Verschwörer mit mir sprechend.

»Setz auf Diogenes«, sagt er.

Ich gehe zum Buchmacher und entdecke, daß nur vier Pferde
im Rennen sind. Kleine Rennstrecken – selbst drei Pferde –
sind üblich in Irland. Es stellt sich heraus, daß Diogenes Favorit
ist, und ich bekomme nur zwei zu eins.

»Hast du auf Diogenes gesetzt?« fragt mein Freund.

»Ja.«

»Da hast du recht.«

»Woher weißt du?«

»Ich weiß es eben. Hallo, da kommen sie!«

Kavalleristen des Freistaates in Grün reiten langsam auf der
Strecke gegenüber der Haupttribüne und machen sie von Zu-
schauern frei. Die Pferde kommen in langen, leichten Galopp-
schritten an. Auf dem Rücken kauern die kleinen Männer;
durch ihre bunten Seidenhemden bläst der Wind, und es erklingt das herrliche Gestampf von Hufen auf dem Wege zum
Start, die das Gras heruntertrampeln.

Die Menge ist ruhiger geworden. Die Buchmacher setzen zum
letzten Geschrei an.

»Sie ziehen los.«

Die Menge ist jetzt ganz ruhig. Die Lerchen singen am Himmel. Im scharfen Licht wirken die Berge von Dublin und Wicklow ganz nah und liegen im Schatten der blauen und großen
Wolken über ihnen. Reiter auf der anderen Seite der Renn-
strecke galoppieren los, um die Pferde von einem bestimmten

Punkt aus zu sehen. Ein Pferdewagen, der sich verspätet hat, hetzt mit furchtloser Geschwindigkeit auf der Straße an, um noch das Ende des Rennens mitzuerleben. Der Kutscher steht auf und treibt sein Pferd an, und es galoppiert die enge, braune Straße herunter . . .

»Dark Horse gewinnt«, rufen die Männer mit Feldstechern. Doch dies ist noch nicht sicher.

»Er macht das Rennen . . ., ist im Vorteil – hallo! Diogenes. Er kommt außen an – sie liegen Kopf an Kopf . . .«

Da kommen sie, Kopf an Kopf, von den Jockeis vorwärts getrieben und jedes Gramm für die Geschwindigkeit hergebend; kleine Peitschen steigen und fallen über den glänzenden Weichen, und sie dröhnen weiter über das Gras, Diogenes und Dark Horse Kopf an Kopf und mit weißem Schaum am Zaumzeug. Dann scheint Diogenes, plötzlich vorwärts zu springen, einen Kopf vorn, eine halbe Länge, eine ganze . . . Diogenes gewinnt! Ich gehe und hole meinen Gewinn ab, finde mich in einer Gruppe von Rennfachleuten. Sie wissen alles, was auf dem Curragh geschieht. Sie kennen jedes Pferd. Sie wissen genau, was der Eigentümer, der Trainer und der Jockei von ihnen denken.

»Wird deine Stute das nächste Rennen gewinnen, Bill?«

»Nein. Sie hustet schon den ganzen Winter –. Hast du gehört, was sie von Green Mantle sagen?«

Und so geht es den ganzen Nachmittag.

Am Abend ist der Rennplatz verlassen. Die Lerchen steigen vom Himmel herab, und die Schatten fallen über die grüne Kalksteinebene.

KAPITEL IV

Ich verweile in den pferdenärrischen Städten auf dem Lande,
höre das Angelusgeläut in Cahir und reise weiter zum Ruhm
von Tipperary und nach Cashel der Könige.

I

Eine gute Straße verläuft südlich von Kilcullen nach Carlow. In
diesem Teil von Irland sehen sich die Städte allesamt recht ähnlich. Die Ruinen einer niedergebrannten Militärkaserne und
alte Inschriften in weißer, schon sehr verwitterter Farbe lassen
wissen, wann man sich einer solchen Stadt nähert. Man liest
»De Valera« aus den Zeichen heraus oder findet dreißig Zentimeter hohe Buchstaben, die Ermunterungen an Leute sind, die
Duffy oder Malone heißen und die sich aufraffen sollen, etwas
zu tun. »Los, Duffy« und »Los, Malone« verkünden die steinernen Mauern und Hauswände.

Dann fährt man in einen friedvollen, kleinen Ort ein, der, so
scheint es, sich niemals zu politischer Wirrnis aufgeputscht
haben kann. Die Apotheke nennt sich großspurig »Medizini-
sche Halle« und die Rathausuhr steht auf halb fünf.

Der längst vergangene Bürgerkrieg hat in solchen Städten
letztmalig einige Aufregung verursacht. Zuvor war es Oliver
Cromwell. Die Menschen mögen zwar beim Gedanken an
Cromwell aufgebracht sein, aber sie bewundern ihn doch ein
wenig als mutigen und fairen Kämpfer.

Es gibt eine einzige, weitläufige Straße. Die Häuser sind klein.
Die Läden sind klein. Die Wünsche in solchen Städten sind
kleine Wünsche. Hauptsächlich scheinen sie sich in Hosenträ-
gern, Stiefeln, Schürzen, Orangen, Kartoffeln, Sätteln, Zaumzeug, klebrigen Bonbons und Porterbier zu erstrecken. Kühe

stolpern zu allen Tageszeiten durch die Straßen. Alte Männer in Wetterhütten hocken auf den Deichseln ihrer Eselkarren, denn der arme Esel büßt seine geheimnisvolle Schuld ebenso in Irland wie in Ägypten ab. Alte Frauen, gebeugt von Rheumatismus und Arbeit, kommen vorbei. Sie sind in schwarze Tüchter gehüllt und tragen häufig schwere, in Säcke gehüllte Lasten. Das einzige Ereignis von außergewöhnlichem Interesse in solchen Orten sind die Momente, wenn ein Rennpferd zu sehen ist.

Geschieht dies, dann hört die ganze Stadt auf zu arbeiten. Das Pferd bleibt Irlands beständige Leidenschaft. Es gibt keine echten Iren, weder Mann noch Frau, die sich nicht beim Anblick eines nervösen Rennpferdes umdrehen, dessen Flanken vor Gesundheit glänzen und dessen Hufe auf dem Kopfsteinpflaster erklingen, was für irische Ohren die süßeste Musik ist.

Wenn es ein Gestüt in solch einer Stadt gibt, dann gehört das betreffende Pferd zur lokalen Berühmtheit. Die Leute kennen das Vater- und Muttertier. Sie kennen seine Eigenheiten, seine Tugenden und seine Schwächen. Eines Tages wird die ganze Stadt auf ihn setzen, wie in den englischen Zeitungen am Tage zu lesen ist, nachdem es das Grand National gewonnen hat.

Man blickt durch ein breites Tor auf die Hauptstraße und sieht eine Gruppe von Pferden, die im Kreis herumgeführt werden. Junge Männer mit pferdeähnlichen Gesichtern und dünnen Beinen in gut geschnittenen Gamaschen stehen herum und beobachten die Pferde mit der Hingabe eines Satyrs, der ein Ballettmädchen fixiert. Diese jungen Männer leben in Bauernhäusern mit den Bildern von Pferden, alten Stichen von Pferden und Fotos von Pferden. Haben sie die schmerzliche Pflicht zu erfüllen, einen Brief zu schreiben, so tauchen sie ihren Federhalter in ein Tintenfaß, das aus dem Huf eines berühmten Jagdpferdes geschnitzt wurde und auf einem silbernen Ständer steht. Die Lieblingslektüre dieser jungen Männer sind Anleitungen über Pferdezucht und Kataloge der Jährlingsverkäufe.

Wenn sie träumen, was, so glaube ich, nicht oft der Fall ist, dann reiten sie den Sieger des Grand National.

Niemand kann mehr von Pferden wissen als diese Burschen und niemand weniger von allem anderen. Es sind totale Spezialisten.

Die Atmosphäre eines Gestüts besteht aus Hoffnung und Verzweifelung. Trächtige Stuten starren über die halben Türen ihrer Boxen. Einige werden niemals einen Sieger hervorbringen; andere vielleicht. Von einigen erwartet man es als Selbstverständlichkeit. Ein irischer Bauer läßt sich und seine Familie gar hungern, um eine mittelmäßige Stute von einem berühmten Zuchthengst decken zu lassen. Wer weiß? Vielleicht entwickelt sich das Füllen zu einem berühmten Rennpferd? Das ist das größte Glücksspiel im Leben eines durchschnittlichen irischen Landwirts.

Die jungen Männer lehnen sich über die Türen der Pferdeboxen und beschäftigen sich mit den Chancen . . .

O'Flanagans Stute sollte lieber einen Milchwagen ziehen statt den Platz auf der Zuchtfarm zu beanspruchen. Learys schwarze Stute ist dagegen eine wirklich gute Springerin. Seht euch ihre Beine und ihr Gewicht an – die könnte es zu etwas bringen. Sie hat jedenfalls eine gute Chance. Aber beim heiligen Michael, schaut euch mal Pat o'Briens Black Diamond an. Wenn diese Stute keinen Sieger zustande bringt, dann gibt es keine Logik in der Pferdezucht . . .

So grübeln sie über die Stalltür gelehnt. Sie diskutieren über die »Stuten auf Besuch« und über die Neuankömmlinge. Sie diskutieren über die einjährigen Fohlen. Sie diskutieren über die Füllen. Die enthusiastischste Oberschwester einer Entbindungsstation wäre von solch einer Besorgtheit beschämt.

Das kastanienbraune Füllen von Jackdaw und Lilium Auratum, übrigens zu drei Teilen die Schwester von Brighter London und Jackdaw von Rheims, ist ein erstklassiges, stämmiges, mittelgroßes, vielversprechendes, mächtiges Pferd. Und wie steht's mit dem feinen braunen Fohlen von Jackdaw und Latent! Das ist ein außergewöhnliches Roß, wenn es je eines gegeben hat. Dieser lange und niedrige Typ –.

So geht es weiter, bis der Stalljunge den Hengst hereinführt. Die Versammlung am Tor ist angewachsen. Männer lassen ihre Eselkarren halten und recken den Hals, um den großen schwarzen Sultan zu sehen, der mit erhobenem Kopf und durchgedrücktem Rücken dasteht, das Vatertier vieler Gewinner in den größten Rennen. Ist ein Fremder an den Toren, dann schnurren sie die Leistungen des Beschälers herunter.

Die Männer, die dazu geboren wurden, Pferde zu züchten und Pferde zu reiten, entspannen sich nach der Tagesarbeit bei einem Glas Whisky – und sprechen von Pferden, bis es Zeit wird, schlafen zu gehen.

2

Irlands Charme liegt in der köstlichen Langsamkeit des Lebens. Irland ist ein katholisches Land, und wie in den meisten katholischen Ländern, besonders in Spanien, hat man das Gefühl, die materielle Welt sei unwirklich und ziemlich belanglos, weil sie von der geistigen überschattet wird. Die Kirche, die Geheimbünde verabscheut, verbreitet in allen katholischen Ländern dennoch eine Atmosphäre der Geheimbündelei. Ihre Gefolgschaft gehört einem mächtigen und wichtigen Wesen an, welches das Verhalten der Menschen bestimmt.

Ladeninhaber scheinen nicht echte Geschäftsleute zu sein, sondern Leute, die nur vorgeben, es zu sein, und ebenso scheinen Männer, die auf der Straße eine Schubkarre schieben, dies nicht zu tun, um Geld zu verdienen, sondern weil diese Handlung ihnen geheimnisvolle Befriedigung verschafft. Amerikas Religion, die dabei ist, auch England zu erobern, hat selbstverständlich keine Chance, in England Fuß zu fassen: Gemeint ist der Glaube an die geheiligte Produktion. Für einen gläubigen

Katholiken dürfte es unmöglich sein anzunehmen, er erweise der Menschheit eine echte Wohltat, indem er eine neuartige Zahnpasta oder einen Rasierapparat herstellt. Diese Unfähigkeit, an den geistigen Rang der Arbeit zu glauben, verleiht Irland eine sanfte Abwendung von der Realität und lenkt konsequenterweise die Aufmerksamkeit auf die Persönlichkeit des Menschen.

In England und in allen Ländern, in denen materielle Dinge bedeutungsvoll sind, sehen wir in einem Menschen in erster Linie den Lebensmittelhändler, Kohlenträger oder Beamten vom Gesundheitsamt, und erst dann betrachten wir ihn als Mitmenschen. Fast erschrocken begreifen wir an Sonntagnachmittagen, daß Polizisten Zivilkleidung tragen und Kinder haben. In Irland ist das anders. Ein Zollbeamter ist zuallererst Mr. Casey und dann – erst viel später – Zollbeamter.

Will es ein Ire zu wirklichem Wohlstand bringen, dann muß er fort von Irland und sich von einer fast orientalischen Gleichmut freimachen. Die Loslösung von den Dingen, die den tüchtigen Völkern lebenswichtig erscheinen, ist Erklärung dafür, weshalb die Iren manchen Leuten niemals ganz ernst erscheinen. Irlands geistige Einstellung zum Leben erzürnt die Materialisten, und sie sprechen von Faulheit. Die Iren sind aber nicht faul. Sie sind lässig, träge und metaphysisch. Im irischen Leben herrscht eine halbtraurige, halbhumorige Subjektivität, die dem Land eine grüblerische Gelöstheit gibt. Die grausame und zynische Auslieferung des Menschen an die Maschinen ist der Fluch, der auf den industrialisierten Völkern lastet. Irland mag arm sein, aber wenigstens wird ihr Fleisch und Blut nicht von der Tyrannei technischer Dinge beschämt, die untrennbar mit modernem Wohlstand verbunden sind.

Zu den Folgen jener lässigen Einstellung zur Arbeit zählt ein erheiternder Notbehelf, der im ganzen Land betrieben wird. Dinge, die längst ihre normale Lebensdauer hinter sich haben, werden ganz anders gebraucht, als es den Erfindern einst in den

Sinn kam. Eine alte Eingangstür stopft ein Loch in einer Hecke, und Schnurreste halten einen antiken Motor zusammen, der unglaublicherweise noch läuft. Nichts wird jemals so alt und wertlos, daß man es fortwirft. Technische Unzulänglichkeit, die in der modernen Welt als Makel und Schande gilt, ist für einen Iren häufig bloß ein außerordentlich guter Witz. Da er aber zum Teil noch ein Kind ist, wird er häufig vorgeben, eine Maschine, die bereits hoffnungslos vorüber ist, sei noch intakt. Eine herrliche Geschichte in J. C. Molonys Buch »*The Riddle of the Irish*« illustriert die irische Mentalität in technischen Dingen:

»Ein Häuschen am Meer zeigte das Schild ›Cassidys Salzwasserduschen‹. Dorthin begab sich eine ahnungslose englische Lady. Mr. Cassidy führte sie zum *salle de bains* und erklärte ihr das Verfahren seines Hauses. ›Sie ziehen an jener Schnur, Madame, und herunter kommt auf Sie das Wasser‹. Die Lady, vermutlich ein klein wenig unbekleidet, betrat das Kabinett und ›zog an der Schnur‹. Herunter schoß eine Kaskade von Salzwasser und verfehlte sie um genau 60 Zentimeter. Und da hörte sie eine Stimme von oben: ›Stellen Sie sich ein wenig östlich, Madame‹, hieß es. Mr. Cassidy, sein Gesicht von einem sandfarbenem Backenbart umrahmt, betrachtete sie wohlwollend von einer Falltür aus. In seinen Händen balancierte er einen mächtigen Eimer ›Salzwasser‹ und war zum Einsatz bereit, sobald er die Badende in die direkte Schußlinie manövriert hatte.«

Genau das wollte ich sagen. Die Iren haben ein köstlich geniales Talent zur Improvisation.

3

Sobald ich an Kilkenny denke, erinnere ich mich des weltbesten Schnarchers. Ich kam spät abends an. Das alte Schloß von Kilkenny hob sich von den Sternen ab, der dunkle Fluß spülte ge-

gen seine Mauern, und zufrieden mit diesem flüchtigen Blick
auf die alte Stadt ging ich hundemüde zu Bett.

Ich erwachte mitten in der Nacht mit dem unbestimmten Gefühl, daß sich etwas Ungewöhnliches ereignet. Zunächst, weil
ich zwischen Wachsein und Schlafen war, dachte ich, das Meer
würde gegen die Felsen branden. Es hätte auch das Stampfen
eines Heeres sein können. Solche Zweifel hielten nur für den
Bruchteil einer Sekunde an und dann weckten mich Schnarch-
laute. Sie waren so laut, bemerkenswert, vibrierend und selbst-
sicher, daß, wären sie absichtlich produziert worden, sie die
Arbeit eines Genies gewesen wären.

Ich verabscheue Schnarcher. Ich betrachte Schnarchen als ver-
ächtlich und schändlich. Meiner Meinung nach sollte eine Frau,
die mit einem Schnarcher verheiratet ist, die Scheidung ohne
irgendwelche weitere Diskussionen erhalten. Für mich hat es
stets ein bezeichnendes Licht auf den Stand der modernen Wissenschaft geworfen, daß man dieses Leiden nicht zum Schweigen bringen kann. Im Ersten Weltkrieg, als die meisten von uns
in Zelten und Blechhütten schliefen, erwies sich ein Stiefel als
zwar primitive, aber wirksame Waffe. Doch kein Stiefel hätte
den Schnarcher von Kilkenny gestört. Er durchblies buchstäblich die Luft, erfüllte das Universum. Ich konnte seine Baßtöne
an der Wand fühlen.

Wie mich dieser Mann leiden ließ! Sein fürchterlicher Vortrag war
so regelmäßig in seinem teuflischen Rhythmus wie ein Sägewerk.
Jede halbe Stunde wurde er von einem Art Krampf ergriffen. Ich
hoffte, er würde sterben. Die erniedrigenden Geräusche gingen
ins pianissimo über und hörten dann auf. Danach tat er einen
heftigen Atemzug, schnarchte, schien zu ersticken, grunste, rang
nach Luft und schaltete wieder in den nächsten Gang.

Jeder Mann sollte vor der Eheschließung zur Vorlage einer Be-
scheinigung gezwungen werden, daß er frei von dieser furchtbaren Krankheit ist. Zur Ehrenrettung von Irland bin ich froh,
feststellen zu können, daß es ein englischer Handlungsreisender

war, der da schnarchte. Er war der König der nächtlichen Ruhestörer. Möge es ihm schlecht ergehen!

Mit roten Augen und zerfetzten Nerven war ich am Morgen nicht in der Stimmung, Kilkenny zu genießen. Ich kletterte hinaus zur Kathedrale aus schwarzem, unpoliertem Marmor. Dort erklärte mir der Küster – meiner Meinung nach recht dämonisch – ich wäre zu spät für die Beerdigung gekommen. Ein Engländer, ich glaube aus Bedford, war, wie der Küster sich ein wenig zu anschaulich ausdrückte, »sechs Fuß unter die Erde« gebracht worden.

Ich hatte das Gefühl, einen Pechtag vor mir zu haben. Die Kathedrale von Kilkenny jedoch ist eine der großartigsten Kirchen in Irland. Sie ist voll von Rittern aus der Zeit der Plantagenets, die in voller Rüstung daliegen, ihr Schwert halten und nach oben in die Ewigkeit blicken. In der Kathedrale gibt es eine alte, steinerne Sitzgelegenheit. Der Küster redet einem zu, sich hineinzusetzen und sich etwas zu wünschen. Irland scheint mehr Steine und Brunnen zum Wünschen zu haben als irgendein anderer Teil der Welt.

Das Schloß von Kilkenny, das feudaler aussieht als irgendein anderes mir bekanntes Schloß, hat viele herrliche Bilder und die Unterschriften von jedem englischen König seit Heinrich II. Es war in Kilkenny, da das Parlament von Vizekönig Lionel, Herzog von Clarence, 1367 zusammengerufen wurde. Damals wurde einer der Marksteine der irischen Geschichte gesetzt: das Statut von Kilkenny. Es richtete sich nicht allein an die einheimischen Iren, sondern auch an die Mitglieder der englischen Kolonie, die »einheimisch« geworden und als die »degenerierten Engländer« bekannt waren. Ziel dieses Aktes war es, die beiden Völker auseinanderzureißen: »die irischen Feinde«, wie sie der Akt nannte, und »die degenerierten Engländer«. Da es wahrscheinlich unter zwanzigtausend Engländern keinen einzigen gibt, der über den Akt Bescheid weiß, lohnt es sich, die Hauptpunkte hervorzuheben:

Bündnisse mit den Iren durch Eheschließung oder Pflegschaft (die irische Sitte, Kinder in den Familien von anderen Mitgliedern der Sippe erziehen zu lassen) und durch Patenschaft (eine von der Taufe herrührende Pflicht ähnlich der des Paten) wurden als Hochverrat verboten und waren mit der Todesstrafe zu ahnden.

Jeder Engländer durch Geburt oder Blut, der einen irischen Namen annahm, die irische Sprache sprach, irische Kleidung trug oder irgendeine irische Sitte übernahm, sollte seiner Ländereien enteignet werden.

Kein Engländer durfte den Iren gestatten, ihr Vieh auf seinem Land weiden zu lassen. Er durfte der irischen Geistlichkeit keine Unterstützung gewähren und durfte irische Schauspieler, Musiker oder Geschichtenerzähler nicht zur Unterhaltung bitten.

Der Notwendigkeit eines solchen Erlasses, der 137 Jahre später durch das Poyning-Gesetz rechtskräftig wurde, beweist, wie rasch nach der Invasion sich in Irland eine Nation bildete. Wäre die Fusion zwischen den Anglo-Normannen und den Iren ermutigt statt unterdrückt worden, wäre die englisch-irische Geschichte vielleicht anders verlaufen.

Die Straßen von Kilkenny wirken altmodisch und ziemlich düster. Es gibt herrliche Spaziergänge am Fluß, Stadtmauern und einige sehr gut erhaltene Ruinen religiöser Stätten. Das alles aber zog nicht meine Aufmerksamkeit auf sich. Ich trödelte durch die Straßen und wollte einen Kampf zwischen zwei Katzen erleben. Schließlich ist Kilkenny dafür berühmt.

Seltsamerweise aber ist der Ort voller Hunde. Es gibt davon so viele, daß Katzen, falls sie existieren sollten, gut daran tun, im Haus zu bleiben.

»Weshalb«, fragte ich einen Einheimischen, »sind die Katzen von Kilkenny berühmt für ihre Kämpfe?«

Er sagte, er wisse es nicht. Ich versuchte einen anderen Mann, doch der entpuppte sich als der übliche »Fremde«, der nie was weiß. Schließlich fand ich doch noch eine Autorität.

»Das ist ganz einfach«, meinte der Angesprochene. »Es gibt zwei verschiedene Geschichten darüber. Einst gab es zwei Städte: die eine war irisch, die andere englisch. Sie bekämpften sich wie die Katzen. Die andere Geschichte berichtet von Cromwells Soldaten. Sie pflegten ein Seil über die Straße zu spannen und zwei Katzen an den Schwänzen zusammenzubinden, um ihnen beim Kampf zuzusehen. Nun, dies wurde als grausam empfunden, selbst von Cromwell, was ein wenig merkwürdig erscheinen mag, und so wurde befohlen, daß sich kein Soldat auf diese Weise vergnügen durfte ...

Eines Tages sahen Soldaten bei einer Katzenschlacht zu, als zwei Offiziere herankamen. Die Zeit langte nicht mehr, um die Katzen zu trennen, und so schnitt man ihnen einfach die Schwänze ab. Die Soldaten erklärten den Offizieren, die Katzen hätten so lange gekämpft, bis nichts außer ihren Schwänzen übriggeblieben wäre!«

»Das ist selbstredend die irische Fassung?«

»Das ist sie.«

Ich dankte dem Mann und machte mich auf nach Tipperary.

4

Mir gefällt die Stadt Cahir (man spricht sie Kehr aus). Ich stehe gern am Fenster im oberen Stockwerk des ausgezeichneten, gemütlichen Hotels, das einst ein Privathaus war, und schaue dem gemächlichen Leben in der breiten Hauptstraße zu.

Oft sieht man überhaupt nichts außer einigen alten Menschen. Sie stehen irgendwie geheimnisvoll versammelt mit ihren Eselskarren da, unterhalten sich und diskutieren ernsthaft über die Gemüsepreise. Die Straße ist neugierig und wachsam. Obwohl sie häufig ganz leer ist, schläft sie nie. Sie ist so breit wie ein Paradeplatz, und ich stelle mir vor, daß alles, was dort geschieht, sofort in der ganzen Stadt bekannt wird.

Die ländlichen Städte in Irland haben stets eine andere Atmosphäre. Einige scheinen von hoffnungsloser Schäbigkeit durchtränkt. Es wäre unmöglich, dort einer Arbeit nachzugehen. Das einzige, was man machen könnte, wäre Trinken, Brüten und Entschuldigungen vor sich selbst finden. Doch einige Kilometer von solchen Städten entfernt gibt es andere, die überraschend verschieden sind – hell, sauber und hoffnungsfroh. So ist Cahir.

Eine Kuhherde kommt die breite Straße entlang. Herrliche Pferde mit geflochtenen Mähnen und Schwänzen und numerierten Schildern auf den Weichen ziehen vorüber. Irgendwo in der Nähe ist eine Vieh- und Pferdeausstellung. Ein düsterer Priester steht an der Straßenecke und hält in der Unterhaltung inne, um die Pferde mit seinem Blick zu verfolgen. Jeder macht es so. Alles ist so friedlich und noch vom gesunden Geist des 18. Jahrhunderts erfüllt.

Die warme Nachmittagssonne fällt auf den Platz. Ein Mann kommt die Straße herunter und führt einen großen, schwarzen Stier mit einem Ring in der Nase. Die Haut glänzt wie poliertes Ebenholz. Das Tier schwankt unter seinem Fett und den Muskeln, setzt die Füsse auf der Straße so bewußt wie ein Elefant und wendet im Vorübergehen den Kopf und blickt in unbewußter Wildheit um sich.

Eine Glocke schlägt. Es ist Zeit zum Angelusgebet.

Der Mann und der Stier halten an. Der Viehhirt lüftet seinen schäbigen Hut und neigt seinen Kopf im Gebet. Das gewaltige Tier steht wie ein Fels neben ihm. Ein alter Mann, der einen Esel führt, nimmt seine Mütze ab. Zwei Männer, die Handelsreisende oder Rechtsanwälte sein könnten, bekreuzigen sich. Und die ganze Stadt betet.

Die Zeit des Angelusgebets ist für mich der rührendste und schönste Augenblick im irischen Alltag. Zunächst wird sich ein Fremder der Glocken nicht bewußt. Vielleicht fährt er gerade in einer Dubliner Straßenbahn. Plötzlich entsteht Bewegung.

Männer und Frauen machen das Zeichen des Kreuzes. Oder der Mann, mit dem man sich auf einer übervollen Straße unterhält, wird schweigsam und zieht den Hut. Aber in den Gassen und ländlichen Städten Irlands ist Angelus am schönsten. Mir ist es gleichgültig, wie bigott und wie antikatholisch ein Mensch sein mag und wie sehr er Priester für Schurken hält, die Kapital aus Aberglauben und Unwissenheit schlagen; er muß, so er nur einen Funken Frömmigkeit in sich oder ein Gefühl für Schönheit hat, seinen Kopf beim Angelusläuten entblößen und sein Gebet anbieten.

Die stille Zwiesprache mit Gott zur Morgenstunde, mittags und bei Sonnenuntergang, dringt mitten ins Leben und in die Geschäfte des Lebens und ruft die Menschen auf den Feldern, in den Dörfern und Städten dazu auf, in ihrem Tun eine Pause einzulegen und ihre Gedanken dem Thron Gottes zuzuwenden. Das ist Ausdruck der Geistigkeit, die dem irischen Leben zugrunde liegt. Diese Verschmelzung zwischen den sichtbaren und unsichtbaren Welten erklärt vieles, das in Irland fremd und für gewisse Geistesrichtungen auch auf unbestimmte Art unbequem ist.

Ich erinnere mich, wie einmal ein Spitzbube in Ägypten, der versuchte, mich in seinem Laden zu betrügen, ganz plötzlich mich und meine Angelegenheiten vergaß und sich wortlos nach Osten wandte, niederkniete und seine Stirn im Staub verneigte. Dann kam er zurück und betrog mich. Das Leben war für ihn nur ein erheiterndes Spiel, das er zum Zeitvertreib mitmachte. Dieser Sinn für die Nichtigkeit menschlicher Anliegen kriecht auch ins irische Leben hinein. Vielleicht erklärt das, weshalb die Iren über Sachen lächeln, die wir als vordringlich empfinden, und daß sie sich nicht über solche aufregen können, die wir wichtig wähnen. Ich frage mich, wie viele Iren von den Engländern als »faul« bezeichnet worden sind, während sie in Wirklichkeit einfach metaphysisch waren.

Das Schloß von Cahir ist eines der schönsten Gebäude seiner

Art, die ich in Irland gesehen habe. Neben einer hübschen Brücke erheben sich die Türme über dem Fluß Suir. Von den Schutzwällen blickt man auf ein Mühlenwehr und auf eine breite Wasserfläche, die mich eigentümlicherweise an Stratford-on-Avon erinnert. Auf der anderen Seite sieht man, wie sich der eindrucksvolle Fluß durch Waldland schlängelt. Felder im hellen Schachbrettmuster ziehen zu den Bergen hin, die sich in verschiedenen Schattierungen von subtilem Blau gegen den Himmel abheben.

Das Schloß hat eine wunderbare Halle. Sie wird gelegentlich für Tanzveranstaltungen und andere Festlichkeiten benutzt. Würde mir dieses Schloß gehören und hätte ich Geld genug, um meine Phantasie zu befriedigen, würde ich die Halle restaurieren und die schönsten Zimmer mit Rüstungen und Möbel aus der Zeit einrichten. Für ein Gebäude, das bereits Cromwells Geschütze kennengelernt hat, ist das Schloß in einem bemerkenswerten Zustand. Ich glaube, mit ein wenig Geld und einigen Ideen könnte man Schloß Cahir zu einer der Sehenswürdigkeiten in Irland machen.

Abends ging ich am Flußufer spazieren. Ich kam zu einer Furt, an der ein kleiner Junge ein Boot fahren ließ, indem er an einem Seil zog, das von einem Ufer zum anderen gespannt war. Ich durchquerte einen herrlichen Park neben einem äußerst verführerischen Wassertümpel und hätte alles darum gegeben, eine Angel mit einer Fliege auszuwerfen. Die Zeit war gerade richtig. Es gab große, tiefe, schwarze Wasserlachen – ein verlockender Strom, der sehr nach Fliegen rief.

Ich sah das »große Haus« am Ufer des Flusses. Ein alter Mann erzählte mir, De Valera hätte es während des Bürgerkriegs besetzt.

Und sie benahmen sich wie Gentlemen«, fügte er hinzu. Als sie woanders hin gerufen wurden, trugen sie sich auch noch ins Gästebuch ein. Wahrhaftig, was hätten sie noch mehr tun sollen?«

An diesem Abend in Cahir las ich zum ersten Mal einige Gedichte von Thomas MacDonagh, der, wie man mir erzählte, in jenem Teil von Irland geboren wurde. Besonders ein Gedicht entzückte mich. Auf irgendeine Art, die ich nicht erklären kann, beschrieb es eine kleine irische Stadt wie Cahir. Es lautet:

> Der Jahrmarkt war fünf Jahr von heute
> An jener Stelle dort,
> Als du verließ't die kleinen Leute
> Und zogest mit mir fort.
> Sie kam' zurück, die kleinen Leute.
> Dazu die Schießbuden schön.
> Und Kartenkünstler und Zauberleute
> Gab's von jeder Art zu sehn.
> Doch nirgen's warst du, John-John,
> Kein Stück von dir zu sehn.
> Ich ging nach Hause und bereute.
> Närrin schalt ich mich,
> Zu glauben, du könnst verlassen die kleinen Leute
> Und mit dem Gesetze leben wie ich.
> Die Fastzeit halten, zur Messe gehn
> Und jäten im kleinen Feld gebückt.
> Vorbei der Wunsch, dich wieder zu sehn,
> Noch eh' die Klinke ich gedrückt,
> Die Tür bewegt und dich, John-John,
> Dort sitzen hab' gesehn.

5

Es war so still über der Ebene von Tipperary, daß ich noch in Rosegreen und Cahir die Hunde bellen hörte. Die untergehende Sonne war fast warm, und kein Windhauch bewegte das Gras. Vor mir im Goldenen Tal erhob sich Cashel der Könige, jener mächtige Fels, der so einsam ist wie die Schiffe auf hoher See und der sich vom flachen Land erhebt wie Ely über der Moorlandschaft von Cambridgeshire. Es berührt seltsam, daß eines der heiligen Reliquien in Irland vom Teufel gepflanzt worden sein soll. Jedes Schulkind in Tipperary weiß, daß, als der Teufel über der Ebene von Tipperary nach Hause flog (offenbar nach England), er im Vorbeifliegen einen wilden Biß vom nördlichen Berg nahm, aber einen Happen Felsen mitten im Goldenen Tal fallen ließ. Blickt man nämlich in der richtigen Richtung zu den Bergen von Slieve Bloom, sieht man tatsächlich in der Ferne einen Spalt in den Bergen, in den, so scheint es, Cashel genau hereinpassen würde. Sie nennen ihn den Teufelsbiß.

Die Angelusglocke läutete den stillen Abend ein, als ich den steilen Fußweg zum alten Bollwerk der Könige von Munster nahm.

Auf der Spitze dieses hohen Felsens, umgeben von einer Steinmauer, ist alles, was von einer Königsstadt des alten Irland übriggeblieben ist. Der Mann, der das Tor aufschließt und zu einem weiten Platz mit Grashügeln und den Ruinen von Palästen und Kirchen führt, zeigt auf einen schroffen Stein, auf dem ein altes Kreuz steht.

»Dort«, erzählt er, »hat der heilige Patrick in den alten Tagen König Aengus getauft.«

In Cashel erinnern sich die Leute noch an die Geschichte von der Taufe des König Aengus. Mir gefällt die vertraute Art, in der die Iren von Königen und Helden des Altertums sprechen. Es ist, als seien sie soeben um die Ecke gebogen. Man erzählt sich, daß, als König Aengus auf dem alten Krönungsstein der hohen Könige von Cashel getauft wurde, der heilige Patrick alt und schwach war. Um sich zu stützen, stieß er die Spitze seines Bischofstabes fest in die Erde. Als die Zeremonie vorbei war, sahen Patrick und die Menschen um ihn herum Blutspuren im Gras. Der Stab hatte des Königs Fuß durchbohrt. Der Heilige fragte Aengus, weshalb er nicht im Schmerz geschrien habe, und der König erwiderte, er hätte so viel über die Leiden unseres Herrn gehört, daß er den Schmerz mit Stolz ertragen hätte, selbst dann, wenn er ihm nicht als Teil der Feierlichkeit erschienen wäre.

Noch eindrucksvoller als der Rundturm von Cashel, interessanter als die vagen Umrisse des alten Palastes und schöner als das dachlose Mauerwerk der Kathedrale ist die Kirche von Cormac. Es ist die wunderlichste, seltsamste und außergewöhnlichste kleine Kirche auf den Britischen Inseln.

Wer nach Irland kommt, nur um dieses erstaunliche Gebäude zu sehen, reist nicht vergebens übers Meer. Demjenigen, der nur die normannischen Kirchen Englands gewohnt ist, bietet diese Kirche einen äußerst eigenartigen Anblick. Offenbar wurde sie mit dem Meißel in der einen Hand und dem gezückten Schwert in der anderen gebaut. Die Kathedrale von Durham, die größte normannische Kirche in England, hat etwas Strenges in ihren Mauern. Auch kleine Kapellen, wie die von St. John's im Tower of London und die fast unbekannte unterirdische Kapelle in Newcastle, sind besonders düster. Die von Cormac in Cashel aber ist das einzige Stück heiterer normannischer Architektur, das ich jemals gesehen habe. Man könnte von normannischer Architektur mit einem Sinn für Humor sprechen. Ähnliches gibt es nicht noch einmal auf der Welt.

Wie ist das zu erklären? Die kleine Kirche ist der einzige normannische Bau auf den Britischen Inseln, der nicht von den Normannen errichtet wurde. Ein halbes Jahrhundert vor der Eroberung durch die Normannen wurde die Kirche von weitgereisten Mönchen erbaut, die in der Frühzeit ihre Klöster verließen und in alle Teile Europas wanderten. Diese Mönche versuchten, das zu kopieren, was sie in Frankreich sehr bewundert hatten, herauskam aber eine keltische Abweichung: sie bauten in die Kapelle – in ihre Rundkuppel – verzahnte Bögen ein, etwas sehr Ursprüngliches, das man nur im Buch von Kells und im Schrein von St. Patrick's Bell findet. »Sehen Sie etwas Außergewöhnliches?«, fragte der Führer.

Ich folgte seinem Blick und bemerkte, daß das Gebäude vom Hauptschiff aus einen anderen Winkel hat. Dies ist Symbol für den gesenkten Kopf Christi auf dem Kreuz. Es ist die erste Abweichung, an die ich mich erinnern kann.

Der Führer geleitete mich zu einem steinernen Raum über der Kapelle, der in den Tagen eine Bibliothek war, als Cashel das Armagh und Tara des Südens war.

In seinem Buch » *The Archaeology of Ireland* « berichtet Professor Macalister von den kleinen irischen Kirchen: »Die kleinen Kirchen der irischen Frühzeit«, schreibt er, »sind häufig erwähnt worden. Wir erinnern uns alle, wie Thackeray in seinem *»Irish Sketch Book«* sich über die Miniaturkathedrale von Glendalough lustig macht. Doch muß man bedenken, daß die steinernen Gebäude, die die Zeit überdauerten, aller Wahrscheinlichkeit nach die kleineren und ärmlicheren waren, und daß ferner die Ausstattung eines Gebäudes für die Bedürfnisse des Laienstandes und der Geistlichkeit nicht unbedingt von den Erbauern ins Auge gefaßt wurde. In einer großen Anzahl der Fälle blieben die Menschen, die zur Messe kamen, vor dem Haus stehen, wie man dies heute noch häufig auf dem Land in Irland beobachten kann.«

Die meisten Besucher, die diese Kirchen sehen, müssen von der geschickten Konstruktionsweise der Steindächer fasziniert sein. »Das Doppeldach über dem Hauptbau der Kirche des heiligen Kevin liefert ein Beispiel für die geniale Konstruktionsweise, die eine irische Erfindung zu sein scheint«, schreibt Professor Macalister. »So etwas findet man auch in der alten Kapelle der Kathedralkirche von Killaloe, im Hause des heiligen Columban in Kells, in der Kapelle des Cormac in Cashel und bei ein oder zwei anderen Bauten. Man bediente sich eines Kunstgriffs, um ein hohes, abgeschrägtes Dach zu erhalten, wie in einem regnerischen Klima erforderlich, und lief dabei nicht Gefahr, daß das

Dach auf die Außenwände drückte und so die ganze Konstruktion ins Wanken brachte. Nachdem die Seitenwände errichtet worden waren, wurde ein hölzerner Mittelteil konstruiert, der ein Gewölbe formte, das von außen mit Holz oder Gestrüpp abgedeckt wurde. Auf diesem Mittelteil wurde ein steinernes Gewölbe gebaut und mit flüssigem Mörtel ausgegossen, der durch die Öffnungen lief und sich über dem Gestrüpp sammelte und Abdrücke hinterließ. (Es gibt ein gutes Beispiel dafür in der Sakristeigruft der Kathedrale von Clonfert.) War der Mörtel ganz fest, wurde der Mittelteil entfernt. So war die Kirche mit einem soliden Deckel verschlossen, der ein flaches Oberteil und eine gewölbte Unterseite hatte. Auf die Oberfläche dieses »Deckels« wurde das abgeschrägte Dach gesetzt. Es fehlte folglich jeder Druck nach außen; das gesamte Gewicht wurde vertikal nach unten gepreßt. Ein Gebäude, das nicht besonders groß war, konnte so ohne Stützen errichtet werden. Im Dach wurde eine Kammer ausgebaut, zu der man ohne Leiter durch eine Öffnung im Gewölbe gelangen konnte.

Professor Baldwin Brown hat die Techniken dieser Art von Dächern erforscht und meint: Obwohl sie in den meisten Fällen in jüngster Zeit erheblich restauriert worden sind, scheinen ihre Gewölbe solide gewesen zu sein, und sie wurde nicht neu aufgebaut, während es in keinem Fall nötig war, die Außenmauern abzustützen. Dies ist ein großes Lob für die irischen Steinmetzen. Sie haben nicht nur ein neuartiges Konstruktionsschema entwickelt, sondern es auch äußerst erfolgreich ausgeführt.«

Immer wieder könnte ich zu der Kapelle von Cormac zurückkehren, und nie wäre ich ihres einmaligen Reizes überdrüssig. Wie, frage ich mich, wäre die irische Architektur geworden, wenn diese Umsetzung des Romanischen ins Gälische hätte weitergehen dürfen? Meiner Meinung nach ist es eine der architektonischen Tragödien der Welt, daß die Iren ihren Stil nicht weiterentwickelten oder daß man ihnen dies nicht gestattete, sondern ihnen die Gotik aufzwang, die ihnen niemals nahe war.

»Die Gotik in Irland unterscheidet sich von der der Nachbarländer durch einen bemerkenswerten und wesentlichen Punkt«, meint Professor Macalister. »Anderswo sind die gotischen Stilelemente organisch gewachsen und haben sich auf natürliche Weise von einer Form zur anderen weiterentwickelt. In Irland glich die Gotik einem jungen Baum, den man verpflanzte und der sich niemals akklimatisiert hat.

Bis zuletzt haben die einheimischen Architekten das Prinzip der Gotik nicht beherrscht, ebenso wie sie niemals die englische Sprache beherrschen lernten. Sie haben beides zur Konformität mit dem keltischen Idiom gezwungen. Die Sprache, die man in ganz Irland spricht, ist noch immer Irisch, und sie setzt englische Worte anstelle der entsprechenden irischen. Auf diese Anomalien der Syntax bauen die Erfinder irischer Witze, obwohl ihre Bemühungen, die echten Idiome dieser äußerst schwierigen Sprache zu produzieren, meistens vergeblicher sind als man sich auch nur vorstellen kann. In gleicher Weise war die irische Architektur des Mittelalters keltisch und hatte dabei einen gotischen Anstrich. So findet sich in den mittelalterlichen irischen Kirchen eine ganze Kette von Anomalien. Es gibt Kirchen, beispielsweise in der Black Abbey in Kilkenny, deren Querschiff länger als das Mittelschiff ist. In Corcomroe in Clare finden sich Kapitelle mit fein gemeißelten Blumen. Die Bogenstreben sind, wie in Clonmacnois, zu Seilen verschlungen. Spitzbogen haben Schlußsteine, wie auf den kleinen Kirchen der Aran-Inseln. Man findet Fensterreihen, denen es an Symmetrie mangelt, beispielsweise in Glenagra (Limerick) oder in einer Kirche auf Inis Clothrann in Loch Ree. In Kilmaine (Mayo) gibt es einen Altarraum, der im rechten Winkel zur Hauptachse des Gebäudes mit einer Rundkuppel abgedeckt ist. Es scheint, die irischen Architekten kannten beim Bau der gotischen Kirchen keine Grenze in ihrer Gleichgültigkeit gegenüber den ›Spielregeln‹ . . .

Gleich einem Ausländer, der Englisch spricht und dabei einen ganz unenglischen Ausdruck gebraucht, der einem gebürtigen Engländer niemals in den Sinn käme und der doch auffallend den Kern der Sache trifft, haben die irischen Architekten sehr oft einen kühnen Zug der Ursprünglichkeit in ihre unerfahrene und unabhängige Tradition gebracht.«

Wäre ich Ire, würde ich immer wieder Cashel der Könige heimsuchen, denn dort und nur dort ist das verbindende Glied mit dem gälischen Irland sichtbar, das eigensinnig Eroberung und Unterdrückung überdauerte. Hier ist das Irland, das im Buch von Kells lebt, im Ardagh Chalice, im Kreuz von Cong und im Wappen von Tara. All diese Dinge zeugen von einem reichen und phantasievollen Volksleben, das niemals Gelegenheit fand, sich zu entwickeln. Und würde Walter Scott, jener romantische Dichter aus Schottland, jemals auf die Insel kommen, so glaube ich, daß er nach Cashel gehen sollte, um sein erstes Buch über Irland zu schreiben.

»Bis die Romantik den wichtigen Epochen der irischen Geschichte Bewegtheit, Leben und Tiefe verleiht, werden sie dunkel bleiben«, schreibt Padraic Colum in seinem Buch »The Road around Ireland«. »Irgendeine Gestaltung ist nötig, um durch eine typische Figur die großen Episoden einer gewissen Epoche wiederaufzunehmen. Und dies kann nur von einem großen Künstler bewerkstelligt werden, der ganz das Gefühl für das Volk und einen Sinn für das nationale Schicksal hat — in anderen Worten brauchen wir einen Schriftsteller, der für die irische Geschichte das tut, was Gogol in »Taras Bulba« für die der Kosaken getan hat und was der Autor von der »Glorie des Don Ramona« für die Spaniens zuwege brachte. Vielleicht ist dies nicht geschehen, weil die herkömmlichen Historiker zu beschäftigt mit Angriff und Verteidigung waren, um ein Bild zu malen, das vollständig ist und jene Elemente des Lebens in sich birgt, die ein Künstler sichtbar und greifbar machen kann. Die Lage wandelt sich indes: Irland hat nun Historiker, die uns echte Blicke in die irische Vergangenheit gewähren.

Eine gute Geschichte zeigt das Leben, wie es hier nach den Kriegen in der Mitte des 16. Jahrhunderts war. Damals suchten die *duine uasail*, die Gentlemen in diesen und anderen Teilen Irlands, ihr Glück als Soldaten im Dienste des Auslands. Einige jedoch blieben hier. Es wäre ein Thema für einen romantischen Romanautor, den Lebensweg des einen oder anderen dieser stolzen Nachkommen des legendären König Milesius zu verfolgen. Sie lebten am Rande der Ländereien, die in den Besitz von Cromwells Soldaten oder in den des englischen Königs William III. übergegangen waren. Die Überlieferung berichtet von einem Mann namens Edmund O'Reily. Er war der Urenkel des Soldaten, der Cromwells Truppen Schach geboten hatte, und Enkelsohn des Mannes, der dem Heer Williams die Niederlage bescherte. Man gestattete ihm, sich auf einer ärmlichen Farm anzusiedeln. Eines Tages suchte ein edler Herr auf einem prächtigen Pferd die Nachbarschaft nach ihm ab. Die Bauern fürchteten, der Fremde wollte Edmund etwas antun, und bestritten, daß sie etwas von ihm wußten. Als Edmund dies hörte, war er in größter Sorge, denn er wußte, daß es sich bei dem Reisenden um einen seiner Verwandten handelte, der vom Ausland gekommen war, um ihn zu suchen. Er hat nie wieder etwas von ihm gehört. Wir erleben hier, wie die Nachkommen jener Lords, die fünfhundert Jahre lang im Westen von Breifny herrschten, nach den Worten eines einheimischen Historikers im ›Bauernstand aufgegangen‹ sind.«

Wo, so frage ich mich, ist der Walter Scott von Irland? Auf ihn wartet ein reicherer Schatz Romantik als Schottland jemals jenem Schriftsteller schenkte, der die ganze Welt Schottland lieben lehrte. Es wäre eine Pflicht, der Welt die besten und schönsten Schilderungen des irischen Nationalcharakters zu geben: die kühne Ritterlichkeit, der Mut, der Humor, das Pathos und die Geistigkeit. Das ist eine Aufgabe für ein Genie. Möge es nach Cashel kommen!

Der Blick von der gefährlichen Wand, die auf einer Höhe mit

dem Kegel des runden Turms ist, gehört zu den eindrucksvoll-
sten in Irland und ist für mich nur vergleichbar mit dem Blick
von Schloß Stirling aus über die Links von Forth. Überall ist das
satte Grün des Goldenen Tals. Die dünnen Straßen gehen
durch die Felder und Farmen, durch die kleinen Flecken Waldland und ziehen sich zu den südlichen Hügeln hin.

Als die Dunkelheit kam, schwang sich der gelbe Mond über die
Ebene von Tipperary und hing am Himmel über Cashel.
Hunde heulten auf den angelegenen Farmen. Man sah kleine
Gruppen junger Männer an den Straßenecken trödeln und sich
unterhalten. Sie lachten und machten Scherze und sprachen ein
Englisch, das von einem gälischen Webrahmen stammte. Und
vom Hügel blickte ich zu den alten Ruinen von Cashel der
Könige, das sich dunkel von den Sternen abhob. Es war still,
leer und verschlossen für die Nacht, und darüber leuchtete das
Mondlicht und fiel hinab wie grüner Regen. Wie ein Geister-
schiff ging es über Tipperary hinweg.

KAPITEL V

Ich besuche die Trappisten vom Kloster Melleray, verbringe eine Nacht bei ihnen, höre nachts eine Stimme, belausche sie wieder am nächsten Morgen, stehe zeitig auf, besichtige das Kloster, beobachte die schweigenden Mönche bei ihren Pflichten und setze meinen Weg nach Cork fort, höre dort die Glocken von Shandon und küsse den Stein von Blarney.

I

Die Straße, die von Cashel nach Süden durch Cahir und Clogheen und über die Berge nach Lismore führt, gehört zu den schönsten, die ich je bereiste. Kilometerlang führt man durch die weite Ebene von Tipperary mit dem Blick auf die Berge von Knockmealdown. Unmittelbar hinter Clogheen steigt die Straße an. Rasch gelangt man in die wilden Berge hinauf und zu einer Haarnadelkurve, des Teufels Ellbogen genannt (sein anderer Ellbogen ist in Schottland auf der Straße von Blairgowrie nach Braemar!). Sobald man es riskieren kann, hält man an und blickt zurück.

Der Blick gehört zu den großartigsten auf den britischen Inseln. Unter einem liegt die weite Ebene von Tipperary mit den kleinen, weißen Straßen, die durch grüne Felder und durch das dunklere Grün der Wälder führen. Westlich von Cahir sind die Berge von Galtee, und im Osten liegt Slievenamon. An schönen Tagen kann man den Fels von Cashel sehen, der sich 32 Kilometer nördlich über der grünen Ebene erhebt.

Es fällt schwer, sich von solch einem Anblick loszureißen, doch die Straße zieht sich weiter in die Berge hoch, die kahl, dürr und braun sind, und dann fällt sie in eine herrliche Bergschlucht. Ein quicker Fluß begleitet den Reisenden bis Lismore.

Am Ufer des breiten, trägen Blackwater – eines mächtigen, lachsreichen Stromes – erhebt sich das prächtige Schloß von Lismore. Es gehört dem Herzog von Devonshire und ähnelt Schloß Warwick in England. Vielleicht ist Lismore nicht so großartig wie Warwick, doch wer beide Schlösser kennt, entdeckt sofort Gemeinsamkeiten. Sie sind beide majestätisch, thronen auf bewaldeten Felsen und spiegeln sich im Wasser. Eine der schönsten Baulichkeiten von Schloß Lismore ist der Hof. Der Blick nach unten vom Herrenzimmer aus ist furchterregend. Kein Wunder, daß der ängstliche englische König Jakob II., der auf der Flucht nach der Schlacht von Boyne eine Nacht in Lismore verbrachte, entsetzt zurückschreckte, als er aus einem der Fenster blickte.

Lismore ist ein gefälliges, sauberes, zurückhaltendes und würdevolles Landstädtchen. Ich freue mich an zwei Dudelsackpfeifern im Kilt. Sie trugen die schwarz-grün-blauen Röcke des »Black Watch«-Clans und spielten in den Straßen. Ich hielt sie für Schotten, doch sie antworteten mir im Dialekt von Cork. »Wir sind Iren«, sagten sie, »ganz echte Iren. Hätten Sie wohl Freude daran, uns eine Kleinigkeit für die Dudelsackkapelle von Cork zu stiften?« Sie sprachen die Stadt »Cark« aus.

2

Hundert Männer, die lebenslanges Schweigen gelobt haben, leben hoch oben in den Bergen der Grafschaft Waterford in dem Trappistenkloster auf dem Berg Melleray. Es sind Männer verschiedener Nationalität und mit sehr verschiedenartigen Lebenserfahrungen. Könnten sie miteinander reden, würden sie wahrscheinlich nur eine einzige Gemeinsamkeit entdecken: sie sind der Welt und ihrer Art überdrüssig geworden. Unter ihnen lebt – so erzählte man mir – in der rauhen, braunen Ordenstracht und mit dem neuen Namen, den jeder Mönch beim Verlassen der Welt annimmt, ein ehemals prominenter Buchmacher aus London.

Es war schon spät, als ich den steilen Weg zum Berg Melleray hinaufkletterte. Die Mönche kamen gerade von ihren fruchtbaren Feldern zurück. Ich hielt einen an und fragte nach dem Weg zum Gästehaus, doch er legte einen Finger auf die Lippen und schüttelte den Kopf. Er durfte nicht sprechen, machte aber eine Bewegung mit der Hand, und ich folgte seinem Hinweis, bog um eine Ecke und stand vor dem Gästehaus.

»Guten Abend«, sagte ein Laienbruder in mittleren Jahren. »Und was kann ich für Sie tun?«

»Sie dürfen sprechen?«

»Ich bin von meinem Gelübde entbunden, während ich für unsere Gäste sorge. Und«, fügte er hinzu, »für die Speiseausgabe.«

Er sagte, es sei zu spät, das Kloster zu besichtigen. Die Brüder gingen abends um halb acht ins Bett, denn sie seien täglich um zwei Uhr morgens in der Kapelle. »Bleiben Sie die Nacht über hier und sehen Sie sich das Kloster morgen an. Bleiben Sie eine Woche. Einen Monat, wenn Sie können!« Er lächelte mich an, als würde Zeit nichts bedeuten.

Die Trappisten von Melleray halten der Welt ihr Haus offen. Jeder – ohne Unterschied des Glaubens – darf bleiben, solange er will. Niemand wird gebeten, etwas zu bezahlen, aber es steht eine Spendenbüchse da, falls der Besucher sich eine Gabe leisten kann, wenn nicht, dann schickt ihn die Bruderschaft trotzdem mit einem Segensspruch auf den Weg.

Kloster Melleray ist das einzige in Irland, das auch einer Frau Obdach gewährt. Kommt ein Ehepaar dorthin, schläft der Mann im Gästehaus und die Frau in einem Häuschen unmittelbar außerhalb des Klosters an der Straße. Ein Gemeindepfarrer in Tipperary erzählte mir eine amüsante Geschichte von einem Paar auf Hochzeitsreise, das sich im Kloster nicht trennen wollte, aber ich schweife ab.

»Ich würde gern bleiben, aber ich muß heute abend in Cork sein.«

»Cork«, wiederholte der Mönch, als hätte ich San Franzisko gesagt, »das muß fast 65 Kilometer von hier sein. Was die Leute so herumrasen! Wozu?«

»Ich habe einem Mann versprochen, heute Abend mit ihm zu essen.«

»Ein Versprechen ist heilig. Sie müssen gehen. Wenn Sie unser Kloster sehen wollen, dann werde ich Sie herumführen. Treten Sie ein.«

In einem gemütlichen Zimmer, das mit mehr Luxus ausgestattet war als durchschnittlich die Hotels der kleinen Landstädte in Irland, saß eine Anzahl von Männern. Einige hatten sich in den Bergen verfahren und waren ins Kloster gekommen, um Schutz zu suchen. Einige waren aus Neugierde da, denn die Gastfreundschaft der Trappisten ist in Irland wohl bekannt. Ein Mann war Priester und wollte eine Weile »Einkehr halten«, und ein Gast in eleganter Stadtkleidung roch (wenn ich mich nicht sehr getäuscht habe) nach Whisky.

Die Mönche von Melleray, die äußerst einfach essen und nur Wasser trinken, sind berühmt für die Art, wie sie Trunksüchtige bewirten. Manch junger Mann, der in Dublin zu häufig einen gehoben hat, wird eilig zur Kur nach Melleray verfrachtet.

»Hier«, sagte der Mönch und führte mich zu einem großen Gebäude mit einem Servierfenster am einen Ende, »ist der Speiseraum. Wir geben jedem, der danach verlangt, Speis und Trank.«

»Werden Sie nicht betrogen?«

Der Mönch sah mich mit hellen, blauen Augen an, die erstaunlich kindlich waren. »Ja«, erwiderte er, »hin und wieder. Es ist meine Aufgabe, die Unerwünschten abzuweisen, aber wissen Sie, wenn ich sie sehe, mache ich einfach die Augen zu und – gebe trotzdem.«

Wir standen in einem langen, steinernen Gang. Über uns begann eine Glocke zu läuten, und man vernahm das seltsame Geräusch schlurfender Schritte auf Stein. Eine Prozession in Mönchskutten kam in Zweierreihen und mit gesenktem Kopf um die Ecke – erst die Priester in grober, weißer Tracht, dann die Laienbrüder in Braun, mit einem Strick gegürtet. Nicht einer blickte im Vorbeigehen zu uns auf. Sie gingen zum Abendgebet in die Kapelle, und geräuschlos schlossen sich hinter ihnen die Türen.

Unter den Kutten erblickte ich sehr verschiedene Typen. Wer waren sie, ehe sie ihre Mitmenschen verließen? Was hatten sie vom Leben erfahren? Niemand weiß es. Einst kannte sie die Welt mit ihren Namen, jetzt nennen sie sich Bruder Dominic, Bruder Paul und Bruder Aloysius. Nun sind sie aus dem Leben getreten, und es ist für sie nur ein Vorhof des Todes.

Die Stille auf dem Berg Melleray ist fast furchterregend. Männer in Kutten huschen, still wie Gespenster, in dunklen Korridoren vorbei. Dann und wann fängt man den Blick eines Mannes auf, aber rasch blickt er fort, ängstlich, als würde man ihn ansprechen. In dieser hastigen, furchtsamen Art gehen sie auch aneinander vorbei.

»Drängt es sie denn nie zu sprechen? Haben sie nie das Gefühl, sie würden sterben, wenn sie nicht mit einem Mitmenschen Gedanken austauschen?«

»Weshalb sollten sie? Sie haben Schweigen gelobt?«

Wieder ruhten seine hellen, blauen Augen auf mir. Sie wirkten wie Eis.

Im Refektorium war für einen kalten Imbiß gedeckt, der im grauen Licht des Morgens gegessen werden würde. Der Raum war kalt und leer und hatte eine Kanzel in der Mitte einer der Seitenwände. Lange Holztische standen da und vor jedem eine Holzbank. Zwei Zinnbecher und ein Teller standen an jedem Platz, daneben eine Karte, auf der in großen Buchstaben der Name des Mönchs geschrieben stand – Bruder John, Bruder Michael, Bruder Gabriel, Bruder Pius.

Es gab keinen Grund zu Worten bei Tisch, keinen Vorwand für ein Gespräch. Jeder Platz war so gedeckt, daß die schweigende Bruderschaft wortlos, den Kopf gesenkt, über die kalten Steine hereinschlurfen konnte.

In der Bibliothek im oberen Stockwerk erzählte mir der Mönch die erstaunliche Geschichte dieses Klosters. Im Jahr 1830 war eine Gruppe von Trappistenmönchen, die man aus Frankreich ausgewiesen hatte, in die kahlen Knockmealdown-Berge gekommen mit nichts als einem Shilling und zehn Pennies an gemeinsamem Besitz. Sie errichteten eine Art Unterkunft und einen kleinen Andachtsraum. Von den Bergen kamen die Bauern, um für sie zu arbeiten. Ihre Felder wuchsen, und die Mönche wurden für ihre Wohltaten bekannt. Reiche Leute bedachten sie in ihren Testamenten, und allmählich, innerhalb von hundert Jahren, wurde aus der mittellosen Siedlung eine große, blühende und offenbar wohlhabende Gemeinde. Ihre Felder zeugen von Energie und Wissen. Aus einstiger Wildnis haben sie eine Landschaft gemacht, in der Getreide und Obst wächst und auf deren Weiden fettes Vieh grast. Die Trappisten haben in Irland das zuwege gebracht, was ihren Vorgängern in England in den kahlen Moorgebieten von Yorkshire gelungen ist, in Fountains, Rievaulx, Jervaulx und anderen Orten. Wir traten hinaus in den Garten und die Höfe. Da liegen Reihen offener Gräber. Zuerst versteht der Besucher nicht, was sie bedeuten. Man muß ihm erklären, daß es zu den Pflichten eines Trappisten gehört, das eigene Grab zu schaufeln ...

»Auf Wiedersehen«, sagte der Laienbruder. »Beten Sie heute Nacht für mich, und ich werde für Sie beten. Wenn alle Welt das täte, wie anders könnte es sein ...

Seine blauen Augen im schmalen, scharf geschnittenen Gesicht waren die Augen eines Kindes.

In der Dämmerung stieg ich vom Berg herab, verfolgt vom Klang leichter Sandalen und von der Grabesstille der Männer, die Schweigen gelobt haben.

In dieser Nacht lag ich wach und dachte an die Mönche von Melleray. Ich versprach mir, zurückzugehen und die folgende Nacht als ihr Gast zu verbringen. Der Freund, mit dem ich gegessen hatte, hatte mir unzählige Geschichten von ihren Wohltaten erzählt. Er war das, was man einen »schlechten Katholiken« nennt. Von Priestern wußte er nichts Gutes zu berichten. Für ihn waren sie die »schwarzen Vögel«, die seiner Meinung nach das Land im Stand der Unwissenheit und des Aberglaubens hielten, doch für die Trappisten von Melleray hatte er nur Lob. Er durchsuchte seine Bibliothek und lieh mir einen Band über den Orden.

Vielen Engländern kommt Hitchens Buch »*The Garden of Allah*« in den Sinn, wenn sie an Trappisten denken. Glänzend werden da die Gefühle eines Trappistenmönches geschildert, der von seinem Kloster fortläuft und den Problemen des Lebens begegnet. Es ist Jahre her, seitdem ich das Buch gelesen habe, aber ich erinnere mich noch der Schrecken jenes Klosters – nie beschrieben und doch stets angedeutet – mit seinen schweigenden Mönchen und seiner scharfen Absage an alle Dinge, die wir weltliches Glück nennen. Schon mein kurzer Blick auf Melleray aber sagte mir, daß über diesem Haus der alte »Friede der Kirche« lag. Es war eine Zuflucht. Es verkörperte alles, was im Mittelalter gut und aufrichtig war. Die kompromißlose Strenge ängstigte mich ein wenig, zog mich zugleich aber auch an. Ich wollte zurück und selbst herausfinden, wie das Leben hinter jenen schweigenden Mauern war.

Ich schlug das Buch auf und begann die faszinierende Geschichte des Trappistenordens zu lesen:

Im Jahr 1140 n. Chr. durchstreifte eine Anzahl von Mönchen das enge Tal von La Trappe, auf der Suche nach unberührter Wildnis, um sich von der Welt zurückzuziehen. Dieses Tal, verborgen in den Bergen im Gebiet von Orme in der Normandie, war seiner Abgelegenheit und Unzugänglichkeit wegen als »la trappe« (die Falle) bekannt. Die guten Mönche siedelten sich dort an und machten bald mit ihren Kirchenbauten die Wildnis menschlich. Die Ordensregel dieser Mönche war die aller Zisterzienser jener Zeit. Wohlstand und Besitz stellten sich ein, aber in den Kriegen Englands gegen Frankreich plünderten Soldaten La Trappe, und die Mönche wurden verjagt, heimatlos und gerieten in Not.

Anfang des 16. Jahrhunderts kehrten die Mönche in ihr Tal zurück, doch als veränderte Menschen. Die Strenge der Lebensführung der meisten Orden hatte inzwischen nachgelassen. Zu den Gründen, weshalb die Disziplin früherer Jahrhunderte nachgelassen hatte, zählt das Konkordat von 1526, laut dem der König die Macht hatte, die Äbte für die Klöster in seinem Königreich zu ernennen. Es läßt sich leicht erraten, was geschah. Hoffavoriten verschwendeten die reichen Einnahmen der Klöster. Äbte wurden ernannt, die es nur dem Namen nach waren und deren Interesse nicht dem religiösen Leben, sondern finanziellem Gewinn galt. Für La Trappe, das sich durch ein romanhaft anmutendes Geschick einen bis heute gültigen Ruf für seine Strenge und Abkehr von der Welt erwerben sollte, kamen schlechte Zeiten. Zynische, weltliche Männer verschwendeten die Gelder, und schließlich lag das Klosterleben vollkommen brach. Nur noch eine Handvoll sogenannter Mönche bewohnten die Ruinen der Abtei und verbrachten eine sorglose Zeit – jagend, schießend und angelnd.

Ungefähr um diese Zeit, im Jahr 1626, wurde ein Kind geboren und erhielt den klangvollen Namen Armand Jean Bouthillier de Rancé. Der Vater war Hofbeamter, Kardinal Richelieu der Taufpate. De Rancé sollte die militärische Laufbahn einschlagen, doch ein jüngerer Bruder starb, und im absurden Alter von zwölf Jahren empfing de Rancé die Weihe. Damit erhielt er die Einnahmen aus drei Abteien und von einigen Prioreien, insgesamt einen Betrag von 20 000 Livres im Jahr. Als de Rancé

24 Jahre alt war, starb der Vater und hinterließ ihm einen Besitz, der ihm 30 000 Livres jährlich einbrachte.

Für den reichen jungen Kirchenmann zählten nur Wohlstand und Vergnügen. Er hielt großartig Hof, gab üppige Bankette und ritt mit einer Meute von Freunden und Schmarotzern zur Jagd. Diesen Lebensabschnitt hat ein Zeitgenosse recht eindrucksvoll geschildert:

»Er trug einen leichten Mantel von schönstem violetten Tuch. Das Haar hing ihm in langen Locken über Schultern und Rükken. Mit zwei Smaragden schloß er seine Halskrause, und am Finger trug er einen großen Diamanten. Gab er sich dem Vergnügen der ländlichen Jagd hin, so legte er meistens alles ab, was seinen Beruf kennzeichnete, trug ein Schwert und hatte zwei Pistolen im Halfter. Sein Anzug war von beiger Farbe, und er pflegte eine schwarze, mit Gold bestickte Krawatte zu tragen. In der ernsthafteren Gesellschaft, mit der er manchmal zusammenkommen mußte, fühlte er sich ganz als Mann der Kirche, wenn er eine schwarze Samtjacke mit goldenen Knöpfen anzog.«

Diesem jungen, extravaganten Mann aber war es bestimmt, Entsagung zu üben, wie es in der Geschichte des Christentums nicht ungewöhnlich ist, und er sollte eines Tages ausziehen, um Christus in der Wildnis zu suchen.

Zehn Jahre, in denen er sich ganz dem Genuß hingab, widerten de Rancé an, und sein Gewissen regte sich. Er entschloß sich, bei den Oratorianern in Paris die Abgeschiedenheit zu suchen. Von da ab war er ein anderer Mensch, sagte sich von den Freunden los, verkaufte seine Besitztümer und stiftete enorme Summen für wohltätige Zwecke. Die Abteien und Prioreien wurden abgetreten, und er behielt nur die unbedeutendste und ärmste Stätte – La Trappe. Mit diesem endgültigen Akt der Entsagung wollte de Rancé die letzte Bindung an die Welt lösen und in der Mönchskutte nach La Trappe gehen.

Er fand La Trappe in einem erbärmlichen Zustand. Sieben

weltliche Mönche lebten noch da, und sie betrachteten de Rancés Erscheinen als Herausforderung, verweigerten ihm den Gehorsam, lehnten es ab, ihre Gewohnheiten zu ändern, und drohten sogar mit Mord. De Rancé entschloß sich zum Appell an den König. Offenbar hatten die Mönche vor diesem Schritt Angst, denn sie gaben plötzlich nach und gestatteten ihm, Mönche von strenger Observanz in die Bruderschaft zu holen.

De Rancé fing, wie jeder andere, als Novize an. Als seine Zeit um war, wurde er von Patrick Plunkett, dem verbannten Bischof von Ardagh, zum Abt von La Trappe ernannt. Von da ab begann eine neue Ära im Kloster. De Rancés erste Tat war, die strengen Regeln des heiligen Benedikt wiedereinzusetzen. Er nahm das Gelübde des Schweigens wieder auf, verbannte Fleisch, Fisch, Eier und Wein vom Tisch und führte die körperliche Arbeit wieder ein. Seine Mönche schliefen auf harten Pritschen und standen um zwei Uhr morgens für die Frühmette auf, die bis halb vier dauerte. Nach stiller Andacht folgte um 5.30 Uhr die Prim, ab 7 Uhr wurden Terz, Sext und None gebetet. Jeder Tag im Kloster galt dem Gedanken an die Kürze des Menschenlebens und an den Glanz des ewigen Lebens nach dem Tode.

Im Verlauf der Jahre glich die heilige Atmosphäre von La Trappe jener von Clairvaux und Citeaux in den Jahrhunderten davor. Strenge, Reinheit und kompromißlose Härte mit denen die schweigenden Mönche ihr Leben führten machten La Trappe im ganzen Land berühmt. Männer kamen aus allen Teilen Frankreichs, um dort Buße zu tun und im Angesicht der Heiligkeit zu sterben. In das Kloster La Trappe kam auch Jakob II., König von England in den Jahren 1685–1688, um im Exil zu beten. Ein Bericht der *Dublin Review* von 1844 hat diesen Besuch sehr rührend nachempfunden:

»Er wurde herzlich vom Abt empfangen und, nachdem er dessen Gastfreundschaft genossen hatte, nahm er an der Abenddacht in der Kapelle teil. Nachdem er am folgenden Morgen die Kommunion empfangen und die Frommen bei ihren Pflichten beobachtet hatte, besuchte er einen Einsiedler, der hoch oben in den Bergen wohnte. Niemand pflegte je diesen Einsamen zu stören, der den größten Teil seiner Zeit im Gebet verbrachte, nur gelegentlich kam der Abt zu Besuch. Jakob erkannte sofort, daß der Einsiedler ein ehemaliger Offizier war, der sich einst in seinem Heer rühmlich hervorgetan hatte. Er fragte ihn, zu welcher Morgenstunde er im Winter die Andacht in der Klosterkapelle besuchte. Um 3.30 Uhr, wurde ihm geantwortet. Das ist gewiß nicht möglich, sagte Lord Dumberton, der Weg ist dunkel und trostlos und um diese Zeit äußerst gefahrvoll. Ach, sagte der alte Soldat, ich habe meinem König viele Jahre lang Tag und Nacht bei Frost und Schnee gedient, und ich müßte rot werden, wenn ich nicht das gleiche für den Herrn täte, der mich jetzt in seine Dienste berufen hat und dessen Uniform ich jetzt trage. Tiefbewegt wandte sich der König ab. Seine Begleiter bemerkten, daß seine Augen voller Tränen waren. Bei seiner Abfahrt am folgenden Tag kniete er nieder, um sich vom Abt segnen zu lassen, und, als er aufstand, stützte er sich auf einen Mönch in seiner Nähe. Er blickte auf, um ihm zu danken, und erkannte in ihm einen anderen seiner Gefolgsleute, den Honourable Robert Graham. Auch er war Offizier in seiner Armee gewesen und hatte zudem ein großes Vermögen in seinen Diensten verloren. Seine Majestät sagte ihm einige freundliche Worte. Selbst die Einsamkeit von La Trappe war erfüllt von den Erinnerungen an seine einstige Größe.«

De Rancé starb im Alter von 74 Jahren, körperlich gebrochen und die furchtbarsten Schmerzen wortlos erduldend. Als er sein Ende nahen fühlte, glänzte sein Gesicht vor Glück, und er rief aus: »Oh, Ewigkeit, welch ein Glück! Oh, mein Gott, mit Dir die Ewigkeit zu verbringen!« Seine Reformen blieben.

Fast ein Jahrhundert nach de Rancés Tod brach die Französische Revolution aus. Die Trappisten wurden aus ihrem Kloster verjagt. Sie wanderten durch Europa, siedelten sich hier und dort an und waren stets auf die Gnade ihrer Gastgeberstaaten angewiesen. Napoleons heller Stern stieg auf und versank, und noch immer lebten die Trappisten im Exil. Nach der Schlacht von Waterloo aber durften sie zurückkehren. Für 3000 englische Pfund kauften sie die Ruinen von La Trappe, und mit der Energie, die ihren Orden auszeichnet, begannen sie mit dem Wiederaufbau. Das gelang ihnen so trefflich, daß innerhalb von zwölf Jahren nicht weniger als zehn Klöster entstanden waren, die der alten Ordenregel folgten.

Heute gibt es ungefähr siebzig Trappistenklöster in der Welt. Man findet die schweigenden Mönche sogar in Japan, Amerika und Kanada. In England gibt es als einziges Trappistenkloster das von St. Benedict in Leicestershire, in Deutschland das von Mariawald in der Eifel.

4

Am frühen Abend läutete ich am Tor von Melleray. Derselbe sanfte Laienbruder vom Vortag kam zur Tür, lächelte und erkannte mich wieder.

»Sie haben nicht lange gebraucht«, sagte er. »Kommen Sie herein, Bruder.«

Ich widersetzte mich seinen Bemühungen, meinen kleinen Koffer zu tragen, aber er gab nicht nach. »Es ist meine Pflicht«, betonte er, »ich will Ihnen dienen.«

Ich stand in der kahlen Diele des Gästehauses. Es gibt einen bestimmten religiösen Duft, der von leeren Wänden, alten Teppichen, schalem Weihrauch und Möbelpolitur herrührt. Er ist nicht typisch katholisch, denn ich bin ihm auch in protestantischen Sakristeien begegnet, und nun fand ich ihn im Kloster wieder.

»So«, sagte der Laienbruder, »würden Sie die Hausordnung lesen und sich dann ins Gästebuch eintragen?«

Ich blickte flüchtig auf die gedruckte, eingerahmte Hausordnung und widmete ihr dabei jene halbherzige Aufmerksamkeit, die einer, der weiß, daß er nicht schmuggelt, einem Zollbeamten gönnt. Dann trug ich mich ein.

»Nun«, sagte der Mönch, »werde ich Sie zu Ihrer Zelle führen.« Wir stiegen die von der Halle führenden Holztreppen hinauf. Im ersten Stock öffnete der Mönch eine Tür und trug meinen Koffer in ein Zimmer. Der Raum überraschte mich. Er war nur dem Namen nach eine Zelle. Ein Bett stand darin, das sich als weit angenehmer als das im Hotel in Lismore erwies. Ein Kleiderschrank war da, ein Waschtisch und ein Tisch, alle von den Mönchen gezimmert. Die Wände waren kahl. Nur ein großes Kruzifix hing da, und darunter stand ein Betpult.

Schweigend half mir der Mönch meine persönlichen Sachen auszupacken, Rasierapparat, Rasierseife, Puder und, was mich ziemlich in Verlegenheit brachte, einen schwarz-rot-violetten Pyjama, den ich einige Wochen zuvor in Paris gekauft hatte. Er ließ sich nichts anmerken, als er den Schlafanzug aufs Kissen legte, obwohl dieser doch für ihn ein Zeichen der weichen Annehmlichkeiten war, denen der Trappistenorden abgeschworen hat. Ich überlegte, wie tolerant der katholische Glaube ist. Ein schottischer Presbyterianergeistlicher hätte mir in einer ähnlichen Situation eine Moralpredigt über den schändlichen Pyjama gehalten. »Und nun«, meinte der Mönch, als wir mit dem Auspacken fertig waren, »werden Sie eine Stunde ihr Gewissen erforschen.«

Er ging hinaus und schloß die Tür. Ich lauschte auf das einzige Geräusch im Kloster – das sanfte Schlurfen seiner Sandalen auf dem Gang und der Treppe.

Ich entdeckte, daß meine Zelle unmittelbar über dem Portal des Gästehauses lag. Mit einem Spazierstock hätte ich den Kopf von jemandem berühren können, der darunter stand. Das Fenster im gotischen Stil hatte kleine Scheiben sowie ein enges Fensterbrett, auf das ich mich setzte, um in den Garten hinauszuschauen. Er erinnerte mich an Italien. Er war von einer Mauer umgeben und von hohen Bäumen eingeschlossen; viele davon waren Zypressen, gegen deren dunkles Grün sich lebensgroße Statuen der Jungfrau Maria im hellen Weiß abhoben.

Der Sommerabend war heiß und der Garten von der untergehenden Sonne erleuchtet, die in hellen Flecken durch die Bäume schien. Die Vögel zwitscherten, und die Bienen waren mit den Blumen beschäftigt. Ich war unruhig und wäre gern in den Garten gegangen. Mir fiel ein, daß um diese Zeit die Leute in London sich zum Abendessen und zu Partys umzogen und sich in den Hotelhallen versammelten. Kellner beugten sich dienstbeflissen mit Weinkarten, die in marokkanisches Leder gebunden waren, zum Gast; Frauen mit entblößten Schultern steuerten hoheitsvoll goldene Stühle an, wohl wissend, daß sie die Blicke auf sich zogen und froh darüber. Schauspieler und Schauspielerinnen machten sich fertig zum Auftritt, und der Tanz des Lebens würde bis in die Dämmerung gehen . . .

Ich bemerkte eine Gestalt im Garten. Ein Trappist in Weiß und mit schwarzem Skapulier ging langsam umher. Er hielt seine Hände vor sich, doch sie blieben unter den langen Ärmeln verborgen, und hatte seinen Kopf gesenkt. Sein Gang wirkte eintönig und von der Gewohnheit geprägt. Ich glaube, der Mönch war sich nicht bewußt, daß er lief, und ebensowenig war er sich bewußt, daß er in einem Garten umherging. Als er sich näherte, bemerkte ich, daß sich seine Lippen bewegten.

Seine Konzentration hatte etwas Schauerliches. Ich fragte mich, wer er wohl gewesen sein mochte, ehe er sich in dieses geistige Gefängnis begeben hatte. Gab es irgendwo auf der Welt eine Frau, die er einst geheiratet hatte? Er war ein Mann in der Blüte des Lebens. Man stelle sich vor, eine Frau, die ihn einst geliebt, hätte ihn so sehen können: wie er nur noch für den Tod lebte und schon nicht mehr im Leben stand, wie er mit blicklosen Augen durch die Schönheit eines Sommerabends auf den kalten Vorraum des Paradieses zuschritt.

Eine andere Gestalt betrat den Garten. Es war ein alter Mönch, der in der gleichen Haltung geflüsterten Gebetes umherging. Die beiden kamen aneinander vorbei, doch sie blickten nicht hoch. Es gab, wenn überhaupt, ein schwaches – so schwach, daß man es kaum bemerken konnte – Zurückscheuen voreinander, als die beiden sich passierten. Ich beobachtete sie fasziniert. Auf dem Wege der Meditation waren sie in eine andere Welt gelangt.

Die Geschichte des Trappistenordens kennt viele Berichte von der unmenschlichen Isolierung, die jeder Mönch auf sich nimmt. Es gibt Geschichten von leiblichen Brüdern, die an einem Totenbett vereint sind und bis zu diesem Augenblick nicht geahnt haben, daß sie jahrelang als Trappisten zusammenlebten und, wie diese Mönche im Garten, mit gesenktem Kopf aneinander vorbeigingen. Solche Erzählungen scheinen weit hergeholt, hört man sie in der Welt der Menschen, aber sie werden glaubhaft innerhalb der Mauern eines Trappistenklosters. Dieser Orden hält in der modernen Welt die heilige Inbrunst lebendig – manche mögen sie Fanatismus nennen –, die den heiligen Simeon und die anderen Säulenheiligen beseelte und die Heiligen der Frühzeit als Einsiedler in die thebanische Wüste führte.

Ich saß an meinem kleinen Fenster, und alles kam mir so seltsam vor. Ich war durch ein Tor geschritten, und nun befand ich mich im Mittelalter. Alle meine katholischen Vorfahren regten sich in mir und erkannten den geheiligten Frieden der Kirche, und es erhoben sich die protestantischen Vorfahren, um sie mit Haut und Haaren zu bekämpfen. Dazwischen saß ich, schaute in ungewohnter Verwirrung in den Garten und wußte nur, daß ich von Herzen die Aufrichtigkeit und den Hunger nach Unsterblichkeit dieser Männer bewunderte.

Ich fieberte nach einer Zigarette und wütete gegen die einstündige Meditation. Wie ungehörig! Diese Mönche verbrachten ihr ganzes Leben in schweigender Meditation. Die Stille des Ortes war es, die an meinen Nerven nagte. Selbst die Steine waren von dieser Stille getränkt, und auch die Bäume schienen sich ihrer bewußt. Diese Stille war der Vorbote des Todes.

Auf dem Tisch lag ein kleines schwarzes Buch: »Die Bekenntnisse des Heiligen Augustin«. Ich blätterte in dem Band und fand mich in den süßen Lenz des Christentums versetzt. Die früheren Bewohner der Zelle hatten merkwürdige, unterwürfige Geständnisse hingekritzelt – Sätze in hastiger, trunkener Schrift, die von der Seite torkelte. »Gesegnete Maria, bete für mich« las ich, und auf einem anderen Blatt stand in Kopierstift und mit grellblauen Flecken, als habe der Schreiber mit seinen Tränen das Papier benetzt, »Ich bin ein elender Sünder – bete für mich.« Ich klappte das Buch mit dem unguten Gefühl zu, ich hätte am Schlüsselloch gehorcht.

Es war alles so still. Die Bäume rührten sich nicht im windlosen Abend, ein Rotkehlchen sang eine schöne Elegie auf einen sterbenden Tag. Kristallklar wie ein Springbrunnen perlte der Gesang durch die Luft. Jeder Ton hoch und rund wie ein Tropfen, der aufsteigt und zurück ins Wasser fällt. Die Sonne ging unter, aber bis zur Nacht würden noch viele Stunden vergehen. Ich hörte die Kühe brüllen und nahm an, die Mönche trieben ihre Herde von der Weide zurück in den Stall. In der Hoffnung, sie zu sehen, lehnte ich mich aus dem Fenster, aber die hohen Bäume gaben den Blick auf die Felder jenseits des Gartens nicht frei.

Die Tür wurde geöffnet, und der Laienbruder stand vor mir. Die Stunde war vorüber.

»Folgen Sie mir«, sagte er, und führte mich die Treppe hinunter. Wir verließen das Gästehaus und gelangten zu einem steinernen Korridor. Es roch nach Weihrauch, und ich wußte, daß wir zu der Komplet in die Kapelle gingen. Wir traten zur Seite, um die Bruderschaft vorbeizulassen. Sie ging in Zweierreihen mit gesenktem Kopf. Erst kamen die Priester in Weiß mit schwarzem Skapulier, Männer jeden Alters und verschiedenen Typs, Gelehrte und Bauern, Städter und Landleute, alle mit

Bärten und ein jeder mit dem Ausdruck heiliger Versunkenheit, der mich an ein Fresko von Bellini denken ließ. Ihnen folgten, gleichfalls in Zweierreihen, die Laienbrüder in braunen Kutten mit einem Strick gegürtet.

Die Kapelle war kahl und einfach. Vor dem Hochaltar machte jeder Mönch eine tiefe Verbeugung. Ich nahm auf der für Gäste reservierten Bank Platz. In dieser Nacht waren sechs oder sieben Fremde im Kloster, unter ihnen ein Priester, zwei junge Männer auf Wanderung, ein junger Engländer, der »Einkehr halten« wollte, und ein schäbig und unglücklich aussehender Mann in mittleren Jahren mit dünnem ergrauendem Haar.

Als die Komplet vorüber war, wandten sich die Mönche zum Altar und sangen das Salve Regina. Ich brannte darauf, diese Hymne zu hören, die den Trappisten besonders am Herzen liegt und die sie anders singen als jeder andere Orden.

Das Lied war ergreifend, voller Sehnsucht und Glauben und jenem Verlangen nach der Ewigkeit, das die selbst auferlegten Entbehrungen der Trappisten durchzieht. Kaum war der Gesang verklungen, läutete die Glocke zum Angelusgebet, und alle Mönche fielen auf Hände und Knie. Die Bruderschaft sprach mehrmals das Vaterunser, das Ave Maria und das Gloria, und nach einer Pause verneigten sich die Mönche tief vor dem Altar und gingen schweigsam und gesenkten Kopfes, wie sie gekommen waren, hinaus. An der Tür zur Kapelle stand der Abt mit einem Weihwasserwedel, um jeden von uns mit Weihwasser zu besprengen. Wie graue Geister verschwanden die Mönche im weißen Gang und gingen in ihre Zellen, während wir schweigend ins Gästehaus gingen, wo uns bedeutet wurde, uns auf die Nacht vorzubereiten.

Nach der Sonne war es acht Uhr, denn Melleray kennt keine Sommerzeit. In der Welt draußen war es erst sieben Uhr, und man schickte mich wie ein Kind zu Bett. Wieder saß ich am Fenster und blickte in den hellen Garten hinaus. Obwohl das Bett bequem war, hatte ich das Gefühl, ich würde eine schlaflose Nacht verbringen, denn die Atmosphäre von Mellery faszinierte und erregte mich. Die schweigende, unbeugsame Routine der Andacht, Jahrhunderte zuvor vom heiligen Benedikt festgelegt, war überall um mich, doch ich würde nichts davon merken außer leichten Schritten auf den Steintreppen und Glockenläuten in der Nacht.

Wieder spürte ich das Verlangen zu rauchen, aber laut Hausordnung war das verboten, und so packte ich Zigaretten und Tabak ganz unten in den Koffer. Es klopfte an der Tür. Davor stand der Laienbruder.

»Möchten Sie einen Schluck Wasser«, fragte er, »oder vielleicht Milch?«

Ich schüttelte den Kopf, dankte und überlegte derweil, daß ich gern einen doppelten Whisky mit Soda gehabt hätte. Der Laienbruder schien nicht gehen zu wollen, und ich war nur allzu begierig, mich mit ihm zu unterhalten. Er schloß die Tür und beobachtete mich mit wachem, kindlichem Interesse, wobei er mir die ganze Zeit direkt in die Augen sah. Wie er mit stillen, heiligen Augen dastand, mit dem sanften, bärtigen Gesicht und wie sein Hals aus der zurückgeworfenen Kapuze seiner rauhen Kutte zu wachsen schien, bot er ein vollkommenes Bild. Er muß ein Mann mittleren Alters gewesen sein, aber er hatte die eigenartig faltenlosen Züge, die mir an vielen Trappisten aufgefallen waren. Das glatte, jugendliche Gesicht erinnerte mich an einen jugendlichen Mimen in der Laienspielschar einer Schule, dem man einen Bart umgehängt hat, damit er einen älteren Mann spielen kann. Selten habe ich einen Mann getroffen, der meine Neugierde so entfacht hat. Als ich ihn beobachtete, wurde mir bewußt, daß diese entrückte Glätte eines Trappistenantlitzes auf der Abwesenheit übler und mächtiger Gefühle beruht, die das Gesicht der Menschheit zeichnen. Habsucht, Neid, Haß, Zügellosigkeit und Wollust, die mehr oder minder stark die Gesichter der Menschen prägen, gibt es bei den Mönchen nicht. Sie sehen nicht einfach aus, aber unkompliziert. In ihnen spiegelt sich eine Seele, die alle Gefühle überwunden hat und nur noch Glaube, Hoffnung und Barmherzigkeit kennt. Vielleicht wirken sie deshalb so wenig menschlich, so kalt und entrückt, wie die Gesichter auf einem Flügelaltar von Jacobello di Bonomo.

Als der Laienbruder, der sich bis dahin nur in kurzen Sätzen mit mir unterhalten hatte, freier sprach, erkannte ich ihn als einen Schotten oder einen Iren aus Glasgow. Er erzählte, er sei in Patrick in der Nähe von Glasgow geboren und schon seit 3 Jahren im Kloster. Bei seiner Vorzugsstellung als Laienbruder im Gästehaus wußte er selbstverständlich etwas von den Geschehnissen in der Welt, aber sie interessierten ihn nicht. Er hatte erfahren, daß Glasgow sich verändert hatte, und erstaunte mich mit seinem Bericht, viele Mönche im Kloster hätten niemals vom Ersten Weltkrieg gehört und nichts von der Gründung des irischen Freistaats.

Ich stellte eine Reihe eingehender Fragen über das Klosterleben, wollte wissen, wie oft ein Mönch entdeckte, daß er sich in seiner Berufung geirrt hatte, und dergleichen mehr. Er erwiderte, Trappist zu werden sei der Schlußakt einer langen Serie geistiger Abenteuer, und einmal ein Mönch, bedeute immer ein Mönch. Ich aber konnte nicht begreifen, wie junge Männer — mehrere der Mönche waren in den Zwanzigern — sich von der Welt lossagen konnten, ehe sie von ihr gekostet hatten. Ich habe den Grund, den er dafür angab, vergessen, doch weiß ich, daß er gut war.

Dann, natürlich, wie ein guter Katholik, kämpfte er so wirksam um meine Seele, daß ich Diskussionen fürchtete. Er sagte mir und sah mich dabei mit den klaren Augen eines Kindes an, er würde täglich für mich beten, und er bat mich, ein kleines heiliges Herz anzunehmen, in dem Wachs enthalten war, das der Papst gesegnet hatte.

Ich schilderte ihm, wie ich erst einige Wochen zuvor in Rom erlebt hatte, daß man den Papst zum Klang von Trommeln und Trompeten und mit großem Zeremoniell in den Petersdom trug. Niemals hätte ich geglaubt, einen Menschen so mit einer Geschichte zu beeindrucken. Meine Schilderungen faszinierten ihn. Er stellte unzählige Fragen und wollte schließlich wissen: »Und haben Sie sich nicht niedergekniet?«

»Nein«, entgegnete ich, »ich stand auf einem Stuhl, wie alle anderen auch.«

Er konnte dies nicht verstehen, doch fühlte ich, daß ich für ihn eine besondere Bedeutung gewonnen hatte. Ich war in Rom gewesen und hatte an der Pontifikalmesse teilgenommen.

Es war nach neun. Der Bruder entschuldigte sich, weil er mich zu so später Stunde vom Schlafengehen abgehalten hatte, und, ehe er ging, erzählte er, die Trappisten, die nun auf ihren harten Betten lagen, würden um zwei Uhr morgens zur Frühmette aufstehen.

»Gute Nacht, und Gott sei mit Ihnen!«

Er schloß die Tür, und ich hörte das Trippeln seiner Füße, als er die Treppen hinunterging.

5

Ich saß am Fenster und konnte kaum Schlaf finden. Die Nacht kam, und ein Mond, den ich nicht sehen konnte, badete den Garten in Silberglanz. Die weißen Statuen vor den Zypressen flackerten auf und wurden lebendig. Als ich schließlich einschlief, muß es Mitternacht gewesen sein.

In meine verworrenen Träume drang ein Schrei, wiederholte sich und machte mich wach. Ein Mann stöhnte in der Nachbarzelle oder in der darüberliegenden. Er sprach mit sich selbst wie ein Wahnsinniger. Ich schaute auf die Uhr – es war drei Uhr morgens. Ich hörte ihn laut aufschreien: »Oh, Maria, Gottesmutter, ich brauch' was zu trinken . . .« Er wiederholte dies sechs oder sieben Mal und appellierte an verschiedene Heilige mit einer furchtbaren Stimme, die mich begreifen ließ, daß er weder Milch noch Wasser wollte. Dieser einsame, qualvolle Ruf in der Totenstille ließ mich schaudern. Er glich dem verzweifelten Schrei eines lebendig Begrabenen.

Selbstverständlich wußte ich, daß es sich um einen der Trunksüchtigen handeln mußte, die Heilung in Melleray suchten. Pater Brendan, dem das Gästehaus unterstand, so war mir berichtet worden, gehörte zu den bekanntesten Fachleuten, wenn es um Trunksucht ging. Ich glaube, wenn einer, der zuviel trinkt, nach Melleray kommt, gibt man ihm jene Menge Alkohol, an die er gewöhnt ist, doch reduziert man täglich die Quantität, und zum Schluß gibt es nur noch Wasser. Es ist aber der moralische Einfluß des Klosters, der das Durchhalten erleichtert.

Die Stimme wimmerte ungefähr eine halbe Stunde weiter und ging dann in törichtes, babbelndes Gelächter über.

6

Auf dem Gang tönte eine laute Glocke. Die Tür wurde geöffnet, und herein trat Bruder Gabriel, lächelte mich an und wünschte mir einen guten Morgen. In der einen Hand hatte er einen Becher mit Rasierwasser, in der anderen eine Glocke. Es war sechs Uhr morgens.

Er schalt mich, weil ich meine Schuhe nicht vor die Tür gestellt hatte, und ich erwiderte, ich würde ihn meine Schuhe nicht putzen lassen und könne sie selbst sauberreiben. Er schüttelte den Kopf und ich erkannte, daß ich etwas falsch gemacht hatte. Es gehört zur Glaubenspflicht eines Trappisten, jedem Fremden so zu dienen, als sei er Unser Herr, selbst dann, wenn es sich um einen zerlumpten Bettler handelt. Mir wurde klar, daß ich diesem sanften Mönch eine Pflichterfüllung versagt hatte. Mir war sie niedrig und unwürdig erschienen, ihm aber war sie geheiligtes Privileg.

Ich stand auf, zog die Vorhänge beiseite, und die Sonne sprang in meine Zelle. Der Garten mit dem silbernen Tau auf dem

Gras und den seltsamen Morgenschatten war wunderschön. Mir bot sich ein herrlicher Anblick. Ein Hase kam angehoppelt und hinterließ eine schwarze Spur im Tau. Er saß unter meinem Fenster, richtete sich auf und horchte. Ich dachte an den heiligen Franz von Assisi und überlegte, ob die Mönche dieses furchtsamste aller Geschöpfe gezähmt hatten. Dann ließ sich der Hase wieder auf seine vier Pfoten fallen und machte sich geräuschlos davon.

Beim Rasieren roch ich — fast erschrocken, bestimmt aber mit neiderfüllter Empörung — eine Zigarette. Dünne, blaue Rauchkringel wurden in meine Zelle geblasen. Irgendeiner rauchte in der Pforte unter meinem Fenster, und ich rätselte, wer sich der Hausordnung widersetzte, schaute zum Fenster hinaus und erblickte unmittelbar unter mir einen Schopf dünnes, ergrauendes Haar. Es war der Kopf des schäbigen Gastes in mittleren Jahren. Noch etwas anderes fiel mir auf: die Hand, die die Zigarette hielt, zitterte qualvoll. Der Mann konnte kaum die Zigarette zum Mund führen. Dies also war das Mitleid erregende Geschöpf, dessen gepeinigte Stimme mich in der Nacht erschreckt hatte.

Während der Mann da stand und verstohlen rauchte, kam ein Mönch aus dem hinter dem Klostergarten liegenden Gemüsegarten und ging den geraden Pfad entlang. Es war Pater Brendan vom Gästehaus, der die Trunksüchtigen heilte. Sobald der Mann unter mir den Mönch sah, drückte er hastig seine Zigarette gegen die Mauer und warf sie ins Gebüsch. Sein Kopf, den ich von oben sah, sagte mir, daß er sich um einen unschuldigen Ausdruck bemühte. Ich kam mir überhaupt nicht wie der Lauscher an der Wand vor, sondern blieb am Fenster stehen und überlegte, ob Pater Brendan den Rauch riechen und vielleicht den Sünder ermahnen würde. Mit großen Schritten kam er näher. Die Spitzen seiner festen Schuhe waren feucht vom Tau. »Guten Morgen«, rief er herzlich, »und wie geht es Ihnen heute?«

»Ach, Vater«, antwortete der Mann mit zerknirschter Stimme, »ich bin schlecht, ich bin so schlecht . . . in der Nacht sind alle Teufel über mich hergefallen.«

»Und warum haben Sie mich nicht gerufen?« fragte der Mönch streng. »Ich wäre gekommen und hätte Sie beruhigt.«

Der Mann strich sich mit einer schrecklich zitternden Hand über die Stirn. Freundlich legte ihm der Mönch die Hand auf die Schulter und sagte mit der Stimme eines Menschen, der ein Kind tröstet: »Ach, das macht doch nichts — so und jetzt werde ich Ihnen einen Tropfen geben, nur als eine kleine Herzensstärkung.«

Zusammen gingen sie ins Haus und ich hörte, wie ein Schrank aufgeschlossen wurde.

Nachdem ich mich angezogen hate, ging ich in den Garten und wanderte noch weiter, bis ich zu dem großen, vorbildlich bestellten Küchengarten gelangte, in dem die Mönche ihr ganzes Gemüse zogen. Hier begegnete ich den anderen Gästen. Offenbar hatte das Schweigen der Söhne des heiligen Bernhard ebenso schwer auf ihnen wie auf mir gelastet, denn wir machten uns sofort gegenseitig bekannt, sprachen schnell beim Spaziergang und tauschten unsere Eindrücke aus. Der junge Engländer und der irische Geistliche waren die einzigen, die ins Kloster gegangen waren, um Einkehr zu halten. Die übrigen waren Reisende wie ich — nur Gäste einer Nacht. Einer berichtete, wie schwierig es sei, den gastfreundlichen Brüdern etwas zu bezahlen, wenn man nicht wenigstens eine Woche bliebe. Obwohl in der Diele versteckt eine Sammelbüchse stand, wurde niemals einer um eine Spende gebeten. Der Gast wurde vielmehr gründlich vom Gästevater gescholten, wollte er für die Gastfreundschaft einer Nacht zahlen.

»Es gab einmal einen Mann«, erzählte einer der Gäste, »der wollte nicht glauben, daß ein Reisender hier umsonst wohnen darf. Also schloß er eine Wette ab und blieb einen ganzen Monat. Niemals wurde er auch nur um einen einzigen Penny gebeten, und nach seinem Aufenthalt hier zog er mit der Segnung des Abtes davon. Er hatte seine Wette verloren und schickte das Geld in einem ansehnlichen Scheck ins Kloster . . .«

Wir hörten die Glocke uns zur Messe rufen. Es war fast sieben Uhr. Wieder nahmen wir unsere Plätze in der Kapelle ein. In meiner Nähe stand der Mann mit dem schütteren grauen Haar, viel weniger zaghaft als zuvor. Der weise Gästevater hatte ihm ein wenig Vertrauen aus der Flasche zukommen lassen.

Der feierliche, schöne Kanon der Messe wurde vor unseren Augen zelebriert. Meine Gedanken schweiften zurück in die früheren Jahrhunderte und suchten nach einer Parallele für diese wunderbare Szene: die Kerzen brannten, und der Zelebrant und seine Ministranten fanden sich ruhig durch das schwierige Ritual vor dem Altar.

7

Kurz vor acht Uhr nahmen wir unser Frühstück im Gästehaus ein. Wir saßen an einem langen Tisch, und mein sanfter Freund, der Laienbruder aus dem Gästehaus, bediente uns. Der Priester saß am Kopf des Tisches und schenkte Tee aus einer gigantischen Kanne ein. Es gab Eier, Brot und Butter, wunderbares Brot und herrliche Butter, die Produkte aus der Backstube und der Molkerei. Wir aßen schweigend. Ich war am Verhungern, und mir wurde bewußt, daß ich am Abend zuvor das Essen ausgelassen hatte.

Ich vernahm eine Stimme und sah mich um. Ein junger Pater, das Gesicht von der Kapuze seines weißen Habits verdeckt, saß in einer Nische in der Nähe der Tür und las die Imitatio Christi vor. Die Stimme war seltsam, faszinierend, kalt und ausdruckslos und schien widerstrebend von einer fernen Region aus Eis und Schnee zu kommen. Es war die Stimme eines Gelehrten und auch die Stimme eines Mannes, der das Schweigen dem Reden vorzog. Der Priester blickte die Tischrunde fragend an.

Waren wir alle fertig? Er läutete eine Glocke, und sofort hielt der vorlesende Mönch inne; kaum schien er den Satz zu beenden, und, als wir nach dem Tischgebet aufstanden, war er lautlos aus dem Zimmer geschlüpft.

»Was möchten Sie jetzt tun?« fragte der Gästevater.

Die zwei Männer, die Einkehr hielten, hatten ihre Pflichten. Andere wollten zur Beichte gehen, ein oder zwei ihr Gewissen in der Kapelle erforschen, doch ich bat den Pater, mir das Kloster zu zeigen.

Wir besuchten die Backstube, die Molkerei, die Schreinerei und den Schweinestall. Wie merkwürdig war es doch, den Trappisten in hochgezogenen Kutten bei der Arbeit zuzusehen. Ihre Geschicklichkeit war vollkommen, doch sie tauschten noch nicht einmal einen Blick mit dem Mann aus, der neben ihnen arbeitete. Im Schweinestall war ein gut gewachsener Mönch dabei, für die Bedürfnisse einer großen Familie von krebsroten Ferkeln zu sorgen. Welch ein Bild für einen Maler! Während wir ihn beobachteten, trat ein zweiter Mönch hinzu und machte ihm Zeichen mit den Fingern. Der Mönch im Stall erwiderte mit einem Kopfnicken und verließ seinen Arbeitsplatz.

Man erzählte mir, die Trappisten hätten eine Zeichensprache, die sie allerdings nie zur Unterhaltung gebrauchten, sondern nur um Weisungen zu übermitteln. Als wir an ein Kornfeld kamen, saß mein kleiner Freund vom frühen Morgen, der Hase, plötzlich da und schaute uns aus dem Weizen an. Ich erwartete, der Pater würde irgend etwas über ihn sagen, das zu Franz von Assisi gepaßt hätte, aber statt dessen flüsterte er: »Seht Euch den kleinen Teufel an, hockt im Korn!«

Er bückte sich, hob rasch einen Stein auf, zielte genau und warf ihn nach dem Hasen. »Das wird dich, du wüster kleiner Teufel, lehren, ins Korn zu laufen, wie du das immer machst!«

Er wandte mir das lächelnde Gesicht eines Knaben zu. »Ich hab' ihn verfehlt«, sagte er traurig.

Während wir durch das Kloster gingen, schilderte mir der Trap-

pist den Tagesablauf. Die Mönche schlafen vollkommen angezogen, ziehen sich nur die Schuhe aus und legen Nachtkutten
an. Abends um acht begeben sie sich zur Ruhe und stehen morgens um zwei zum Gottesdienst auf. Der Abt stimmt das Ave
Maria an, dem das Kleine Offizium der heiligen Jungfrau folgt.
Um drei Uhr beginnt das Kanonische Offizium, bei dem jeder
Mönch in seinem Kirchenstuhl steht. Die Laudes sind um vier
Uhr vorüber, und dann folgt die Messe, bei der die Laienbrüder
dienen. Die Gemeinschaft zerstreut sich, die Priester, nachdem
sie die Messe gelesen haben, und die Laienbrüder um 5 Uhr 30.
Um 7 Uhr 15 treffen sich die Mönche im Refektorium zur Mor-
genmahlzeit aus Kaffee und trockenem Brot, und danach be-
ginnen die Pflichten in der Kapelle und in der Landwirtschaft
— Tag für Tag, Woche für Woche, Monat für Monat und Jahr
um Jahr. Bis zum Tode.

Wir betraten die Schlafräume. Jeder Mönch schläft in einer
kleinen, kahlen Zelle, die ungefähr 2,10 Meter lang und 1,20
Meter breit ist. Die Betten, harte Holzliegen, stehen ungefähr
60 Zentimeter über dem Boden. Auf jeder Pritsche liegen eine
Strohmatratze, eine Decke, ein grobes Tuch und ein mit Stroh
gefülltes Kissen. Die Nischen sind so kahl wie Gefängniszellen.
Ich bekundete mein Mitgefühl mit dem harten Leben der Trappisten, doch der Mönch sah mich erstaunt und indigniert an.

»Glauben Sie«, sagte er, »daß sich irgendwelche Annehmlichkeiten der materiellen Welt mit den Freuden des geistigen
Lebens messen können?«

Ich verließ das Kloster vor der Mittagszeit, begleitet vom Segen
des guten Priesters und des sanften Laienbruders. Irgendwie tat
mir der Abschied weh, und war doch froh, zurück in der Welt
und frei zu sein. Ich hatte Lust, zu rennen und laut zu rufen.
Auf der Straße stand der Ford, den ich bestellt hatte, um mich
abzuholen.

»Guten Tag, Sir, und wie sind Sie mit den Mönchen zurechtge-
kommen? Dachte schon, Sie sind eingetreten.«

Während der kurzatmige Wagen uns nach Lismore schaukelte, erzählte mir der Chauffeur Geschichten von den vielen Leuten, die er nach Melleray gefahren hatte. »Da gab's mal 'nen Gentleman, dem Alkohol zugetan, Sie wissen schon, und jeden Augenblick dem Delirium tremens nahe. Er wohnte auf einem großen Gut da unten an der Straße. Eines Tages sagte seine Frau zum Priester: Vater, sagte sie, wenn ich ihn doch nur nach Melleray kriegen könnte, vielleicht könnten die ihn heilen, sagte sie, denn wenn man nichts für ihn tut und das schnell, wird ihn der Teufel holen! So geht der Priester den Abt besuchen, und ich fahre sie alle zum Kloster hin. Der Gentleman selbst geht so ruhig rein, wie man sich nur vorstellen kann, und die Mönche seh'n, wie's um ihn steht, und geben ihm ein Gläschen. Dann fahren wir zurück und bleiben eine Zeit lang in Cappoquin. Und als wir nach Lismore zurückkommen, wen sehen wir an der Hotelbar? Er war's in voller Lebensgröße, stand an der Theke und trank Champagner, um seine Flucht zu begießen. Ehrlich . . . er war über die Mauer geklettert . . .«

8

In den kleinen Dörfern des Südens gibt es stets irgendein Geschäft – meistens die Post –, das Plakate ausstellt, auf denen Atlantikkreuzer fröhlich in die Neue Welt fahren. Diese Plakate sind auf Holz aufgezogen und stehen vor den Läden wie Zeitungsständer. Sie sind ein sichtbares Symbol der irischen Tragödie: daß man auswandern muß, um leben zu können. Die Bilder stellen das Exil als Vergnügungsfahrt dar. Man hat das Gefühl, sie sind von denselben cleveren Leuten entworfen, die den Reichen zu einer »Reise um die Welt« und zu den »alten Herrlichkeiten« dieses oder jenen Landes raten. Die Plakate versprechen Spiele an Bord, Tanzveranstaltungen, Personal, das für das Wohlergehen sorgt, und katholischen Gottesdienst während der Überfahrt. Es klingt alles sehr attraktiv.

Über diesen Plakaten liegen in vollgestopften, verstaubten Auslagen die typischen Merkmale der kleinen irischen Läden: die Postkarten. Irische Ansichtskarten sind entweder heilig oder profan. Es gibt solche, die der Tourist kauft – der Himmel weiß, weshalb! Sie sollen seine Freunde davon überzeugen, daß er tatsächlich ein sehr fremdes Land bereist. Auf diesen grellfarbigen Postkarten benehmen sich die Iren so, wie man es von der Bühne her von ihnen erwartet, und sie sagen Dinge (dem Betrachter nach Art der Comicstrips in Blasen mitgeteilt), die man gleichfalls von ihnen erwartet.

Postkartenfavorit ist ein stupsnasiger Mann in einer Frackjacke, mit Wollstrümpfen, Kniebundhosen und einem ulkigen Hut. Er raucht eine kurze Tonpfeife, schwingt einen Eichenstock und flirtet dabei mit einem Mädchen, das ein Tuch um den Kopf trägt. Manchmal chauffiert der gleiche Held auch einen leichten Wagen über Geröll und jagt dabei die Touristen in den Graben. Oder er lehnt sich über die Tür des Schweinestalls oder er macht Anstalten, auf jemanden loszugehen. – Diese letzte Darstellung kommt als einzige der Wahrheit ein bißchen nahe. Ich frage mich, ob die Engländer diesen Karten glauben (vielleicht werden sie eigens für sie produziert).

Wie anders sind die echten irischen Postkarten! Es sind die rührendsten Ansichtskarten der Welt. Man findet sie in den kleinen Kramläden der weißen Dörfer, zwischen Spitzen und Strümpfen in den Textilläden der Kleinstädte und auf langen Regalen in den dörflichen Poststellen. Diese Karten werden entworfen, um das Herz des Auswanderers zu trösten.

Ihre naive Sentimentalität und die ergreifende Aufrichtigkeit gehen einem zu Herzen. Sie gewähren einen fast beschämend tiefen Einblick ins irische Leben. Da gibt es eine ausgiebig mit Kleeblättern verzierte Karte, die in einem kleinen Kreis ein idealisiertes weißes Häuschen zeigt. Die Sonne geht gerade rosa unter, und im Hintergrund erhebt sich ein runder Turm aus den Feldern. Auch die Felder sind idealisiert. Es sind nicht die steinigen Felder, die ihren Teil dazu beitragen, um Auswanderer nach New York zu treiben. »Das liebe kleine Häuschen« steht da zu lesen und als Gesamttitel der Karte »Schönes Land meiner Geburt«. Auf der Karte klebt ein kleiner Umschlag mit der Aufschrift »Ein Päckchen echter Kleeblattsamen«.

Ich vermute, den Söhnen und Töchtern werden Tausende solcher Karten an Geburtstagen, am Namenstag des heiligen Patrick, zu Weihnachten und anderen Festtagen geschickt. Und ich nehme auch an, daß auf irgendwelchen Fensterbrettern in New York Blumentöpfe stehen und die »Päckchen echter Kleeblattsamen« ihr Bestes tun, etwas ins fremde Land zu bringen, das an die Heimat erinnert.

Alle diese Karten zeugen von der Furcht, der Auswanderer könne Irland vergessen, und sie vermitteln den Eindruck von Müttern und Vätern, die sich fragen, ob Mike oder Bridget im fernen Amerika die Bindungen zur Heimat verlieren wird.

«Vergiß nicht das Land deiner Geburt« lautet die strenge Ermahnung auf einer Karte, die in einem kleinen Kreis eine irische Brücke zeigt, viele Kleeblätter und ein Hufeisen, das verkehrt herum hängt, wie es anscheinend in Irland üblich ist. In England hängt man Hufeisen mit den Enden nach oben, um das Glück darin aufzufangen, aber selbst auf den irischen Zuchtfarmen, die alles Glück der Welt gebrauchen können, hängen die Hufeisen andersherum über den Pferdeboxen. Auch an der Karte mit der Brücke klebt »echter Kleeblattsamen«.

Der Versand von Kleeblattsamen nach Amerika wird so eifrig betrieben, daß die Postämter in regelmäßigen Zeitabständen Warnungen aushängen, der Klee würde von den amerikanischen Behörden beschlagnahmt werden, wenn er Wurzeln hätte oder »keimungsfähig ist«.

Neben diesen rührenden Postkarten in den Dorfläden wirken die Reklamebilder der Schiffahrt, die für die Überfahrt nach Amerika werben, je nachdem, wie man sie ansieht, schrecklich oder ergreifend. Selbst in Dörfern, die zu klein sind, um auf

Straßenkarten eingezeichnet zu sein, gibt es auf der Post oder im Kurzwarenladen Poster, die große Dampfer auf hoher See zeigen.

Kein Volk ist erdverbundener als die Iren. Andere Völker begehen einen Mord für eine Frau, die Iren morden für ein Kartoffelfeld. Zu den Seltsamkeiten des Landes zählen der nahezu wahnwitzige Mut und der Fleiß von Menschen, die aus einem Stückchen Land, das ein englischer Farmer noch nicht einmal im Traum bebauen würde, ein karges Leben herauskratzen. Doch das Land, das die Iren so lieben, ist zu arm, um große Familien zu ernähren. Stets kommt der Tag, da an den offenen Herdstellen mit dem großen schwarzen Topf über dem Torffeuer die Frage gestellt wird: »Wer muß nach Amerika gehen?« Dann laufen die Auswandererzüge in Cork ein. Jammer und Tränen, und dann legt das Schiff ab, und irgendeine Mutter oder Schwester geht in den Dorfladen, um sich lange Zeit die Postkarten zu betrachten: »Vergiß nicht das Land deiner Geburt . . . ein Päckchen echter Kleeblattsamen . . .« Für mich gibt es nichts Ergreifenderes als dies in einem irischen Dorf.

9

Es war ein heißer, sonniger Tag. Auf der Hauptstraße von Cork hatte ein Eselskarren die Räder verloren. Die Sonne schien auf lachende, angeregte Menschen, die ebensogut nach Sevilla gepaßt hätten.

Ich kenne kein anderes Land als Irland, das soviel Spaß an der manchmal bösen Widerspenstigkeit lebloser Dinge hat. In England gilt eine Panne auf der Straße als schändlicher Anblick, der die beteiligte Person in Mißkredit bringt. Eine Panne ist Beweis für Untüchtigkeit; die Trümmer werden sofort an den Straßenrand verfrachtet, und der Alltag nimmt seinen Lauf. In England ärgert man sich über eine Panne, in Irland lacht man über sie. So wird die jeweils verschiedene Philosophie des

Lebens deutlich. Vielleicht können nur Völker mit einer tief geistigen Einstellung zum Leben über das gelegentliche Versagen materieller Dinge lachen. Am Ende zeigt dieser Gedanke aber auch, wie stark ich schon von Irland beeinflußt bin. Schließlich kann niemand eine Woche in Irland verbringen, ebensowenig wie in Spanien, ohne für alles Außergewöhnliche eine religiöse Erklärung zu finden.

Der alte Mann, dem das Unglück mit dem Eselskarren auf der Hauptstraße von Cork widerfuhr, war offenbar ein vertrauter Anblick und der Menge wohlbekannt. Er war eine Künstlernatur, und als er merkte, welche Heiterkeit sein Ungemach erregte, wollte er sich die Freude eines Publikums nicht versagen. So entschloß er sich, das Beste aus seinem Pech zu machen. Auf die drolligste und törichste Art redete er auf seinen friedlichen Esel ein, und vielleicht war er sich bewußt, wie komisch im Gegensatz zu seinem temperamentvollen Auftritt die Ruhe und Gelassenheit des Tieres wirkten, das von der Situation nichts verstand. Der Mann beweinte sein Unglück mit albernem Wehklagen und lieferte mit dem dümmlich zufriedenen Esel eine Vorstellung, die ihm auf der Bühne einer englischen Music Hall ein hübsches Sümmchen eingebracht hätte.

Cork war die fremdartigste Stadt, die ich bis dahin in Irland gesehen hatte, nicht äußerlich, sondern durch die Atmosphäre. Es war fast erstaunlich, die Menschen englisch reden zu hören. Ich hatte das Gefühl, an Sommertagen müßten in Cork viele grellgestreifte Sonnenschirme stehen, unter denen Reisende im Schatten sitzen und Granatapfelsaft trinken könnten.

Cork ist die Hauptstadt von Munster. Sollte irgend etwas Dublin widerfahren, wäre Cork naheliegenderweise die Hauptstadt des Freistaats. Die Stadt ist auf einer Insel in der Mitte des Flusses Lee erbaut. Ein Mann, der es besser hätte wissen müssen, erzählte mir, die Stadt hieße so, weil sie wie ein Korken auf dem Wasser schwimme. Cork jedoch wird von einem irischen Wort abgeleitet, das Sumpf bedeutet.

In Irland gibt es eine Legende, die behauptet, ein Mann aus Cork könnte ein Vermögen in einer Situation machen, in der andere um öffentliche Hilfe nachsuchen würden. Die Menschen von Cork sind gewiß verschieden von denen in anderen Teilen Irlands. Sie haben eine ebenso aristokratische Tradition wie die von Dublin, und sie halten zusammen. Jahrhundertelang haben sie innerhalb der eigenen Mauern geheiratet, so daß zwischen allen Menschen in Cork ein Familiengefühl besteht, womit erklärt wäre, weshalb, wenn ein Mann aus Cork ein Geschäft übernimmt – sagen wir in Dublin – andere Leute aus Cork wie durch Zauberei in der Firma auftauchen.

Mit der geistreichen Unterhaltung hat man in Cork im 18. Jahrhundert begonnen und ist immer noch damit beschäftigt. Man spricht rasch und mit einem hohen, musikalischen walisischen Akzent. (Oder haben die Waliser den Akzent von Cork?) In Cork bleiben sie abends so lange auf, um Epigramme zu fabrizieren, daß morgens die Geschäfte erst um halbzehn oder zehn aufmachen.

Auf den breiten Straßen von Cork und den herrlichen Kaianlagen bewegen sich die Menschen einen Schritt schneller als anderswo in Irland. Unter ihnen sind Frauen, die einen schwarzen Schal über dem Kopf tragen. Sie sind ebenso charakteristisch für Cork wie die schwarz verschleierten Frauen für Kairo. Einige sind fast so dunkel wie ihre Tücher, und sie würden wunderbar mit großen Aufsteckkämmen im Haar und farbigen Mantillen aussehen. Es soll im Süden und Westen von Irland spanisches Blut geben, aus der Zeit, als Cork im Süden und Galway im Westen wichtige Zentren des spanischen Weinhandels waren.

Cork verdankt die modernste Einkaufsstraße Irlands einer Tragödie während der »Unruhe«. St. Patrick's Street, die 1920 niedergebrannt wurde, ist wiederaufgebaut. Die Grafton Street in Dublin ist die Bond Street von Irland, St. Patrick's Street in Cork ist die Regent Street.

In allen historischen Städten gibt es bestimmte Dinge, die die Touristen tun, aber sonst niemand. Meistens sind sie von einer Art, daß die einheimische Bevölkerung im Glauben bestärkt wird, alle Touristen seien ein bißchen verrückt. In Cork wird erwartet, daß man den Stein von Blarney küßt und die Glocken von Shandon hört.

Als ich unter dem rötlichen Turm der Kirche von Shandon ankam, war der Glöckner nicht da. Sogleich versammelte sich um mich eine eifrige und hilfsbereite Menge von Frauen in schwarzen Schals und barfüßigen Kindern, die sich alle sehr um mich bemühten und entschlossen waren, daß ich unverzüglich die Glocken von Shandon hören sollte. An vorderster Front meiner Helfer stand Mrs. Driscoll, deren unermüdlicher Energie ich vermutlich die schließliche Entdeckung von Mr. Albert Wellington Meredith verdanke. Er war der Glöckner von Shandon – »der einzige Meredith in Cork, Sir« – und Träger eines zugleich historischen und politischen Namens.

Wir stiegen in den Glockenturm hinauf, in dem die Seile einer Oktave von Glocken vom Glockenstuhl herunterhingen. Mr. Albert Wellington Meredith spannte all seine Kräfte für die Aufgabe an, und wie ein wahrer Virtuose läutete er mit vor- und rückwärts schwingendem Körper vom Kirchturm die Melodie von *The Minstrel Boy!*

Pater Prout hat wirklich recht gehabt, als er sagte, die Glocken von Shandon klängen »so großartig über dem schönen Wasser des Flusses Lee«. In Cork müssen die Leute die Glocken schon auswendig kennen. Jedesmal, wenn ein neugieriger Tourist den Glockenturm betritt, spendiert Mr. Albert Wellington Meredith der Stadt ein Konzert. Als ich ihn kennenlernte, war er bereits 9 Jahre im Amt und erzählte, daß die Glocken im Sommer keinen Tag schweigen, wenn die Amerikaner auf ihrem Weg nach Killarney (mehr sehen sie nicht von Irland) durch Cork hetzen.

Für mich spielte er die Weisen *St. Patrick's Day, The Harp that*

Once, Garryowen und ein Hochzeitsgeläut. Ich sah hinaus und merkte, daß die barfüßigen Kinder unter mir sich mit einem Ausdruck versammelt hatten, als erwarteten sie finanziellen Segen von oben. Sie waren froh, daß sich die Touristensaison so hoffnungsvoll anließ.

Aus purer Gewohnheit bot mir Mr. Albert Wellington Meredith an, noch einige amerikanische Melodien zu spielen, aber ich hatte das Gefühl, Cork hätte davon schon genug. Wir unterhielten uns über alte Zeiten und die britische Marine, in deren Dienste Mr. Meredith 1877 getreten war. Er erzählte, wie er auf fernen Meeren in aller Welt gefahren war und wie er einmal in China strandete . . .

Unten an den Toren bettelten die Kinder. Es gab nur eins: eine Handvoll Pennies in die Luft werfen und laufen.

10

Wenige Kilometer von Cork liegt das traurigste Stück Irland – der Hafen von Queenstown, jetzt als Cobh bekannt und wie »Kow« ausgesprochen. Als ich dort war, sah ich keinen Atlantikdampfer, der im tiefen Wasser auf die Begleitboote mit den jungen Männern und Frauen wartete, die ihr Land verlassen. Dies nämlich ist das Charakteristikum von Queenstown.

Schon oft hat der Ort die Wehklagen der Mütter gehört, die ihre Kinder wie Tote beweinen, und er wird sie wieder und wieder vernehmen. Es heißt, innerhalb von 5 Jahren seien dreiviertel Millionen junger irischer Männer und Frauen von diesem Hafen ausgewandert. Queenstown ist eine Wunde, die Irland nicht heilen kann, und aus ihr strömt ständig das beste und jüngste Blut.

Nach dem, was mir von der Abfahrt eines Auswandererschiffes in Queenstown berichtet wurde, kann ich mir vorstellen, daß sich nicht viel geändert hat, seit Mr. und Mrs. S. C. Hall die Abschiedsszenen vor einem Jahrhundert in ihrem gewichtigen

Werk *Ireland* beschrieben haben: »Wir standen im Monat Juni am Kai von Cork, um zu sehen, wie sich einige Auswanderer nach Australien auf einem der Dampfer nach Falmouth einschifften. Die Gruppe derer, die ins Exil gingen, zählte zweihundert Menschen, und eine riesige Menge hatte sich versammelt, um ihnen ein langes und letztes Adieu zu entbieten. Die Szene war äußerst ergreifend; es war unmöglich, sie ohne Herzzerbrechen und Tränen zu erleben. Mütter hängten sich um den Hals ihrer athletisch gebauten Söhne, junge Mädchen klammerten sich an die ältere Schwester, Väter — alte weißhäuptige Männer — fielen auf die Knie, die Hände zum Himmel erhoben, und flehten den Allmächtigen an, ihre abfahrenden Kinder zu beschützen. ›Och‹, rief eine greise Frau aus, ›alle sind von mir gegangen in die weite Welt, wenn du fort bist. Du warst alles, was mir blieb — von sieben Söhnen nur du allein. Oh, Dennis, Dennis, vergiß nie deine Mutter, deine Mutter — schwöre es — deine arme alte Mutter, Dennis!‹ Und Dennis, ein junger Mann noch, obwohl die Sonne auf sein graues Haar schien, hielt seine Mutter in den Armen, bis sie ohnmächtig wurde, und dann hob er sie in einen kleinen Wagen, der sein Gepäck zum Boot gebracht hatte, und küßte eine weinende junge Frau, die sich an das Pferd lehnte. Er sagte: ›Bis Anfang nächsten Jahres werde ich euch beide nachkommen lassen, Peggy, und von jetzt ab bis dann wirst du ihr Kind sein, und dann, ich schwöre es, gehörst du mir.‹ Als wir wieder hinsahen, war der junge Mann fort und Peggy hatte ihre Arme um die alte Frau geschlungen, während ein anderes Mädchen ihr Wasser in einer zerbrochenen Tasse an die Lippen hielt.

Es gab viele solche traurigen Szenen im Getöse, Lärm und Aufruhr, während sich die Menschen in großen Massen wie die Wellen eines stürmischen Meeres zur Einschiffung drängten. Männer, auch alte, umarmten sich und weinten wie die Kinder. Viele von ihnen hielten kleine Erinnerungsstücke an ihr Zuhause vorsichtig in der Hand – einen Zweig ihres liebsten Hagedornbaumes, dessen süße Blüten und grüne Blätter schon welkten, oder einen Strauß Mädesüß.

Es ist unmöglich, die endgültige Trennung zu beschreiben. Schrille Rufe und Gebete, Segnungen und Wehklagen wurden zu einem einzigen großen Schrei der Menschen am Kai und derjenigen auf dem Schiff, und dann spielte die Kapelle am Vorderdeck *St. Patrick's Day.* »Hau der Trommel die Eingeweide raus, oder du wirst das Weinen der Frauen nicht erstikken«, sagte einer der Matrosen zum Trommler.

Ich glaube, die ergreifendste Schilderung von der Abfahrt eines jungen Iren und seiner Schwester nach Amerika findet sich in einer Kurzgeschichte mit dem Titel »Auf dem Weg ins Exil« in Liam O'Flahertys *Spring Sowing.* Beschrieben wird ein Tanz in einem kleinen Häuschen, der die ganze Nacht geht, und überall im Hintergrund lauert die brütende Melancholie der Abreise. Die Dämmerung steigt auf: »Der Vater betrat den Raum in seinem besten Anzug. Er trug eine neue gestreifte Weste, vorne grau und schwarz und hinten weiß. In der einen Hand hielt er seinen weichen Filzhut und in der anderen eine Flasche mit Weihwasser. Er hustete und sagte mit einer schwachen, sanften Stimme, die fremd an ihm war, ›kommt jetzt, es ist Zeit.‹

Mary und Michael standen auf. Der Vater besprengte sie mit Weihwasser, und sie bekreuzigten sich. Dann, ohne die Mutter anzuschauen, die mit gefalteten Händen auf dem Sessel lag, blickten sie schweigend, ohne Tränen und erstarrt zu Boden und verließen den Raum. Beide küßten hastig den kleinen Thomas, der nicht mit nach Kilmurrage fahren würde, und Hand in Hand gingen sie aus dem Haus. Als Michael zur Tür heraustrat, brach er ein Stück lose gewordenen Verputz von der Wand und steckte ihn in seine Tasche . . .«

Als ich im Hotel nach »Drisheen« verlangte, dachte das Personal, ich wollte einen Scherz machen. Der Wunsch löste jene versnobte Erheiterung aus, die im »Ritz« erfolgen würde, wenn ein Gast ehrlich genug wäre, eine Blutwurst oder ein Pfund Kuddeln zu bestellen. Ich blieb jedoch fest und ganz ernst, und man versprach mir, jemanden fortzuschicken und eine Portion zum Mittagessen zu holen.

»Drisheen« sieht aus wie eine große Giftschlange. Es handelt sich um ein für Cork typisches Gericht, das allerdings auch in anderen Orten in Irland nachgemacht wird. Wenn die Bewohner von Cork geschäftlich unterwegs sind, nehmen sie oft einen Meter »Drisheen« mit, um weniger erleuchtete Städte zu erfreuen und sich zu einer Abstammung zu bekennen, deren sich kein Ire je geschämt hat. Sieht man einen Mann in Waterford, Wexford, Galway, Dublin oder Limerick etwas verschlingen, das wie eine schokoladenfarbene Python aussieht, dann kann man sicher sein, daß er aus Cork stammt.

»Drisheen« ist eine Art von Wurst, die, so erfuhr ich, hauptsächlich aus Schafsblut und Milch besteht. Die überlegenen Leute aus Dublin tun so, als würde »Drisheen« beißen und machen die gleichen müden Witze darüber wie manche Leute über den englischen Stiltonkäse, doch »Drisheen« ist über solche üblen Bemerkungen erhaben. Man könnte es den Kaviar von Cork nennen.

»Vor zwölf Jahren heiratete ich eine Engländerin, und wir lebten in London«, erzählte mir ein Mann aus Cork, »als ich eine schwere Grippe hatte, schickten mir Freunde in Cork einen Drisheen. Das ist das erste, was einem die Ärzte in Cork verordnen, wenn man ernsthaft krank ist, denn es ist das nahrhafteste und am leichtesten verdauliche aller Nahrungsmittel. Na, meine Frau hatte noch nie eine Drisheen gesehen, und, als sie die Schachtel öffnete, stand das Ding auf und streckte sich. Sie schrie auf und ließ es fallen, weil sie dachte, es wäre eine Schlange . . .«

Sie servierten mir »Drisheen« gekocht. Aufgeschnitten sah es aus wie ein fester Schokoladenpudding. Mit falsch verstandenem Eifer hatten sie zerlassene Butter darüber gegossen, aber ich fühlte instinktiv, echte Liebhaber von »Drisheen« würden es ohne diese widerliche Beigabe anrichten. Es ist ein seltsames, subtiles Gericht, wohlschmeckend und damenhaft. Ich glaube, mir würde es gebraten noch besser schmecken.

12

Es ist schwierig und nicht gerade angenehm, den Stein von Blarney zu küssen. Auch läßt es sich nicht leicht eruieren, weshalb Generationen von Reisenden sich dieser Prozedur unterzogen haben, und noch schwerer ist es zu erfahren, weshalb dieser besondere, 45 Meter über dem Boden thronende Stein so weltbekannt geworden ist.

Blarney ist nicht nur ein irischer Ortsname, sondern als Wort in den englischen Sprachschatz übernommen worden. Das Wörterbuch erklärt »blarney« so: mit beschwatzenden Ausdrücken täuschen, schmeicheln, Humbug mit angenehmen Redensarten. Als der Liftjunge im Hotel erfuhr, daß ich den Stein von Blarney geküßt hatte, sagte er grinsend: »Och, Sir, nun werden all die jungen Damen hinter Ihnen her sein.« Dies wird nämlich dem Stein von Blarney von den Einheimischen nachgesagt. Er soll, wie es spöttisch heißt, die Zunge eines Mannes zu so schöner Täuschung befähigen, daß ihm keine Frau widerstehen kann. Ich mag das nicht glauben. Als bescheidener Beobachter der Menschheit habe ich festgestellt, daß die Frauen, obgleich Lügen ihnen gelegentlich große Freude machen und manchmal sogar sehr erwünscht sind, bei einem Mann Lügen ebenso leicht entdecken wie hervorstehende Felsen im Meer. Der Einfluß von Schmeicheleien auf Liebesgeschichten bleibt trotzdem ein fruchtbares und unerforschtes Thema. Ich habe mir darüber noch keine Gedanken gemacht.

Das Dorf Blarney liegt acht Kilometer nordwestlich von Cork. Mitten in einem schönen Wald stehen die Ruinen von Schloß Blarney. Sie sind mit Moos bewachsen, in den Verliesen ist feuchter, grüner Schleim, und rundherum rufen die Krähen. Es sind die Ruinen des dritten Schlosses, das an dieser Stätte erbaut wurde. Das erste war eine hölzerne Festung, die Dermot McCarthy, König von Süd-Munster, in fernen Zeiten errichtete. Ungefähr im 12. nachchristlichen Jahrhundert wurde das zweite erbaut, und die derzeitigen Ruinen stammen aus der Zeit von Königin Elizabeth I. Blarney war das mächtigste Schloß in jenem Teil von Irland. Ein jüngerer Zweig der McCarthys lebte dort, Lords von Muskerry, Barone von Blarney und Earls von Clancarthy.

Das Wort »Blarney« wurde in den Sprachschatz übernommen, so erzählt man sich, als ein Dermot McCarthy dieser jüngeren Linie aufgefordert wurde, die Festung an Königin Elizabeth als Zeichen seiner Loyalität zu übergeben. Er ließ wissen, es würde ihm eine Freude sein, dem Wunsch nachzukommen, aber im entscheidenden Moment geschah stets irgend etwas, um die Übergabe zu vereiteln. Seine Entschuldigungen waren so häufig und so geschickt begründet, daß der Lord Präsident, Sir George Carew, der im Namen der Königin die Verhandlungen führte, ein Witz am englischen Hof wurde. Königin Elizabeth sagte (höchstwahrscheinlich), als ihr die Entschuldigungen ausgerichtet wurden: »Was, schon wieder Blarney-Geschwätz.« Jedenfalls eroberte das Wort die englische Sprache und wurde ein Synonym für geschickte Schmeichelei.

Die erste Frage, die man beim Betreten des Schlosses stellt, lautet: »Wo ist der Stein von Blarney.« Ein Aufseher zeigt himmelwärts zum Turm des Burgverlieses. 45 Meter über dem Erdboden und außerhalb der Mauern sieht man einen großen braunen Stein. Die Begeisterung beginnt zu schwinden. Man steigt und steigt eine Wendeltreppe hinauf und kommt schließlich oben auf dem Turm an.

In den alten Tagen wurden die Leute an den Beinen über den Abgrund gehalten, um den Stein von Blarney zu küssen. Eines Tages entglitt ein Pilger den Händen seines Freundes und stürzte ab. Seitdem wird der Stein von Blarney auf andere Weise bewältigt.

Man sitzt mit dem Rücken zu dem 45 Meter tiefem Abgrund. Der Führer setzt sich auf die Beine des Touristen, hält dessen Füße fest und sagt ihm, er solle sich zurücklehnen und zwei eiserne Griffe umfassen. Man liegt auf dem Rücken, und die Hälfte des Körpers rüstet sich zur Reise in die Ewigkeit. Durch Zurückbeugen (mit geschlossenen Augen, um die sehr ferne, auf den Kopf gestellte Landschaft nicht zu sehen) bringt man es fertig, den unteren Teil des Steins zu küssen. Danach hangelt man sich vom Abgrund hoch und kreischt »Sind Sie sicher, daß Sie mich festhalten?«, setzt sich auf und sagt: »Na, ich hab's geschafft.«

Wie ist diese Sitte aufgekommen? Das weiß niemand. So etwas könnte einem Schloßverwalter, der etwas von Psychologie versteht, in einem inspirierten Augenblick eingefallen sein. Im 18. Jahrhundert war das Küssen des Steins von Blarney jedenfalls noch nicht bekannt.

Seitdem habe ich feststellen müssen, daß es viele Steine von Blarney gibt. Es gibt sogar Diskussionen darüber, wo der ursprüngliche Felsen von Blarney steht. Einige wollen wissen, er befinde sich an der Südseite des Turms unterhalb der Spitze und trage die Inschrift »Cormac McCarthy fortis mi fieri fecit. A. D. 1446«. Andere behaupten, auf dem Stein befinde sich das Relief eines Kleeblatts und seine Lage sei nur wenigen bekannt. Es ist sehr entmutigend, all dies zu erfahren, nachdem man die Feuerprobe des Küssens bestanden hat.

»Und was«, fragt man den Führer, während man sich im Turm zurück zur Erde windet, »wird der Stein für mich tun?«

Er rezitiert dann im eingefahrenen Tonfall von Führern, die ihr
Leben damit verbringen, die stets gleichen Fragen zu beantworten, diese Worte von Pater Prout:

> Daß ihr es wißt,
>
> Es bleibt nicht aus:
>
> Wer den Stein dort küßt,
>
> Kehrt redegewandt nach Haus'.
>
> Vielleicht klimmt er
>
> Zu 'ner Dame ins Zimmer,
>
> Oder es kommt der Moment,
>
> Da er sitzt im Parlament.

Grübelnd geht man weiter und tröstet sich mit dem Gedanken,
daß alles nur »blarney« ist.

13

Ich fuhr westlich durch Macroom nach Kerry und traf in Kenmare die ganze Straße voll schwarzer Kühe und einen herrlichen Tag an. Kenmare ist ein typisches Landstädtchen im
Süden Irlands, das am Fluß gleichen Namens liegt. Die Straßen
sind lang und breit, die Geschäfte klein und langweilig, aber an
sonnigen Tagen bekommen sie Leben und Farbe.
Mich regte die anheimelnde Geschäftigkeit zum Kauf eines besonders schönen, lose gewebten Tweeds an, der in dieser Gegend hergestellt wird und die Farbe von Haferbrei hat. Danach
vollbrachte ich etwas ungleich Komplizierteres. Ich besuchte
das Kloster der Armen Klarissinnen, und dort half mir die
freundliche Mutter Oberin, einige exquisite Spitzen auszusu-
chen, die die Töchter Kerrys unter Anleitung der Schwestern
anfertigen.
Kenmare wird mir indes stets wegen seiner Hüte in Erinnerung
bleiben. Wer kann jemals die alten Hüte in Irland vergessen?
Sie gehören zur Landschaft. Wenn man allen Männern auf dem

Lande einen neuen Hut verpaßte, würde Irland ganz fremd und unbehaglich wirken.

Zunächst einmal gibt es die hundertjährige Melone, ein Ding von antiker Majestät, eine Schöpfung von Sturm und Gewitter, das Endergebnis unendlicher Erfahrung, schwer vom Gewicht der Jahre und doch irgendwie leicht und luftig wie eine Pusteblume mit einer Andeutung bevorstehender Auflösung.

Diese formlose Masse aus zerbeultem Filz mit flachem Rand und schmucklosem Kopf ohne jedes Band thront verwegen über den unverschämtesten Gesichtern. Oft sind es rote Gesichter mit einer Knollennase, hellen Augen, die nichts verraten, und mit einem ulkigen kleinen Mund, der die Lippen kräuselt und die Worte zu kosten scheint, ehe er sie in die Luft wirft.

Bei der Melone von Kenmare handelte es sich wohl um den Nestor aller irischen Hüte. Getragen wurde die Kopfbedeckung von einem Mann, hoch in den Jahren. Von dieser Antiquität von einem Hut wurde sein Alter jedoch weit in den Schatten gestellt. Er war sozusagen fast ein Kind gegen das altertümliche Stück. Es war unmöglich, sich vorzustellen, dieser Hut hätte je jung und hoffnungsvoll in einem Schaufenster gelegen. Er hatte einen Schimmer von feierlichem Grün und auf der Oberfläche verschiedene Beulen und Dellen sowie Zeichen jüngst erlittener Schicksalsschläge. Sie hatten dem ganzen Gebilde eine völlig neue Form gegeben, und nun war es einer Melone so wenig ähnlich, daß es auf einen wie eine Entdeckung wirkte. Der Hut war so alt, daß er schon wieder neu und originell aussah. Ich fand, alle jüngeren Melonen in Irland müßten hochachtungsvoll vor diesem Patriarchen gezogen werden. Ganz undenkbar, daß es sonstwo in Irland noch einen Hut gab, der Anspruch auf den Thron dieser phantastischen Antiquität erheben konnte.

Respektvoll interessiert sah ich den alten Gauner an, der den Hut aufhatte. Er schien auf seinem Kopf die Geschichte Irlands zu tragen. Die englische Königskrone, die aus der Restauration stammt, obwohl sie auch noch ältere Juwelen enthält, ist als nationales Wahrzeichen nicht so schwer mit Geschichte beladen wie die große Melone von Kenmare.

Es gibt auch den weichen Hut, der so lange und intensiv gelebt hat, daß seine ursprüngliche Form sich im Nebel der Zeiten verflüchtigt hat. Man kann ihn von allen Seiten aufsetzen, und niemand wird es merken, denn aus jeder Perspektive wirkt der Hut so, als habe man dem Träger einen schmutzigen Filzpudding über den Kopf gegossen. Während die verblichene Melone einem Mann mit gehobenem Beruf ähnelt, der durch Trunksucht heruntergekommen ist (»Sie würden nicht glauben, daß er mal ein bekannter Arzt war, nicht wahr?«), sieht das weiche Filzgebilde wie ein Tunichtgut aus, an dessen schlechtem Ende niemals zu zweifeln war.

Ich liebe diese Veteranen. Wegen meiner alten Hüte wurde ich stets von den Männern gelobt und den Frauen gescholten, doch sei hier gestanden, daß ich in Irland auf immer geschlagen wurde. Ich sehe diese alten Hüte mit Bewunderung und Neid und weiß, daß ich niemals auf den Besitz eines so alten Hutes hoffen kann, selbst dann nicht, wenn ich ihn einer entsprechenden Ausbildung unterziehe, ihn nachts vor die Tür lege, mich der Trunksucht ergebe, den Hut zertrample und ihn Millionen von Treppen herunterwerfe. Mein Hut würde einfach verboten aussehen. Rasch würde er jenen Grat zwischen Bequemlichkeit und Untragbarkeit überschreiten, und er würde dennoch nicht jenes Flair von Besonderheit und Persönlichkeit erreichen, das die selteneren irischen Jahrgänge auszeichnet.

Ein alter Hut ist eine wundervolle Sache. Auf irgendeine unerklärliche Weise nimmt er den Charakter und selbst das Aussehen seines Besitzers an. Man muß nur einen alten Hut in der Garderobe hängen sehen, um sofort zu wissen, wem er gehört. Ich habe mir oft gesagt, würde mich eine Frau um einen Gegenstand bitten, der mich in meiner Abwesenheit für sie lebendig erhalten soll, könnte ich ihr nichts Beredteres und Persönlicheres geben als meinen ältesten Hut.

In Irland aber hat ein alter Hut eine so starke Persönlichkeit, daß es einer Witwe, die noch einen im Haus liegen hat, schwerfallen muß, zu glauben, ihr Mann hätte ihn für einen Heiligenschein aufgegeben. Diese Hüte vermögen alles außer zu sprechen.

So ziehe ich meinen Hut voller Achtung und Liebe vor dem mächtigen, unfaßbaren Veteran, vor dem Vater aller Hüte, vor der Melone von Kenmare.

KAPITEL VI

Der heidnische Zauber von Kerry wird beschrieben. Ich erfor-
sche die Geschichte eines zerstörten Hauses, meditiere an der
Mauer von Pat Flannigans Schweinestall, erlebe eine »Messe«
und trinke einen gefährlichen Schluck des selbstgebrannten iri-
schen Whiskys.

I

In Kerry ist Irland verzaubert. In den Bergen hat man das Gefühl, jeden Augenblick könnte man etwas Unheimlichem begegnen. Man muß nur einen Tag in Kerry allein sein, fort von
den Straßen und hoch oben in den Bergen, die steil ins Meer ab-
fallen, um zu begreifen, weshalb die Iren in den einsamen Ortschaften an Dinge glauben, die nicht von dieser Welt sind.
Die Dörfer in Kerry sind arm und klein, und viele von ihnen
sind dreckig. In den kleinen Städten entdeckt man keine Spuren von geselligem Leben, weder Buchhandlungen, öffentliche
Einrichtungen noch Bibliotheken. Es ist, als gäbe es keinen Ge-
meinschaftssinn. An gewissen Tagen scheint der Tod in diese
Städte zu kommen, und sie wirken, als hätten sie die Pest. Die
Straßen sind leer und gelangweilt stehen die Geschäftsleute in
ihren kleinen, meist vollgestopften Läden. Ein paar Faulenzer
lungern an den Ecken herum, halten Gerten in der Hand, die
sie aus einem Busch geschnitten haben, und sehen aus, als hätten sie eine Herde Kühe verloren. Die Teilnahmslosigkeit dieser erstarrten Städte ist manchmal fürchterlich. Doch einige
von ihnen, die in England gerade groß genug wären, um drei
Anwälten ein mageres Einkommen zu liefern, haben so etwas
wie ein ganzes Rechtsanwaltsquartier — ein stattliches Haus
mit glänzenden Messingschildern, die strahlend von der Kamp-

feslust irischer Farmer zeugen. Ein Rechtsstreit rüttelt sie wach. Dann und wann kommt ein Mann aus einem Geschäft und geht langsam über die leere Hauptstraße. Er sei, wo wird einem berichtet, der örtliche Krösus, Mr. Maloney, der ein schönes Sümmchen auf der Bank habe. Das Geld liegt offenbar immer auf der Bank. Mr. Maloney käme niemals darauf, es anzulegen, und würde im Traum nicht daran denken, mit seinem Geld das Leben der Stadt zu bereichern oder wenigstens zu verbessern. In regelmäßigen Abständen läuten die Kirchenglocken.

In vielen abgelegenen Städten und Dörfern in Schottland findet sich stets ein mehr oder minder mitteilungsfreudiger älterer Mann, der, spendiert man ihm einen Whisky, die Geschichte seines verhinderten Wohlstands erzählt. Fast hätte er etwas erfunden und wäre reich geworden, aber gerade vor dem Ziel sei ein anderer gekommen und habe ihm das große Geld vor der Nase weggeschnappt. Sein Gegenstück in den einsamen irischen Städten ist der Ahnenforscher. Bei einem Glas Porterbier berichtet er alles von den Vorfahren der Einheimischen. Er steht in Mike Finnigans Laden und brütet über die Abstammung der Leute. Von jedem weiß er alles. »Seh'n Sie den Mann da drüben?« fragt er, wendet sich ein wenig von der Theke ab und deutet mit der Pfeife auf einen Mann auf der Straße. »Das ist Paddy Milligan, der Schafsdieb.«

»Was«, fragt man erstaunt, »er stiehlt Schafe?«

Der Mann hat einen grimmigen Blick voller Verachtung, als er allen Ernstes erwidert: »Klar. Sein Urgroßvater wurde gehängt, weil er Schafe klaute.«

Der Urgroßvater. Es fällt schwer, nicht in Gelächter auszubrechen. Nur weil Generationen zuvor die Vorfahren barbarisch wegen Diebstahls erhängt wurden, ist der Nachkomme dazu verurteilt, mit dem ererbten Schatten einer Übeltat durch das moderne Irland zu laufen. Ich frage mich, wieviel Leid in Irland schon durch die Gewohnheit entstanden ist, zurück statt vorwärts zu schauen, alte Kümmernisse zu pflegen, Salz in alte

Wunden zu streuen. Ein Patriot mag vielleicht entgegnen, Irland hätte niemals etwas gehabt, auf das es nach vorne hätte blicken können, und sei deshalb gezwungen gewesen, nach hinten zu schauen. Stimmt das? Die Angewohnheit, in der Vergangenheit zu leben, scheint eher typisch für die gälische Geisteshaltung. In hohem Maß denken auch die Menschen im Hochland von Schottland so. Hand in Hand damit geht die Leidenschaft für Ahnenforschung.

»Bis heute betrachtet man die Träger edler Namen in den Bergen von Kerry mit Hochachtung«, schreibt Padraic Colum in seinem Buch *The Road Round Ireland*. »Die Ladenbesitzer in den kleinen Städten – selbst die – verehren den alten Stamm. Ein Mann, der seinen Esel in die Stadt treibt, wird respektvoll von einem Ladenbesitzer empfangen, der seinen Töchtern jeweils tausend Pfund Mitgift geben kann. Dieser Mann gehört dann einer der alten Familien an, heißt vielleicht O'Sullivan oder MacGillicuddy, und in seiner Hütte in den Bergen hat er das Gehabe, das hoheitsvolle Benehmen eines Aristokraten. Neulich abends sprach ich auf der Straße mit einem alten Rentner, der die Stadt mit einem Eselskarren verließ. Ein junger Mann trat zu uns. ›Er gehört einer der ältesten Familien an‹, erzählte er mir beeindruckt. ›Klar‹, rief der Rentner, ›ich bin vom alten Stamm. Ich kann meine Familie dreihundert Jahre zurückverfolgen – gewiß, und noch weiter als das! Seumas Ua Mongain, so lautet mein irischer Name.‹«

Die Bergschluchten füllen sich mit blauen Schatten. Unmittelbar vor Sonnenuntergang entsteht eine Stille. Unterdrückte Erregung erfüllt die Luft, und in diesem Schweigen singt kein Vogel, bewegt sich kein Geschöpf. Nur die Wolken wechseln ihre Farbe, und der Wind heult zwischen den Steinen. Selbst einem Fremden und Ausländer scheint es, als lausche die ganze Welt, ob nicht Hörnerklang das Schweigen der Dämmerung erschüttert, als warte alles darauf, daß Irlands alte Götter von den Bergen herunterschreiten.

Mag auch in den Dörfern die Angulusglocke läuten, die Traurigkeit abends in den Bergen ist eine heidnische Trauer, etwas aus den tiefsten Wurzeln des Volksbewußtseins. Man sieht sich die seltsam geformten Steine an, die wie Männer im Zwielicht daliegen. Und man hat das Gefühl, wenn einer einen Zauberspruch sagte, würden sich die Steine bewegen, schwerfällig aufstehen und mit Speeren bewaffnet den Berg herunterziehen. Und die Menschen würden in ihnen die Urgestalten der irischen Geschichte erkennen, Cuchullaia, die Ritter und Helden und die drei großen Söhne des Usna . . .

In der Stadt wird es langsam dunkel, und man hört keinen Laut außer den Kirchenglocken. Es gibt nichts anderes zu tun, als zu trinken, zu den heidnischen Bergen emporzublicken — und an die Vergangenheit zu denken.

2

Tag für Tag bin ich aufgebrochen, um in den Ruinen die Geschichte des großen Hauses an der Straße zu lesen. Es war still und geheimnisvoll. Unkraut hatte den Garten verwüstet, aber noch blühten die Rosen. Ich wußte von dem großen Haus nur, daß Freischärler es angezündet und die Bewohner vertrieben hatten. Unweit davon im Gebüsch waren Überbleibsel einer alten Maer und eines Turms, das einzige, was von einer Festung übriggeblieben war. Offenbar war die Stätte jahrhundertelang bewohnt gewesen.

Das tote Haus fing an mich zu faszinieren. Ich lungerte in den Ruinen herum, betrachtete die geschwärzten Wände und die vergilbte Tapete, entdeckte, wo die Bilder gehangen hatten, sah die Fenster, die mich anstarrten, Türen, die nirgends hinführten, und Treppen, die in der Luft endeten. Da fragte ich mich, was wohl für Menschen dort gelebt und was sie getan hatten, um ein solches Schicksal zu erleiden.

Ich stellte Fragen, und nach und nach entstand die Geschichte des großen Hauses, und die Geschichte von jenem Stück Land war auch die Geschichte Irlands.

Als im Jahr 1171 n. Chr. Heinrich II., König von England, der erste nicht im Lande lebende irische Grundherr wurde, ließ er einen normannischen Baron (walisisch von seiten der Mutter, wie viele der ursprünglichen Eroberer) als Eigentümer des Gebiets zurück. Die 1,80 Meter dicke Grenzmauer im Gebüsch ist das einzige Überbleibsel der von diesem Siedler erbauten Burg. Die normannische Familie wurde dort seßhaft und gedieh auf jener Linie des geringsten Widerstands, die, wäre sie nicht mit den Ideen der englischen Herrscher in Konflikt geraten, vielleicht schon vor Jahrhunderten die »irische Frage« gelöst hätte. Im Verlauf weniger Generationen wurde diese Familie in vieler Hinsicht irisch. Sie sprach Irisch, heiratete in irische Familien ein, hielt das Brehon-Gesetz, übernahm das irische System der Pflegekinder und änderte ihren Namen. Sagen wir, sie nannte sich nun MacFerris. Eine solche Verbindung zwischen den Engländern und den Iren war der Regierung in Westminster verhaßt. Sie bezeichnete solche Familien als »degenerierte Engländer«. Gegen sie richtete sich das Statut von Kilkenny im Jahre 1376, das ihnen unter Androhung der Strafe für Hochverrat verbot, Iren zu heiraten, Irisch zu sprechen oder Sprache, Kleidung und Sitten der Iren anzunehmen. Der Familie MacFerris gelang es jedoch, den Stürmen von drei Jahrhunderten zu trotzen. Dann verkündete ein grelles Licht am lodernden Himmel die Ankunft von Cromwell, der seinen Krieg der Ausrottung kämpfte. Die Familie MacFerris wurde in die Berge getrieben. Das war im Jahr 1653.

Der neue Besitzer des Landes war einer von Cromwells puritanischen Gefolgsleuten. Ein Soldat, nennen wir ihn Buckley. Er übernahm das Gut von MacFerris, baute sich ein passendes Haus und etablierte sich auf dem Land. Er widerstand den Stürmen der Stuartkönige ebenso erfolgreich wie seine Vorgänger denen der Plantagenet-Herrscher.

Zur georgianischen Zeit waren die Buckleys nicht mehr die bescheidenen entlassenen Soldaten aus Cromwells Heer, sondern distinguierte Landedelleute. Sie hatten Bilder von Gainsborough und Romney an den Wänden, gute Weine im Keller und einen Stall voll edler Pferde. Das Haus ihrer Vorfahren war einem nüchternen, rechteckigen Herrenhaus mit einer von korinthischen Säulen getragenen Eingangshalle gewichen. Im Vergleich zu anderen waren die Buckleys gute Gutsherren und wohlgelitten. Sie entschwanden für lange Perioden nach England, wohin ihnen der Pachtzins nachgeschickt wurde. Dort galt die Tatsache, daß sie recht irisch geworden waren, die sie zur Zeit der Plantagenets noch belastet hätte, als gewisser Charme. Waren die Buckleys in England, empfand man sie als entzückend irisch. Von ihnen wurde erwartet, daß sie komische Dinge sagten und überhaupt ein bißchen verrückt waren. Sie konnten aber nicht Gälisch sprechen und waren strenge Protestanten. (Kehrten sie nach Irland zurück, galten sie bei ihren Pächtern als englisch!)

Sie schickten ihre Söhne in die Armee und in die Dienste der Kirche. Ein Buckley zeichnete sich im Krimkrieg aus, ein anderer wurde englischer Bischof. Während der Herrschaft der Königin Victoria – so glorreich und einträglich für England, so furchtbar und voller Entbehrungen für Irland – hörten die Buckleys das erste schwache Grollen der Rebellion, aber sie ritten unbeirrt weiter auf die Jagd. Sie kämpften im Burenkrieg, und ein Buckley befehligte im Ersten Weltkrieg ein englisches Reiterregiment.

Das war Oberst Buckley, der 1922 seinen Verwalter in Irland besuchte. Er stellte fest, daß das warnende Raunen der Rebellion, bei dem der Urgroßvater und der Großvater noch auf die Jagd geritten waren, nun mit der Kraft eines Orkans durch Irland fegte. Die jungen Männer auf seinem Gut schienen einem Geheimbund anzugehören. Er sah seltsame Schlachtrufe in Kreide auf die Mauern gemalt. Seine Pächter wirkten wie

Spione. Eines Abends nahm er sein Essen in dem großen georgianischen Zimmer ein und gratulierte sich vielleicht zu dem
Umstand, daß die guten Taten seiner Vorfahren ihm seinen irischen Besitz erhalten hatten. Da hörte er das Trampeln von
Füßen, und schon drang eine Bande von Freischärlern ein,
stämmige junge Männer, die ihre Mützen tief ins Gesicht gezogen hatten. Buckley hatte noch Zeit, ein oder zwei Söhne seiner
Pächter zu erkennen. »Hast du deinen Rosenkranz?« fragte
einer aus purer Gewohnheit, und dann, weil er sich erinnerte,
daß der Oberst protestantisch war, lächelte er grimmig und
sagte: »Komm schon, nach oben auf den Berg.«
Wie viele der unglückseligen Anglo-Iren waren die Buckleys
vielleicht manchmal beschränkt gewesen, aber niemals feige.
Der Oberst erkannte sofort, daß er ermordet werden sollte, und
er wußte auch, wie sinnlos jede Diskussion war. So bat er, seinen Hut holen zu dürfen. Sie marschierten mit ihm in der Dunkelheit zur Kuppe seines eigenen Berges. Ein riesiger junger
Mann baute sich vor ihm auf.
»Wem gehört das Gut, Oberst Buckley?« fragte er.
»Es gehört mir«, erwiderte der Oberst.
»So, tut es das?« antwortete der junge Mann mit beißender Ironie. »Na, dann schau mich mal gut an, während du das noch
kannst. Dieses Gut hat mir gehört, ehe du mit Cromwells Leuten hierher gekommen bist. Ich heiße MacFerris. So und jetzt
herunter auf die Knie!«
Der Oberst wurde jedoch nicht erschossen. Im letzten Moment
wurden die Männer von einem Spähtrupp der Soldaten des
Freistaats gestört und flohen. Sie ließen einen Anglo-Iren in
mittleren Jahren zurück, der auf dem Gras kniete und nicht die
blasseste Ahnung hatte, daß ein Mann Cromwells auf einen aus
der Zeit der Plantagenets gestoßen war. Beim Aufstehen blickte
der Oberst ins Tal und sah sein Haus brennen. Damals schwor
er sich, nie wieder irischen Boden zu betreten, und er hat seinen
Schwur gehalten. Er zog sich in eine englische Stadt zurück.

So mache ich mich Tag für Tag auf, um in den Trümmern des Hauses an der Straße zu lesen. Etwas vom unausbleiblichen Schicksal in der griechischen Tragödie steckt in der Geschichte von MacFerris — wahrscheinlich ist er ein Landarbeiter —, der mit dem Zorn der Jahrhunderte im Herzen angestürmt kommt, um mit entsichertem Revolver kurzerhand Rache zu nehmen. Wenn ein so gutes Gedächtnis nicht Nationalismus ist, was dann?

Es gibt kein großes Anwesen in Irland im Besitz ehemaliger Gefolgsleute von Cromwell, das im Bewußtsein des Volkes nicht stets einen anderen gespensterhaften Eigentümer gehabt hat. Vielleicht ist dieser ursprüngliche Besitzer nur eine Legende oder ein Mann, der »in den Bergen wohnt«, vergessen aber wird er nie.

Dies alles beweist, daß in Irland Geschichte nicht etwas Altes, Vergangenes ist, sondern stets gegenwärtige Zeitgeschichte.

3

Es gibt ein untrügliches Zeichen, daß ein Schriftsteller anfängt, Irland zu genießen: er hört mit dem Schreiben auf. Dann gibt es noch eins: er verschwindet. Dies ist meistens der Fall, wenn er nach Kerry kommt.

Freunde und Bekannte beginnen sich zu ängstigen, schreiben Briefe, die wieder zurückkommen, und dann bombardieren sie den Verschwundenen mit Telegrammen, die nicht ausgetragen werden. Und die ganze Zeit sitzt der Mann, der angeblich arbeitet, in orientalischer Lethargie da und raucht seine Pfeife an der Mauer von Pat Flannigans Schweinestall.

Niemand, der Irland nicht kennt, kann jenes Gefühl von der Sinnlosigkeit aller Bemühungen nachempfinden, das einen dort befällt. Andere Völker sind weniger nachdenklich und legen den Verzicht auf Geschäftigkeit als pure Faulheit aus, obgleich dabei oft etwas vor sich geht, das die katholische Kirche »Erforschung des Gewissens« nennt, und das ist von Grund auf harte Arbeit. Es gibt in der irischen Luft ein gewisses Etwas — es steigt aus den Torfmooren auf oder fällt von den Bergen herab und durchtränkt den Geist mit einer Ruhe, die ein Philosoph wahrscheinlich als den wahren Wert des Lebens bezeichnen würde. Zuweilen ist diese irische Eigenart eine wohltuende Melancholie, dann wieder eine angenehme Loslösung von den Dingen. Ich begreife jetzt, daß niemand hoffen kann, Irland zu verstehen, wenn er dieses Gefühl nicht kennt.

Seit einer Woche sitze ich auf der Mauer des Schweinestalles und beichte meine Sünden und Torheiten Pat Flannigans alter Sau. Sie ist gerade auf dem Höhepunkt ihrer Mutterschaft und für mein Empfinden eine sympathische Gesprächspartnerin. Sie hat neun Ferkel, so groß wie Foxterrier und so rot wie abgebrühte Krabben.

Um uns heben die verzauberten Berge von Kerry ihre phantastischen Spitzen zum Himmel. Große gelbe Wolken ziehen sanft über sie hinweg, und dann färbt sie der Abend purpurrot. Die weiße Straße kurvt durch das Tal, und die Berge auf beiden Seiten erheben sich über dem hellen Schachbrettmuster der Getreide- und Gemüsefelder bis zu den rauhen, unbebauten Gipfeln, auf denen graue Felsen aus dem Gras aufragen.

Hie und da kommen kleine rote Eselskarren, die mit schokoladebraunem Torf beladen sind, die Straße entlang. Ein alter Mann oder eine alte Frau mit dem schwarzen Schal auf dem Kopf hockt über der Deichsel. Zuweilen taucht ein unglaublich aussehender Landstreicher auf, der aussieht, als hätte er einen Lumpensammler ausgeplündert. Ich sehe ihn an und frage mich, ob er wohl einst ein Schriftsteller war, der vor längst vergessener Zeit nach Irland kam, um ein Buch über das Land zu schreiben.

Die ganze Szene — grüne Berge, weiße Straßen, gelbe Wolken — funkelt wie Juwelen und beansprucht ungeteilte Aufmerksamkeit.

Mike O'Brien, der in den Bergen die Briefe per Fahrrad austrägt, kam zu mir, während ich auf der Mauer des Schweinestalles saß, und sagte: »Du liebe Zeit, müssen Sie einen Haufen Freunde haben. Mir ist ja fast das Rückgrat gebrochen von diesem ganzen Zeugs hier.« Er gab mir ein Bündel Briefe aus London.

»Mike«, sagte ich, »die Straße war wohl sehr staubig.«

»Einen Tag nach der Sintflut war sie schon staubig«, erwiderte Mike.

»Was wohl heißt, daß ein Glas Stout nicht fehl am Platze wäre.«

»Das wäre es vielleicht nicht«, meinte Mike.

So verließen wir den Schweinestall und betraten den dunklen, üblen, nach Hefe stinkenden Laden, der in ganz Irland die Funktion einer Bar erfüllt. Weshalb Irland, das freundlichste, geselligste, redseligste aller Länder, keine schönen Landgasthäuser zuwege gebracht hat, wie sie Jahrhunderte lang England zum Ruhm gereichten und es auch tun werden, solange noch ein Mensch die Erde bewohnt, kann ich einfach nicht verstehen.

Die Katze schlief auf der Theke. Ein ausgedörrtes Schweinsgesicht in der Farbe einer verdorbenen Zitrone und mit Salz in den Ohren gab uns eine schauderhafte, abgestandene Art von Bier. Der ganze Raum roch nach schalem Alkohol und schlechtem Tabak.

»Mike, ich muß arbeiten.«

»So?« fragte Mike, höflich interessiert.

»Sie sind nämlich, obwohl Sie es nicht wissen, der Bote aus einer anderen Welt, und diese Briefe hier rufen mich zu meinen Pflichten zurück. Ich glaube, mich daran zu erinnern, daß ich ein Irland-Buch schreiben wollte, aber das werde ich nie tun.«

»Das macht nichts«, meinte Mike ziemlich rauh. »Wer zum Teufel wollte es denn lesen?«

»Genau das meine ich auch! Das ist die Wirkung von Irland. Wer zum Teufel will das Buch lesen?«

»Haben Sie jemals die Geschichte gehört«, fragte Mike, »von dem Tiger, der dem Zirkusmann Duffy gestorben ist?«

Seine untersetzte Gestalt in der blauen Uniform wurde mit einem Mal bedeutungsvoll. Eine komische Geschichte ist in Irland ebenso wichtig wie anderswo eine Vorstandssitzung. Und hier, überlegte ich, steckt des Pudels Kern. Sobald sich jemand zur Pflicht ermannen will, nimmt ihn dieses verdammte, beharrliche Land an der Hand und erzählt ihm eine Geschichte, die alles aus seinem Kopf vertreibt, außer der guten Laune . . .

»Warten Sie, ich werd' erzählen«, begann Mike. »Als Duffy, sein Tiger starb, wußte er überhaupt nicht, was er machen sollte. ›Ich bin ruiniert‹, sagte er, ›denn ohne Tiger kann ich den Zirkus nicht aufmachen‹. ›Ich sage dir, was du machen kannst‹, erklärte da Pat Dempsey, der aus Cork kam und für jede Teufelei und jeden Betrug zu haben war. ›Was soll mich davon abhalten, der Tiger zu sein‹, sagte er, ›denn mit seinem Fell auf mir und einem Glas Whisky in mir kann ich wunderbar brüllen. Ich werd' eine feine Bestie abgeben, kein Zweifel darüber‹. Passen Sie auf, es geht weiter . . . Pat zieht also dem Tiger das Fell ab und klettert hinein, und als der Zirkus aufmachte, sagten alle sofort, ein so wildes, brüllendes, schnappendes Biest hätten sie noch nie gesehen. Bestimmt, denn ich war damals auch dabei und hab's erlebt. Pat war der bösartigste, mörderischste Teufel von einem Tiger, den man je erblickt hat. Passen Sie auf, wie es weitergeht . . .«

Mike hob sein Glas, trank, wischte sich den Mund mit dem Handrücken ab, kam ein bißchen näher auf mich zu und sah mich die ganze Zeit mit seinen funkelnden Augen an.

»Während der Tiger herumlief und brüllte und versuchte, nach dem Publikum zu schnappen, geht plötzlich eine kleine Tür auf, und was spaziert ganz behende zu ihm in den Käfig herein? Der furchtbarste wilde Löwe, den es je auf der Welt gegeben hat. Pat tat einen einzigen Blick und wußte, daß seine letzte Stunde geschlagen hatte. Der Löwe brüllte, daß allen das Blut in den Adern gerann, und dann lungerte er herum, und sein Schwanz schlug auf den Boden. Pat sah ihn, und aller Whisky ist in ihm ausgetrocknet. ›Laßt mich heraus‹, schrie er, und rannte zur Tür, aber der Löwe lief hinter ihm her. ›Bei allen Heiligen‹, brüllte Pat, ›macht die Tür auf. Laßt mich hier raus!‹ Doch der Löwe sprang hinter ihm her, und da sagte eine Stimme aus seinem Inneren: ›Nur mit der Ruhe, Pat, ist schon gut, Pat — ich stamme auch aus Cork . . .‹

Und nun sagen Sie mal, haben Sie je die Geschichte gehört, wie Mrs. Milligan den Priester besucht hat? . . . Warten Sie mal, ich werd'se Ihnen erzählen . . .«

Zurück auf der Mauer von Pats Schweinestall sitze ich müßig da, halte meine Briefe in der Hand und beobachte, wie die Höhlen der Berge von Kerry sich mit Nebel füllen, der die Farbe von Veilchen hat. Ihre merkwürdig ausgefransten Ränder stehen pechschwarz gegen den Himmel, der in weißglühendem Licht erstrahlt und fast hellgrün ist. Hoch oben auf dem Berg glänzen die kleinen Hütten, als wären sie aus Schnee gebaut. Von irgendwo her steigt der Geruch von Moor auf, und dann wird das entfernte Knarren eines Wagens hörbar, der den Straßenstaub mahlt. Danach ist die Stille wieder so tief wie der Ozean, die Stille der verzauberten Berge, die Stille des Himmels.

Und die übrige Welt ist nur wenige Stunden von Kerry entfernt. Es ist kaum zu glauben. Irgendwann werden das müde Menschen erfahren, und sie werden hierher kommen, um den Frieden Irlands in ihre müden Knochen einsinken zu lassen. Und sie werden immer müder und müder werden, werden zufrieden sein, auf der Mauer von Pats Schweinestall zu sitzen und zu sehen, wie die Berge ihre Farbe wechseln, und sie werden auf die kleine Glocke warten, die jeden Tag mit einem Dankgebet für die Schönheit von Gottes Erde beschließt.

Schläft man in Kerry zur Straße hin, so wird man noch in der Dunkelheit durch ein seltsames, beständiges Trappeln wach. Man blickt auf die Uhr und stellt fest, daß es fünf Uhr morgens ist, zieht den Vorhang zurück und sieht eine Herde Kühe im Mondlicht vorbeiziehen. Die Treiber, auf ihre Stöcke gestützt, laufen hinterher, rauchen ihre Pfeife und rufen dann und wann den Hunden etwas zu, die am Rande der Herde umherspringen. Danach entsteht eine Pause, und dann kommt auf der leeren Straße ein Mann, der eine Kuh mit Kalb treibt. Er verschmilzt mit der Dunkelheit. Es folgt ein von einem schläfrigen Esel gezogener Wagen, in dem sich eine Ladung Schweine befindet. Mehr Herden folgen, dann ein Esel, wie Atlas beladen – nur vier dünne, kleine Beine unter einem Haufen Heu. Er trippelt weiter und ihm folgt ein Esel, der braune Torfplatten trägt, die in Spankörben auf seinen beiden Seiten hängen.

Jetzt hat man genug gesehen, um zu wissen, daß das ganze Gebiet wach ist. Es ist Markttag. (In Irland ist immer irgendwo Markttag.) In den kleinen weißen Hütten in den Bergen sind die Frauen seit drei oder vier Uhr wach, um die Männer und Söhne zum Markt zu verabschieden. Sie bereiten das Essen, während die Männer in der Dunkelheit das Vieh zusammentreiben und die Schweine in die Wagen packen.

Die ganze Zeit, da diese seltsame Prozession von Landleuten und Tieren am Fenster vorbeizieht, sinkt der Mond, wird von Minute zu Minute blasser, und der leichte kühle Wind, der vor Sonnenaufgang weht, biegt das Gras um. Die Luft wird grau, und man hat das Gefühl, etwas aus einem irischen Märchen erlebt zu haben oder etwas vom Anbeginn der Geschichte, etwas, das älter ist als die Bebauung des Landes – die Wanderung von Hirten mit ihren Herden. Im Verlauf einer eintägigen Autotour durch Irland erlebt man vielleicht zwanzig Markttage, die aus unerfindlichen Gründen »Messen« genannt werden.

Einige finden auf abnorm breiten Straßen französisch anmutender Städte statt, andere in Städten, die hübscher gebaut sind, und manche in winzigen Dörfern. Sie haben keine Ähnlichkeit mit Märkten, die man in Ländern mit ertragreichem Boden findet.

In den kleinen Dörfern Kerrys stehen am Markttag Hunderte von zerzausten, lehmverkrusteten Kühen mit verblüfften Gesichtern auf der Hauptstraße herum, einige auf dem Bürgersteig, andere mitten auf der Fahrbahn. Hin und wieder kommt ein empörter Ladenbesitzer angestürzt und jagt eine Kuh mit Schlägen aus seinem Laden.

Zu jeder Kuh, der er durch persönliches Interesse verbunden ist, gehört ein Mann mit dem gleichen lässigen Ausdruck. Es ist ein lang aufgeschossener, wild aussehender Kerl aus den Bergen. Er lehnt sich auf einen Stock, trägt zerlumpte Kleidung und einen Hut, der einst in die Gattung der Melone gehörte. Manchmal verläßt er seine Kuh und stellt sich zu einer Gruppe von Männern, doch übersteigt es mein Fassungsvermögen, wie er später seine eigene wieder aus diesem kuriosen Haufen von kleinen schwarzen Tieren herausfindet.

Um diese Männer ist etwas Seltsames, das, so glaube ich, typisch für das ganze Land ist. Man gehe zu dem zerlumptesten und fürchterlichsten der wilden Kerle hin. Er sieht aus, als hätte er seinen Rasierapparat im Jahr 1899 verloren, und er trägt einen Hut, der offensichtlicher Sieger zahlreicher Wirtshausschlachten ist, doch das Gespräch mit diesem Mann lohnt sich. Dies habe ich als erste Lektion gelernt, nachdem ich Dublin verlassen hatte. Zunächst unterhielt ich mich mit den mottenzerfressenen Gestalten auf den Landstraßen wie mit Bauerntölpeln, doch alle antworteten sie mir wie geborene Redner.

Diese zerschlissenen Männer, die über die irischen Landstraßen ziehen, scheinen irgendwie aus guten Familien zu stammen, und sie haben einen erstaunlich kultivierten Zug im Benehmen. Doch zurück zum Markt ...

Esel, von kleinen Buben gejagt, springen zwischen den melancholischen Kühen herum. Viele von ihnen sind noch zu jung zur Arbeit, und dies ist die einzige kurze glückliche Zeit im Leben eines Esels. Am Straßenrand stehen Reihen von kleinen Eselswagen, blau mit safrangelben Deichseln. In ihnen sind schlafende Schweine, mütterliche Säue und ganze Kinderstuben von Ferkeln. Kuh, Schwein und Esel sind die Stützen der irischen Landwirtschaft.

Ein solcher Markt, der sich wahllos auf der weißen Dorfstraße ausbreitet, vor den paar winzigen Geschäften und dem einen Amtsgebäude ist Ausdruck des kargen Dorflebens. Ein Mann ist 24 weite Kilometer vom Moor mit Torf im Werte von ein paar Shilling gelaufen, ein anderer lange durch die Dämmerung gestampft und hat Heu, das kaum etwas einbringen wird.

Diese Leute kratzen ihr Lebensminimum aus harter Erde und zählen ihren Besitz nach Pennies. Doch unter ihnen ist keiner, der nicht lieber seine Kuh in die entlegenen Berge zurücktreibt, als einen Betrag entgegenzunehmen, der seinen Vorstellungen nicht entspricht. Die Iren können keine Kompromisse machen. Aber streiten und disputieren, das können sie! Man beobachte einen Mann, der ein Schwein kaufen will. Er sieht sich alle angebotenen Schweine ganz sorgsam an, sticht mit den Fingern durch die Stangen des Wagens, bis die Schweine aufspringen und quietschen, und dann, wenn er sich auf eins festgelegt hat, geht er zum Besitzer hin und sagt »Guten Morgen, schönes Wetter haben wir heute, gelobt sei Gott.«

»Ja, schön ist es.«

Zwanzig Minuten lang sprechen die beiden über alles Mögliche, nur nicht von Schweinen. In der Zwischenzeit halten sich die anderen Kandidaten für das Schwein verstohlen im Hintergrund. Es widerspricht der Etikette, in Unterhaltungen dieser Art hereinzuplatzen, und schon manch irische Nase wurde gebrochen, weil ein Mann nicht warten konnte, bis sein Vorgänger die Unterhaltung mit dem Schweinebesitzer beendet hatte.

Schließlich erwähnt der eventuelle Käufer so ganz nebenbei, als sei ihm der Gedanke soeben erst gekommen, daß ein gewisses kleines Schwein da im Wagen recht gut wäre und sich eventuell gut mästen lasse. Und wieviel, so fragt er, aus reiner Neugierde versteht sich, würde dieses kleine Schwein denn kosten?

Danach entschließt er sich, das Spiel »hart« zu spielen. Das heißt: er läßt wissen, daß er das Schwein für einige Shilling weniger kaufen würde, als der Besitzer verlangt hat. Nachdem der Händler höflich gezeigt hat, daß ihn das nicht interessiert, geht der Mann weiter, und der nächste eventuelle Käufer stürzt herbei.

Die Schweine in den Wagen sind am Markttag ständig von einem Kreis von Männern umgeben. Sie halten sich alle höflich zurück bis zum Ende des Verkaufsgesprächs, sind alle mißtrauisch gegeneinander, wollen alle das Schwein haben, und alle warten sie ab und spielen »hart«. Schließlich wird das Schwein durch kleinste Konzessionen bei Käufer und Besitzer verkauft. Bei der letzten Hürde wird häufig ein Schiedsrichter herbeigerufen. Die beiden Partner schwören, seine Entscheidung zu befolgen. Er hört sich die Einzelheiten der Transaktion an, teilt die letzten sechs Pennies – und das Schwein wechselt den Wagen!

Außergewöhnlich an diesen Markttagen ist das Fehlen der Frauen. Deshalb wirken die Versammlungen so trist. Hunderte von Männern in schwarzen Jacken, Hunderte von schwarzen Kühen! Die Frauen sind natürlich kilometerweit entfernt in den Bergen. Sie haben keine Eier zu verkaufen, keinen Honig, keine Sahne, keinen Käse.

Sie warten zu Hause in den kahlen Bergen, bis der Mann mit dem Silbergeld in der Tasche heimkommt. Manchmal bringt er aber die Kuh oder das Schwein zurück, ist zornig, unabhängig und kompromißlos. Ich hoffe, daß er zuweilen seiner Frau etwas aus dem Dorf mitbringt. Aber wenn ich mich in den Läden umsehe, frage ich mich, was er ihr mitbringen könnte.

Stiefel? Ein paar Meter Flanell? Das ist nicht das richtige Geschenk für eine Frau, die den ganzen Tag in den Bergen gewartet hat. Ich glaube, das einzige schöne Mitbringsel aus einem irischen Dorf wäre ein kleines farbiges Bild der Mutter Gottes.

5

Es ist sonderbar, daß Irland den Ruf hat, ein ausgelassenes und fröhliches Land zu sein. Wahrscheinlich sind die Trinkgelage und übermütigen Jagdgesellschaften der Anglo-Iren in der georgianischen Ära für diese Legende verantwortlich.

Auf der Straße, die weiter nach Kerry hineinführt, sehe ich große Gebiete Land, von denen die Melancholie buchstäblich zu tropfen scheint. Trauer und Enttäuschung liegen in der Luft. Selbst der Regen fällt nicht auf die Erde, sondern beweint sie, und der Wind seufzt. Als Vergleich kommen mir glückliche Landschaften in den Sinn, die satten Obstbaugebiete von Herefordshire, Kent, wo der Hopfen so hoch wächst, die Weinberge von Burgund, die silberne Ebene von Avignon, das Land um Siena und die fetten, wolkenreichen Weiden Hollands.

Nichts in der Welt kann der Trauer einiger irischer Landschaften gleichen. Vielleicht steht der Regen für die Tränen der Auswanderer, der Wind für die Schreie derer, die im fremden Land sterben müssen. Die Atmosphäre spricht von Jahrhunderten voller Hunger, Vertreibung und Emigration.

Irland ist so launisch wie seine Menschen. Bei einem Iren folgen Tränen auf Gelächter, und ebenso ändert die Landschaft die Stimmung. Fährt man nur einige Kilometer, wird aus einem heiteren, ruhigen, belebten Gebiet ein trostloses, trauerndes, verlassenes Stück Land, das, so weit ich weiß, bis jetzt noch von keinem Romanautor genügend beschrieben worden ist. Würde irgendein Schriftsteller mit dem Humor von Somerville und der Gabe des Mitleidens von Galsworthy diese beiden Gegensätze kombinieren, hätten wir den lebensechten irischen Roman. Mir scheint, die Bilder vom irischen Leben sind hoffnungslos unvollständig. Hinter dem Gelächter, dem pferdenärrischen Treiben, den Hindernisrennen, den Jagden, hinter Trinkseligkeit und Intrigen verbirgt sich ein Mensch, der nie in Erscheinung tritt, der sich aber als die Persönlichkeit der irischen Geschichte erwiesen hat – der trotzige Bauer mit der Mistgabel. Er steht hinter einer Steinmauer und sieht die Jagdgesellschaften vorbeiziehen, die ihn und seinesgleichen nicht achten, aber in seiner eigenen Vorstellung ist er der Nachkomme von Königen und Heiligen.

Sein gutes Gedächtnis scheint in diesen traurigen Teilen von Irland die Luft mit hartnäckigen Ressentiments zu erfüllen, und vielleicht haben die Frauen, die ihre Kinder hungrig zu Bett haben gehen sehen, den pathetischen Zug hineingebracht. Das mag phantastisch klingen, aber Irland ermutigt zu phantastischen Gedanken. Jedes wahre Buch über Irland muß voller Widersprüche sein und voll von Gedanken, die nur zur Hälfte stimmen.

6

»Wenn Sie ›Poteen‹ versuchen wollen«, sagte mein Freund, »gehen Sie dorthin, wo ich Sie hinschicke, und sagen Sie, Mike O'Flahertys schwarze Kuh ist ihm gestorben .«

»Ist das ungefährlich?«

»Nein.«

»Werde ich Poteen bekommen?«

»Das werden Sie. Aber um Himmels willen«, fügte er hinzu, »wenn Sie darüber schreiben, dann so, daß man nicht merken kann, worüber Sie reden. Sie verstehen weshalb . . .«

»Poteen« ist das geheimste Wort im ländlichen Sprachschatz Irlands. Man spricht es niemals aus, sondern darf es nur flüstern. Das verbotene Feuerwasser, das in der Totenstille der Nacht gebrannt wird oder an nebligen Tagen, die den Rauch in den Brennereien unsichtbar machen, wurde schon immer auf den einsamen Bergen Irlands hergestellt. Heute wird das Getränk unter gefährlichen Bedingungen destilliert, die das irische Naturell allerdings wie eine Herausforderung reizen. Die Regierung des Freistaats ist fest entschlossen, den üblen Handel zu unterbinden.

Hunderte von unternehmungslustigen jungen Zivilpolizisten sind auf den irischen Landstraßen unterwegs oder liegen in den Bergen mit Ferngläsern am Auge, entschlossen, eine Razzia auf die Destillierapparate zu machen und die »Poteen«-Banden ins Gefängnis zu bringen. Deshalb senken die Leute auf dem Land ihre Stimme, wenn das Thema erwähnt wird, und sprechen geheimnisvoll vom »Stoff«.

Über eine Stunde lief ich einen Weg, der kaum mehr war als ein von Schafen hinterlassener Pfad. Es war ein gefährlich klarer Tag mit großen gelben Wolken über den Bergen. Das Tal war öde und felsig, nirgends ein Haus, und es gab noch nicht einmal genug Gras für die kleinen schwarzen Kühe von Kerry, die von so gut wie nichts zu leben scheinen.

Die Felsen machten großen tabaksbraunen Moorstellen Platz, in denen trübes, dunkles Wasser stand. Gelegentlich lag der Rand eines Torfstücks bloß, glatt, schokoladebraun und mit Spuren der kleinen Torfstecherspaten. Ich bog um eine Ecke und sah eine kleine weiße Hütte am Rande eines Felsens. Auf einem Haufen Steine in einiger Entfernung vom Haus saß ein kleiner alter Mann.

Als ich auf ihn zutrat, spürte ich, wie sich alle seine Nerven anspannten. Ich bewunderte die Art, wie er das verbergen konnte. Wer war ich? War das Spiel aus? Die Fragen schwirrten in seinem Kopf, aber er lächelte und sagte »Guten Abend«.

Wir fanden beide, daß es ein selten schöner Tag und recht warm in der Sonne sei. Der Mann war alt und untersetzt. Graue Brauen fielen über seine Augen wie Jalousien, aber ich konnte seine Augen sehen, die hell und lebendig waren. Sie sahen mich nicht an, sondern wanderten die ganze Zeit ruhelos zu den Bergen hin.

»Ich hätte gern einen Schluck vom Stoff«, sagte ich.

Er antwortete, er hätte ihn einmal gekostet, als er noch nicht trocken hinter den Ohren gewesen sei, aber seit Jahren schon werde der Stoff in den Bergen nicht mehr hergestellt. Jetzt, da wir ins Gespräch gekommen waren, hatte er sich völlig in seiner Gewalt. Ich berichtete, daß ich Irland bereiste und gern erzählen wollte, wie ich in den Bergen »Poteen« versucht hätte. Nein, seit Jahren hätte er das Zeug nicht mehr gesehen. Nun, in Connemara, ein Kesselflicker habe ihm mal berichtet . . .

»Haben Sie schon gehört«, fragte ich, »daß Mike O'Flahertys schwarze Kuh ihm gestorben ist?«

»In drei Teufels Namen – weshalb haben Sie das nicht gleich gesagt?«

Ohne daß sich sein Ausdruck veränderte, stand der Alte von den Steinen auf und lief langsam, die Hände in den Taschen seiner geflickten Hose, zur weißen Hütte. Danach geschah alles sehr rasch. Zwei stämmige Mädchen, das eine ungefähr sechzehn, das zweite vielleicht achtzehn Jahre alt, mit wild fliegenden schwarzen Haaren und weiten schwarzen Röcken, die ihnen gegen die nackten Beine schlugen, rannten von der Hütte fort und über die Felsen. Das jüngere Mädchen lief einen Abhang hinauf und blieb oben stehen, seine Schwester hüpfte wie ein Setter ins Torfmoor. Der Alte latschte von der Hütte zu mir, die Hände noch immer in den Taschen. Hinter den grauen Jalousien suchten seine Augen die Berge der Umgegend ab.

»Überall großartiges Wetter«, sagte er, und fügte hinzu, die Zeiten seien so schlecht wie der Teufel selbst. Noch, als er sich die Pfeife ansteckte, ließ er seine Augen ruhelos um die Berge schweifen.

Ein Mädchen kam durch das Torfmoor gerannt. Es sah großartig im Wind aus, der den Rock bauschte und die weißen Beine voller brauner Spritzer von Moorwasser sehen ließ. Das Mädchen hielt eine Flasche, an der noch Moor klebte. Sie hatte sie aus einem Torfstück ausgegraben, in dem wahrscheinlich eine Menge »Poteen« steckte. Kaum daß das Mädchen im Laufen innehielt, bückte es sich rasch, legte die Flasche neben eine Steinmauer und hüpfte wie eine Bergziege über die schroffen Felsen in die Hütte.

Der Mann ging lässig fort und rauchte seine Pfeife, der unschuldigste Alte, der sich denken ließ. Mich ließ er mit einer Flasche weißen Giftes und einem kleinen Blechbecher an der Mauer zurück.

»Poteen« ist ein übles, betäubendes Getränk, das Menschen wahnsinnig machen und sie in Trance versetzen kann, die tagelang anhält. Dieses Gebräu kann einen Menschen dazu bringen, Verbrechen zu begehen. Ich habe es mit großem Respekt behandelt, mir gerade soviel eingegossen, um ein Schnapsglas zu füllen, und es heruntergekippt.

Es war wie Feuer voller Rauch, hartes, heftiges, rauhes Gebräu. Ich versteckte die Flasche im Gras am Fuße der Mauer und ging zu dem alten Mann hin. Er meinte, es sei wirklich gutes Zeug und nannte es »Bergtau«.

Ob ich mir eine Flasche oder vielleicht eine halbe mitnehmen wollte? Es sei teuer geworden. »Sie«, sagte er geheimnisvoll, würden ständig »ihre« Preise erhöhen. »Sie« hätten Schwierigkeiten, weil die jungen Teufel in den blauen Jacken »sie« von den Bergen aus Tag und Nacht kontrollierten. Er könnte mir als besonderes Entgegenkommen eine Flasche überlassen. Seine Augen verließen die Berge und fixierten mich scharf. Für neun Schilling könne er es machen. Ich dankte ihm und lehnte ab. Er sprach weiter von »ihnen«, wobei ich das Gefühl hatte, er meinte sich selbst mit jenen geheimnisvollen Unbekannten. Ich sah ihn vor mir in der Stille der Nacht oder im Nebel eines Regentags im Gebirge davonschleichen, und wieder bewunderte ich seine Nerven, denn seine verstohlenen Geschäfte schienen ihm kaum etwas einzubringen.

Ich ging den Pfad hinunter und ließ einen sanften alten Mann zurück, der seine Pfeife auf einem Steinhaufen rauchte, während ein Mädchen mit Wind im Haar wie ein Setter ins Torfmoor schlüpfte und dabei etwas festhielt. Eine weiße Hütte am Rande der Felsen mit kleinen schwarzen Fenstern ohne Gardinen wirkte, als sehe sie nichts, oder suchten die blanken Fenster die Berge ab und gaben vor, blind zu sein?

Ich nahm die schöne Küstenstraße um die Bucht von Bantry und kam zu einem himmlischen Ort namens Glengariff. Dort bekam ich stechende Kopfschmerzen, die bis zur Schlafenszeit anhielten, und die hatte ich auch verdient.

7

Es fällt schwer zu glauben, daß London oder überhaupt eine Großstadt existiert. Ist es möglich, daß es irgendwo Verkehrsstauungen gibt und daß Menschen sich abhetzen und sich sorgen, ob sie noch rechtzeitig zum Zug kommen? In Glengariff sind solche Gedanken grotesk. Hier ist nichts geschehen, seitdem die Polizeibaracken während der »Unruhen« niedergebrannt wurden, und da es sonst nichts zum Anzünden gibt, darf man die Behauptung wagen, daß sich höchstwahrscheinlich nichts mehr ereignen wird.

Der alte Mick und ich tuckern auf einem schmächtigen kleinen Boot in den kleinen Buchten herum – so wie man in einem Garten herumstreicht. Wir bahnen uns unseren Weg langsam durch stille Wasser und um winzige Inseln und belauschen die Ruhe – ein Schweigen, das so gewaltig ist, daß ein unvorsichtiges Platschen mit dem Ruder wie Husten in einer stillen Kirche wirkt.

Kleine Dinge sind hier enorm wichtig. Ich widme meine ganze Aufmerksamkeit – und ebenso tut es Mick – den Möwen und Robben, die aus dem Meer um die äußeren Inseln auftauchen. Interessant sind die Tölpel. Sie ziehen hoch ihre Kreise, langsam und aufmerksam, und haben sie einen Fisch ausgemacht, fallen sie mit dem Schnabel voran durch die Luft und zerpflügen wie kleine weiße Pfeile das Meer. Einige Zeit bleiben sie unter dem Wasser und tauchen dann an unerwarteter Stelle wieder auf, anscheinend sehr zufrieden.

Mick sagt, sie tauchten oft bis zu zwei Meter bei der Verfolgung ihrer Beute. Bei ihm vereint sich eine rare Liebe zur Natur mit der bäuerlichen Gleichgültigkeit gegenüber Tieren. Er will mir zeigen, wie leicht man die Tölpel töten kann. Man muß nur einen Fisch auf das Boot legen und dann kommen sie angeschossen und brechen sich den Hals, was Mick äußerst dumm findet. Er versteht nicht, weshalb ich drohe, ihm das Ruder auf den Kopf zu schlagen, wenn er es versucht!

Es gibt auch Lummen, die wie kleine Pinguine aussehen, auf dem Meer sitzen und mit winzigen Flügeln winken, Dreizehenmöwen, Meerespapageien mit rotem Schnabel, Austernfischer und Wildgänse. Gelegentlich erhebt sich ein blauer Reiher aus den Binsen und fliegt langsam zu einer anderen Insel.

In den stillen kleinen Buchten wirkt das Wasser wie helle Jade. Der Meeresgrund ist voller Steine, die wie Juwelen funkeln, und Schalentiere mit seltenen und schönen Mustern.

Der alte Mick erzählt mir, er hätte eine Familie von zwölf Kindern mit Kartoffeln, Buttermilch, Fisch und gelegentlich Eiern großgezogen. Es seien gesunde Kinder, und den dreien in Amerika ginge es gut.

»Sie leben im nächsten Dorf«, sagt er scherzend und deutet mit dem Kopf zum Atlantik hin. Er ist nie in Dublin und nur ein oder zweimal in Cork gewesen. London ist ihm ein abstrakter Begriff und ebenso weit weg wie Moskau. Amerika aber ist für ihn Wirklichkeit. Seine ausgefransten Taschen sind voller Ausschnitte aus amerikanischen Zeitungen, die die Auswanderer nach Hause schicken. Er weiß alles über New York.

»Ach«, sagt der alte Mick, »es ist schon ein hartes Leben hier, ein teuflisches, wenn die kleinen Kinder heranwachsen, aber mit dem Meer voller Fische und Muscheln auf den Felsen, so groß wie Enteneier, kann man nicht verhungern. Und erfrieren tut man auch nicht mit dem Torf im Moor ... ich denke, es gibt Leute in den Städten, denen es schlechter geht, und die haben noch Geld auf der Bank ...« Gewiß, er würde sein Leben nicht mit einem König eintauschen.

Eines Morgens ruderten wir in der Nähe der Inseln, die wie Schiffe vor Anker in der Bucht liegen. Um uns waren Berge in jeder nur denkbaren Schattierung von Blau, vom grauen Blau der Burgundertrauben bis zum tiefen Veilchenblau. Die Wälder reichten bis zum Rande des Wassers, und weder zu Land noch auf dem Meer sah man die Spur eines Menschen. Dies ist die Riviera von Irland.

»Dieser Blick war für Mr. Bernard Shaw der schönste auf der ganzen Welt«, sagte der alte Mick plötzlich und unerwartet.

»Und wer war Mr. Shaw?« fragte ich ihn.

»Och, ein netter ruhiger Herr mit Bart. Und er hat viele Gedichte über die Insel da geschrieben. Die Gedichte sind ihm nur so zugeflogen, wenn er auf der Insel Garinish spazierenging. Er kam von London, aber sie sagten, er stammte aus Dublin ...«

Dichter! – mit dem heiteren Frieden von Garinish in Verbindung zu bringen. Wir näherten uns der Insel im ruhigen Wasser, und als wir an einem bestimmten Punkt angekommen waren, sahen wir ein Bootshaus und eine Barkasse am Ufer. Wir gingen vom Boot unter dem scharfen Blick eines greisen Mannes, der wie ein Kobold aussah, aber statt ins Gebüsch wegzuhüpfen, trat er auf uns zu und meldete, das Gartentor sei offen.

Die Insel Garinish gehört zum Zauber von Glengariff. Eigentlich dürfte sie gar nicht da sein! Sie ist etwas, das man einfach nicht für möglich hält. Solche Dinge kommen nur im Märchen vor.

Hier, unmittelbar am Atlantischen Ozean, verpflanzt in den wildesten und ursprünglichsten Teil von Südirland, ist ein vollkommener italienischer Garten mit Lauben, Steingärten, einem marmornen Teich voller Goldfische, römischen Statuen auf marmornen Podesten, dunklen, konisch geformten Zypressen und jeder nur denkbaren Blume und blühenden Pflanze. Der Garten wirkt, als sei er von den Bergen um Florenz auf den Flügeln eines magischen Sturms herübergeweht.

Der alte Mick erzählte mir, wie Mr. Bryce, der Bruder des verstorbenen Viscount Bryce, die Insel kaufte, weil sich seine Frau in sie verliebt hatte, und wie beide darangingen, aus der Wildnis einen Garten Eden zu machen. Es gibt eine Geschichte, daß jeder Brocken Erde vom Festland herübergeschafft werden mußte, aber der alte Mick sagt, das sei Unsinn. Mr. Bryce starb, und seine Witwe lebte allein auf der Insel in einem kleinen Häuschen weiter. Das große Haus, das auf der Insel geplant war, wurde niemals gebaut.

Die Insel ist das Werk erstaunlicher Liebesmühe. Wenn die Sonne auf die Marmorsäulen fällt, auf die mit Platten belegten Wege um den Fischteich und die weiße Steinbalustrade, die sich um die Felsen zieht, erstrahlt der Garten. Er ist ein Gedicht im Meer.

»Welch ein Fleck für eine Liebesgeschichte, Mick«, sagte ich. »Er hat Tausende gekostet«, antwortete Mick, »Tausende.«

KAPITEL VII

*Durch eine wilde Schlucht erreiche ich die Seen von Killarney,
verfalle in ein Koma, höre unwahrscheinliche Geschichten und
reite durch die Schlucht von Dunloe.*

I

Ringsum tödliche Einsamkeit. Man hört nur die Schreie wilder
Vögel und das Blöken der Schafe mit den schwarzen Gesichtern. Nichts bewegt sich. Nur über den Bergspitzen dampfen
sanft die Wolken. Die Straße nach Killarney windet sich nach
oben durch eine enge Felsschlucht, die so bar allen Lebens ist
wie das Tal der Toten in Ägypten.

Als ich um eine Kurve bog, kam mir ein Auto mit einem Sarg
langsam den Berg herunter entgegen. Ihm folgten drei Wagen,
in denen Frauen mit weißen, tränennassen Gesichtern saßen.
Ein Mann lief neben dem Auto mit dem Sarg her und befestigte
die Halteseile. Der Trauerzug wirkte wie eine vom grimmigen
Geist der Berge inszenierte Vision.

Ich fuhr weitere 32 Kilometer in noch wildere Einsamkeit und
sah die Wolkenschatten die Berge herunterrasen, die Wolken
ins Tal schweben und einen wilden Vogel, der ins All flog. Der
Paß ist getränkt mit jener mysteriösen Unheimlichkeit einsa-
mer Höhen, über denen nur Berge und Himmel schweigend
Wache halten. Und dann kommt Windy Gap!

Eine größere Überraschung ist kaum vorstellbar. Mit atembe-
raubender Plötzlichkeit wird man mit einem der schönsten
Blicke in ganz Europa konfrontiert und ganz ohne Vorwar-
nung. Man taucht so unmittelbar aus der Wildnis auf wie ein
Mann, der aus einem dunklen Tunnel ans Tageslicht tritt. Hinter einem liegt die schreckliche Verlassenheit und zu Füßen ein
irdisches Paradies – die drei blauen Seen von Killarney.

An einer steinernen Mauer machte ich Rast und kam mir vor wie im Traum. Aus verblüffender Vogelperspektive erblickte ich die Seen, die blauen Berge und grünen Wälder. Es war ein warmer und sonniger Tag. Die Seen hatten die Farbe des Himmels und waren glasklar. Ein Boot, kleiner als ein Blatt, bewegte sich langsam über das Wasser, und ich konnte Männer darin ausmachen, die ein Netz voller Lachse einholten.

Alle Grazie und Sanftheit, die die Natur den Bergen versagt hat, sind im fruchtbaren Tal von Killarney zu finden. Es ist fast zu schön, um wahr zu sein, zu üppig, um ganz glaubhaft zu wirken. Sieht man das Tal von oben, hat man das Gefühl, die Pracht könnte sich jeden Moment im Nebel auflösen und einen mit der strengen Wirklichkeit der Berge zurücklassen.

Ein Mann hielt sein Pferd an und kam zu der Steinmauer. Er wies auf die hohen Spitzen der Macgillicuddy-Berge und zeigte mir links den Mangerton, einen ehemaligen Vulkan, dessen Krater ein tiefer See ausfüllt. Das Wasser sieht aus wie pechschwarze Tinte. Sie nennen den See das »Punschgefäß des Teufels«; der wildeste Sturm läßt ihn unbewegt, und nicht einmal der heißeste Sommertag erwärmt sein eisiges Wasser. Der See, so erzählt man sich, soll mehr als 200 Meter tief sein, und es gibt einen Volksaberglauben, daß eine kinderlose Frau, die sich Nachwuchs wünscht, nur den Mangerton besteigen und vom eisigen Wasser trinken muß, damit sich ihr Wunsch erfüllt.

»Immer wieder hat sich das bewahrheitet«, erzählte der Mann und nannte zwei englische Adelige, die ihre Existenz angeblich dem Zauber vom Mangerton verdanken.

Ich bemerkte, es müßte wunderbar sein, in einer solchen Umgebung zu leben, doch er wandte sich von den Seen ab, sah die wilden Berge an und sagte, dort im »schwarzen Tal« hausten seltsame Leute. Er berichtete von wunderlichen, verborgenen Stellen, die niemand kenne, und von scheuen, feindseligen Menschen, ganz anders als die Bevölkerung von Kerry, die vom Wildern lebte und nur untereinander heiratete.

Dann ging er seines Weges und ich tauchte in die beinahe tropische Üppigkeit von Killarney ein.

Am frühen Morgen sind die Seen von weißem Nebel bedeckt, der seltsame, vieldeutige Gestalten annimmt. Das ist die Stunde, in der man vermeint, die Helden der Klamm auf weißen Pferden über das Wasser reiten zu sehen.

Bei strahlender Sonne werden die Berge blau, purpurrot und lila. Man kann lange Tage in den Wäldern und im Dickicht zubringen und die unglaubliche Fruchtbarkeit der Erde bestaunen. (Ich glaube, man könnte in Killarney Datteln anpflanzen.) Die Vegetation ist fast urwaldartig, und hohe Palmen erheben ihre stacheligen Kronen zum blauen Himmel. Kerry ist im Winter wärmer als jede andere Landschaft der Britischen Inseln, und im Februar, so erzählte man mir, zieht bereits das Frühjahr auf den Wiesen und in den Wäldern von Killarney ein. Der Stechginster steht in voller Blüte, die Kerzen der Kastanienbäume kommen heraus.

Im Sommer wird Killarney zum Paradies für Botaniker. Hier wachsen die Zedern des Libanon, Erdbeerbäume, wilde Fuchsien, duftende Orchideen, die sonst nur an der Mittelmeerküste und im Vorderen Orient gedeihen, eine in Spanien heimische, lila blühende Sumpfblume und das »blauäugige Gras«, das man in Kanada findet.

Die Bootsmänner und die Chauffeure von Killarney sind außergewöhnliche Menschenkenner. Sie haben das Talent, dem Fremden genau das zu erzählen, was er erwartet, und innerhalb von zehn Sekunden wissen sie, wen sie vor sich haben. Ein schweigsamer Schotte, der seit drei Jahren nach Killarney zum Angeln kam, erzählte mir, er hätte den idealen Fremdenführer gefunden: er hätte kaum ein Wort pro Jahr gesprochen. Später erfuhr ich, daß gerade dieser Führer als der geschwätzigste alte Mann in ganz Kerry galt.

»Gibt es Kobolde in Killarney?« fragte ich einen Chauffeur.

»Kobolde?« wiederholte er und sah mich prüfend an. »Na, in

ganz Irland gibt es nicht so viele Kobolde wie hier. In den alten Tagen konnte man kaum treten, so viele gab es . . .«

Er erzählte mir eine Geschichte von einem bösen Gutsverwalter und einem buckeligen Bauern. (Der Gutsverwalter ist im irischen Märchen immer der Bösewicht.) Der buckelige Bauer hatte sich geweigert, den Hügel, in dem die Kobolde lebten, dem Erdboden gleichzumachen, und als Dank dafür befreiten ihn die Kobolde von seinem Buckel und hexten ihn dem Gutsverwalter an!

Hinter den Bergen geht die Sonne unter. In den Schluchten liegen Nebel wie graue Schleier, silbern glänzt das Wasser der Seen, der kühle Abendwind bläst durch einen verwilderten Garten, und über der bezaubernden Schönheit von Kerry erstrahlt der erste Stern.

2

Steineklopfen am Wegesrand, einen Hochofen heizen oder ein wildes Pferd einreiten sind simple Arbeiten im Vergleich zur vergeblichen und unsagbaren Mühe, in Killarney zu schreiben. Killarney ist kein Feriengebiet, wie allgemein behauptet wird, sondern eine Opiumhöhle.

Leer von Gedanken hat man nur einen Wunsch: langsam im Boot um die Seen zu fahren. Die Vorstellung, wieviel vulkanische Kraft nötig war, um so viele blaue Hügel und purpurrote Berge zu produzieren, erfüllt mich mit Schrecken. Selbst zum Rudern bin ich zu faul, lasse mich fallen, wie einst vielleicht Odysseus, als er bei Kalypso Rast machte, tauche meine Hände ins Wasser und beobachte mit Mitleid und Bewunderung die Energie einer springenden Forelle.

Die Seen von Killarney gleichen einer großen Wiege, die den sonnigen Bergen, Wäldern und Pfaden für alle Zeit Schlaf brachte. Weshalb ist niemand in literarische Exstase beim Anblick der Pfade und Gassen von Killarney geraten? Sie sind so schön wie die Seen, eingefaßt von Pflanzen in tropischer Fülle. Blumen türmen sich auf grauen Steinmauern. Große Fuchsienhecken hängen ihre blutroten Quasten über Fingerhut, der bis zu zwei Meter Höhe wächst und so stramm wie Grenadiere dasteht. Es gibt Millionen von Glockenblumen, Löwenmaul, hellrosa Flächen wilder Rosen, auf denen die Bienen tanzen, tropische Palmen und Blumen, deren Namen ich mir nicht merken kann, weil ich zu müde bin.

Gäbe es in England das Königreich von Kerry, dann würde man eine Art Riviera daraus machen, selbstverständlich gut daran verdienen und das Paradies zerstören. Killarney ist im Januar so warm wie Nizza. Das kommt daher, daß 160 Kilometer vor der Küste Kerrys das Meeresbett sehr tief abfällt. Die warme Strömung bringt diesem Teil Irlands ein subtropisches Winterklima.

Es hilft nichts, der Schönheit Killarneys kann man nicht widerstehen. Auf dem Weg hierher hatte ich noch die Hoffnung, irgendeinen Mangel zu finden, denn allgemein anerkannte Schönheit reizt ja zu Widerspruch.

Die Eitelkeit einer schönen Frau erweckt häufig Mitleid, denn ihre Schönheit ist nur kurzlebig, aber die Schönheit einer Landschaft währt ewig. Die meisten Menschen, die Killarney kennen, werden zustimmen, daß die Natur hier das Recht zu zeitloser Eitelkeit hat, denn sie hat ein Paradies geschaffen. Killarney in den Bergen ist weit entfernt von jeder Großstadt, auf immer einsam und von Frieden erfüllt.

Auf dem sonnengetränkten Wasser liege ich im Boot und sehe die Umrisse der Berge gegen den blauen Himmel, im Westen den Macgillicuddy und im Süden den Mangerton mit seinem »Punschgefäß des Teufels«.

»Das Wasser ist so tief«, beginnt der Bootsmann die berühmte irische Geschichte von diesem See, »daß es überhaupt endlos ist. Zwei junge Männer gingen auf den Berg zum Baden, und nach einiger Zeit fiel dem einen auf, daß der andere fehlte.

›Was soll ich denn jetzt machen‹, sagte er, ›mein Freund ist bestimmt ertrunken‹. Er rennt den Berg hinunter, und ein Hilfstrupp rückt mit Seilen an. Sie suchen das Teufelsgefäß eine ganze Woche ab, auch am Sonntag, aber sie stoßen nicht auf Grund. Drei Wochen später kommt eine Postkarte aus Australien von dem ertrunkenen Mann, und er läßt wissen, daß er gut angekommen ist und gern trockene Sachen hätte. So tief ist das Wasser.«

Am Rande von Lough Leane erhebt sich das efeubewachsene Verlies von Schloß Ross. Der Bootsmann erzählt von der alten Zeit, als das ganze Land dem sagenhaften O'Donoghue gehörte. Er hat vom Schutzwall des Schlosses diese Welt verlassen, ist in den See gesprungen und verschwunden. Damit hatte er das Land ewiger Jugend erreicht, das, wie jeder weiß, unter Killarney liegt.

»Und wenn die Bootsleute sechzig Jahre alt werden«, erklärt der Bootsmann und fixiert dabei die jungen amerikanischen Mädchen, die mit ihm fahren, »dann stoßen wir sie in den See, und sie kommen als achtzehnjährige Jünglinge zurück. Mike hier ist vorige Woche zurückgekommen ...«

»Ist das nicht toll?« lacht ein amerikanisches Mädchen.

Es sind wunderbare Geschichten, die die Bootsmänner von Killarney ihrem Publikum bieten, und sie präsentieren sie gut und nach bester Tradition. Die Leute sind ein besonderer Schlag. Vielleicht werden eines Tages historische Gesellschaften aus Dublin angereist kommen, um sie zu erforschen und ihren Dialekt auf Band aufzunehmen, und dann werden sie Abhandlungen zum Thema »Interessante Überbleibsel der englischen Auffassung von einheimischen Iren« schreiben. Diese Humoristen, die außerhalb der Reisezeit Lachse fangen, leben von Juni bis September nach der Tradition, die von ihnen erwartet wird. Es ist ihnen aber auch von Natur aus gegeben. Die offensichtliche Spontaneität, mit der sie die alten Geschichten erzählen, verdanken sie der ewigen Kunst der Kelten.

Ein Franzose hat einmal Irland als das Schmuckstück des Westens, Kerry als das Juwel Irlands und Killarney als das von Kerry bezeichnet. Die kleine unbewohnte Insel von Innisfallen war für ihn das Schmuckstück von Killarney. Dem habe ich nichts hinzuzufügen.

Die verzauberte Insel liegt mitten im unteren See. Zwei Tage lang bin ich dort gewandert, und niemals traf ich eine Menschenseele, hörte nur das Wasser plätschern und den Wind in den Bäumen.

Halb im Gestrüpp verborgen ist das graue Gespenst der Abtei von Innisfallen, in der in den alten Tagen Brian Boru erzogen wurde. Diese Abtei, ebenso wie die Kirche von Glendalough, Cormacs Kapelle auf dem Felsen von Cashel und die Ruinen auf den Skellig-Felsen, stammt aus der Zeit der Heiligen. Die Kirche ist eine der vielen Horte des frühen Christentums im Westen, und dort hat man Christus verehrt, als der größte Teil von Europa noch heidnisch war.

Es wäre schön, wenn man das Gebüsch von den Ruinen der Abtei entfernen und den Efeu von den Mauern reißen würde. Mir scheint, diese Kirche fordert das ebenso wie die Kapelle des Cormac. Dieser schönste Bau im romanischen Stil auf den britischen Inseln sollte vor der tödlichen grünen Feuchtigkeit geschützt werden, die ihn eines Tages zerstören wird.

Mir fällt kein besserer Fleck als Innisfallen ein, um einen Sommertag zu verbringen. Innisfallen ist ein kleines, in sich abgeschlossenes Land mit Hügeln und Tälern, grünen Weiden, dunklen Wäldern und Buchten. Ein geheiligter Friede erfüllt die Insel. Wer sich seinen Weg durch das dichte Gebüsch bahnt, steht fast angstvoll vor der grauen Ruine und dem Altar mit seinem Kleid aus grünem Moos. Hier wird man von dem Gedanken bewegt, ein Heiliger, der sich dem Menschen zeigen wollte, würde es an diesem Ort tun. Einen Augenblick lang würde seine Gestalt im Glanz erstrahlen, und seine Sandalen wären tief von Sommerblumen bedeckt.

4

In Killarney gibt es eine Reihe malerischer Bogengänge. Sie führen zu engen Gassen mit Häusern auf jeder Seite. Ich habe sie fotografiert und Bekannte raten lassen, aus welchem Teil der Welt die Aufnahmen wohl stammten, und die meisten tippten auf Italien oder Spanien. Ein Weitgereister hat sogar eine Straße in Algerien wiedererkannt! Ich glaube, die fremdländische Atmosphäre von Killarney wird fast jedem bewußt. Die Gassen wirken alle so südländisch, und nachts, wenn die Bogengänge und Gassen erleuchtet sind, verstärkt sich der Eindruck noch.

In Tipperary und Kerry gibt es Tanzpodien an den Straßenkreuzungen. Viele sind aus Beton und müssen für die tanzenden Paare sehr hart sein. Ein solches Tanzpodium befindet sich unmittelbar außerhalb von Killarney. Es ist jenseits der Brücke auf dem Weg nach Muckross. Ich ging an einem Sonntagabend dorthin, denn sonntags werden die Tanzabende abgehalten, und ich hoffte, einen solchen zu erleben, sah aber nur ungefähr zwölf ungeschlachte Jünglinge. Sie saßen auf einer Steinmauer in der Nähe des Podiums. Kein einziges Mädchen war da. Die Absonderung der Geschlechter voneinander ist auffällig auf dem irischen Land. Die Mädchen ziehen zusammen los, und die jungen Männer lungern verdrießlich in Gruppen an den Straßenecken oder den Gassen herum. Beide Teile scheinen ein wenig traurig über den Zustand.

Einer der Jünglinge hatte eine Fiedel und ein zweiter eine Ziehharmonika. Als ich sie ansprach, gebärdeten sie sich ebenso scheu wie junge Pferde. Die Mädchen, so wurde mir berichtet, hätten sich zum Tanz verspätet, und wenn sie nicht bald erschienen, wäre es nichts mehr mit Tanz. Immer wieder schauten die jungen Männer nach den Mädchen aus. Der Fidler, der auf der Mauer saß, spielte eine herrliche Tanzmelodie, aber die eingängige Musik lockte niemanden zum Tanz. Mir taten die jungen Männer leid, die es so sehr nach ein paar Tänzen auf dem harten Betonboden verlangte.

Schließlich schlenderte doch noch eine Reihe von Mädchen langsam die Straße entlang. Die jungen Männer bekamen glänzende Augen und begannen, sich ihr zerzaustes Haar zu glätten. Die langersehnten Partnerinnen waren endlich gekommen. Doch die Mädchen gingen vorbei, und die Jünglinge nickten nur und lächelten verlegen. Von keinem kam der Vorschlag zu tanzen. Ein Priester auf dem Fahrrad kam an der Gruppe vorbei. Die jungen Männer nahmen die Mützen ab. Ich fragte mich, ob die Gegenwart des Geistlichen den Tanz vereitelt hatte; aber das war nicht wahrscheinlich, denn, wie ich gehört hatte, billigten die meisten Priester die Tanzveranstaltungen im Freien.

Unglücklich schauten die Jünglinge den abziehenden Mädchen nach. Der Fidler packte sein Instrument fort, der andere Musiker seine Ziehharmonika, und traurig löste sich die Gruppe auf. Es gab nichts anderes zu tun, als über die Brücke zu starren und die Forellen zu beobachten.

5

Tagelang habe ich wie ein amerikanischer Tourist gelebt, die Seen von Killarney umsegelt, die schöne Abtei von Muckross bewundert, und ich bin zum Torc-Wasserfall geklettert. Von Aghadoe aus habe ich den Sonnenuntergang erlebt, und dann habe ich den berühmtesten Ausflug gemacht, den Killarney seinen Gästen bietet: Ich bin durch die schreckliche Schlucht von Dunloe geritten.

Killarney ist ein freundlicher Ort, und es dürfte nicht viele geben, in denen sich ein Fremder wohler fühlt. Man muß nicht lange warten, bis eines Tages ein strahlender amerikanischer Teenager zu einem kommt und verkündet: »Wir planen morgen einen Ausflug zur Schlucht von Dunloe und dachten, ob Sie vielleicht mitmachen würden.«

Die meisten Männer sind von einer solchen Idee so hingerissen, daß sie über Tische und Stühle springen. Als nächstes werden sie zu einem vertrockneten Männchen mit großer Hornbrille geführt, das in einer Ecke sitzt, eine Zigarre raucht und für irgendeine geheimnisvolle Sünde zu büßen scheint.

»Das ist Dad!«

»Freut mich, Sie kennenzulernen«, sagt Dad traurig.

Am nächsten Morgen fährt ein mit bunten Quasten geschmückter Pferdewagen im viktorianischen Stil vor. Die schönen Amerikanerinnen kommen schnatternd und mit Fotoapparaten bewaffnet die Hoteltreppe herunter.

»Na, ist das nicht komisch . . .«

»Sag mal, Gracie, wie lang ist's her, seitdem wir in einer Kutsche gefahren sind?«

Blasse Väter, enorm herausgeputzte Matronen und deren titelbildschöne Töchter steigen auf, der Kutscher knallt mit der Peitsche, und zwei Pferde ziehen im scharfen Trott los. Die Bremse wird gelockert, und die Kutsche, ein kleiner viereckiger Schatten, bewegt sich durch die blendend hellen Gassen von Killarney. So geht es 16 Kilometer lang.

In der Bergschlucht stehen, dicht aneinandergedrängt, ungefähr 70 gutaussehende Ponys. Man denkt an einen Westernfilm und an den Sheriff, der seine »Jungen« herbeizitiert, um loszureiten und den Bösewicht samt der ganzen Bande zu stellen. Die Ponys sind gesattelt und stehen mit dem Kopf zur Steinmauer. Kutschen und Autos bringen die Touristen aus den Hotels von Killarney zur Schlucht. Einige der Feriengäste schauen sich zweifelnd die Pferde an, andere das Häuschen der Kate Karney. (Kate ist, wie die Dame Colleen Bawn, eine der legendären Größen der Gegend.)

Es ist eine für eine Berggegend erstaunliche Versammlung, die sich da den Pferden nähert. Fünfzig oder sechzig Männer und Frauen, Jünglinge und Mädchen sind startbereit. Einige können reiten, andere haben noch nie im Sattel gesessen und werden wie ein Sack Kartoffeln aufgeladen. Einige springen leichtfüßig auf, drücken ihre Beine in die Weichen der Pferde und reiten los. Nach einer erstaunlichen Zurschaustellung reizvoller Unterwäsche steigen die schönen Mädchen auf, und die etwas zynisch wirkenden Ponys klettern zum Paß hoch. Das Ganze erinnert sehr an den morgendlichen Aufbruch vom westlichen Nilufer zum Tal des Todes in Luxor.

Seit Chaucer seine »Canterbury Geschichten« schrieb, ist wohl kaum jemals ein so seltsamer Pilgerzug aufgebrochen. Ein resolutes Pony überholt seine langsameren Genossen und bringt seinen Reiter für ein paar Minuten mit sehr verschiedenen Menschen in Kontakt. Einige Zeit läuft es neben einem Pferd her, das mit einem japanischen Professor beladen ist. Er tut kund, ihn interessiere vor allem die gälische Sprache.

Dann geht das Pferd weiter und gesellt sich zu einer amerikanischen Matrone, die berichtet, ihr Sohn in Ohio hätte sich ein Flugzeug gekauft, und sie hätte in einem Kabel eine Erklärung gefordert. Einige Schritte weiter befinden sich Pferd und Reiter neben einer jungen Frau aus St. Louis, die sich nach ihrer kleinen Tochter sehnt, und dann gelangen sie zu einem schönen Mädchen, das überzeugt ist, in vierzehn Tagen England kennengelernt zu haben. Es folgt ein Mann aus Manchester, der nur von Manchester redet, und angeführt wird der Zug von einem Mädchen aus Kalifornien, das unbesorgt um seine Strümpfe sein Pony mehrmals und rücksichtslos im kurzen Galopp geritten hat.

Die Reiter sind noch nicht lange in der Schlucht, als die Banditen von Dunloe mit ihrem Auftritt beginnen. Der erste ist schon sein Geld wert. Er tritt hinter einem Felsen hervor mit einem Kornett in der Hand. Die gehorsamen Ponys, die ihn gut kennen, halten sofort an und sehen gelangweilt aus. Der Mann führt das Kornett zum Mund, bläst einen langen, melancholischen Ton und wartet mit der Mütze in der Hand auf das Echo, als hätte er es selbst geschaffen. Der Klang prallt gewaltig aus verschiedenen Richtungen zurück. Die ganze Schlucht ist ein einziges Echo, und der Ton rollt von Tal zu Tal, als habe man ihn von den Bergeshöhen an die großen grauen Felsen geworfen.

Das Tal ist düster und furchterregend, doch erweist es sich rasch als bewohnt, und zwar von Leuten, die bei dem Reiterzug einen gewaltigen Durst nach Milch vermuten. Kleine Mädchen und alte Frauen erscheinen hinter den Felsen, rennen neben den Pferden her und flehen die Herren und Damen an, Milch zu trinken. Einige flüstern den etwas schneidiger aussehenden Touristen zu, es sei ein Tropfen »Poteen« in der Flasche, aber das stimmt nicht. Man erzählt sich, daß erst kürzlich zwei harmlos wirkende Touristen – sie sahen mit ihren Hornbrillen ganz echt aus – in die Schlucht einritten und nach einer Kostprobe der »Milch«, die ihnen eine gewisse Dame anbot, selbige Dame festnahmen. Es waren Polizisten, die auf dem Kreuzzug der Regierung gegen »Poteen« unterwegs waren.

Der japanische Professor ist offensichtlich in große Schwierigkeiten mit den Banditen geraten. Sie umzingeln ihn und schütteln den Kopf. Er spricht, so stellt sich heraus, Gälisch mit einem Tokioter Zungenschlag. Eine alte Dame stellt sich als die schöne legendäre Colleen Bawn vor. Sie greift nach des Professors hingehaltener Münze und lacht glucksend über seine pedantische Beschwerde, daß er pure Milch bekommen hat. Dann springt sie flink über einen Felsen und versucht, einem Börsenmakler aus der Wall Street einen Apfel zu verkaufen. Sie weiß sehr wohl, daß der japanische Professor kein Reitersmann ist und dazu verdammt, mit seiner Empörung in die düsteren Berge hineinzureiten.

Die Dunkelheit der Berge macht schweigsam. Die Konversation hat schon längst aufgehört. Man hört nur das scharfe Geräusch der Steine unter den Pferdehufen und die Stimmen der Führer, die auf die großen Berge hinweisen, den Macgillicuddy zur Linken und den Purple Mountain zur Rechten. Selbst die Banditen haben ihre Überfälle eingestellt, und so gewaltig ist die Verlassenheit, daß man meinen könnte, der Pilgerzug reite zu den Mondbergen.

Plötzlich, jenseits des Purple Mountain, ganz weit links unten, glänzt ein Hauch von See, und allmählich erscheinen die Seen von Killarney blau und hell im Dunst der Hitze. Es ist wie der erste Blick aufs Gelobte Land.

Zweifellos ist das ein überwältigender Anblick und der schönste, den es überhaupt von den Killarney-Seen gibt. Das haben mir auch überzeugte Fußgänger bestätigt, die sich von dem Ausblick für ein vor Tau und Tag im Stehen eingenommenes Frühstück entschädigt fühlten.

Die Reiter, inzwischen ermattet wie die Teilnehmer eines Hindernisrennens, nähern sich nun den Bäumen und der sanften Landschaft. Noch einmal treten die Fanatiker der »Trinkmehr-Milch-Bewegung« auf. Begleitet sind sie von Frauen, die einige Meter neben den Pferden herrennen, dabei eine Orange in der Hand halten und rufen: »Nun los, Captain, nehmt eine Orange von mir. Sie wird Ihnen gewiß Glück bringen, und Sie sind doch ein so gutaussehender Mann.« Das ist die typisch irische Art, Komplimente zu machen, auf die jeder gern hereinfällt, und der Mensch ist so eitel, daß selbst ältere, grimmig blikkende Geschäftsleute zuweilen anhalten und eine Orange kaufen.

Am Ufer warten Boote und Bootsleute, die jederzeit bereit sind, auf der vierstündigen Rückfahrt zum Schloß Ross eine Legende zu spendieren. Jedes Boot hat einen großen Picknickkorb geladen, und ich bin überzeugt, daß erst bei dieser Rückfahrt manchem Mann die volle Schönheit von Killarney bewußt wird. Schließlich kommt es fast immer vor, daß ihn irgendein göttliches Mädchen mit tiefblauen Augen fixiert, ein Käsebrot hochhält und sagt: »Würde einer gern dies gegen ein Stück Kuchen eintauschen?«. Das ist einer der herrlichen Augenblicke in Killarney. Und wie eine Stimme in einem Traum wirkt der breite Akzent der Bootsmänner. Sie erzählen Geschichten von hüpfenden Riesen oder von der Insel der verzauberten weißen Mäuse.

6

Wenn irgend jemand bezweifelt, daß die Blumen in Killarney üppiger und schneller wachsen als anderswo, sollte er die Ruine des großen Gebäudes aus roten Ziegeln besuchen, das einst dem Earl of Kenmare gehörte. Es brannte noch vor dem Ersten Weltkrieg aus und ist heute eine der Sehenswürdigkeiten von Killarney. Dieses große Herrschaftshaus wurde um die Jahrhundertwende im Stil der Tudorzeit gebaut und war für seine Schönheit und Größe berühmt. Eines Tages verbreitete sich vom Kinderzimmer aus ein Feuer, und das ganze Gebäude wurde vollkommen zerstört.

Es ist unglaublich, daß so wenige Jahrzehnte das Anwesen in einen solchen Urwald verwandelt haben. Heute wirkt es so antik wie das Schloß von Kenilworth. Die Gärten, die sich zum See hinunterziehen und einen unbeschreiblich lieblichen Blick auf das Wasser und das Gebirge gewähren, sind seit dem Brand nicht berührt worden. Wer da wandert, kommt sich vor wie in Dornröschens Garten. Hier und da kann man unter den Massen von wilden Blumen und noch wilderem Gebüsch die schwachen Umrißlinien von Beeten ausmachen, von Pfaden und Hecken, die einst so geschnitten wurden, daß sie Menschen und Vögeln ähnelten. Die Besucher betrachten den einstigen Prunkgarten als antike Stätte. Diejenigen, die überall den Drang haben, ihren Namen zu verewigen, haben sich auf einem Zementblock eingeritzt, der nun als Gästebuch dient.

Ein Mann war offenbar der Meinung, das Haus sei während der »Unruhe« zerstört worden. Er schrieb: »Ein Denkmal für die Fanatiker Irlands!« Ein späterer Besucher hat hinzugefügt: »Wer diesen Unsinn da schrieb, hat seiner Ignoranz ein Denkmal gesetzt.«

Ein vielversprechender Anfang für einen hübschen Disput, aus dem natürlich nichts werden konnte.

Kapitel VIII

Ich stehe am »Vertragsstein« von Limerick, esse im 18. Jahrhundert zu Mittag und reise weiter in die graue Stadt Galway. Man zeigt mir die Claddagh und ihre Menschen. Morgens lehne ich über die Brücke von Galway und schaue den Lachsen zu, die vom Meer anschwimmen.

I

Ich verließ Killarney in einem Nebel, der sich auf dem Weg nach Tralee als Regen entpuppte. Wie es in Irland regnen kann! Stunde um Stunde fällt der Regen in übertriebener Begeisterung als großes Bettlaken vom Himmel. Ich fuhr durch aufgeweichte Dörfer und Städte, die hilflos der Nässe ausgeliefert waren. Der Regen tropfte von den Dächern, bildete riesige Pfützen auf der Straße, gurgelte im Rinnstein, wurde um Ecken geblasen, und kaum sah man eine Menschenseele, höchstens einen Wagemutigen mit einem Sack über dem Kopf, der von Tür zu Tür hetzte. Tralee, Listowel, Athea und Rathkeale sahen alle ziemlich ähnlich aus. Sie waren grau, verlassen und trostlos verregnet.

Plötzlich wurde der Regen schwächer und hörte schließlich ganz auf. Mit einem jener unglaubhaften Wechsel, die in Irland nichts Ungewöhnliches sind, erreichte ich einen überraschend netten Ort namens Adare. Für mich ist Adare das irische Dorf, das am glücklichsten wirkt. Es sieht gemütlich und reich aus, hat breite Straßen und hübsche Häuser, und in den Gärten wachsen sogar Blumen.

Alles in Adare kündete von der Existenz eines belebenden Geistes. Irgend jemand hat offenbar den Ort geliebt, dort Geld investiert und zweifellos Freude daran gehabt. Ich erfuhr, daß hinter den langen Mauern und hohen Bäumen am Straßenrand die Earls von Dunraven lebten. Sie hatten Adare geschaffen.

Ich war versucht, die Nacht in dem hübschen Hotel zu verbringen, das ihren Namen trägt, aber ich riß mich von dem glücklichen Dorf los und fuhr auf der nassen Straße weiter in Richtung Limerick.

Limerick ist eine große, weitläufige Stadt, die im 18. Jahrhundert zu neuem Leben erblühte. Damals wurde ein viereckiger Bezirk gebaut, den man Newton Pery nannte, und zwar nach Sexton Pery, der später Lord Glentworth wurde. Dieser neue Stadtteil bildet das moderne Limerick. Die alte Stadt existiert aber noch und hat einen englischen und einen irischen Bezirk. Die beiden Teile sind durch einen schmalen Wasserlauf getrennt. Der englische Teil war besser dran. Er wurde auf einer Insel erbaut und hatte ein gutes Schloß, um sich zu verteidigen. Der irische Teil hatte keine solchen Hilfsmittel, doch im Verlauf der Geschichte wurde er von den Mauern Limericks umschlossen.

Die schöne alte Brücke über den Shannon wird wohl für jeden Besucher die Erinnerung an Limerick sein, die er mit nach Hause nimmt. Der Shannon ist an dieser Stelle ein breiter und eindrucksvoller Fluß. Am einen Ende der Brücke erheben sich die massiven Rundtürme eines alten Schlosses, und am anderen Ende steht eine der Sehenswürdigkeiten von Irland: ein großer unbehauener Felsblock auf einer Sockelplatte. Es ist der berühmte »Vertragsstein«. Souvenirjäger haben ihm mächtig zugesetzt.

Irlands Helden sind im weitesten Sinne unbekannt und nur dem gebürtigen Iren ein Begriff. Irland war zu sehr damit beschäftigt, Helden hervorzubringen, um in jene gelöste Stimmung zu kommen, in der große historische Romane geschrieben werden, doch eines Tages wird die Zeit dafür reif sein.

Die irischen Helden sind großartig. Sie stehen vor dem düsteren Hintergrund ihrer Zeit und haben die elementare Größe von Menschen, die allen Widrigkeiten trotzen und die bereit sind, dafür mit dem Leben zu bezahlen. Man kann nur immer wieder auf den Schriftsteller hoffen, der diesen Helden Leben einhaucht und der Welt die irische Seele zeigt.

Wenn ein Mann beim Vertragsstein von Limerick steht, erinnert er sich eines Helden, den jedes Volk mit Stolz ehren würde: Patrick Sarsfield.

Man schreibt den 1. Juli 1690. Ein Mann reitet in der Sommernacht nach Dublin. Er will zum Haus von Lord Tyrconnel. Wer ihn sieht, weiß die Sache der Jakobiten verloren. Der Reiter ist jene flüchtige und glücklose Erscheinung auf dem englischen Thron, König Jakob II. »Unser guter König Jakob ist zwar ein höchst ehrenwerter Mann«, sagte einst die Herzogin von Orleans, »aber der dümmste Mensch, dem ich je begegnet bin. Die Frömmigkeit hat ihn vollkommen verdummt.«

In dieser Nacht hat Jakob II. vieles, das ihn bedrängt. Er reitet um sein Leben. Er erzählt Lady Tyrconnel, wie er von seinem Schwiegersohn, Wilhelm III., in Boyne Water geschlagen wurde. Bitter berichtet er, daß sein gesamtes irisches Heer davongelaufen ist. »Aber«, erwidert die Lady, »Eure Majestät haben das Rennen gewonnen.«

Am nächsten Tag reitet Jakob II. nach Kinsale, wo ein französischer Mitstreiter ihn und seine zerstörten Hoffnungen ins Exil bringt. Der Kampf aber geht weiter. Tatsächlich handelt es sich um drei Auseinandersetzungen, die in dieser einen zum Austrag kommen. Zunächst kämpft ein Stuart-König um den Thron seiner Väter. Gleichzeitig kämpfen England und deren protestantische Verbündete gegen das in Europa immer mächtiger werdende katholische Frankreich. Schließlich ringen die protestantischen Anglo-Schotten mit den katholischen Iren um die Macht in Irland.

Das irische Heer ist an der Westküste versammelt. Tyrconnel, der so unfähig wie Jakob ist, folgt seinem Herrn nach Frankreich. Patrick Sarsfield wird Oberbefehlshaber von Jakobs ehemaligem Heer. Er ist Anglo-Ire, ein brütender, melancholischer, bescheidener Mann und ein großer, furchtloser Patriot. Den Soldatenberuf hat er als Offizier in der englischen Armee erlernt. Er entschließt sich, Limerick auf eine Belagerung vorzubereiten. 20 000 Infanteristen und 35 000 Kavalleristen stehen ihm zur Verfügung.

Die Garnison ist Tag und Nacht dabei, die Stadtmauern zu verstärken, Kanonen aufzustellen und Munition zu lagern. Kaum ist die Arbeit beendet, rückt schon König Wilhelm mit seinem Heer an und besetzt alle Übergänge über den Shannon nördlich der Stadt. Es gelingt einem Mann aus der königlich englischen Armee nach Limerick zu gelangen und Sarsfield aufzusuchen. Er ist ein Hugenotten-Deserteur und berichtet, König Wilhelm habe Verstärkung für die Belagerung aus Dublin herbeibeordert. Der Konvoi sei bereits mit Munition, Kanonen und Pontons unterwegs. Sarsfield entschließt sich zu dem mutigen Abenteuer, den Zug aufzuhalten und zu vernichten.

In dieser Nacht schläft Limerick einen unruhigen Schlaf. Die Wachtposten beobachten die Lagerfeuer des Feindes. Schlag Mitternacht stehlen sich 500 Reiter aus der belagerten Stadt. Ihr Anführer ist Patrick Sarsfield, und mit ihm reitet ein verwegener Soldat, Galopping O'Hogan, der jeden Zentimeter des Geländes kennt.

Umsichtig reiten die Männer durch die Dunkelheit nach Norden und machen einen großen Bogen, um den feindlichen Außenposten nicht zu begegnen. Sie überqueren den Shannon in Killaloe. Bei Tageslicht wagen sie sich nicht heraus. In den paar Stunden der Dunkelheit, die ihnen noch bleiben, erreichen sie die Schluchten von Keeper Hill und verstecken sich dort den ganzen nächsten Tag. Einige Vorposten werden ausgesandt, um den Weg der Feinde auszukundschaften.

Sobald die Sonne untergeht, satteln die Reiter ihre Pferde, steigen auf und nehmen die Straße nach Ballyneety, das nur 27 Kilometer von Limerick entfernt ist. Dort haben die Feinde

Rast für die Nacht gemacht. Während Sarsfield mit seinen Leuten durch die Dunkelheit reitet, erfährt er mit grimmigem Vergnügen, daß der Feind seinen Namen zur nächtlichen Parole bestimmt hat.

Als Sarsfield das feindliche Lager erreicht, fordert der Wachtposten: »Halt! Gebt die Parole!«

»Sarsfield«, sagt Sarsfield.

»Ist gut. Ihr könnt weiterreiten.«

Die fünfhundert Reiter passieren die Postenlinie. Dann ruft der irische Anführer mit lauter Stimme: »Sarsfield heißt die Parole, und Sarsfield heißt der Mann!« Fünfhundert Säbel werden gezogen und die Reiter greifen den schlafenden feindlichen Heereszug an. In wenigen Minuten ist alles vorbei. Die Pontons sind zerstört. Die Gewehre werden mit Schießpulver geladen und die Mündung wird in die Erde gesteckt. Um sie werden die Wagen im Kreis aufgestellt, eine Lunte wird an einer Schießpulverladung befestigt, und die 500 Reiter ziehen sich zurück, um das Ende von Wilhelms Belagerungskonvoi zu erleben.

Mit einer Zündung und Explosion, die alle Dörfer im Umkreis aus dem Schlaf schrecken läßt und die sogar in Wilhelms Lager gesehen und gehört wird, fliegt der Zug in die Luft. Einige Stunden später wird Sarsfield in Limerick freudig empfangen.

Leider sollten nicht alle von Sarsfields Abenteuern so einfach und erfolgreich sein. Wilhelm stellte einen zweiten Belagerungszug von Waterford aus zusammen. In der Nähe des Tors von St. John durchbrach er die Mauern von Limerick und schickte zehntausend Sturmtruppen in den Kampf. Die Geschichte dieser Schlacht wird noch heute in Irland erzählt und besungen. Niemals wird die Erinnerung daran verblassen. Frauen und Töchter standen ihren Männern und Vätern im Kampf bei, und sie schlugen den Feind mit jeder Waffe, die ihnen in die Hände kam. Kaufleute entrissen den Verwundeten die Flinten und kämpften weiter. Metzger sprangen mit ihren langen Schlachtermessern in den Kampf. Stöcke, Steine, Sicheln, alles, was man zum Töten gebrauchen konnte, wurde mit tödlicher Wirkung eingesetzt. Zwei schreckliche Stunden tobte der Kampf in den Straßen von Limerick. Mitten im Schlachtengetümmel erschütterte eine Explosion die Stadt. Wilhelms Brandenburger, ein preußisches Eliteregiment von Infanteristen, waren in dem Waffendepot in die Luft geflogen, das sie selbst erobert hatten. Dreimal warfen sich die Engländer auf Limerick, und dreimal wurden sie zurückgedrängt. Als es Nacht wurde, lagen 2000 von Wilhelms Truppen tot oder sterbend auf dem Schauplatz des blutigen Geschehens.

Das war die erste Belagerung von Limerick. Drei Tage später segelte Wilhelm nach England zurück, doch der Krieg in Irland ging weiter. Es kam zur heldenhaften Schlacht auf der Brücke von Athlone. Die englischen Truppen versuchten, den Fluß zu überqueren.

»Gibt es zehn Leute, die mit mir für Irland sterben wollen?« rief Sergeant Costume von Maxwells Irischen Dragonern.

Zehn Männer, von Costume angeführt, sprangen von ihren Barrikaden und hackten mit Äxten auf die Pontons ein, bis einer nach dem anderen im Kugelhagel niedergestreckt wurde. Während diese tapferen Männer starben, rief wieder ein Held nach Freiwilligen, und weitere elf Männer hieben auf die Pontons ein. Nur zwei von ihnen gelangten zurück zu ihren Unterständen.

Am 5. August begann die zweite Belagerung von Limerick mit einem fürchterlichen Kanonenfeuer von Wilhelms Truppen. Limerick war nun die letzte irische Stadt, die noch von den Anhängern Jakobs II. gehalten wurde. Sarsfield befehligte das, was vom irischen Heer geblieben war. Die Stadt war umzingelt, aber sie hielt den ganzen September durch. Am 3. Oktober wurde ein ehrenvoller Vertrag vereinbart, und die mutigen Verteidiger von Limerick ergaben sich. Es geschah auf dem großen Stein an der Brücke, daß Patrick Sarsfield den berühmten Vertrag von Limerick unterzeichnete. Der Vertrag sicherte den

Iren völlige bürgerliche und religiöse Freiheit zu. Alle irischen Soldaten, die für Jakob gekämpft hatten, sollten freien Abzug nach Frankreich erhalten.

Nur wenige Tage nach der Unterzeichnung des Friedensvertrags traf am Shannon Verstärkung aus Frankreich ein: 3000 ausgebildete Truppen und 10 000 Waffen mit Munition sowie Nahrungsmittelvorräte. Aber es war zu spät. General Ginkel, der Wilhelms Heer anführte, fürchtete, Sarsfield könnte den Vertrag zerreißen und den Kampf wiederaufnehmen, doch es gab keinen Grund zu derlei Ängsten.

»Wir haben bei unserer Ehre und der Ehre von Irland geschworen«, sagte Sarsfield.

Unter Trommelwirbel und mit fliegenden Fahnen marschierten die irischen Truppen aus Limerick zur großen Wiese auf dem Clare-Ufer des Shannon. König Wilhelm, der ein Soldat war und ein Auge für gute Soldaten hatte, wollte so viele von Sarsfields Leuten wie möglich für sein Heer gewinnen. Aufrufe, die zum Dienst bei den englischen Soldaten animieren sollten, zirkulierten von Hand zu Hand. 14 000 Iren waren zu dieser traurigen Parade angetreten. Nur 1046 von ihnen liefen zu den Engländern über, 2000 zogen sich auf ihre Bauernhöfe zurück, und 11 000 versammelten sich mit Sarsfield als Anführer unter der Fahne Frankreichs.

Sie hatten kaum die irische Küste hinter sich gelassen, als gegen den Vertrag von Limerick verstoßen wurde. Vielleicht traf König Wilhelm hierfür ebensowenig Schuld wie für das Massaker von Glencoe. Das englische Parlament hatte ihm abgerungen, daß es zum größten Teil selbst über die Verwaltung von Irland bestimmen konnte. Hätte Irlands Schicksal von der Krone und nicht vom Parlament abgehangen, wäre alles anders gekommen, denn Wilhelm war ein ehrenhafter Soldat. Auf das mutige Opfer der Iren in Limerick folgten nur noch mehr Gesetze, die sich gegen die Katholiken richteten, und es kam zur vorsätzlichen Zerschlagung des irischen Wollhandels.

Die irischen »Wildgänse« flogen derweil um die Welt. Wo immer Englands Feinde kämpften, standen die glücklosen irischen Soldaten an vorderster Front. Es wird behauptet, daß vom Vertrag zu Limerick im Jahre 1691 bis zur Schlacht von Fontenoy im Jahr 1745 nicht weniger als 450 000 irische Soldaten im Dienste Frankreichs fielen. Die irische Brigade gehört zu den Absonderlichkeiten der Weltgeschichte. Irische Katholiken nahmen in Fontenoy Rache für Limerick. Irische Protestanten rächten sich in der Schlacht von Bunkers Hill für das Wollembargo. Möge diese große und großartige Armee in Frieden ruhen. Obwohl sie für fremde Völker kämpfte und in fremder Erde fiel, wußte sie, daß sie für Irland starb.

Sarsfield wurde im Augenblick des Sieges während der Schlacht von Landen am 9. Juli 1693 getötet. Eine Kugel fegte ihn von seinem Pferd. Als er verwundet am Boden lag, hörte er den Befehl zum Vorgehen gegen die zurückweichenden englischen Truppen. Er legte seine Hand auf die Brust, und sie wurde von seinem Blut getränkt. Als er das sah, machte er eine der denkwürdigsten Bemerkungen, die die Geschichte kennt. »Ach«, sagte er voller Trauer, »wäre dies doch für Irland geschehen.«

Und doch ist er für Irland gestorben. Sarsfield ist in die Geschichte Irlands eingegangen. Er war viel mehr als einer der Stammesführer der älteren Zeit. Sie waren niedergeworfen und in die Berge getrieben worden. Aber ein neues Irland war dabei, sich für den Kampf zu rüsten. Er war sein erster Anführer.

In Sarsfields letztem Aufschrei erkennen wir deutlich und zum ersten Mal jenes Irland der Trauer, für das so viele tapfere Männer gelitten haben und gestorben sind. Sarsfield ist eine der zeitlosen Gestalten in der Geschichte des Patriotismus. Er war ein großer Soldat, ein Mann, dem die Rolle des glücklosen Helden auferlegt war, ein edler Patriot und ein ehrenhafter Mensch. Kein Land auf Erden hat einen würdigeren Sohn als Patrick Sarsfield hervorgebracht.

2

Man kann Irland mit einem Schloß aus dem Mittelalter vergleichen, das modernisiert und mit elektrischem Licht versehen
worden ist. Die Hälfte der Zimmer sind leer, und viele der
Türme sind Jahrhunderte lang nicht betreten worden, aber
überall wurde ein Lichtschalter installiert. Genügt das, um ein
altes Schloß zu neuem Leben zu erwecken?
Das ungefähr ist die Frage beim gewaltigen Shannon-Kraftwerk. 1925 begann man mit dem Bau. Deutsches Wissen und
irische Muskelkraft wurden eingesetzt. Aus Deutschland kamen
Ingenieure, aus Irland die am Projekt beschäftigten Arbeiter.
Heute besitzt das Land, das dem Mittelalter so nahe ist, eine
der modernsten technischen Anlagen der Welt. Die kleinen
Bauern, die noch Arbeitsmethoden wie im alten Babylon haben,
können ihre Kühe elektrisch melken. Die weißen Berghütten
haben zwar keine Badezimmer, aber man hat immerhin die
Möglichkeit, Wasser per Knopfdruck zu erhitzen. Ganz Irland
wird heute mit Strom vom Shannonen-Kraftwerk versorgt, und
obwohl vielleicht nicht alle Blütenträume reiften, die man beim
Bau hatte, wurde ein gewaltiger Schritt auf dem Wege zur Industrialisierung getan.

3

Was macht Irland so charmant? Die Tatsache, daß das Land
geistig noch im 18. Jahrhundert lebt. Irland ist anders als das
übrige Europa. Die Iren sind nicht stolz auf Maschinen. So
etwas kennen sie nicht. Autos, die anderswo längst auf dem
Schrottplatz gelandet wären, keuchen widerwillig auf irischen
Landstraßen. In Irland fahren noch Lokomotiven und Eisen-
bahnwagen, die in anderen Ländern längst durch die öffentliche Meinung von der Schiene verbannt worden wären. Und
amerikanische Touristen begrüßen sie als ein Stück der roman-

tischen »alten Welt«. Aber die Pferde, die man in Irland sieht, sind einmalig. Auf jeder zweiten Weide grast womöglich ein künftiger Sieger internationaler Rennen.

Der ärmste Bauer von Kerry wird genug Geld zusammenkratzen, um seinen Pferdewagen neu anzustreichen, aber viele wohlhabende Garagenbesitzer genieren sich nicht, ein Auto zu fahren, dessen Kotflügel mit einem Draht zusammengehalten werden. (»Das Ding ist doch nur eine Maschine«.) Brächte man einen neuen Rolls Royce und ein altes Rennpferd gleichzeitig in eine irische Stadt, niemand würde sich nach dem Auto umdrehen.

Ich finde diese geistige Haltung so erfrischend, wie wohl jeder, der aus einem Land kommt, das verrückt nach Maschinen und vom Geschwindigkeitsrausch besessen ist.

Wir laufen zu Versteigerungen und zahlen Unsummen für antike Möbel und für in Kalbsleder gebundene Bücher aus dem 18. Jahrhundert, ersteigern Jagdszenen aus der gleichen Zeit und erfreuen uns an Drucken, die Postkutschen und Pferdewechsel zeigen. Es ist nun einmal so, daß jedes Zeitalter Sehnsucht nach dem gerade vergangenen hat. Darin steckt meiner Meinung nach die Trauer um die guten, alten, sorglosen Tage, die nun für immer verloren sind. Es sind die Tage, da unsere Vorfahren, gleichgültig welche Fehler und muffigen Vorurteile sie hatten, der ewigen Erde noch ein Stück näher waren als heute.

In Irland ist die alte Zeit noch da. Noch brennen die Kerzen aus dem 18. Jahrhundert. Hier liebt man noch die Pferde und das Vieh. Würde ein Mann, der im 18. Jahrhundert lebte, auf die Erde zurückkehren, wäre wahrscheinlich Irland das einzige Land, in dem er sich restlos glücklich fühlen könnte. Das Wunderbarste an Irland aber ist, daß ein exzentrischer Edelmann aus noch früherer Zeit sich in Irland geborgen fühlen würde. Niemand wäre nämlich so schlecht erzogen, Don Quichotte verrückt zu nennen.

Es gibt in der Grafschaft Limerick ein Haus hinter einer Mauer. Zwei Pförtnerhäuschen stehen an jedem Ende dieser Mauer, aber man könnte bis zum Jüngsten Tag an die Tore hämmern und rufen, es würde sich nichts rühren. Die Pförtnerhäuschen sind unbewohnt. Die Fensterscheiben, soweit sie noch ganz sind, wurden seit Jahren nicht mehr geputzt. Aber Äußerlichkeiten zählen ja nichts in Irland.

Die Straße führt in vielen Kurven durch alte Bäume, und erst im letzten Moment erblickt man ein niedriges Herrenhaus mit einem Säulenvorbau und einer Tür mit einem Oberlicht. Es gibt Ställe mit einer Feuerglocke in einem kleinen Turm und verschiedene Scheunen und Wirtschaftsgebäude.

Ich läutete. Hunde aller Rassen protestierten wild. Ein schlanker Mann mittleren Alters öffnete die Tür. Er sah nach Pferden aus und trug Reithosen und eine Jacke aus rauhem Kerry-Tweed, die an Ärmeln und Schultern mit Lederflecken besetzt war. Der Mann wirkte drohend, wie er dastand und mich mit den kalten Augen ansah, mit denen man in Irland die Steuerbeamten musterte. Sechs oder sieben Hunde bellten mich wütend an, was den Empfang noch weniger herzlich machte.

»Wer ist da?« rief der Mann so laut er konnte, während einige Hunde die Treppen heruntersausten und mir den Rückzug abschnitten. Ein besonders bissig wirkender Jagdhund bellte und knurrte mich an und kam auf wenig angenehme Art auf mich zu, um gedankenvoll meine Beine abzuschätzen, zog sich aber zurück, als suche er ein besseres Objekt.

»Ruhig nun, Pat«, rief der Mann, »oder muß ich für dich die Peitsche holen. Runter Bell, Platz Red Maid ... Wer sind Sie, wenn ich fragen darf?«

Ich sagte, daß ich einen Brief von einem Freund für ihn hätte.

»Sie sind ein Freund von Mike«, rief er aus, »kommen Sie herein, kommen Sie bitte!«

Schlagartig wurde er ganz anders, lächelte wie ein Knabe, und seine kalte, forschende Art wich extravaganter Freundlichkeit.

Ein Freund von Mike! Man stelle sich das vor! Er nahm mir den Brief aus der Hand und stopfte ihn ungeöffnet in die Tasche. Wie ging es dem alten Teufel? Seine Stute Kathleen hatte sich ja schlecht auf der Curragh gehalten. Ob ich das Rennen gesehen hätte? Ja!

Die ganze Zeit schüttelten wir uns die Hände und liefen dabei durch die Diele. Wie man es in Irland oft erlebt, wenn man zum ersten Mal einem Menschen begegnet, hatte ich das Gefühl, als wäre ich nach Jahren endlich wieder mit einem Busenfreund zusammen.

»Mary«, rief er ins obere Stockwerk hoch, »kommst du herunter, um einen Freund von Mike zu begrüßen? Wie heißen Sie?« fragte er mich flüsternd, als stünde er auf der Bühne. »Mr. Horton ist hier, ja, ein Freund von Mike.«

Trotz meiner vielen Richtigstellungen blieb ich »Mr. Horton« für die Dauer meines Besuchs.

Wir betraten ein Zimmer, das sich in den letzten zweihundert Jahren überhaupt nicht verändert hatte. Es war die Bibliothek meines Gastgebers. Das heißt, es war der Raum, in dem er seine Schecks ausschrieb, die Stammbäume seiner Tiere verwahrte und Kontakt zur Welt der Viehzucht hielt. Ein älterer Herr, Abbild meines Gastgebers, blickte aus einem Goldrahmen auf uns herab. Er trug eine große Perücke, eine tabakbraune Jacke und eine helle Weste. Seine Nase ließ vermuten, daß er abends gern eine Flasche Port getrunken hatte. In einem antiken Bücherregal standen in Kalbsleder gebundene Bände. Ein unordentlicher Schreibtisch voller Papier und ein ovaler Mahagonitisch, der für das Mittagessen gedeckt war, bildeten das weitere Mobiliar.

»Sherry oder Whisky?« fragte mein Gastgeber.

Er goß zwei enorme Gläser fast bis zum Rand mit Whisky voll und fügte einen Teelöffel Wasser hinzu. Wir lächelten uns über die Gläser hinweg an und setzten uns. Wenn die Iren zu jemandem freundlich sein wollen, haben sie eine besondere Art. Sie lassen den Gast spüren, daß seine Ankunft die Alltagsroutine völlig in den Schatten stellt, und daß nichts auf der Welt zählt außer dieser herrlichen Begegnung. Das hat etwas Ansteckendes an sich. Der größte Menschenfeind muß weich werden bei einer solchen Behandlung.

Wir unterhielten uns sprudelnd über Mike, Mikes Rennpferde, Mikes englische Frau, Mikes Vater und seinen berühmteren Großvater, die Regierung, Mr. Cosgrave, über die Wettsteuern und über Pferderennen. Wir sprachen von Michael Collins, seinem Leben und seinem Tod sowie seinem Platz in der Geschichte, über das Shannon-Kraftwerk, die irische Landwirtschaft und die Situation der Pferdezucht. Danach redeten wir wieder von Mike.

In diesem Moment trat Mary, die Frau meines Gastgebers, ins Zimmer. Sie war eine der lebhaften, kleinen irischen Frauen mit dunklem Haar und blauen Augen, die stets jung und außerordentlich geschickt im Umgang mit Männern bleiben. Man schaut diese Frauen an und bewundert ihre Offenheit, ihren Humor, den Mangel an Konvention und den Trick, wie von Mann zu Mann zu sprechen. Hinter solchen Frauen sieht man buchstäblich eine ganze Gruppe von Brüdern hoch zu Roß.

Mary machte mich sofort zum Mitglied der Familie und meinte, es sähe Mike ähnlich, einen Freund an einem Tag zu schicken, an dem die Köchin ihre alte Mutter in Clonmel besuche und es daher nur eine kalte Pastete zum Essen gäbe. Ob wir in den Garten wollten, um Salat und Kräuter zu holen. Wir wollten und machten uns auf.

Die Iren geben niemals vor, anders zu sein, als sie sind. Sie kennen keine gesellschaftlichen Zwänge. Anderswo kann man nicht einfach bei völlig fremden Menschen ins Haus fallen, denn es besteht ja schließlich die Möglichkeit einer leeren Speisekammer und daß dies der Haufrau peinlich sein könnte. In Irland aber herrscht eine gesunde Sorglosigkeit, die über den Dingen steht. »Nehmt uns, wie wir sind«, heißt es, »oder geht zum Teufel!« Mir gefällt das, und ich glaube, den meisten Männern ebenfalls.

Während sich Mary um die Pastete und den Salat kümmerte, machte ich mit ihrem Mann einen Rundgang über den Besitz. Erst wurden die Kühe gelobt, und dann gelangten wir zu einer umzäunten Wiese, auf der die Füllen wild stampften. Sie galoppierten los, als wir kamen. Ihre Mähnen und die langen Schwänze flatterten im Wind. Auf der nächsten Wiese stießen wir auf den gewohnten potentiellen Sieger des Grand National. Ich fragte meinen Gastgeber, wie es ihm während der Rebellion und des Bürgerkriegs ergangen wäre. Während der Rebellion hatte er bei der britischen Armee in Frankreich gedient, und nach dem Ersten Weltkrieg hatte er sich auf sein Gut zurückgezogen. Aus einigen Bemerkungen schloß ich, daß er ganz zufrieden mit dem alten sozialen und politischen System gewesen war, das neue aber willkommen hieß. Er war eine jener seltenen Erscheinungen auf einem Landsitz, ein reinblütiger Ire aus einer alten Familie. Sein Nachbar – Lord X – war des Landes verwiesen worden. Dieser Mann war einer der unglückseligen Anglo-Iren. Er lebte auf einem Gut, das seine Vorfahren zu Zeiten Cromwells erhalten hatten. Sie hatten den Platz einer alten irischen Familie eingenommen, die vertrieben worden war; und das Volk hatte ihnen niemals verziehen. Wie alle Leute dieser Art wurde Lord X als Engländer betrachtet, wenn er sich in Irland aufhielt, und als Ire, wenn er in England zu Besuch war. Man hat seinen Besitz niedergebrannt.

Mein neuer Freund aber war ohne irgendwelche Schwierigkeiten durch den Bürgerkrieg gekommen. Er erzählte, daß zuweilen Truppen des Freistaats in seinem Haus Quartier bezogen und dann wieder die Republikaner. Beide Parteien wären äußerst höflich gewesen. Abgesehen von der Sprengung der Brücken im Ort, die einige Unbequemlichkeiten mit sich brachten, hatten ihn die Geburtswehen Irlands unberührt gelassen.

»Kommt!« rief Mary vom Fenster aus, und wir gingen ins Haus.

Es ist wirklich wunderbar, wie in Irland die Unruhe der Zeit von einem abfällt und man sich selbst als Träumer in einem fernen Zeitalter wiederfindet. Diese Mahlzeit war noch immer die gleiche, wie sie vor zweihundert Jahren hier eingenommen worden war. Wir waren zurück im Kerzenschimmer der Zeit Georgs II. Hätte mich mein Gastgeber plötzlich nach meiner Meinung über die Rebellion des Prinzen Charles Edward in Schottland gefragt, wäre ich nicht überrascht gewesen. Eine solche Frage hätte durchaus zum Haus, zum Zimmer, zum Essen und zur Tonlage unserer Unterhaltung gepaßt. Sie wäre das Echo eines alten Hauses gewesen, ein Flüstern aus einem dunklen Winkel.

Die Hunde stießen uns mit ihren feuchten Nasen an, und dann und wann steckte ihnen mein Gastgeber einen Knochen zu. Sie verkrochen sich damit, und bald befand sich in jeder Ecke des Zimmers ein Hund, der am Knochen nagte und nur Pause machte, um seinen Herrn voller Respekt und Liebe anzusehen. Das Gespräch verlief wie alle irischen Unterhaltungen. Es hüpfte herum wie ein Kobold im Gebirge.

Mein Freund war empört über die Behandlung, die viele der Anglo-Iren während des »Wechsels« erlitten hatten. Er sagte, die Unschuldigen hätten mit den Schuldigen leiden müssen. Manch guter Mann, dessen Herz für das Land geschlagen hat, ist an dem Fluch Irlands zugrunde gegangen. Es war der Fluch, der auf dem »abwesenden« Gutsherrn lastete. Aber es gibt keine Revolution, ohne daß irgendwo Unrecht geschieht.

Zum ersten Mal wurde mir bewußt, was die Revolution für die Anglo-Iren bedeutet hatte. In Irland geboren, in England erzogen, steckten sie voller englischer Vorurteile und waren doch zugleich Irland treu. Dann stand eines Nachts im Namen der ehemaligen Besitzer ihres Landes der Sohn eines ihrer Pächter da und hielt ihnen eine Pistole an die Stirn. Bitter muß das gewesen sein! Würden die noch im Lande lebenden Anglo-Iren jemals wieder eine aristokratische Gesellschaft bilden, fragte ich.

Mein Gastgeber verneinte. »Irland heute«, sagte er, »ist ein Land ohne Aristokratie. Vielleicht bildet sich irgendwann einmal eine neue Gesellschaft. General Soundso, der Sohn eines Ladenbesitzers, wird dann in den Jagdklub eintreten, und vielleicht wird das Land auch wieder so aussehen wie früher. Nur daß dann andere Leute im Sattel sitzen. Auf alle Fälle aber muß die Jagd weitergehen.«

Ich war vor dem Mittagessen gekommen, und als ich mich schließlich losriß, brach der Abend herein.

»Warum so eilig? Übernachten Sie doch hier«, sagte Mary.

Beim Abschied blickte ich noch einmal zu den Mauern zurück, die das Haus umgaben und ein Stück Land aus dem 18. Jahrhundert beschützten.

4

Über die Berge von Clare gelangte ich in die graue Stadt Galway. Die Männer waren gerade dabei, die Laternen im Hafen anzuzünden. Am Himmel hielt sich noch eine Glut, die nichts Irdisches an sich hatte, und ein trüber roter Nebel hing über den Bergen. Er wirkte wie von Wagenrädern hochgewirbelter Staub. Der Zipfel des Atlantik war seltsam hell, fast blaß-grün, und dieses Grün verschmolz auf wundersame Art mit der blauen Dämmerung. Als das Licht vom Himmel schwand, strahlten Sterne über den traubenblauen Höhen von Connemara.

Galway war von einer Luft erfüllt, die so weich war wie Samt. Bei dieser ersten Begegnung war mir so zumute, wie einem manchmal ist, wenn man einen Fremden trifft. Ein neuer Bezugspunkt war ins Leben getreten. Galway gehörte nicht zu irgendeinem Teil Irlands, den ich bereits kannte. Es schien nur sich selbst zu gehören.

Jetzt weiß ich, daß die seltsame Schönheit, die wie Staub durch Galway fliegt, der Geist des gälischen Irlands ist. Hier ist etwas, das der Zeit trotzt, etwas, das einem Glaubensbekenntnis gleichkommt.

Als mir der Hausdiener vor dem Hotel die Koffer abnahm, verscheuchte er eine alte Frau, die in ein schwarzes Tuch gehüllt war und die versuchte, mir etwas zu sagen. Ich ging ihr nach und fragte sie, was sie gewollt hatte. Ihr Mann war arbeitslos und ihre drei Söhne ebenfalls. Sie war ein sanftes, altes Geschöpf, und ich drückte ihr eine Münze in die Hand.

»Möge die Jungfrau Sie beschützen und gesund nach Hause bringen«, sagte sie.

Auf meinem ersten Spaziergang durch Galway begegnete ich der alten Frau gleich zweimal, und jedes Mal wiederholte sie ihren Segensspruch, der in so gar keinem Verhältnis zu meiner kleinen Gabe stand. So hatte ich das Gefühl, meine ersten Schritte im irischen Westen wären geheiligt.

Ich ging durch manche enge Straße und an einem zerstörten spanischen Haus vorbei. In den Augen der Bevölkerung von Galway lebt Spanien in ihrer Stadt. Dann und wann sieht man ein rechteckiges Haus mit einem Innenhof und einem Tor zur Straße. Die Textilgeschäfte von Galway zeugen von der strahlenden Farbigkeit des Westens. Haufen von scharlachrotem Flanell liegen vor den Geschäften. Die Fischersfrauen verarbeiten den Stoff zu weiten, grellen Röcken. Allerdings stirbt die Sitte allmählich aus.

Wie sehr ist Galway eine Stadt der Vergangenheit! Auf dieser Stadt lastete der Fluch Cromwells noch schwerer als auf anderen. Galway ist eine Stadt toter Fabriken und großer verfallener Häuser. Im Mittelalter war das anders. Schon der Name Galway hatte Klang.

Die vierzehn anglo-normannischen Familien von Galway, die ihrer Stadt den Titel »Galway der Stämme« sicherten, waren die exklusivsten Familien in ganz Irland. Sie haben so lange Zeit nur untereinander geheiratet, daß mehr als einmal ein Sonderdispens nötig war, um die kanonische Legalität zu wahren. Die vierzehn Familien legten den Grundstein für den Reichtum der Stadt. An den Kais lagerten die Weinfässer aus Spanien. Die Galeonen von Galway waren ebenso vertraut mit den spanischen Häfen wie mit den irischen Gewässern. Während des Bürgerkriegs im 17. Jahrhundert hielt Galway zu Karl I., aber zum Schluß siegte Cromwell doch, und Galway hat sich niemals erholt.

Im Hotel traf ich einen Iren, der mir folgende Geschichte erzählte: »Während des Ersten Weltkriegs kam ein deutsches U-Boot in die Bucht, und der Kapitän gab Befehl, Galway zu bombardieren. Ein junger Offizier, der durch den Ausguck blickte, gab folgende Botschaft nach unten durch: ›Galway ist bereits bombardiert worden.‹«

Mein Gesprächspartner fand diese Geschichte ungeheuer komisch, aber ich konnte nicht lachen.

Ich hatte das Glück, einen kleinen Iren mit rosigem Gesicht kennenzulernen. Jeder kannte ihn als Michael John. Wer damals in Galway angeln ging, hat ihn sicher getroffen.

Wir gingen zusammen durch die Stadt und kamen zur Kirche des heiligen Nikolaus. Er ist der Schutzpatron der Kinder, Seeleute (und Diebe!). In der Kirche hängt eine Glocke aus einer Abtei in Frankreich. Niemand weiß, weshalb und wann sie nach Galway gebracht wurde. Dann stand ich mit Michael John vor einem alten spanischen Haus. Hier sollen die Begriffe »lynchen« und »Lynchjustiz« entstanden sein. Michael John erzählte mir die düstere Geschichte.

Im Jahr 1493 fuhr John Lynch FitzStephen, der Bürgermeister von Galway, nach Spanien, um die Handelsbeziehungen zwischen Spanien und Galway zu verbessern. Er wurde von einem reichen Kaufmann namens Gomez eingeladen, und dessen Sohn, ein gutaussehender junger Spanier, kam dann als Gast des Bürgermeisters nach Galway. Lynch hatte einen Sohn, der Walter hieß. Die beiden jungen Männer wurden bald Freunde. Walter Lynch war in ein Mädchen namens Agnes verliebt. Ihr

Vater, ein Kaufmann, sprach fließend Spanisch und war entzückt, den jungen Spanier in seinem Haus willkommen zu heißen. Walter Lynch wurde verrückt vor Eifersucht, und eines Tages, in der Hitze der Leidenschaft, erstach er den Spanier und warf den Leichnam ins Meer.

Walter Lynch wurde festgenommen und gestand seine Tat. Als Bürgermeister sprach der eigene Vater das Todesurteil über den Sohn, aber keiner in Galway wollte den jungen Lynch hinrichten. Menschen rotteten sich zusammen und versuchten ihn zu befreien, aber ehe dies gelang, erhängte der Bürgermeister seinen Sohn vor den Augen der Menge.

»Wahrscheinlich hatte er das Gefühl, daß er's für die Ehre von Galway tun mußte, »sagte Michael John. »Sein Sohn hatte nicht nur einen Mord begangen, sondern auch gegen das Gesetz der Gastfreundschaft verstoßen. Nachdem er seinen Sohn getötet hatte, ging Lynch nach Hause und wurde nie mehr von einer Menschenseele gesehen . . .«

Eine seltsame Begriffsumwandlung hat stattgefunden. Heute bezeichnet man die Rache, die die Meute an einem Verbrecher nimmt, als Lynchjustiz.

Wir gingen zur Fischreuse auf der Brücke von Galway, die Michael John so gut wie seine Westentasche kannte. »Noch etwas später im Jahr«, sagte er, »und dies ist eine der bemerkenswertesten Sehenswürdigkeiten von Irland. Man schaut von der Brücke runter und sieht die großen Lachse. Dreißig- und Vierzigpfünder sind es. Sie liegen so dicht zusammen wie Sardinen in der Dose. Wenn Sie's nicht mit eigenen Augen gesehen haben, glauben Sie's nicht. Rücken an Rücken liegen sie da und warten wie eine Menge am Fahrkartenschalter, um vom Meer zu den Seen zu gelangen.«

Der einzige Zugang vom Meer zu den Seen, einem Gebiet von insgesamt 1900 Quadratkilometern, ist der schmale Fluß in Galway. Er muß ein Paradies für Angler sein. Sie erzählen die Geschichte eines Anglers, der dort vor Aufregung starb, aber sie beschließen die Erzählung nicht mit der komischsten Stelle. Die Lokalzeitung berichtete damals über den Vorfall und meldete: »Unsere Leser wird es freuen zu erfahren, daß die Angel, die Mr. X fallen ließ, sofort von unserem geschätzten Mitbürger, Mr. Y, aufgenommen wurde, der den Fisch noch an der Angel fand, und nach zehn Minuten gelang es ihm, den Fisch hochzuziehen, einen herrlichen, 15 Pfund schweren Lachs.« Das, finde ich, ist ein gelungener Nachruf.

Wir gingen über die gefährliche hölzerne Reuse über dem reißenden Wasser und kamen gerade dazu, als ein Mann mit einem Bootshaken einen erstaunlichen Lachs ermordete, der seine 42 Pfund auf die Waage brachte. Er war so groß und dick wie ein Hai. Zwei Netze liegen für die Lachse aus, aber das Gesetz schreibt einen Freiraum zwischen den beiden Netzen vor. Ein Fisch verfängt sich durch reines Pech in der Falle oder aus angeborener Dummheit. Am Wochenende werden die Netze eingezogen. Auch dies ist gesetzlich geregelt. Ein kluger Lachs sollte also sonntags vom Meer anreisen.

»Was tun Sie mit den Lachsen?« fragte ich den Mann, der das Monstrum wog.

»London«, erwiderte er knapp.

5

Die Claddagh von Galway ist einmalig. Sie ist ein altes gälisches Fischerdorf ganz eigener Art. Schon der Anblick ist erstaunlich.

Hunderte von sauberen geweißten Häuschen mit strohbedeckten Dächern sind so willkürlich und planlos in die Gegend gebaut, daß es zwischen ihnen nur winklige Eckchen und Pfade, aber keine Straße gibt. Das ganze wirkt ungemein malerisch. Um einen Eindruck von der Claddagh zu bekommen, stelle man sich dreihundert winzige Spielzeughäuschen vor, die wahllos auf den Boden geworfen worden sind. Ganz ohne Absicht ist so etwas besonders Schönes entstanden. Die Häuschen stehen kreuz und quer da, in den verschiedensten Winkeln zueinander, so daß zuweilen die Hintertür des einen auf die Vordertür des Nachbarhäuschens blickt.

»Wie um Himmels willen konnte das geschehen?«

»Als Galway die Stadt der Stämme war«, sagte Michael John, »mußten die Iren außerhalb der Stadtmauern wohnen. Sie waren ebenso stolz wie die Stämme, die innerhalb der Stadtmauern wohnten, und gründeten diese kleine Stadt.

Vor den Toren jeder anglo-normannischen Stadt erbauten die Iren eigene Städte. Die Claddagh ist die einzige, die bis in die moderne Zeit hinein existierte. Michael John konnte sich noch an den letzten »König« der Claddagh erinnern. Jahrhundertelang hat die Gemeinschaft nämlich nach einem eigenen ungeschriebenen Gesetz gelebt. Ein Häuptling, Fischer wie seine Untertanen, überwachte die Einhaltung der Gesetze. Sein Urteil wurde nie angezweifelt. Jetzt gibt es das nicht mehr.

Als das Ehepaar Hall Anfang des vorigen Jahrhunderts sein Standardwerk über Irland schrieb, gab es noch einen König der Claddagh. In dem Buch heißt es: Diese einzigartige Gemeinschaft wird noch immer von einem jährlich gewählten König regiert und lebt nach einer Reihe von eigenen Gesetzen. Einst herrschte dieser König so absolut wie ein tatsächlicher Despot, aber seine Macht wurde mit der Zeit geringer, wie es bei allen absoluten Herrschern der Fall ist. Nun ist er, wie es einer seiner Untertanen formulierte, ›nicht mehr als der Oberbürgermeister von Dublin oder einer anderen irischen Stadt‹. Jedoch hat er noch immer einen großen Einfluß und opfert sich buchstäblich ohne Entgelt oder Belohnung für das ›Wohl des Volkes‹ auf. Ständig ist er damit beschäftigt, Streitfälle anzuhören und zu entscheiden, denn sein Volk wendet sich niemals an eine höhere Instanz. Selbst wenn einer aus Galway, der nicht zu der Claddagh gehört, ein Unrecht tut, wird er nach dem Gesetz der Claddagh bestraft. Beispielsweise beschwerte sich einmal ein

Gentleman über den Preis eines Kabeljaus, den er von einem aus der Claddagh-Gemeinschaft gekauft hatte. Seiner Meinung nach war der geforderte Preis zu hoch, und er weigerte sich, überhaupt zu bezahlen. Er erklärte dem Fischer, er möge ihn verklagen, was im Widerspruch zum Claddagh-Gesetz gestanden hätte und demnach auch unterlassen wurde. Er glaubte schon, gesiegt zu haben. Als er ein oder zwei Tage später für eine Gesellschaft in seinem Hause Fisch brauchte, ging er ihn bei einem anderen Fischer bestellen. ›Nein, Sir‹, wurde ihm geantwortet, ›ich kann Sie nicht bedienen, ehe Sie nicht beim Soundso den Kabeljau bezahlen.‹

›Und was geht Sie das an?‹ fragte der Mann, ›Sie werde ich bezahlen!‹

›Nicht, bis sie bei dem anderen gezahlt haben. Wir Leute von der Claddagh halten zusammen.‹«

Das Ehepaar Hall beschreibt auch einen Besuch, den es dem König in seinem Häuschen abstattete: »Seine Majestät war auf See, aber wir wurden seiner königlichen Familie vorgestellt — einer Gruppe von Kindern und Enkeln, die ihrer strotzenden Gesundheit wegen von jedem christlichen Königshaus hätte begehrt werden können.«

In seinem Buch *A Holiday in Connemara*, das 1909 erschien, berichtet Stephen Gwynn von einigen interessanten Beobachtungen. Der Verfasser hat einst im Bezirk der Claddagh für das Parlament kandidiert.

»Meiner Meinung nach«, schreibt er, »haben wir es hier nicht mit Nachkommen der Spanier zu tun, sondern mit den letzten Resten eines sehr alten irischen Volksstammes, der Firbolgs. Sie wurden von größeren und stärkeren Leuten in die Berge und auf die Inseln getrieben. Wenn man blondes Haar bei ihnen entdeckt, so ist es solches, das man auch im Süden findet . . .

Zur Zeit einer Wahl zeigt sich sehr deutlich, wie sich diese Gemeinschaft abkapselt. Das Hinterland von Galway umfaßt zwei verschiedene Pfarrgemeinden und ist dicht von Kleinbauern besiedelt. Alle irisch bis auf die Knochen. Sie kommen gut gelaunt an, um die Partei der Nationalisten mit ihrem Organ und ihrer Wahlstimme (und nicht damit allein) zu unterstützen, denn sie sind ein Teil von Irland und interessieren sich für alles, was das Land betrifft. Aber mit dem Mann von der Claddagh kann man nur über die Claddagh reden. Irland sagt ihm nichts. Fragen, die den Boden betreffen, berühren ihn nicht, denn er hat kein eigenes Land. Daß man die Fischerei an der Küste zu neuem Leben erweckt hat, brachte ihm nichts Gutes. Er hat seit jeher da gefischt und seinen eigenen ausreichenden Absatzmarkt gehabt... Eins steht für mich fest – um mit einem Mann von der Claddagh ins Gespräch zu kommen, muß man Irisch sprechen. Ich ging zu einer Zeit dorthin, als ich noch nicht auf Wahlstimmen aus war, und wollte mit den Leuten Bekanntschaft machen. Mir war daran gelegen, mit einem älteren Fischer ins Gespräch zu kommen, der abseits von einer Gruppe stand, die um mich versammelt war. Er weigerte sich, ein Wort zu sagen, bis ich ihn auf Irisch anredete. Dann auf einmal sprach er frei und brachte faire Argumente. Wir redeten über technische Dinge, die Boote betrafen, doch bald war ich verloren und sagte es ihm, worauf er in ausgezeichnetem Englisch weitersprach. ›Weshalb wollten Sie zuerst nicht mit mir Englisch reden?‹ ›Ach‹, antwortete er und verfiel wieder ins Irische, ›hätten wir Englisch gesprochen, wären Sie klüger gewesen als ich. Im Irischen ist es umgekehrt.‹«

Der Autor gewährt einen faszinierenden Einblick in das Leben der Claddagh, und ich würde viel darum geben, hätte ich ihn damals begleiten dürfen.

»Einige Tage später«, schreibt er, »mußte ich durch das ganze Dorf gehen, Haus für Haus, und es war schon eigenartig, um drei oder vier Uhr nachmittags kräftige junge Männer zu sehen, die sich in einer Ecke des kleinen Häuschens vom Schlaflager erhoben. Das ist jedoch natürlich in einer Fischergemeinschaft, die den größten Teil ihrer Arbeit nachts verrichtet. Eines aber fiel mir auf, und das habe ich sonst nirgendwo in Irland gesehen. Im allgemeinen haben irische Männer ein Vorurteil dagegen, Säuglinge zu versorgen oder irgendeine Tätigkeit auszuüben, die als Frauenarbeit gilt. Doch hier sah ich in mindestens einem Dutzend Häuser die Frauen umherhetzen, während der Mann mit einem Kind auf dem Arm dastand oder saß. Er hielt den Säugling auch, wie Frauen Babys zu halten pflegen. In dem gebeugten Arm lag das Kind wie in einer Hängematte. Es war ein seltsamer und schöner Anblick und auch ein natürlicher, wenn man es recht bedenkt. Die Frauen stehen nämlich an den Straßenecken und verkaufen den Fisch. Mehr als alles andere aber prägte sich mir jene Absonderung ein, die für die Claddagh und deren Leute typisch ist. Ich habe niemals wieder in Irland eine Gemeinschaft erlebt, die so fremdartig und scheu ist und der man so schwer näherkommt.«

Ich spazierte an einem Spätnachmittag durch die Claddagh. Die Fischer waren alle draußen im Meer, denn ich sah nur ganz alte Männer an den Straßenecken ihre Pfeifen rauchen. Einer sah aus, als käme er direkt von einer spanischen Galeone. Er wirkte ganz wie ein Spanier, war groß, dünn und dunkel, hatte einen länglichen Kopf, wilde, dunkle Augen, einen Spitzbart und in jedem Ohr einen goldenen Ring.

Es ist ein Jammer, daß die Gesundheitsbehörden auf die Claddagh aufmerksam geworden sind. Viele von den hübschen weißen Häuschen wurden niedergerissen, und statt ihrer baute man die häßlichsten kleinen Häuser, die ich je gesehen habe.

Ich beobachtete eine typische Szene der modernen Claddagh. Ein schickes junges Mädchen im blauen Kostüm, modernen Hut und mit fleischfarbigen Strümpfen trat aus einem primitiven, strohbedeckten Häuschen. Die Mutter brachte die Tochter an die Tür. Die ältere Frau gehörte einer anderen Generation an und, so schien es, auch in eine andere Welt. Sie trug den weiten roten Rock der Fischersfrauen, hatte nackte Füße und hielt mit einer Hand einen grauen Schal um ihre Schultern.

»Das ist es eben«, meinte Michael John, »die jungen Mädchen ziehen sich um, wenn sie von der Arbeit kommen. Sie ziehen ihre besten Sachen an, um abends auszugehen. Einige der schicksten Mädchen, denen man in Galway begegnet, kommen aus einem Häuschen in der Claddagh.«

Wir sahen gerade ein Mädchen mit dem Gang einer Königin. Es trug Männerstiefel und auf dem Kopf einen runden Korb, wie ihn die Frauen von Galway beim Fischverkauf haben. Das Mädchen ging nach Hause, um sich stadtfein zu machen. Ich fand es einen Jammer, daß die Claddagh der Welt so lange die Stirn gezeigt hatte, um dann vor den Kaufhausmoden zu kapitulieren.

»In den alten Tagen«, sagte Michael John, »hat man nur innerhalb der Claddagh geheiratet, aber das ist nun vorbei. Ein Mädchen von der Claddagh heiratet heutzutage einen Jungen aus Galway.«

6

In der Nacht ist die Claddagh am schönsten. Es gibt keine Straßenlaternen. Das Licht in den Fenstern und offenstehenden Türen weist den Weg durch den Häuserirrgarten. Seit der Eroberung Irlands durch die Normannen haben Generationen die Pfade festgetreten. Die geweißten Häuschen mit dem Torfrauch aus den Schornsteinen schimmern im Dämmerlicht. Die Kinder, die tagsüber auf kleinen, freien Plätzen und vor den Häusern spielen, sind zu Bett gebracht worden. Der Abend ist ruhig, besinnlich und vom Gesang der Grillen erfüllt. Männer stehen in kleinen Gruppen in der Dämmerung da und sprechen Gälisch. Manchmal halten sie inne, und dann hört man weiche Laute, wenn sie sich eine gute Nacht wünschen.

Die kleinen Fenster sind erleuchtet, und durch die offenen Türen sieht man kleine Zimmer mit niedrigen Decken. Die Räume sind warm, sauber und gemütlich, aber winzig. Man fragt sich, wie die Leute, von denen einige recht lange Beine haben, in so kleinen Räumen leben und sich bewegen können. Es ist merkwürdig, daß die Gälen, die das Gefühl von Wänden verabscheuen, nicht zu einer großzügigeren Bauweise gelangt sind. Es sieht schon komisch aus, wenn diese Riesen ihren Kopf einziehen, um nicht an die Decke zu stoßen. Vielleicht hat sich der Gäle nie bemüht, wirkliche Räume zu bauen, weil er sich in großen Zimmern ebenso elend fühlen würde wie in kleinen.

Durch jede kleine Tür sieht man Szenen wie auf Bildern von Pieter de Hooch. Eine Frau sitzt über die Arbeit gebeugt. Manchmal trägt sie herrliches Scharlachrot. Ab und zu weint ein Baby, und dann hört man die sanfte Stimme einer Frau das Kind trösten. Sie singt ein irisches Wiegenlied, und es ist, als schlügen kleine Wellen ans Land. Das Torffeuer wärmt, laut zirpen die Grillen in der Asche, und in jedem der kleinen Zimmer leuchtet ein rotes Licht vor dem Heiligen Herzen.

7

Generationen von Menschen haben sich über das Brückengeländer von Galway gebeugt, und nun ist es von der vielen Berührung so glatt wie Glas. Von der Brücke aus sieht man die Lachse, die vom Salzwasser anschwimmen. Die Ankunft der Lachse gehört zu den Dingen in Irland, die man gesehen haben muß.

Als ich das erste Mal in den Fluß blickte, sah ich überhaupt nichts. Dann bewegte sich etwas, das ich für Tang gehalten hatte, und ich merkte plötzlich, daß ich die Rücken von Hunderten von Lachsen bestaunte. Niemals zuvor habe ich eine solche Menge von Fischen gesehen. Die Seeläuse hafteten noch auf ihrem Körper, und kraftvoll arbeiteten sie sich zum süßen Wasser der Seen vor. Mit einem einzigen Ziegelstein hätte ich mindestens zehn Achtzehnpfünder getroffen, denn sie schwammen Seite an Seite, schienen sich buchstäblich zu berühren und bewegten sich als eine ganz unglaubliche Schlange in dem Fluß vorwärts.

Dann und wann schien ein besonders großer Fisch ungeduldig zu werden. Er versuchte mit kraftvollen Bewegungen nach vorne zu schwimmen, aber seine Weggenossen lagen so dicht um ihn, daß er nicht weiterkam und auf seinen Platz zurückfiel. Drei emsige Lachsfischer standen am Ufer unter der Brücke. Mindestens eine Stunde lang habe ich ihnen zugesehen, doch sie machten keinen einzigen Fang. Einer von ihnen warf die Angel immer wieder unmittelbar an einer Stelle, an der etwa dreißig mächtige Fische schwammen, doch die Fliege blieb unberührt.

Trotzdem müssen die Fischer dort, wo sie standen, Beute machen, denn sonst würden sie nicht soviel Geld pro Tag für die Angelrechte bezahlen und die Bedingung akzeptieren, daß sie nur einen von drei Lachsen behalten dürfen.

Der Schriftsteller Stephen Gwynn, selbst ein geübter Fischer, hat von einem Mann berichtet, der in drei Monaten eine Tonne Lachs aus dem Fluß gezogen hat. Die Lachse schwimmen so dicht, daß ich kaum begreifen kann, warum man sie nicht – wenn sie schon nicht zuschnappen – in den Kiemen oder im Schwanz trifft, wenn man den Haken auswirft.

Am frühen Morgen beugt man sich über das Brückengeländer und stellt fest, daß die Lachse in der Nacht weitergezogen sind. Nur noch zwei oder drei sind übriggeblieben. Eines Morgens sah ich erstmals den Fisch, der einst einen englischen König umgebracht hat – das Neunauge. Es war ein seltsamer Bursche, halb Fisch, halb Aal. Er lag tief unten auf den Steinen im Fluß-bett und wiegte sich in der Strömung.

KAPITEL IX

Hier wird berichtet, wie die Welt an den Steinmauern von Connemara endet. Ich betrete ein nacktes, schönes Land, höre gälische Lieder und unterhalte mich am Rande des Atlantik mit einem barfüßigen Mädchen.

I

Ich weiß, wo die Welt endet. Das Land dort ist grau, und goldene Wolken schweben darüber. Sie berühren einander und bewegen sich so langsam wie eine Herde Stiere. Das Land erinnert an grau-weißen handgewebten Tweed, es ist von Hunderten und Tausenden kleiner Steinmauern bedeckt. Sie ziehen sich bis zum Horizont, auf und ab und kreuz und quer wie die Linien einer Hand. Sie sind Schutz für die kleinsten »Felder« der Welt. Es handelt sich nicht um Felder im üblichen Sinn, sondern lediglich um Felsbrocken mit etwas Erde. Einige sind nicht größer als ein Eßtisch, einige sind länglich und schmal, andere quadratisch, und es gibt auch fast runde und dreieckige. Zu jedem dieser Felder gehört eine brusthohe Mauer, und so sieht das silbergraue Land aus jedem Blickwinkel wie der Tweed aus, den sie in den Bergen weben.

Zwischen den grauen Mauern windet sich die Straße wie eine Schlange, und auf ihrem hellen Band sieht man kräftige Mädchen mit nackten Beinen. Sie tragen scharlachrote Röcke und blaue Schürzen, haben einen wiegenden Gang von der Hüfte aus und die Grazie jener Frauen, die niemals Schuhe getragen haben. Auf dem Rücken tragen sie schwere Lasten von braunem Seetang in Weidenkörben. Manchmal reiten die Mädchen auch. Dann lassen sie die Beine seitlich über dem Schwanz des friedfertigen Esels baumeln, der Torf schleppt.

Spricht man diese Mädchen an, dann schütteln sie ihren Zottel-kopf und sagen etwas, das im Irischen sehr schön klingt. Sie sind bei Begegnungen mit Fremden scheu wie ein Faun, aber hinter seinem Rücken brechen sie in Gelächter aus.

Jenseits des grauen Landes liegen blaue Berge. Sie sind von jenem Blau, das man um Capri findet, und über ihnen strahlen die größten und goldensten Wolken der Erde wie Heiligen-scheine. Zwischen den blauen Bergen und grauen Feldern, neben dem blauen Wasser der Tümpel und am Rande der Torf-moore stehen kleine Häuschen. Sie sind unglaublich ärmlich und wunderbar weiß. Hühner scharen davor.

Zu diesem Land gehört der Klang von Eselshufen auf der Straße und das Geräusch des Spatens, der in felsige Erde gesto-ßen wird. Bei Sonnenuntergang ist das Land so grau wie ein Gespenst. Das ist Connemara . . .

Wie kann es in der modernen Welt existieren? Ich bin lange Jahre gereist, doch habe ich nie etwas Ähnliches gesehen. Man gelangt ganz plötzlich in diese Landschaft, sobald man Galway auf dem Weg nach Westen verlassen und die Küstenstraße nach Clifden durch Spiddal genommen hat. In diesem Teil der Welt wurde der Fortschritt oder das, was man dafür hält, von den grauen Mauern aufgehalten, im Osten von den hohen Bergen und tiefen Seen und im Westen vom Meer. Die Menschen waren hier jahrhundertelang durch ihre geographische Lage und ihre Armut von allem abgeschlossen. Ich habe das Grab des Tut-ench-Amun in Ägypten besucht, aber Connemara hat mich mit mehr Entdeckerfreude erfüllt und mir das Gefühl gegeben, daß es nirgendwo sonst eine größere Entrücktheit vom moder-nen Leben geben kann.

Die Menschen in Connemara sind so arm, daß niemand je ver-sucht hat, sie auszubeuten. Das Land ist so karg, daß es keiner je haben wollte. Soweit das Auge reicht, erblickt man keine Bahnschienen, keine Geschäfte, Autos, Telegrafenmasten. Das Leben besteht hier aus drei Dingen: dem Glauben, der Natur und der Arbeit. Wenn man irgendwo in Europa ein vergessenes Land entdeckte, in dem die Menschen noch die Sprache der Frühzeit sprechen, altertümliche Kleider tragen und zu den alten Göttern beten, wäre dies kaum erstaunlicher als das Vorhandensein von Connemara. Connemara ist dem heiligen Patrick weit näher als Dublin.

Ich fuhr in Gedanken versunken. Allmählich wurde mir klar, daß ich eine Herausforderung an die Umwelt war. Connemara ist nicht an Autos gewöhnt. Die Kühe senkten ihre Köpfe vor mir, bekamen glasige Augen und blähten die Nüstern. Dann wandten sie dem vermeintlichen Tod den Rücken und flüchteten mit allen Zeichen der Angst die Straße hinauf. Hunde rannten mit wütendem Gebell hinter mir her. Mädchen mit nackten Beinen und roten Röcken hüpften eilig von ihren Eseln herunter und drehten die Nasen ihrer Tiere von mir weg. Langhaarige Schafe kämpften in Panik um den Durchschlupf in der Mauer. Gänse reckten ihre Hälse, bis sie wie Schlangen aussahen, und gaben unbestimmte, drohende Laute von sich. Hühner, die überall in der ganzen Welt ein aufgeregtes selbstmörderisches Volk sind, warfen sich in panischer Angst vor meine behutsamen Räder und vollbrachten wahre Wunder der Selbsterhaltung.

Das ganze gälische Land rief in einer Unzahl von Variationen einen einzigen Satz aus: »Hier kommt etwas Furchtbares und Tödliches aus einer anderen Welt auf uns zu!«

In der Nähe der Küste sah ich vor den Häuschen oder an die grauen Steinmauern gelehnt seltsame Kanus, *curraghs* genannt. Die Fischer von Connemara trotzen in ihnen den Gefahren des Ozeans, und trotzen ist das einzig richtige Wort dafür. Die Boote sind federleicht und bestehen aus Häuten oder Segeltuchbahnen, die über einen Holzrahmen gespannt sind, genau wie die Boote, die die Engländer zur Zeit Cäsars benutzten.

Ich hielt vor einem Häuschen an und fragte, ob ich mir eine Curragh ansehen dürfte, die auf einem Misthaufen lag. Ein junges Mädchen und eine alte Frau waren im Haus. Sie trugen beide die schönen roten Röcke der Gegend. Das Mädchen wusch gerade Kartoffeln, und die Frau war mit einem schwarzen Topf beschäftigt, der über dem offenen Torffeuer hing. Das Haus war unmöbliert, sieht man von einem Stuhl ab, einem Tisch und einer Holzbank auf dem kahlen Fußboden. An der Wand hingen zwei glänzend bunte Bilder der Heiligen Familie. »Darf ich mir Ihr Boot mal ansehen?« fragte ich mit einem breiten Grinsen. Nirgends ist ein breites Grinsen nützlicher als in Irland.

Die alte Frau, die fast taub war, fragte das Mädchen auf Irisch, was ich wollte. Das Mädchen antwortete auf Irisch, worauf die alte Frau mir lächelnd zunickte.

Während ich das leichte Boot betrachtete, schlenderte ein stämmiger junger Mann herbei. Er sah überhaupt nicht bäuerlich aus, lächelte und meinte, das Boot tauge nicht mehr viel, weil es schon alt sei. Er benutze es, um Seetang als Dünger für die Kartoffeln zu holen. Aus der Tasche seiner handgewebten Jacke schaute eine New Yorker Tageszeitung heraus. Das brachte mich irgendwie auf die Erde zurück. Es war, als hätte ich einen antiken Helden mit einer Zigarre im Mund angetroffen.

Seine drei Brüder, so erzählte der Mann, lebten in Amerika. Er würde auch gern dort hingehen, aber er sei der älteste Sohn und müsse sich um das »Land« kümmern. Ich betrachtete mir das »Land«, und mein Herz war voller Mitgefühl für diesen Erstgeborenen. New York müsse ein großer Ort sein, meinte er. Ich hatte das Gefühl, die Stadt war ihm näher als Galway.

Einige Kilometer weiter stieß ich auf einen Mann, der ein »Feld« anlegte. Das Geheimnis der Steinmauern war gelüftet! Sie bezeichnen nicht in erster Linie die Eigentumsgrenzen, sondern sind eine notwendige Vorarbeit beim Anlegen eines »Feldes«. In alter Zeit muß es Steine vom Himmel auf Connemara geregnet haben, etwa so groß wie ein Menschenkopf. Ein »Feld« wird angelegt, indem man diese Steine einsammelt und den Felsgrund, auf dem sie gelegen haben, mit einer Mauer umgibt. Gibt es ein Volk der Erde, das seinen Lebensunterhalt aus einem noch bösartigeren Boden kratzen muß?

Während ich dem Mann bei der Arbeit zusah, sprang ein großes dunkles Mädchen über die Steinmauer und lief mit bloßen Füßen über die scharfen Felsen. Es trug einen Korb Erde auf dem Rücken, schüttete die Erde über die Steine, lachte dem Mann einen Moment zu, nahm den Korb dann wieder auf und sprang wie ein Reh zurück über die Mauer.

Ich fuhr die Straße weiter, sah graue Mauern, weiße Häuschen und kleine Kirchen. Viele von ihnen sind so klein, daß die Priester an Sonntagen, wenn die Menschen kilometerweit gelaufen sind, die Messe im Freien zelebrieren. Und immer wieder graue Mauern und ärmliche kleine, mit Seetang bedeckte Felder. Ein wunderhübscher Anblick bot sich mir auf einem Hügel. Kinder strömten fröhlich aus einer Schule heraus, einem flachen Gebäude aus Wellblech. Der ganze Hügel hallte vom Lachen der Kinder. Die Kleinen tanzten im Kreis herum, ihre nackten Beine glänzten in der Sonne, und in ihrer Mitte stand ein großes, schlankes junges Mädchen, ganz vom Wind zerzaust. Es war die Lehrerin.

Schließlich kam ich an so etwas wie ein Hotel. Dort traf ich einen Fischer aus der Stadt, der Connemara kannte.

»Glücklich?« erwiderte er auf meine Frage, »ich wollt', ich wär' so glücklich wie diese Leute. Natürlich sind sie immer unzufrieden. Ihr Land ist hart, sie sind arm, die jungen Leute denken nur an Amerika. Die wirkliche Hauptstadt von Connemara ist ja New York. Aber wirkliches Leid kennen sie nicht. Sie leben außerhalb dieser Welt.«

»Wie leben sie denn?«

»Hunderte von den weißen Häuschen hier werden mit Dollars finanziert. Die Söhne und Töchter in Amerika schicken jede Woche Geld heim oder immer dann, wenn sie welches haben. Ist Ihnen aufgefallen, wie gut die Leute hier aussehen? Sie haben nichts Primitives an sich. Es sind Prachtexemplare von Männern und Frauen, echte Iren. Sie sind in dieses Land getrieben worden. Einige behaupten von Cromwell, aber das ist alles Unsinn. Das muß sich Hunderte von Jahren vor der Ankunft von Cromwell abgespielt haben. Ein Typ, wie sie ihn hier finden, braucht mehr als ein paar Generationen, um so zu werden wie er ist . . .«

Abends sah ich die Sonne im Meer versinken und erlebte, wie Nacht über das graue Land am Ende der Welt fiel. Nun kannte ich das Fremde, das wie Staub durch Galway weht. Diese Stadt ist zur Hälfte in der Welt und zur Hälfte außerhalb. Sie steht an der Grenze. Und Tag und Nacht blasen die Winde vom Ende der Welt durch Galway.

In *The Dublin Magazine* vom März 195 schreibt Patrick Kelly: »Es gibt in Connemara kein Land. Dort gibt es Berge, herrliche Seen, schnell fließende Ströme und auch tiefe, schmale, schleichende Gewässer, Sümpfe und Steine. Es gibt kleine Flecken von mehr oder minder geschütztem Boden, der die mageren Erträge liefert, aber es gibt kein Land. Das bedeutet, daß Connemara — oder wenigstens der größte Teil davon — keine Bauernhöfe kennt. Folglich kann man den Leuten von Connemara ebensowenig wie dem Mann im Mond mit den ganzen Theorien der Wissenschaft über die Landwirtschaft und den sogenannten Verbesserungen der Bodenkultur kommen. Der ärmste Bauer in dieser großen, einsamen Gegend, der sich auf die Tradition verläßt, holt mehr aus seinen neun oder zehn Morgen unbeschreiblichen Bodens, als es dem besten Landwirtschaftsexperten in Europa gelingen könnte. So er gewillt wäre, jenseits der Berge von Maam sein Glück mit dem Spaten in der Hand zu versuchen und seine Kenntnisse anzuwenden . . .

Unter welchen Bedingungen werden die Leute von Connemara vollkommen zufrieden sein?, hat einmal ein Tourist mit einer Fliege an der Angel gefragt. Er war ein praktischer

Mensch, und praktische Menschen haben nur selten etwas vollbracht, das denkwürdig wäre. Die Frage aber ist gut und läßt sich leicht beantworten.

Vollkommen zufrieden wird das Volk von Connemara sein, wenn das irische Klima endlich Verantwortung zeigt, wenn Amerika so wird, wie es sich die Iren erträumen, und wenn die Einwanderung nach Amerika, soweit es die Iren betrifft, von den Behörden in Washington nicht mehr beschränkt wird. Zufrieden wird man in Connemara sein, wenn Poteen aus Gerste und Roggen (drei Teile Gerste und ein Teil Roggen) und nicht mehr wie derzeit aus Chemikalien hergestellt wird.

Connemara ist überbevölkert. Das ist eine Tatsache, ob man sie als traurig empfindet oder nicht. Man sagt, die Regierung wolle versuchen, einige der Leute in die reichen Gebiete von Leinster umzusiedeln. Die Menschen von Connemara werden aber niemals ihre geliebte Heimat mit dem eigenartigen Charme und der alten Tradition gegen Leinster oder einen anderen Teil Irlands eintauschen. Sie kennen nur die Wahl zwischen Connemara und Amerika. Etwas anderes können sie sich nicht vorstellen.

Eifrige Bewunderer von Connemara behaupten, die Leute dort hätten keine Fehler. Das stimmt nicht. Sie haben sogar mehr als einen Fehler. Sie neigen dazu, sich allzusehr auf die Regierung zu verlassen. Von sich aus könnten sie mit wenig Aufwand ihre Häuser verbessern und wohnlicher machen. Sie könnten sich mehr mit Bewässerungsproblemen beschäftigen, und der Erfolg wäre ihnen sicher. Wohl bekommen würde es ihnen auch, wenn sie sich mit jener großen Tugend beschäftigten, die auf der Kombination von Wasser und Seife basiert. Sie könnten ein wenig mehr Liebe für die Poesie entwickeln, die in Blumen steckt ... Was aber kann man erwarten? Die Jugend blickt nach Amerika und die Alten schauen zum Himmel.

Amerika! In diesem Wort liegt die ganze Erklärung für die Abneigung gegen die irische Sprache, die man in Connemara ganz offen zeigt. Es ist eigentlich die Abneigung, daß Irisch in den Schulen gelehrt wird. Wer kann ihnen auch eine zufriedenstellende Antwort geben, wenn sie sagen: »Weshalb bringt man unseren Kindern soviel Irisch in der Schule bei? Was ist schon Wunderbares dran, daß wir irischer Herkunft sind? Die Kinder brauchen das Englisch. Sie müssen nach Amerika gehen, um ihren Lebensunterhalt zu verdienen, und dort nutzt ihnen nur Englisch und nicht Irisch! Und dann erzählen sie kopfschüttelnd von einem Mädchen, daß vom amerikanischen Konsulat in Dublin die Einwanderungspapiere nicht erhielt, weil es die Englischprüfung nicht bestanden hatte. Das Mädchen kam tränenüberströmt nach Connemara zurück. Amerika, das Land ihrer Tagträume und vielleicht auch das Paradies ihrer nächtlichen Träume, war für sie auf immer verloren . . .«

Im gleichen Artikel wird eine traurige Wahrheit notiert. »Connemara ist ein seltsames Land, ein Land der Gegensätze. Seine eigentliche Hauptstadt heißt Clifden, aber Boston in den Vereinigten Staaten ist die wirkliche Hauptstadt.«

3

Ich gehe auf einer schmalen, weißen Straße in Connemara spazieren. Sie verläuft zwischen schräg abfallenden Feldern und brusthohen Mauern. Der dünne Regen läßt nach, und die Sonne scheint. Hin und wieder wird zur Linken das Meer in einer der Buchten sichtbar, die mit safrangelben Pflanzen bedeckt sind. Später versperren die Hügelkuppen diesen Blick, und ich bin erneut von Hügeln umgeben und von plötzlich auftauchenden winzigen Mooren, an deren Rand Torfhaufen trocknen. Auf den ungastlichen Hängen stehen kleine geweißte Häuschen mit Strohdächern. Eine eigenartige Ansammlung von Dingen ist vor diesen Hütten zu sehen: an der Tür ein altes Faß, daneben Baumstämme, ein Torfhaufen und ein seltsam schiefer Heuschober, der von Seilen zusammengehalten und von Stangen

gestützt wird. An der Hausseite hängt an Nägeln ein Fischer-
netz zum Trocknen. Manchmal läuft ein Huhn mit geschäfti-
gem Rufen aus einem der Häuschen, um sich einen Moment an
der Schwelle zu sonnen. Es schaut um sich, hat einen Fuß angezogen und wirkt wie ein Mann aus der Stadt, der sich vor der
Tür seines Klubs die Handschuhe überstreift.

Mitten in einem »Feld« sehe ich eine Bodenerhebung, die noch
niemals bebaut worden ist. Ein Dornbusch wächst auf der Anhöhe. Der Bauer, dem dieses nutzlose und herzzerbrechende
Stück Land gehört, hat ringsum das Feld bestellt, die Bodenerhebung aber dem Unkraut und den Dornen überlassen. Die Erklärung hierfür ist einfach und in der Gegend allgemein bekannt. In den Augen der Bevölkerung ist eine solche Bodenerhebung ein einst von den Dänen angelegtes Fort. Manche wollen wissen, daß die Bezeichnung »Dänen« von »De Danann«
kommt, dem geheimnisvollen Volk Tuatha de Danann – den
Stämmen der Göttin Danu. Sie sollen Irland kraft ihrer Zauber-
kunst erobert haben, aber die Druiden von Connemara, so
heißt es, seien stärker gewesen. Nach einem Kampf zwischen
den magischen Mächten hätten die Stämme der Göttin Danu
flüchten müssen und sich in die Elfenhügel zurückgezogen.

Jeder Bauer im irischen Westen weiß, daß dies von Geistern be-
wohnte Stätten sind. Es ist einmal vorgekommen, daß ein
Arbeiter Land, das ihm von der Regierung zugewiesen wurde,
nicht haben wollte, obwohl ihm ein wohlmeinendes Bezirksamt
ein Haus auf dem Gelände bauen wollte. Er ließ brieflich wissen, daß er »keinesfalls die Wohnung der Elfen stören« wolle.
Aus solchen Gründen sieht man im Westen so viele Bodenerhe-
bungen, auf denen einsame Bäume stehen. Sie künden von
einer unsichtbaren Welt. Um sie herum reifen kärgliche Ernten,
aber niemals wird etwas auf dem Land gepflanzt, das den Elfen
gehört.

»Was sind Elfen?« hat Padraic Colum einmal einen Blinden gefragt, den er auf einer Straße im irischen Westen traf. »Elfen«,

antwortete der Mann, »ich werde Ihnen sagen, was Elfen sind. Einst hat sich Gott von seinem Thron erhoben, und als er sich umdrehte, hatte sich Luzifer auf seinen Platz gesetzt. In diesem Augenblick wurde die Hölle geschaffen. Gott bewegte seine Hände und fegte dabei Tausende von Engeln hinweg. Und er wollte noch weitere Tausend hinwegfegen. ›O, allmächtiger Gott, halte ein‹, rief der Erzengel Gabriel, ›oder der Himmel wird leer werden.‹ ›Ich werde innehalten‹, sagte der allmächtige Gott. ›Diejenigen, die im Himmel sind, sollen bleiben, und wer in der Hölle ist, soll dort bleiben. Wer aber zwischen Himmel und Hölle ist, muß ewig in der Luft bleiben. Und die Engel zwischen Himmel und Hölle, das sind die Elfen.‹«

Was dieser blinde Mann da erzählte, war für ihn ebenso wahr wie das Evangelium.

In England sind die Elfen ungezogene Kinder wie Puck. Sie verhexen gern die Milch und werfen beleibte Bauersfrauen vom Melkschemel. In Schottland sind die Elfen ein furchterregendes Gelichter, und ein echter Schotte ist bereit, auf sie ebenso loszugehen wie auf ein Wiesel. In Irland aber hat man sich auf eine freundschaftliche Toleranz geeinigt. Man lebt Seite an Seite mit den alten Göttern, denn natürlich sind die Elfen nichts anderes als die Götter von einst.

»Unsere irischen Ängste vor den Elfen«, schreibt William Butler Yeats, »gehören in den Bereich der Märchen. Hören wir von einem Bauern, der in einen verhexten Schuppen gerät und die ganze Nacht eine Leiche auf einem Rost braten muß, dann finden wir das nicht schrecklich. Wir wissen, er wird mitten auf einer grünen Wiese erwachen, und auf seiner alten Jacke wird Tau liegen.«

Meiner Meinung nach ist das Wohlwollen der Iren gegenüber den Elfen mit ihrer aristokratischen Gastfreundschaft zu erklären. Nur gemeine und niedrige Menschen sind unfreundlich zu einem Gast. In den alten Tagen, da die Helden sich, wie Odysseus bei seiner Heimkehr, als einfache Menschen verkleideten und auf Erden wanderten, wußte man nie, wem man gerade Wein einschenkte und Brot anbot. Der schlichte Harfenspieler, der bei einem am Tisch saß, konnte aufstehen, sich seiner Lumpen entledigen und als Gott erscheinen.

Auf den Straßen von Connemara komme ich mir vor, als wäre ich im Griechenland der Antike unterwegs und als wüßten die Menschen, daß ein Fremder mit all den Geheimnissen und Möglichkeiten eines Fremdlings daherkommt. Sie schauen mich mit sanftem, aber doch forschendem Blick an, als wäre ich womöglich ein alter Gott, der sich mit einer Tweedjacke getarnt hat.

Wäre es so und käme ein wandernder Gott aus alter Zeit und offenbarte sich ihnen, ich glaube, die Leute von Connemara würden ihn nicht sofort an den Priester verraten. Sie würden ihn hereinbitten, um sein Wohlergehen besorgt, ein wenig ängstlich, aber auch stolz auf einen solchen Gast. Sie würden ihm Milch geben, ein Huhn für ihn schlachten und ihre letzten Kartoffeln auf den Tisch bringen, um ihn satt zu machen. Ich bin ganz sicher, die Leute von Connemara würden erst dann zur Beichte gehen, wenn der Gast schon längst wieder unterwegs und für menschliche Empörung nicht mehr erreichbar wäre.

4

Auf der Straße begegne ich einer alten Frau, die ein schwarzes Kalb vor sich hertreibt. Sie trägt einen weiten roten Rock und hat nackte Füße. Das Kalb ist klein, hat lange Beine, und der magere Körper ist kotverschmiert. Zur Linken erhebt sich das hungrige Land, ein Netzwerk steinerner Mauern. Zur Rechten dringt das Meer in die Zackenlinie der Küste ein. Die schwarzen Felsen sind voller Seetang und glitschig.

Die Szene ist wie für einen Maler gemacht. Und tatsächlich sind solche Bilder immer wieder von den Malern der jüngeren irischen Schule gemalt worden. Wenn ich in den Galerien der Londoner Bond Street diese Bilder ausgestellt sah, habe ich stets ihre Komposition und Aufrichtigkeit bewundert, jedoch ihre Farben bezweifelt.

An schönen Sommertagen aber sind die Berge in Connemara tiefblau, und der Himmel dahinter ist manchmal hellgrün. Unmittelbar über dem Kamm der Berge erscheint der Himmel oft noch heller, er strahlt in einer zarten Mischung aus Grün und Blau. Das läßt die Berge fast heroisch hervortreten, klar und groß vor dem flimmernden Licht.

Um ganz Connemara ist etwas Heldenhaftes. Ich meine hier nicht den Heldenmut der Männer und Frauen, die den steinigen Boden bebauen, und auch nicht das Heldentum der Mütter, die mit fast nichts in der Hand große Familien durchbringen. Es gibt etwas, das noch viel tiefer reicht und vor den Beginn der Geschichte zurückgeht und das nicht in Worte zu fassen ist.

Vor den traubenblauen Bergen und dem grünen Himmel treibt eine alte, barfüßige Frau im roten Rock ein schwarzes Kalb. Ich setzte mich auf einen Stein und grübelte lange über diese Frau. Warum nur schien sie so wichtig?

5

Ein Fischer brachte einen ganzen Bottich voll blauer Hummer an Land. Ich unterhielt mich mit ihm. »Würden Sie mir einen verkaufen?«

Ich hätte gern in mein nächstes Hotel einen Hummer mitgebracht und den Koch gebeten, ihn zuzubereiten, nicht weil ich sehen wollte, wie ein irischer Koch auf so ein Ansinnen reagierte, sondern weil ich nur selten einem Hummer widerstehen kann.

Der junge Mann sagte, er würde mir gern einen Hummer verkaufen, aber er dürfe es nicht. Alle in dieser Gegend gefangenen gehörten seinem Chef. »Wem verkauft er sie denn?«

Den französischen Fischerbooten, die in regelmäßigen Abständen aufkreuzten, so stellte sich heraus.

Ich balancierte auf dem nassen Felsen und fragte mich, wie oft ich wohl in einem Pariser Hotel gesessen hatte, in dem die Kapelle spielte und der Maître d'hôtel sich mit andachtsvoller Miene und gespitztem Bleistift zu mir beugte und sagte: »Die Hummer sind einmalig.«

Ich mußte lachen, was den jungen Mann offenbar kränkte und verlegen machte, so daß ich ihm hastig alles erklärte. »Ich finde es ziemlich komisch, daß ich nach Paris fahren muß, um Ihre Hummer zu essen.«

Der Fischer fand das überhaupt nicht komisch, denn der Name Paris sagte ihm nichts. Aber er warf den Kopf zurück und lachte, um mir ein Kompliment für meinen Humor zu machen. Es ist seltsam. Nie wieder werde ich nun in Paris Hummer essen, ohne den Atlantik und die zerklüftete Küste von Connemara vor mir zu sehen. Eine kleine Wolke wird auf einem blauen Berg thronen, und in meiner Phantasie werde ich die Stimme des Fischers hören und das Geräusch, das der gelbe Seetang macht, wenn er in der warmen Sonne aufplatzt.

Von Connemara nach Paris . . . Man kann sich kaum vorstellen, daß zwei so verschiedene Orte eine Verbindung zueinander haben oder daß sie überhaupt in ein und derselben Welt existieren.

6

Frauen und Männer singen auf den Feldern. In der stillen Landschaft von Connemara hört man Laute, die von weither kommen. Ein Spaten schlägt gegen Stein, ein altes gälisches Lied erklingt. Ich gäbe viel darum, dieses Lied zu verstehen. Noch nie habe ich mir so sehnlichst gewünscht, eine fremde Sprache zu verstehen. Ich habe schon Araber in der nächtlichen Wüste singen hören, aber mir genügten die Erläuterungen des Gesangs.

Wenn die Spanier auf den Balearen lange Lieder über die Berge sangen, reichte es mir, den Inhalt zu erfahren. Der Mann sang von seiner Liebe und der Kraft seiner braunen Arme, aber das schöne junge Mädchen wollte nichts von ihm wissen.

In Connemara haben die Lieder einen ebenso fremden Klang, aber auf unerklärliche Weise fühle ich mich zu ihnen hingezogen und empfinde einen fast körperlichen Schmerz, weil ich den Gesang nicht verstehen kann. Wie gern würde ich auf meinem Weg eine Strophe über die Steinmauer zurückschmettern. Es zählt zu den Wundern der Welt, wie diese irischen Bauern die traditionelle Literatur der Gälen am Leben erhalten haben. Sie sind alles andere als primitiv. In Connemara bin ich keinem begegnet, ohne mich zu fragen, welches Blut wohl durch seine Adern fließen mochte, denn unter diesen Leuten, deren Namen mit den bedeutsamen Silben »O« und »Mac« beginnen, ist alter Adel.

Padraic Colum schreibt in seinem Buch *The Road Round Ireland*: »Man hat behauptet, die englische Landbevölkerung habe ein Vokabular von 300 bis 500 Worten. Dr. Pedersen hat auf den Araninseln einen Wortschatz von 2500 Worten registriert. Bei den Leuten in Roscommon, die weder lesen noch schreiben konnten, hat Dr. Douglas Hyde ein Vokabular von 3000 Worten notiert, und er glaubt, daß ihm sogar 1000 gebräuchliche Ausdrücke entgangen sind. Er meint, in Munster – besonders in Kerry – liege der durchschnittliche geläufige Wortschatz zwischen 5000 und 6000 Worten.«

Stephen Gwynn beschreibt in seinem Buch *Irish Books and Irish People* diese verborgene Seite im bäuerlichen Leben Irlands.

»Nichts weiß man so genau«, bemerkt er, »wie die Tatsache, daß es bei der katholischen Landbevölkerung Irlands mehr Analphabeten gibt als sonstwo auf den Britischen Inseln. Besonders auf den Bauern, die Irisch sprechen, lastet dieses Stigma. Doch ist es hier angebracht, sich ein wenig genauer mit Bildung und dem, was man darunter versteht, zu beschäftigen. Es ist nur recht, wenn die Welt die Kenntnis der eigenen Sprache, der Literatur und der geschichtlichen Tradition als Bildung empfindet. Dann aber wären die Irisch sprechenden Bauern gebildeter als die meisten Menschen. Ich habe eine ganze Gesellschaft wohlhabender und gebildeter Leute das Vorhandensein einer irischen Literatur bestreiten hören. Ein paar Tage später begegnete ich im gleichen Land irischen Bauern, die klassische Passagen dieser Literatur rezitierten. Sie konnten weder lesen noch schreiben. Wer von beiden ist nun mit dem Makel der Unbildung behaftet?

Der Wiederbelebung des Gälischen verdanken wir es, daß viele von uns in Gegenden zur Schule gingen, in denen Irisch gesprochen wurde. Auf alle Fälle wurden wir dadurch in angenehmer Umgebung und von liebenswerten Lehrern erzogen.

Es war für mich eine herrliche Abwechslung, London zu verlassen und in ein Tal mit Bergen zu kommen, die zum Atlantik blickten. Hier floß braunes Wasser zwischen den Felsen. Morgens ging man zum Baden in den Teich und roch den sauberen Geruch der Sumpfmyrthe. Es war in der Tat eine Lehranstalt, wie man sie sich wünschen kann, und mein Lehrer paßte vorzüglich zu ihr. Charlie war ein großer und gelenkiger alter Mann. Alles an ihm war braun und grau, seine Kleider, sein Haar, sein Gesicht. Der traditionelle Backenbart bedeckte es zur Hälfte, und das übrige war schlecht rasiert. Typisch für die Gegend waren auch seine kleinen, tiefliegenden blauen Augen und der gütige Mund, der ein weiches Englisch sprach. Wie bei allen, deren Muttersprache Irisch ist, klang es nicht im geringsten vulgär. Es wäre aber auch seltsam gewesen, überhaupt einen vulgären Zug bei einem solchen Mann zu entdecken. Er benahm sich vorzüglich, hatte den Instinkt eines Wissenschaftlers und war auch im üblichen Sinn gebildet. Er konnte Englisch lesen und schreiben und Irisch ebenfalls. Das kommt nicht oft vor. Selten habe ich einen Mann so begeistert gesehen wie ihn über Douglas Hydes Sammlung von Liebesliedern aus Connacht, die ich glücklicherweise mitgebracht hatte. Sein Hauptinteresse aber galt der Geschichte, und zwar der irischen, die man so rigoros in seiner Schulzeit vom Lehrplan gestrichen hatte. Manchmal lief ich vor, um im Teich zu angeln. Er blieb zurück und las in Hydes Buch. Wenn er mich später abholte, setzten wir die Unterhaltung fort, als hätten wir sie nie abgebrochen, und sprachen vom Schicksal der großen Männer, von Desmond, Burke, O'Neill und O'Donenell. Einmal fing ich eine besonders große Meeresforelle, an einem besonders schlechten Tag und an einer Stelle, an der eigentlich keine Meeresforellen zu erwarten waren. Darum war es ein klein wenig enttäuschend für mich, daß Charlie meinen Fang mit der Bemerkung an Land holte: »Auch die Clancartys waren große Männer. Ob noch einer von ihnen am Leben ist?« Der Wissenschaftler in ihm hatte eben den Sportsmann besiegt.

Mein Lehrer wußte nicht nur viel über die Volksgeschichte, er konnte auch viele Lieder auswendig. Einige waren von Carolan, andere von namenlosen Dichtern und in dem Irisch verfaßt, das man heute spricht. Ich schrieb einige von Charlies Gedichten auf, die einen offensichtlichen Bezug zur Gegend hatten, aber eigentlich hielt ich Ausschau nach der klassischen Literatur, den Epen und Balladen aus älterer Zeit. Charlie kannte selbstverständlich diese Literatur ebensogut wie wir heute die Sagen von Odysseus. Er kannte die Geschichte von Oisin, der es gewagt hatte, mit einer Fee in ihr eigenes Reich zu gehen. Trotz ihrer Warnungen war er dann in seine Heimat zurückgekehrt. Einsam hatte er in der veränderten Welt gelebt, sich schließlich der Lehre des heiligen Patrick zugewandt und war zum Christentum übergetreten. ›Natürlich, wie konnte er anders‹, sagte Charlie. Aber meinem Lehrer waren die vielen gereimten Verse mit den Dialogen zwischen Oisin und Patrick nur ihrem Inhalt nach vertraut. Nur in Umrissen kannte er die Geschichten von Finn und seinen Helden, die Oisin dem Heiligen erzählte, und die heftigen Antworten des alten Kriegers auf die Einwände des Heiligen. Ich aber war auf der Suche nach dem Mann, der dies alles auswendig kannte . . . «

Gwynn beschreibt anschließend, wie er weiterreiste und schließlich einen Mann traf, der James Kelly hieß. Dieser kannte viele Lieder in »sehr hartem Irisch und voller deftiger Ausdrücke«.

»Ich würde gerne alle gebildeten Iren meiner Bekanntschaft zu James Kelly schicken«, fährt er fort. »Er war äußerst höflich, aber mit einer gewissen Nachsicht, die einem das Bewußtsein völliger Ignoranz gab. Die Menschen sprechen von der Unterwürfigkeit des irischen Bauern. Hier aber war ein Mann, der zugab, weder lesen noch schreiben zu können, jedoch ganz selbstbewußt war, weil er eine andere, höhere Bildung hatte. Offenbar wuchs sein Respekt für mich, als er merkte, daß ich mehr Geschichten kannte, als er erwartet hatte. Er erhob mich in den Rang eines vielversprechenden Schülers. Die Geschichten seien ins Englische übertragen worden, erzählte ich ihm. ›Ach‹, sagte er mit feiner Ironie, ›vermutlich läßt sich das machen.‹ Wir drangen immer weiter in die Materie ein, denn Kelly konnte nicht nur den ganzen Zyklus von Oisin und Finn auswendig, sondern auch die noch älteren Sagen von Cuchulain. Gewiß, er hat manches durcheinandergebracht, was die Zeiten betrifft. Es war ungefähr so, als ließen wir Herakles mit Odysseus oder Achill kämpfen. Aber er kannte die ganzen Sagen auswendig. Hier hatte ich ein Beispiel des angeblich ungebildeten Iren . . . Wenn ich je einen englischen Arbeiter treffe, der die Werke von Chaucer auswendig aufsagen kann, dann und erst dann werde ich gestehen, daß James Kelly seinen Meister gefunden hat.«

Dunkelheit liegt über Connemara. Auf den Bergen leuchten die Fenster der Hütten vom Torffeuer. Ich kann das Licht nicht anschauen, ohne mich zu fragen, wie viele alte Geschichten die heutige Jugend wohl noch beim verlöschenden Feuer erzählen mag.

Das Mädchen war vielleicht achtzehn Jahre alt, schlank und groß. Sie hatte nackte Beine und am rechten Knie einen kleinen Kratzer, aus dem das Blut bis zum Fuß geflossen und dort getrocknet war. Die Farbe paßte zu ihrem blutroten Rock. Ihre Füße waren schwarz vom Meerschlamm. Sie stand auf einem Felsen mit einem langen, primitiven Rechen in der Hand und holte große Bündel tropfnassen Seetangs aus einer Lagune heraus. Der aufgeschichtete Seetang neben ihr reichte ihr bis zur Hüfte.

In diesem Teil von Connemara ist die Küste des Atlantik zerklüftet. Das Meer dringt zwischen Klippen ins Land, verengt sich und wird wieder breiter. Es bildet große blaue Lagunen und schmale Wasserarme, die schwer vom braunen Tang sind und sanft an die Felsen schlagen. Die Männer dort bearbeiten den harten Boden mit Spaten, die Stemmeisen ähneln. Die jungen Mädchen holen auf ihren breiten Schultern Körbe von Seetang vom Meer, um den widerwilligen Boden zur Fruchtbarkeit zu ermutigen.

Ich saß auf einem Felsen und rauchte meine Pfeife. Das Mädchen beachtete mich nicht. Brachvögel schrien, die Möwen flogen wild in niedrigen Kreisen, und die Sonne war fast warm.

Das Mädchen war nicht hübsch, aber eine Sensation, denn es hatte so gar keine Ahnung von Sex. Hier, nur 24 Stunden von London entfernt, gab es tatsächlich eine ganz primitive Frau. Sie war weit primitiver als Eva, die offensichtlich eine sehr gewitzte Person gewesen ist. Dieses Mädchen wußte noch nicht einmal, daß es eine Frau war. Es ahnte nicht, daß es vom gleichen Stoff gemacht war wie die schöne Helena. Niemals wäre diesem Mädchen der Gedanke gekommen, es könnte schön sein. Nach der althergebrachten Sitte ihres Volkes heiratet ein Mann nicht um der Schönheit willen. Er sucht bei einer Frau starke Hüften, kräftige Schultern und Arme und die Fähigkeit,

Körbe von Seetang von der Küste zum Kartoffelfeld zu schleppen.

Ich sah mir das Mädchen an und fragte mich, zu welchem Zeitpunkt der Geschichte die Frauen anfingen, eitel zu werden.

Die Künstler malen primitive Frauen, die sich im Wasser spiegeln und ihre Schönheit betrachten. Sie kämmen herrlich langes Haar und empfinden ein ästhetisches Vergnügen an der eigenen Person. Entspricht dies aber der Wirklichkeit? Hat die Frau überhaupt gewußt, daß sie schön ist, ehe der Mann Zeit fand, sich von seinem Kartoffelacker loszureißen und ein paar Gedichte zu machen. Damit ist zweifellos alles viel schwieriger geworden. Davor, so wurde mir bei der Beobachtung des Mädchens bewußt, war die Frau ein bequemer Lastenträger, ungekämmt, ungewaschen und ohne Eitelkeit. Ihr war nicht bewußt, daß sie ein Wesen war, mit dem der Mann sich brüsten konnte, denn kein Mann hatte ihr das gesagt. Vielleicht sind schöne Frauen eine verhältnismäßig junge Erfindung.

Das Mädchen ergriff große Mengen von Seetang und warf sie auf den salzigen Haufen. Zuweilen fiel ihm das unordentliche Haar in die Augen, und es fuhr sich mit den nackten Armen über die Stirn. Niemals hatte das Mädchen nach jenen Dingen verlangt, für die seine Schwestern Appetit und Seelenruhe opfern. Von diesen Schwestern lebte das Mädchen nur durch einige Berge getrennt, tatsächlich aber durch aufregende Jahrhunderte.

Die schönen Beine hatten nie das Gefühl von Strümpfen kennengelernt und auch keine Sehnsucht danach empfunden. Der Kopf sah aus, als sei er noch nie mit einem Kamm in Berührung gekommen. Vielleicht hatte sich das Mädchen auch noch nie selbst erblickt, höchstens sein Spiegelbild zufällig in einem Teich gesehen. Ein Vollbad hatte es gewiß noch nie genommen. Trotz allem war diese junge Frau attraktiv und prächtig anzuschauen. Ich verspürte Sehnsucht, sie zu malen oder ihr Bild in Marmor zu hauen. Sie stand stark und selbstbewußt über dem

Meer, die Füße fest auf den glitschigen Felsen, die Zehen, wie bei den Wilden, muskulös und nach Halt greifend. Sie muß mein Interesse gespürt haben, denn sie drehte sich um und richtete riesengroße, dunkle, leere Augen auf mich. Das Mädchen war nicht hübsch, aber es hätte so leicht schön sein können.

Ich grübelte über eine ganze Anzahl von Problemen, während ich die großartigen sparsamen Bewegungen sah, mit denen es in regelmäßigem Rhythmus Seetang auf den Haufen warf. Diese Frau würde niemals wie andere Frauen die Liebe erfahren. In bäuerlichen Gegenden heiraten die Männer nicht der Liebe wegen. Sie heiraten Land oder Kühe, Schafe oder das Kartoffelfeld, das an das ihrige grenzt. Sie heiraten die in ihren Augen beste Mitgift. Auf dem Lande in Irland gibt es ein Sprichwort, und das besagt, es bringe Unglück, aus Liebe zu heiraten.

Was aber, wenn sich ein Mann aus einer anderen Welt in dieses Mädchen verliebte, ein Mann auf der Flucht vor dem gekünstelten Wesen erfahrener Frauen? Vielleicht würde dieser Mann die Einfachheit und Primitivität dieses Mädchens lieben und seine herrliche Unwissenheit. Was aber würde aus diesem Mädchen werden? Was würde geschehen, wenn der Mann ein solches Wesen mit in die Stadt und in sein dortiges Leben nähme? In gewisser Weise wirkte das Mädchen fein, es hatte das Besondere und Wohlgeratene, das typisch für die Bauern von Connemara und ihren seltsam verborgenen Adel ist. Das Mädchen sah besser aus als die meisten Frauen in den vornehmen Hotels in Paris oder London. Was würden ein Bad und ein Pariser Modellkleid bewirken?

Und doch schickt man solche Mädchen in die moderne Welt. Sie betreten im blutroten Rock die Auswandererschiffe. Ihre Augen sind voller Tränen, das Herz ist ihnen schwer, und dann steigen sie aus und beweisen erstaunliche Fähigkeiten, sich in Amerika zu akklimatisieren . . .

Das Mädchen füllte den Korb bis zum Rande mit Seetang, schob die eine Schulter leicht vor und hievte mit einer einzigen schnellen Bewegung den Korb auf den Rücken. Wie eine Ziege lief es über die zerklüfteten Felsen zum Land.

Später traf ich das Mädchen wieder, als es vor einem weißen Häuschen stand und sich mit einer älteren Frau unterhielt.

»Darf ich Sie fotografieren?« fragte ich.

Das Mädchen sah mich mit großen spanischen Augen an, rieb sich das Kinn an der Schulter und errötete wie eine kleine wilde Göre. Das verwirrte mich, und ich schämte mich für meine schweigsame Freundin vom Meer, denn sie hatte ihre königliche Art verloren und war nur noch ein dummes Bauernkind. Ich fragte nach ihrem Namen, und wieder benahm sie sich ganz albern. Sie schüttelte sich wie eine Sechsjährige.

»Sie heißt Grania«, sagte die Frau.

»Haben Sie in der Stadt gelebt?« fragte ich die Frau.

»Ja, ich habe im Hause von Lord X gedient.«

»War Grania jemals in der Stadt?«

»Nein, sie nicht.«

»Hat sie sich noch nie Strümpfe, Kinokarten, Lippenstift, Puder und Zigaretten gewünscht?«

Die Frau lehnte sich über die halbe Tür, die ihr zur Hüfte reichte, und bog sich vor Lachen. »Hast du das gehört, Grania?« fragte sie.

»Ich habe«, lachte Grania.

Sie verlor ihre Schüchternheit, wurde wieder ernst und sah mich die ganze Zeit mit ihren großen, verschleierten Augen an.

»Grania«, sagte ich, »du hast einen Namen wie eine Königin. Was würdest du mit einem Shilling machen?«

Sie überlegte einen Moment, senkte die Augen, blickte wieder hoch und flüsterte etwas auf Irisch.

»Sie sagt«, übersetzte die Frau, »sie würde sich eine Schürze kaufen.«

»Eine so blaue wie der Himmel?« wollte ich wissen.

»Ja«, antwortete Grania auf englisch. (Ach, Grania, und ich habe gedacht, du kennst keine Eitelkeit!)

Ich hielt ihr das Geldstück hin. Zögernd wie ein Kind trat sie auf mich zu und ergriff es mit Fingern, die eiskalt vom Meerwasser waren.

Nach einer bedeutsamen Pause sagte die Frau ernsthaft: »Es hat keinen Zweck zu lügen. Damit kann sie sich keine Schürze kaufen. Aber«, fuhr sie nach einer Weile fort, »sie könnte sich eine kaufen, wenn Sie noch etwas zulegen.«

Errötend nahm Grania das Geldstück, daß ich ihr hinhielt, und wir lachten alle drei.

»Eines Tages werde ich zurückkommen, Grania, und dich am Meer suchen. Du wirst deinen roten Rock anhaben und eine blaue Schürze. Wie eine Königin im Märchen wirst du aussehen . . .«

»Ja«, sagte die Frau, »und wenn du artig bist, Grania, wird der Herr dich mitnehmen.« Da lachten wir wieder laut und nahmen Abschied voneinander.

Als ich schon weit weg vom Haus war, drehte ich mich noch einmal um. Grania stand auf einer Mauer, der Wind fegte durch ihr ungekämmtes Haar, und sie hatte einen langen Arm zum Abschied erhoben.

8

Die Hütte besteht aus einem einzigen Raum und liegt ungefähr eineinhalb Kilometer von der Straße, die über den Berg führt. Dort leben ein Mann, seine Frau und ihre acht Kinder. Die nächste Hütte ist fast fünf Kilometer entfernt, und zum nächsten Laden sind es 16 Kilometer. So sieht es aus im Hinterland von Connemara. Diese Familie ist nur durch ihren Glauben an Gott mit der Welt der Menschen verbunden. Ohne ihn wären sie so verloren wie Bergschafe ohne den Hirten.

Sie sind gleichsam einsame Außenposten des Christentums. Aber vielleicht ist das ein etwas zu großes Wort. Eher gleichen sie wilden Blumen, die in den Fußspuren der Heiligen wachsen.

Diese Menschen leben im Schatten Gottes. Sie sprechen von ihm, als habe er ihnen morgens beim Brotbacken in der Torfglut geholfen und nachts mit ihnen das Schwein durch das gefährliche Moor nach Hause getrieben.

Der heilige Columban, der ungefähr vor 1400 Jahren Irland verließ, um dem nördlichen England das Christentum zu bringen, ist ihnen näher als irgendein lebender Mensch. Sie erzählen von ihm mit so viel kleinen Einzelheiten, daß man zunächst meint, sie redeten von einem Menschen, den sie letzte Woche in den Bergen getroffen haben. Sie erzählen, wie er die Zahnschmerzen seiner Mutter heilte und wie er an dem Tag, als sie die Kühe vom Markt in Ballyhean zurücktrieben, seinen Sohn gescholten hat. Es sind einfache Geschichten, die sich die Leute in den Bergen und am nächtlichen Feuer ausgedacht haben. Eine Generation hat sie der anderen erzählt, und mit der Zeit sind sie wahr geworden.

Die Menschen leben in einer grausamen Schönheit, einer Wildnis, die nicht erschaffen wurde, um Mensch und Tier Nahrung und Schutz zu gewähren. Traurig suchen die schwindsüchtigen Kühe Grünfutter auf den kargen Felsen. Es sind armselige, dürre Kreaturen. Die drei Kartoffeläcker, nicht größer als ein kleiner Teppich, liegen so weit auseinander, daß man vom einen zum anderen zehn Minuten zu gehen hat, denn nur an vereinzelten Stellen kann der Boden bebaut werden. Die Bauern in den Bergen haben so wenig zu essen, daß sie den Hunger schon gar nicht mehr spüren. Wollte man ihnen aber vorschlagen, sie anderswo auf besserem Boden anzusiedeln, so würden sie mit Mistgabeln auf einen losgehen.

Der Mann vor mir ist ein geheimnisvolles Wesen. Man hat mir von ihm erzählt, aber das weiß er nicht. Er war sechs Monate im Gefängnis, weil er Poteen gebrannt hat. Die Beamten haben ihn an einem nebligen Tag in flagranti in den Bergen erwischt. Er war gerade dabei, den »Stoff« in einer Höhle herzustellen. Die Haft hat keine sichtbaren Spuren hinterlassen. Wahrscheinlich hat er in seiner Zelle gesessen und über den heiligen Columban nachgedacht – oder Columcille, wie er im Irischen heißt.

Noch nie habe ich einen so zerlumpten Menschen gesehen. Seine Hosen sind unvorstellbar. Er muß in seinem Leben zwanzig Paar besessen oder geerbt haben, und jede einzelne ist nun als Flicken in diesem verblüffenden Kleidungsstück vertreten. Würde dieser Mann irgendwo in den Bergen einschlafen, wäre er ein feines Schachbrett für die Kobolde.

Wie alle Leute dieser Gegend ist er wohlerzogen, sanft, hat nachdenkliche, dunkle Augen und eine lange, dünne Nase. Ein Hauch von heruntergekommenem Adel umgibt ihn. Wenn man ihn das erste Mal sieht, glaubt man, vor einem Landstreicher zu stehen. Man redet ihn ein bißchen grob an und erwartet eine Antwort in gleicher Tonlage, wird aber sogleich beschämt, denn der Mann spricht höflich, setzt seine Sätze sorgsam und lächelt dabei. Wie er seine große Familie ernährt, ist mir schleierhaft. (Vielleicht ernährt sie sich selbst.) Er scheint den ganzen Tag mit der Pfeife im Mund auf einem großen Stein zu sitzen, zu den Bergen zu starren und auf etwas zu warten, das niemals eintreten wird ...

Ich frage mich, ob das Torfmoor vielleicht eine andere Geschichte erzählen könnte, aber wechseln wir lieber das Thema und wenden wir uns der Frau zu!

In der Hütte ist es dunkel, denn die Fenster sind ganz oben eingesetzt und nicht größer als ein Blatt Briefpapier. Alles riecht nach Torf. Wahrscheinlich ist das Torffeuer seit Jahrhunderten nicht mehr ausgegangen. Es brennt mit klarer Flamme und zerfällt in puderweiße Asche. Darüber hängt ein großer schwarzer Topf. Die Bilder an der Wand zeigen die Heilige Familie und die Flucht nach Ägypten.

Die Frau hockt auf dem Boden und schaukelt eine Wiege, aus der ein ungefähr fünf Monate altes Baby mit einem Gesicht wie ein Äffchen herausschaut. Um die Mutter herum kraulen, klettern, gurgeln und tropfen drei Kinder, ungefähr ein, zwei und vier Jahre alt. Zwei größere Knaben sind in der Schule. Zwei kräftige Mädchen, eines zwölf, das andere vierzehn, machen sich irgendwie nützlich. Sie treiben ein Kind mit einem Klaps vom Feuer weg, rühren im schwarzen Topf und lösen zuweilen die Mutter beim Schaukeln der Wiege ab.

Die Mutter des munteren Clans ist ungefähr 36 Jahre alt, aber sie wirkt wie 50. Schönheit in Connemara flieht offenbar in einer einzigen Nacht. Es tut weh, die schönen jungen Mädchen zu sehen, die durch harte Arbeit, mangelnde Pflege und zu wenig Essen vorzeitig altern.

Die Frau, die vor mir sitzt, muß einmal auf romantische Art schön gewesen sein. Selbst jetzt wäre sie noch mit der Hilfe eines Friseurs, einer Schneiderin und einer Badewanne attraktiv. Sie ist ein schlanker, südländischer Typ und sieht mich still mit großen dunklen Augen an. Mir ist, als lägen Jahrhunderte in ihrem Blick.

Der eifrigste Sozialpolitiker könnte diesen Leuten nicht helfen. Hier sind keine Klassenunterschiede zu überwinden. Es herrscht nackte Armut, doch nicht die schmutzige Armut der Slums. Diese Armut ist anders. Sie erregt kein Mitleid, weil die Menschen kein Mitleid mit sich selbst haben. Sie würden eine Pfarrersfrau oder eine auf Verbesserung bedachte Fürsorgerin in äußerste Verwirrung stürzen.

Wir sitzen da und unterhalten uns über Babys, das Zahnen, Husten und die Schwierigkeiten, einen Säugling großzuziehen. Wir sprechen also über das Leben dieser Frau. Sie gibt der Wiege einen Stoß. Ein Huhn kommt herein, sieht sich die Versammlung an, macht eine quengelige Bemerkung, pickt einen Krümel vom Boden und geht wieder hinaus.

»Und nur zwei hab' ich verloren«, sagt die Frau mit gewissem Stolz. Es gab also noch zwei weitere Kinder. Ich frage sie, wie ein Arzt je in diese Berghütten gelangt, und sie antwortet, sie hätte noch nie in ihrem Leben einen Arzt gesehen.

Es sei schon schwer, meint sie, genug Essen heranzuschaffen, wenn die Mädchen größer würden. Sie leben von Kartoffeln und, falls die Hühner legen, von Eiern und Milch. Fleisch gibt es nie. Aber, meint die Frau, Gott sei's gedankt seien alle gesund und munter, und Brigid ginge bald nach Amerika . . .

Als die beiden Mädchen dies hören, stupsen sie sich gegenseitig an und kichern. Sie tragen rote Röcke, haben nackte Beine, sind so zerlumpt wie der Vater, und ihre Gesichter sind fast so rot wie die Röcke. Wie um Himmels willen mag es diesen wilden Kindern in Amerika ergehen . . .

Alles wird besser werden, wenn Brigid erst in Amerika ist, denn sie wird Geld für die kleine Hütte in Connemara nach Hause schicken. Das ist für mich das Wunderbare an diesen Leuten. Nicht allein die Anhänglichkeit an die Eltern läßt diese Kinder Geld nach Hause schicken, sondern wahrscheinlich ihre leidenschaftliche Liebe zu diesem Land. Eine solche Verbundenheit gibt es wohl kaum ein zweites Mal.

Die beiden Jungen laufen jeden Tag fast fünf Kilometer zur Schule, und sonntags, ob Regen oder Sonne, läuft die ganze Familie ebensoweit zur Messe.

Die Frau bestaunt neugierig mein Zigarettenetui. Ja, sie hätte gern eine Zigarette. Als ich ihr Feuer gebe, hält sie die Zigarette an das Streichholz, als wäre sie eine Wunderkerze. Die Frau lacht und gesteht, daß es die erste Zigarette ihres Lebens ist. Ich muß ihr zeigen, wie man sie anzündet, und die Mädchen biegen sich vor Lachen beim Anblick der Mutter und machen Witze auf Irisch.

Das Familienoberhaupt sitzt draußen auf seinem Stein und beobachtet die dahinziehenden Wolken. Wir sprechen von den Schwierigkeiten, einen solchen Boden zu bebauen. Er meint, ihm ginge es Gott sei Dank besser als vielen. Mit seiner Pfeife zeigt er über die Berge zum Meer hin. »Dort«, sagt er, »leben die Leute auf Felsen und müssen den ganzen Tag Seetang und sogar das bißchen Erde in ihren Körben schleppen.« »Aber sie

lieben ihre Felsen!« »Das tun sie«, erwidert der Mann, »niemals
würden sie von dort wegziehen, auch wenn sie das beste Land
der Welt bekämen. Aber verhungern tun sie dabei.«

»Sie sind aber glücklich dort.«

»Das sind sie gewiß. Aber verhungern tun sie trotzdem dabei.«
Das, scheint mir, ist die Bilanz von Connemara. Aber um alles
in der Welt, ich kann die Menschen dort nicht bedauern.

KAPITEL X

Ich komme in die Gegend von Joyce, besteige den Croagh Patrick und sehe die Insel Clare, auf der Grace O'Malley, die Seeräuberkönigin, nach einem stürmischen Leben begraben wurde.

I

Ehe die Bauern im irischen Westen zu Bett gehen, kehren sie die letzte Glut auf dem Herd zusammen und sprechen folgenden Vers:

> Ich lass' die Glut nicht verlöschen.
> So möge auch Christus mich retten.
> Über dem Haus Maria soll wachen
> Und in der Mitte Brighid sich betten.
> Ruf acht der mächtigsten Engel
> Vom Thron der göttlichen Drei,
> Um Haus und Menschen zu schützen,
> Bis der neue Tag kommt herbei.

Am Ende eines langen Abends in einer Hütte von Connemara sah ich zu, wie der Bauer sein Feuer versorgte. Er fegte den kleinen Haufen glühenden Torfs zusammen und packte ihn in Asche ein, damit das Feuer bis zum nächsten Morgen brannte. Dieser Akt wird in Tausenden von kleinen weißen Häuschen vollzogen und ist symbolisch für Irland. Den Gälen kann man mit dem brennenden Torf gleichsetzen. Die Asche steht für die langen Jahrhunderte der Unterdrückung durch eine fremde Macht. Die Dunkelheit erfordert keinen Kommentar. Der irische Morgen ist die Zukunft. Wird die Asche morgens weggefegt, sieht man ein rotglimmendes Herz im Torf. Die Bauern hauchen es an, bis die Flamme aufflackert, und dann legen sie neuen Brennstoff an.

Clifden, die Hauptstadt von Connemara, liegt im Schatten der Twelve Pins. Es sind faszinierende Berge. Sie bestimmen die Landschaft Connemaras. Während man durch das Land fährt, erheben sie sich bald links und bald rechts der Straße, und zuweilen verbergen tiefe Wolken die Bergspitzen. Häufig, besonders in den Abendstunden, stehen sie hoch vor einem Himmel, der so blau ist wie die Bucht von Neapel.

Clifden ist eine kleine, saubere Stadt mit Steinhäusern und einer einzigen breiten Hauptstraße. Der Hügel, auf dem die Stadt steht, neigt sich einem Meeresarm zu, der direkt auf den Atlantik und nach Amerika zeigt.

Auf der Post wartete ich, bis ein junges, taufrisches Mädchen aus Connemara mühsam einen Brief nach New York adressiert hatte. Ich hatte mir telegrafisch einen größeren Geldbetrag überweisen lassen. Er wurde mir in einzelnen, weit gereisten Einpfundnoten ausgezahlt. Kein Mensch auf der Post zeigte sich auch nur im geringsten überrascht, obwohl soviel Geld in ihren Augen bestimmt ein Vermögen war.

Es war seltsam, im Hotel wieder Kontakt mit der Welt zu bekommen. Bei den Anglern hörte man den Akzent von Dublin und auch den von England heraus. Am interessantesten aber war ein irischer Chauffeur an der Bar. Besser gesagt: die Geschichte, die er erzählte, war faszinierend. Er fragt mich, ob ich beim Mittagessen einen älteren Amerikaner bemerkt hätte. Ich beschrieb einen dünnen Mann mit fahler Gesichtsfarbe und Hornbrille, der mir aufgefallen war. »Das ist er«, sagte der Chauffeur. In seiner Stimme schwang Mitgefühl.

Mit der Darstellungsgabe der Iren erzählte er von dem Mann. Sobald das Schiff in Cork angelegt hatte, war dieser Amerikaner in die Garage gerast, in der der junge Ire arbeitete, und hatte sich ein Auto gemietet, um in eine kleine Stadt in der Grafschaft Mayo zu fahren. Er erklärte, er wolle »mal schnell«

seinen Bruder besuchen und dann sofort das nächste Schiff zurück nach Amerika nehmen.

Auf der Fahrt von Cork nach Mayo hatte mein Freund mit der Erzählergabe Zeit genug, mit seinem Auftraggeber ins Gespräch zu kommen. Dieser erwies sich als weit gesprächiger, als er aussah, und berichtete dem Iren ausführlich über sich selbst und sein Vorhaben. Er war vor dreißig Jahren aus Mayo ausgewandert. Jahrelang hatte ihn sein Gewissen gedrückt, weil er trotz seiner Erfolge in der Neuen Welt nie nach Hause gefahren war, um seinen älteren Bruder wiederzusehen. Der hatte das Pech gehabt, in Irland bleiben zu müssen, um das Erbe, ein unwirtliches Stück Land, zu übernehmen. Endlich war nun der Amerikaner heimgekehrt und wollte den Bruder überraschen.

In den Augen des Fahrers war der Amerikaner anders als seine Landsleute. Er trank nämlich keinen Tropfen Alkohol und verlangte das gleiche von seinem Chauffeur. Einmal erwischte er den jungen Mann, als er zu tief ins Glas schaute. Das war in Limerick. Er hielt ihm eine gehörige Strafpredigt, wobei er zum Schluß totale Abstinenz für die Zeit verlangte, da der junge Mann ihn chauffierte.

Die beiden kamen in der Stadt in Mayo an. Der Amerikaner war entsprechend bewegt und eilte zu seinem alten Haus, doch ein fremdes Gesicht begrüßte ihn an der Tür.

»Wollen Sie vielleicht zum alten Pat Murphy, dem, der die Kneipe betreibt?«

»Kneipe?«, rief der Amerikaner entsetzt und empört.

»Ja, das ist er.«

Sie gingen zu Pat Murphys Kneipe in einer kleinen Straße. Da saß der Lieblingsbruder und schlief fest hinter der Theke. Der Anblick ließ das Herz des Amerikaners schmelzen. Er bemerkte noch nicht einmal den in allen irischen Kneipen herrschenden Gestank von schalem Alkohol.

»Pat«, sagte er und schüttelte den Bruder sanft, »Pat, rat mal wer hier ist?«

Als Antwort grunzte Pat ein wenig und fiel zu Boden. Er war stockbetrunken.

»Und er sah ihn eine Zeitlang an«, erzählte der Chauffeur, »und dann hat er sich umgedreht und gesagt: ›Fahren sie mich sofort nach Cork. Ich nehme das nächste Schiff.‹«

Der junge Mann stand auf und rückte seine Mütze zurecht. »Und seitdem hat er noch kein einziges Wort mit mir gesprochen«, sagte er. »Das muß man sich mal überlegen. Da kommt ein Mann den ganzen Weg von Amerika und dann das . . . Er ist ein total harter Bursche. Trotzdem tut er mir leid. Mir greift die Geschichte genauso ans Herz wie ihm.«

Ich sah den Amerikaner ins Auto steigen. Er saß da mit dem strengen Gesicht eines Puritaners.

3

Jenseits der Twelve Pins liegt die herrliche Gebirgslandschaft von Joyce. Der Name stammt von einer Familie walisischer Abstammung, die sich in diesem Teil des Westens mit der Zustimmung der damals herrschenden O'Flahertys angesiedelt hat. Das war im Jahr 1299.

Connemara lebt vom Meer und seinen Erträgen, die Menschen im Joyce-Land leben von den Bergen. Ihre kleinen munteren Schafe grasen im herrlichen Hochland. Ihre Wolle wird in den Berghütten gewaschen, gesponnen und auf Handwebstühlen zu Irish Tweed verarbeitet. Obwohl Joyce-Land und Connemara auf der Karte nebeneinander liegen, ist der Unterschied zwischen den beiden Gegenden groß. Das rührt nicht allein daher, daß die Menschen anders sind, sondern daß sie anders leben. Die einen sind Fischer, die anderen Gebirgsbewohner.

Auf der Strecke von Clifden nach Leenane durch Letterfrack zeigt sich Westirland von seiner besten Seite. Ich fuhr die Straße an einem herrlichen Tag. Das Meer war tiefblau, und große goldene Wolken segelten über die Bergspitzen hinweg.

Der höchste Berg des Nordwestens, der Muilrea, beherrschte die Szene. Neben ihm standen der Ben Bury und der Benlugmore. Wie drei Riesen erhoben sie sich zum Himmel.

Leenane liegt zwischen Bergen am Ende eines großen Fjords, namens Killary Harbour. Dort ist Connemara nur noch ein Traum in der Erinnerung. Die Landschaft hat sich total verändert. Die Berge sind oben kahl, und man hört nicht mehr Spaten, die auf Felsen schlagen, sondern das Geblöke der Schafe und das Geräusch der emsigen Weberschiffchen. In der Nähe des Postamts befindet sich eine hölzerne Scheune, und dort rattert ein Webstuhl den ganzen Tag, um die Wolle vom Joyce-Land zu Tweed zu verarbeiten. Der Tweed ist feiner und enger gewebt als der von Kerry, gleicht dem von Donegal, hat aber nicht seine Farbigkeit, ist ein ausgezeichnetes, strapazierfähiges Material und weist die Farben auf, die im Joyce-Land die Landschaft beleben.

Am Ostrand von Killary Harbour sah ich fünf jungen Männern zu, die dabei waren, ein Lachsnetz einzuholen. Sie wirkten wie eine Gruppe, die von den Uranfängen der Welt kommt. Die Männer trugen alle handgewebten Tweed und hatten die Ärmel hochgekrempelt. Ihre Arme waren muskulös, der Hals von Sonne und Wind rot gebacken, und sie riefen einander auf Gälisch zu, während sie das schwere Netz einzogen.

Es war ein aufregender Moment. Als ich zum Wasser raste, um rechtzeitig dabeizusein, brach ich mir fast das Genick. Langsam wurde das Netz mit der wütend um sich schlagenden Fracht aus dem Wasser gezogen. Das Meer kochte, der große Fisch sprang und zappelte im Netz. Die Sonne schien auf lebendes Silber. Die Männer sangen laut vor Erregung. Einer gab Befehle auf Gälisch. Der Lachs sprang hoch, und ich konnte ihn in voller Größe sehen. Er war ein silbernes Ungeheuer, 18 Pfund schwer, hatte einen mächtigen Körper, und sein Schwanz schlug mit der Kraft eines Mauleselhufes.

Nie werde ich die Szene vergessen. Auf den Bergen glänzte die

Sonne, es roch nach wildem Thymian, das Meer schlug gegen die Küste, und die gälischen Schreie klangen wie Schlachtrufe. Hell schimmerte der Fisch im Netz, und über allem war der schöne Glanz einer verlorenen Welt.

4

In Connemara und in den Bergen von Joyce altern die Frauen rasch, aber in der Blüte ihrer Jugend sind sie schön wie Königinnen. Padraic Colum hat die Frauen von Connaught sehr eindrucksvoll beschrieben:

»Durch die schweren Lebensbedingungen in Connaught haben die Frauen Persönlichkeit entwickelt. Die Mühe, das Land zu erhalten, verwehrt es dem Mann, seine konstruktiven und organisatorischen Fähigkeiten zu entfalten. Bei den Bauern von Connaught ist die Frau die Persönlichkeit. Sie hat die Zivilisation geschaffen, die Kultur ihres Herdes. Die vielen gebräuchlichen Ausdrücke für das Wort ›Kind‹ können einem einfach nicht entgehen. Es gibt einen Ausdruck für das Baby in der Wiege, für das Kleinkind im Krabbelalter, für das Schulkind und für das erwachsene — naoidleah, lanabh, malrach, piaste. Es sind weiche Worte und so intim wie eine Liebkosung. Die Tragödien des Lebens in Connaught berühren die Frau am meisten. Als Kind erlebt sie, wie die ältere Schwester, von der sie erzogen wurde, die Heimat verläßt und nach Amerika geht. Als verheiratete Frau ist sie allein, der Mann arbeitet im Ausland. Oft bringt sie ein Kind zur Welt, und ihr Mann arbeitet derweil auf den Feldern in England oder Schottland. Die Mutter sieht die erwachsenen Kinder fortziehen . . . «

In Connaught sieht man Brautpaare zusammen ausgehen, und das ist selten in Irland. Anderswo ziehen Liebespaare Arm in Arm los, und junge Leute stehen in Gruppen zusammen auf der Straße. In Irland, besonders in Kerry, fiel mir die Trennung der Geschlechter auf. Liebe in Irland ist keine sentimentale Angelegenheit. In Connaught und ganz allgemein im Westen heiraten die Männer selten der Liebe wegen. Im gewissen Maß heiraten sie ein Stück Land.

In den ländlichen Bezirken des Westens hält man es mit einer Art der Heiratsvermittlung, die anderswo als kaltblütig und unromantisch erscheinen würde. In seinem Buch *Holiday in Connemara* beschreibt Stephen Gwynn das sehr anschaulich: »Der Sohn des Hauses gab mir den ausführlichsten Bericht von einer irischen Heiratsvermittlung, den ich je gehört habe, und ich gebe ihn hier zur Inspiration für einen Schriftsteller weiter. Er ging mit dem Freier und seiner Begleitung von ungefähr acht bis zehn Männern ins Brauthaus. Sie wurden bereits erwartet, denn die Partie war zum größten Teil bereits abgesprochen, und man war im Haus entsprechend vorbereitet. Sie wurden in einen Raum mit drei langen Tischen geführt. Darauf lagen unangeschnittene Brote und Butter (von anderem Essen habe ich nichts gehört). Vor jedem Platz aber standen ein Glas und ein Becher, auf der Anrichte die Whiskyflaschen, und ein Faß Porter war griffbereit. Die Freunde der Braut waren in gleicher Anzahl wie die des Freiers anwesend, und die beiden Parteien setzten sich so zu Tisch, daß sie einander gegenübersaßen. Am Kopf des mittleren Tisches saß der Gastgeber, zu seiner Rechten der Fürsprecher des Freiers, zu seiner Linken der der Braut. Wer sich je mit den Oisin-Liedern beschäftigt hat, erinnert sich an die Schilderung, wie Finn auszog, um Grania zu heiraten. Finns Leute waren auf einer Seite der Tafel, König Cormacs Gefolgsleute und Prinzen auf der anderen.

Als nach homerischer Art der »Wunsch nach Speise und Trank« gestillt war, eröffnete der Gastgeber das Zeremoniell. ›Creud ta sibh ag iarraidh?‹, fragte er – ›Wofür seid ihr gekommen?‹. Aber der Ausdruck ›ag iarraidh‹ ist nach mehreren Richtungen hin auslegbar und kann entweder bedeuten ›Worum bittet ihr?‹ oder ›Was sucht ihr hier?‹ Tatsächlich wußte der Sprecher des Freiers auch nicht, was sich schickte, denn er antwortete barsch:

›ceud punt‹ (einhundert Pfund). Es gab ein erschrockenes Schweigen, aber sein Nachbar rettete die Situation, als er sagte: »Und eine Frau dazu.« ›Das hört sich schon besser an‹, erklärte der Sprecher der Braut. Die richtige Antwort hätte allerdings lauten müssen: ›Wir suchen eine Frau für diesen jungen Mann‹, und dann hätte man sich allmählich mit höflichen Redensarten zum Ziel vortasten müssen. Der Friede war aber wiederhergestellt. Der Sprecher des Mannes, von den anderen unterstützt, begann den Freier zu loben: Er besitze einen gut ausgestatteten Hof, sei ebenso solide wie reich und habe keine Brüder, mit denen er das Erbe teilen müsse. Die Partei der Braut pries als Antwort das Mädchen. Es sei arbeitsam und (wiederum homerisch) geschickt im Umgang mit Nadel und Faden. Schließlich einigte man sich auf hundert Pfund Mitgift, worauf es zu einer neuen Diskussion kam. Sollte die Summe in Vieh oder bar ausgezahlt werden? Man einigte sich auf 60 Pfund in bar und vierzig in Vieh. Anschließend wurde über das Vieh gesprochen. Die einzelnen Kühe wurden bestimmt, die übergeben werden sollten. Danach beschäftigte den Brautvater die Frage der Hochzeitskuh. Sie wird stets von der Braut gestiftet, wenn ihr Vater sich nicht in der Nachbarschaft blamieren will. Er müsse eine kaufen, sagte er, denn er hätte keine, die er als gut genug für seine Tochter erachte.

Als alles bis ins letzte Detail abgesprochen war, sagte der Vater: ›Wir wissen gar nicht, ob die Frau, die ihr sucht, überhaupt im Hause ist.‹ Man schickte nach ihr. Das Mädchen kam herein, und es wurde auf sein Wohl getrunken. Nachdem dieser feierliche Akt vorüber war, erschien die Mutter aus ihrem Versteck im Wandschrank. Dort war sie die ganze Zeit inoffiziell anwesend gewesen. Es bringt Pech, wenn eine Frau beim cleamhnas, der Heiratsvermittlung, dabei ist. Man schob die Tische zur Seite, um Platz für den Tanz zu haben. Einen Tisch ließ man in der Ecke stehen. Dort tranken die alten Männer bis zum Morgengrauen. Für die jungen Leute wurde Tee bereitgestellt.

›Wird das eine Liebesheirat?‹ wollte ich wissen. Die Mutter des Bräutigams hatte alles arrangiert. Das Mädchen war älter als der Mann. Nirgendwo sonst sind Ehen so sehr eine Sache der Absprache wie bei den katholischen Bauern in Irland — und nirgends ist das Band der Ehe fester.«

5

Zur Fastenzeit des Jahres 449 n. Chr. zog sich der heilige Patrick auf einen großen Berg in Connaught zurück, um Zwiesprache mit Gott zu halten. Vierzig Tage und Nächte hat er dort gefastet, und er soll so geweint haben, daß sein Meßgewand ganz naß vor Tränen wurde.

Die Mönche besaßen im Mittelalter ausführliche Berichte von der Fastenzeit des heiligen Patrick. Die Chroniken erzählen, daß ein Engel allnächtlich mit Versprechen von Gott zu St. Patrick kam.

»Wird mir sonst etwas gewährt werden?« fragte der Heilige eines Abends. »Gibt es irgend etwas, das du verlangen würdest?« erwiderte der Engel. »Das gibt es«, sagte St. Patrick. »Die Sachsen sollen weder mit Erlaubnis noch durch Gewalt in Irland bleiben, solange ich im Himmel weile.«

»Nun kannst du gehen«, antwortete der Engel.

»Ich werde nicht gehen«, erklärte der Heilige, »da ich Qualen erleide, bis ich gesegnet werde.«

»Gibt es sonst etwas, das du verlangen würdest?« wiederholte der Engel.

Da verlangte St. Patrick, daß er beim Jüngsten Gericht über die Menschen in Irland richten sollte.

»Das«, meinte der Engel, »kann man nicht vom Herrn gewährt bekommen.« »Wenn er es nicht gewährt«, erwiderte der resolute Heilige, »werde ich diesen Berg nicht bis zum Jüngsten Tag verlassen, und ich werde auch einen Wächter hinstellen.«

Beim nächsten Besuch kam der Engel mit einer Botschaft vom

Himmel. »Der Herr sagt«, berichtete er, »»seit den Aposteln gab es keinen Mann, der mehr zu bewundern ist als du, und es wird auch keinen geben, bis auf deine Härte . . . Wofür du gebetet hast, wird dir zuteil werden. Und die Menschen Irlands, die da waren, sind und noch kommen werden, sollen geheiligt werden.‹«

»Gesegnet sei der großzügige König, der gegeben hat«, sagte St. Patrick, »und nun werde ich den Berg verlassen.«

Als er aufstand und sich zum Abstieg bereit machte, flogen mächtige Vögel um ihn herum, und alles wurde dunkel von ihrem Flügelschlag. So stand der heilige Patrick wie einst Moses auf dem Berge Sinai. Alle Heiligen Irlands, die gewesenen, gegenwärtigen und künftigen, waren um ihn versammelt.

Hier zeigt sich der irische Glaube an die unbeugsame Entschlossenheit ihres Nationalheiligen. Sie sehen ihn als »standfesten und unerschütterlichen« Mann. Auf dem Berg in Connaught soll er auch alle Schlangen aus Irland verbannt haben. Dieser Berg heißt Croagh Patrick oder »Patricks Berg«. Seine herrliche Kuppe liegt 753 Meter über dem blauen Wasser der Bucht von Clew. Es ist Irlands heiliger Berg. Alljährlich im Juli pilgern die Menschen zu der kleinen Kapelle auf der Bergspitze. Atlantik-Schiffe legen in der Bucht von Galway an, damit die Iro-Amerikaner um ihres Seelenheils willen den Berg besteigen können, und an einzelnen Tagen hat man Tausende von Pilgern gezählt. Die Frömmeren ziehen Schuhe und Strümpfe aus und bewältigen den steinigen Aufstieg barfuß.

Der Morgen war unheildrohend klar und schön. Ich nahm mir einen festen Stock und machte mich auf, Irlands Sinai zu besteigen. Die Wolken lagen hoch, und bereits von weitem konnte ich die Kapelle sehen. Sie stand wie ein kleines Steindenkmal auf der Bergkuppe.

Ich stieg den rauhen Bergpfad hinauf, den die Füße der Gläubigen in vielen Jahrhunderten festgetreten haben. Der Wind vom Atlantik brachte Regen heran, und in wenigen Minuten war das

Tal unter mir im grauen Nebel verschwunden. Ich war enttäuscht, aber ich stieg weiter nach oben und hoffte, der Himmel würde sich wieder aufhellen und mir auf dem Gipfel den Ausblick gewähren, der einer der schönsten in Irland sein soll.

Es gibt kaum etwas Unheimlicheres als eine Bergbesteigung bei Nebel und Regen. Der Nebel wurde noch dichter, als ich weiter nach oben kam, und der Regen fiel mit jener irischen Hartnäkkigkeit, die einen bis auf die Haut durchweicht, ehe man es sich versieht. Über mir stand die graue, nasse Wand, unter mir lauerte das gleiche Geheimnis. Wirklich waren nur die Felsen unter meinen Füßen. In der Stille hörte man nur das Rauschen des Regens und das Klicken der Steine, die hinter mir den Berg hinunterrollten.

Mir jagen Nebel, die die Berge verhüllen, Angst ein. Man weiß nicht, was diese Schleier verbergen. Sie schließen einen von der Welt aus und verwehren den Blick zum Himmel. Auf einem Berg im Nebel verlassen zu wandern, heißt Panik empfinden. Man fürchtet, den Weg zu verfehlen und im Kreis herumzuirren, genarrt von dem spöttischen Gelächter der Nebelschwaden. Der Gedanke aber, daß der Croagh Patrick ein heiliger Berg war und daß man alle Dämonen aus seinen Schluchten und Höhlen verbannt hatte, tröstete mich. Plötzlich tauchte eine weiße Gestalt vor mir auf. Ich blickte hoch und sah eine Statue des heiligen Patrick.

Der Heilige, das fand ich bald heraus, steht an dieser Stelle, um den Pilgern Mut zu machen, denn den tatsächlichen Aufstieg haben sie da noch vor sich. An der Statue endet der Pfad. Der Bergsteiger muß sich zwischen Steinen, die unter seinen Füßen wegrutschen, seinen Weg steil nach oben bahnen. Ich zog weiter, aber nun empfand ich Freude am Aufstieg im Regen. Die Nässe auf meinem Gesicht und im Haar tat mir gut. Die Art, wie die Nebelbänke abzogen, machte mir klar, daß ich mich in einer großen Wolke befand, die den Croagh Patrick vor den Augen der Menschen verborgen hielt.

Ich kam zu einem Steinmal. Es war eine der Kreuzstationen. Ich stand da und fragte meine katholischen Vorfahren, was hier zu tun sei. Als Antwort vernahm ich eine Stimme, und aus dem Nebel hervor kam eine unwahrscheinliche und absurde Erscheinung. Eine Frau in mittleren Jahren machte mühsam den Abstieg. Sie sah aus, als hätte sie jemand just in dem Moment auf den Croagh Patrick verpflanzt, da sie dabei war, sich Stoff für ein elegantes Kleid zu kaufen. Kaum hatte ich diese erstaunliche Gestalt erblickt, sah ich eine zweite aus dem Nebel heraustreten – den Ehemann. Auch er sah unglaublich aus. Er trug eine Melone, was mir auf dem heiligen Berg als ein recht seltsames Kleidungsstück erschien. Wir unterhielten uns eine Weile und fanden das Wetter schlecht. Die Leute fragten, ob noch andere hinter mir den Aufstieg machten. Es sei ihre erste Pilgerfahrt, erzählten sie. Die Frau hatte Sorgen. Sie hatte ihren Rosenkranz auf den Steinen verloren. Wenn ich ihn finden sollte, würde ich ihn ihr, bitte, nach Limerick schicken? Mir kam der Gedanke, wie seltsam dies alles für einen Außenstehenden war. Ein solides Paar in mittleren Jahren, das ganz so aussah, als liebe es seine Bequemlichkeit, hatte sich aufgemacht, um gemeinsam auf der Anhöhe eines heiligen Berges zu beten. »Gott sei mit Ihnen«, sagten die beiden ernsthaft.

Ich zog weiter in die nasse Wolke hinein. Mir war heiß, und ich war müde, aber auch glücklich. Einmal glaubte ich, den verlorenen Rosenkranz zu sehen, aber es war nur ein Schuhbändel, das in den Felsen lag. Ich gelangte zu einer weiteren Kreuzstation, und bald war ich auch schon oben auf dem Croagh Patrick, 753 Meter über Connaught. Nördlich von mir mußten die Berge von Mayo sein, im Süden die von Joyce und die zwölf herrlichen Zacken von Connemara. Leider sah ich nichts von alledem. Die nasse Wolke wich nicht von dem heiligen Berg.

Auf der Anhöhe steht eine kleine Kapelle. In Connemara hatte man mir die Geschichte erzählt, wie sie gebaut wurde. Man hatte Zement in Siebenpfundtüten am Fuße des Berges gela-

gert, und jeder Pilger hatte es als eine fromme Handlung betrachtet, eine Tüte nach oben zu schleppen. Viele hatten den
mühsamen Aufstieg mit der Zementtüte mehrmals gemacht, um
der Ehre teilhaftig zu werden, das Material für den kleinen Bet-
Raum herbeizuschaffen.

Ich ging hinein und kniete nieder. Der Raum war sehr klein
und eiskalt. Ein junger Priester betete kniend. Der Wind pfiff
um die kleine Kirche, und ich überlegte, wie es wohl sein
müßte, wenn die Atlantikstürme heulten. Obgleich man die
Nebel nun nicht mehr sah, herrschte eine Atmosphäre voller
Einsamkeit in der Kapelle. Sie machte einem klar, wie weit weg
die Welt war. Ich war mir die ganze Zeit der vorbeiziehenden
Nebel bewußt. Die kalte Luft erzählte eine Geschichte von ent-
rückter Einsamkeit, der einfache Schrein von einem Refugium
am Rande der Welt. Der kniende Priester hat sich kein einziges
Mal bewegt. Er sah aus, als sei er in Stein gehauen, und er erinnerte mich an einen Ritter, der vor dem Altar Wache hielt.

Auf Zehenspitzen ging ich hinaus. Meine mitgebrachten Käse-
brote aß ich auf einem Stein. Ich war naß bis auf die Haut, doch
hoffte ich wider alle Vernunft, daß die Wolken abziehen und
mir einen Blick auf die ferne Erde gestatten würden. Der Wind
auf der Spitze des Croagh Patrick hat den grausamen Pfiff aller
Winde auf hohen Bergen. Obwohl man noch keine zwei Meter
weit sehen konnte, vermittelte mir sein Pfeifen den Eindruck
von Höhe, strömendem Regen, von Felsschluchten und schreck-
lichen Abgründen.

Mönche des Mittelalters haben berichtet, der heilige Patrick
hätte auf der Anhöhe seine Glocke von sich geworfen und sie
sei jedesmal in seine Hand zurückgekehrt. Bei jedem Glocken-
klang seien die Kröten und Nattern aus Irland geflüchtet.

Über die nassen Steine stieg ich wieder hinunter und erreichte
voller Dankbarkeit die weiße Statue des Heiligen. Ich hatte die
Wolken hinter mir gelassen, aber der Regen fiel noch immer
und gab den Blick auf das Meer und die Berge nicht frei.

Von der Bucht von Clew aus sieht man die kleine grüne Insel
Clare, die ungefähr sechseinhalb Kilometer vor dem Festland
liegt. An ihrem Ufer stehen die Überreste eines Turms, der
einst zu Grace O'Malleys Schloß gehörte. Nach einer Legende
wurde diese bemerkenswerte Irin auf der Insel in einer Abtei
begraben, die nun, ebenso wie das Schloß, nicht mehr existiert.
Grace O'Malley ist in den Liedern und Legenden als Granuaile
bekannt. Die Geschichte erzählt wenig von ihr, aber das
Wenige ist ungewöhnlich genug. Sie war eine einzigartige Frau.
Als Königin Elizabeth I. mit Hilfe ihrer scharfsinnigen Ratge-
ber in England regierte, beherrschte Grace O'Malley die Küste
von Connaught – einzig und allein durch die Macht ihrer Persönlichkeit. Eine ähnliche Gestalt dürfte es in der Geschichte
kaum geben. Grace war eine Königin der Meere, ein weiblicher
Seeräuber. Ihr Vater hieß Owen O'Malley und wurde »Dhub-
dara von der schwarzen Eiche« genannt. Sein Wort galt von der
Küste bis zu den Aran-Inseln. Dort war er unumschränkter
Herrscher. Der Klan war seit den frühesten Tagen für seinen
Wagemut berühmt. Auf seinen vielen Seeräuberfahrten wurde
der Stammesfürst von seiner Tochter begleitet. Er starb, als sie
19 Jahre alt war. Sie hatte einen jüngeren Bruder, aber Grace
schob ihn ganz lässig beiseite und tat ihre Absicht kund, von
nun an den Klan selbst anzuführen. Niemand weiß, wie ihre
Flotte zusammengesetzt war. Sie muß einige Holzboote besessen haben, aber zweifellos bestand der größte Teil ihrer Flotte
aus Schiffen, die mit Weidengeflecht überzogen waren. Ihre
Festung, das Schloß von Carrigahowly, stand direkt am Wasser
auf der Insel Clare. Die Legende berichtet, die Piratendame
hätte die Angewohnheit gehabt, ihre Schiffe anlegen zu lassen,
sie dann zusammenzubinden und das Seil durch ein Loch in der
Mauer in ihr Schloß einzuführen. Wenn sie sich abends zu Bett

legte, band sie das Seil um den Arm und wurde beim ersten Alarmzeichen wach.

Grace lebte im Zeitalter der Seeräuber. Es war die Zeit von Francis Drake. Die spanischen Galeonen, die an der irischen Westküste mit den für Galway bestimmten Weinfässern aufkreuzten, boten der Seeräuberfrau reiche Beute. Sie war aber eine gute Patriotin und richtete ihre Angriffe in erster Linie gegen die Handelsschiffe der englischen Königin. Grace war so berüchtigt, daß die englische Regierung sie als vogelfrei erklärte und eine Summe von 500 Pfund auf ihren Kopf setzte, das war in jenen Tagen ein enormer Betrag. Die in Galway stationierten Soldaten wurden ausgeschickt, das Schloß der Piratin zu erobern, doch zogen sie sich nach vierzehntägiger Belagerung zurück. Königin Grace wurde in Frieden gelassen.

Ihr erster Mann war O'Donnell O'Flaherty, »der Krieger« und offenbar ein passender Partner. Er war Oberhaupt der »wilden« O'Flahertys. In Dublin wird ein Manuskript verwahrt, das von dieser Zeit berichtet.

»Sie war eine große Piratin und plünderte von Jugend an. Die Überlieferung berichtet von einem Angriff türkischer Korsaren auf ihre Schiffe am Tag, als Grace ihr erstes Kind gebar. Die Türken waren am Siegen. Sie stand auf, hing sich ihre Bettdecke um und befestigte sie mit einer Schnur um den Hals. Mit zwei Donnerbüchsen in der Hand ging sie an Deck. Ihre seltsame Aufmachung verwirrte die Türken, und die Offiziere versammelten sich, um darüber zu beraten. Das war genau, was sie gewollt hatte. Sie streckte ihre Arme aus, feuerte die beiden Donnerbüchsen ab und vernichtete die Offiziere.«

Solch eine Frau war Grace O'Malley! Als O'Flaherty starb, erkor sie den mächtigen Anglo-Normannen Sir Richard Bourke zum zweiten Mann. Den Iren war er als MacWilliam Eughter bekannt. Man nannte ihn auch den »Eisernen Richard«, eine Anspielung auf seine Rüstung. Grace, so erzählt man sich, bestand auf einem damals noch raren Zug im Eheleben, auf

Gleichberechtigung. Es wurde eine Probezeit von zwölf Monaten vereinbart, nach deren Ablauf beide Partner das Recht hatten, die Ehe aufzulösen. Es gibt Berichte, daß Grace das Jahr dazu benutzte, die Küstenfestungen ihres neuen Mannes zu besetzen, um ihn nach Ablauf der Frist aus ihrem eigenen Schloß zu verbannen. Sie erklärte die Ehe für beendet.

Sicherer sind schon die Angaben für das Jahr 1576. Da zog Grace O'Malley nach Galway und bot Sir Henry Sidney ihre Flotte von drei Schiffen und 200 Mann zum Dienst für England an. Diese Allianz brachte ein äußerst überraschendes Ergebnis. Die Freibeuterin wurde von der englischen Königin nach London eingeladen.

Der Besuch fand 1593 statt, nachdem Grace jahrelang die Feinde Englands an der Küste von Connaught verfolgt hatte. Mit ihrem Gefolge soll die Seeräuberkönigin nach England gesegelt sein und unterhalb der alten London-Brücke in der Themse angelegt haben. Die Berichte über das Treffen der beiden ungleichen Frauen differieren in bezug auf Einzelheiten. Einige behaupten, die Begegnung hätte in Hampton Court stattgefunden. Jedenfalls muß die Audienz selbst in so malerischer Zeit eigenartig gewesen sein. Die dunkelhaarige Irin aus Connaught stellte sich der englischen Königin mit einem langen und wohlklingenden Titel vor: »Grainne O'Malley, Tochter von Doodarro O'Malley, einstmals Herr des Landes Upper Owle Malley, jetzt Baronat von Murasky genannt.«

Über das königliche Treffen in London hat der Geistliche Caesar Otway einen Bericht geliefert, der einigermaßen authentisch sein dürfte. »Grana«, schrieb er, »machte eine Verbeugung und streckte die knochige Hand, mit der sie so manches Ruder und manches Schiffssteuer gehalten hatte, der englischen Königin entgegen. Sie nannte sie ›Schwester Elizabeth‹. Sie setzte sich mit so viel Selbstbewußtsein hin, wie man es heute von einem Indianerhäuptling erwartet, der den Präsidenten der Vereinigten Staaten besucht.

Elisabeth bemerkte Granas Vorliebe für Schnupftabak, eine neumodische Angewohnheit, die sie sich während ihrer Schmugglerabenteuer zugelegt hatte. Als die Königin sah, daß es Grana unbehaglich zumute war, wie dies stets der Fall ist, wenn ein Schnupfer kein Taschentuch hat, reichte sie ihr ein fein gesticktes Tüchlein. Grana nahm es ohne Aufhebens entgegen, schneuzte sich lautstark und warf das Tuch achtlos fort. Sir Walter Raleigh fragte sie, weshalb sie ein Geschenk der Königin so achtlos behandelt habe, worauf das wilde irische Mädchen mit einem vulgären Ausdruck antwortete, den man gebildeten Lesern nicht zumuten kann. Es scheint auch, daß die Königin nicht so recht wußte, was sie ihrem Gast als Geschenk überreichen sollte. Sie ließ einen Schoßhund an einem Seidenband hereinführen. ›Wozu ist das gut?‹ fragte Grana. ›Ach, es ist ein kluges, verspieltes und treues kleines Geschöpf, es wird in Euerm Schoß liegen.‹ ›Mein Schoß‹, spottete Grana, ›Leute wie ich können mit so etwas nichts anfangen. Behalte ihn nur selbst, Königin der Engländer, so etwas paßt zu Faulenzern, wie du einer bist. Wenn es dir Spaß macht, kannst du deine Tage mit solchem Ungeziefer zubringen.‹ ›Aber‹, erwiderte Elisabeth, ›Grana, Ihr irrt Euch. Ich bin nicht faul. Auf meinen Schultern ruht die ganze Verantwortung für dieses große Land.‹ ›Vielleicht‹, sagte Grana, ›aber soweit ich es beurteilen kann, gibt es viele arme Geschöpfe in Mayo, die nur für ein Roggenfeld sorgen müssen und die mir fleißiger erscheinen als du.‹ Natürlich beendete Elisabeth bald diese Audienz. Sie ließ Grania noch einmal kommen, um sie zur Gräfin zu machen. ›Ich brauche deine Titel nicht‹, sagte Grana, ›sind wir nicht gleichberechtigt? Wenn es überhaupt einen Nutzen einbringt, Gräfin zu sein, kann ich dich ebenso zu einer machen wie du mich. Königin von England, ich will nichts von dir haben. Mir reicht es, Anführerin meines Volks zu sein, aber mit meinem kleinen Sohn Toby kannst du machen, was du willst. In seinen Adern fließt sächsisches Blut, und er wird nicht durch einen sächsi-

schen Titel entehrt. Ich werde bleiben, was ich bin: Grana
O'Maille der Inseln.‹«

Das Kind soll zum Hof gebracht und dort zum Viscount Mayo
ernannt worden sein. Von ihm stammen die derzeitigen Grafen
von Mayo ab.

In seinem Buch *Illustrious Irishwomen* beschreibt E. Owen
Blackburn das Leben dieser wilden Irin. »Als Grainne nach
Connaught zurücksegelte, kam ein Sturm auf, und ihre Flotte
mußte im Hafen von Howth festmachen. Sie ging zum Schloß,
fand aber die Tore verschlossen und die Bewohner beim Essen.
Man versagte ihr und ihrem Gefolge die Gastfreundschaft.
Grainne ging zum Wasser zurück, stieß aber auf dem Weg
dorthin auf ein wunderschönes Kind, das auf einer
Wiese spielte. Als Grainne erfuhr, daß dies der Erbe von
Howth war, hat sie den Knaben vorsätzlich geraubt, die Beute
nach Connaught mitgeschleppt und die Rückgabe verweigert,
bis man ihre Bedingungen erfüllte. Man versprach ihr, fortan
die Schloßtore zu jeder Mahlzeit offen zu halten und allen
Wanderern die gewünschte Gastfreundschaft zu gewähren. Die
Sitte hat sich bis heute gehalten.«

Leider hat die heldenhafte und stürmische Frau ein sehr zahmes
Ende gefunden. Sie wurde in der Abtei von Clare beigesetzt.
Man hat mir erzählt, Besucher ließen sich lange Jahre den mit
Bändern verzierten Schädel zeigen. Im 19. Jahrhundert soll in
Schottland eine Gesellschaft zur Beschaffung und Verwertung
von Knochen als Düngemittel gegründet worden sein. Diese
soll ein Schiff nach Westirland geschickt haben, um Razzia in
den Kirchen und Abteien zu machen, in denen es große Mengen
von Knochen gab. Granias Gebeine, so erzählt man sich, düng-
ten schließlich einen schottischen Acker.

Selbstverständlich kennen die Iren ein schöneres Ende für diese
Geschichte. Einer von Granias Knochen steckte in einer Rübe,
und ein Schotte erstickte daran!

KAPITEL XI

In Mallaranny erlebe ich einen Sonnenuntergang, höre Geschichten von verzauberten Dingen und Menschen und darf an einer Totenwache teilnehmen. Ich überquere die kleine Brücke zur herrlichen Insel Achill und lerne Donegal im Regen kennen.

I

Auf der Höhe über dem Meer wächst Heidekraut. Seine Stengel schimmern silberweiß wie die Rinde von Olivenbäumen. Es riecht nach wildem Thymian. Am Fuß des Abhangs bespült das Meer einen großen Halbkreis von gelbem Sand, und ein Meerarm ist auch auf der anderen Seite des Hügels zu sehen. An klaren Abenden, wenn die Sonne hinter dem Atlantik versinkt, vermeint man, die Anhöhe über Mallaranny müßte auf der Himmelskarte eingezeichnet sein. Die Schönheit dann ist nicht mehr irdisch: ein Farbenspiel voller Musik. Auch ohne das Angelusläuten aus dem weißen Kloster hat man das Bedürfnis, den Kopf zu entblößen.

Aus dem blauen Meer erheben sich die blauen Berge von Achill. Blau ist der Croagh Patrick, blau die Bucht von Clew, und blau glänzen auch die fernen Berge — die Twelve Pins und die wilden Höhen von Joyce.

Diese seltene Symphonie in Blau bricht einem das Herz. Wie jede makellose Schönheit macht sie traurig. Man steht da, von Möwen umschrien, Lerchen zittern am Himmel, der Wind fegt durch das Heidekraut, und die Schönheit läßt einen schaudern. Man ist froh, allein zu sein.

Großartige, zu Herzen gehende Musik ist zuweilen nur schwer zu ertragen, und ebenso geht es einem mit dem Sonnenuntergang in Mallaranny, der jeden Augenblick schöner wird. Das Auge sucht nach alltäglichen Dingen und sieht weißen Rauch aus einer Berghütte aufsteigen, grünglänzende Wassertümpel im Torfmoor und eine Gestalt, die langsam auf der weißen Straße unten dahintrottet.

Die Berge und Hügel, die eben noch nah erschienen, stehen auf einmal weit vor einem hellgrünen Hintergrund. Dieses Grün am Himmel ist anders als sonst und nur zu gewissen Jahreszeiten in der libyschen Wüste zu sehen. Es sieht aus, als hätte man hinter den Bergen grüne Feuer angezündet, denn das grüne Licht ist lebendig wie die Widerspiegelung von Flammen. Es flimmert und schmerzt. Ich glaube, wenn Gott sich zeigen wollte, müßte es hier auf den westlichen Bergen bei Sonnenuntergang geschehen. Da ist die lautlose Welt voller Schönheit, und die Erde scheint auf eine Offenbarung zu warten.

Langsam versinkt die Sonne im Meer. Einen Augenblick lang ist ihr Rand noch einen Finger breit vom Wasser entfernt, dann berührt er das Meer, die Sonne taucht unter und ist verschwunden. Jetzt kommt die letzte Phase der Symphonie. Die Wolken wechseln ihre Farbe, glühen feuerrot und werden dann rosa. Weiße Wolkenkränze, die man noch gar nicht bemerkt hatte, werden rot und lebendig und verglühen nach ein paar Augenblicken am Himmel. Das grüne Licht jenseits der Berge aber stirbt nicht. Auch das Blau lebt weiter und wird noch intensiver Dann wird die ganze Szene eine Tönung blasser, die Musik eine Oktave tiefer. Die Farbe scheint in die Erde zu versinken und zum Himmel zu flüchten. Der Wanderer steht da, sieht das alles, hat Tränen in den Augen, fühlt den ersten Wind der Nacht im Haar und spürt Kälte auf dem Gesicht.

Jetzt werden die Wolken grau, die Berge dunkel vor dem grünen Himmel, und das Wasser am Rand des Torfmoors gleicht einem dünnen Quecksilberstrich. Silbern glänzt das Meer, schwarz sind die Berge von Achill, der Abendstern brennt am Himmel, und Dunkelheit hüllt den Westen ein.

Zwischen den blauen Bergen von Mallaranny und den violetten Abhängen des Croagh Patrick befindet sich in Meeresnähe eine jener Bodenerhöhungen, die als Festungen der Elfen gelten.

Es ist amüsant, einen Bauern zu fragen, weshalb er eine solche Bodenerhöhung nicht einebnet. Er wird der Frage ausweichen und nur selten zugeben, daß auf seinem Land die Elfen wohnen. Viele Kinder werden mit einem Stück Kohle in der Tasche zu Botengängen ausgeschickt. Es soll sie vor dem Zauber der Elfen schützen. Die Menschen hier im Westen glauben noch an Hexen. Zuweilen soll auch ein »Wagen ohne Kopf« als Schatten auf einer Straße erscheinen und den Tod ankündigen. Weit verbreiteter ist aber der Glaube an die Todesfee. Hier haben wir es nicht mit einem Relikt irischer Folklore zu tun, sondern mit einem sehr lebendigen Glauben.

Ich habe viele gebildete Menschen getroffen, die die Todesfee gehört haben wollten. Allerdings schwor nur ein einziger Mann, daß er sie auch gesehen hatte. Sie hätte damals, so wußte er zu berichten, ihr Haar an einem Wasser gekämmt und zuweilen innegehalten, um sich die Hände zu spülen.

Ich kann sehr gut verstehen, daß die Menschen im Westen Irlands an übernatürliche Kräfte glauben. Es ist nicht fair, wenn man die Bauern unwissende und abergläubische Geschöpfe nennt, ehe man nicht selbst die unbeschreibliche Unheimlichkeit des einsamen irischen Westens erlebt hat.

Ein alter Mann, der sein ganzes Leben in Mayo verbracht hatte, lief mit mir über die verwunschene Bodenerhöhung in Mallaranny. Wir unterhielten uns über die seltsamen Dinge, die im Leben zu geschehen pflegen, als er plötzlich sagte: »Es stimmt schon, daß dies hier vor der ›Unruhe‹ ein fürchterlicher Ort war. Wegen der Kobolde, Elfen und des anderen Gelichters. Aber jetzt sind sie alle fortgezogen . . .«

Ein Mann in Kerry hatte mir das gleiche erzählt. Er hatte nicht zugeben wollen, daß es keine Feen und Elfen gibt, sondern behauptet, sie seien »weitergezogen«. »Die alten Leute sprechen immer noch davon«, fuhr mein Begleiter fort, »und es besteht kein Zweifel, daß es viele gibt, die an einsamen Stellen in den Bergen die winzigen kleinen Leute gesehen haben. Ich selbst habe sie nie gesehen, obwohl ich zu allen möglichen und unmöglichen Tag- und Nachtstunden auf den Beinen bin. Aber nicht jedem ist es gestattet, das Völkchen zu sehen.«

Der Mann betrachtete ernsthaft die Bodenerhöhung, über die wir gerade spazierten, und meinte: »Sie erzählen eine seltsame Geschichte über diesen Ort hier. Es gab einmal einen jungen Mann, der sich keinen Deut um Feen oder Gespenster scherte. Wenn er vom Fischen kam, pflegte er stets genau an dieser Stelle vorbeizugehen. Es war stockdunkle Nacht, aber gezittert hat er nicht. Nun, eines Nachts, als er auf dem Nachhauseweg war, sah er just hier drei hochgewachsene Männer einen schwarzen Sarg tragen. Er fand es seltsam, daß kein vierter Mann da war, um den Sarg zu tragen, und so ging er hin, ohne ein Wort zu sagen, und schob seine Schulter unter den Sarg. Die vier liefen weiter. Nun«, erzählte der Alte, »als sie mit dem Sarg ungefähr eine Meile gelaufen waren, machten die drei schwarz gekleideten Männer eine Pause, legten den Sarg auf die Straße und waren im selben Augenblick verschwunden. Der junge Mann fand das äußerst seltsam und hob den Sargdeckel hoch.«

»Was tat er?« fragte ich.

»Er hob den Sargdeckel vorsichtig hoch«, wiederholte der Erzähler. »Und was sah er? Ein schönes junges Mädchen. Es lag da mit offenen Augen und lächelte. ›Komm heraus‹, sagte der junge Mann, ›wenn du nicht tot bist.‹ Das Mädchen entstieg dem Sarg, doch sprach sie kein einziges Wort. Es war stumm, müssen Sie wissen. Der Mann nahm das Mädchen mit zu seinen Eltern.

Zwölf Monate später ging er wieder an der gleichen Stelle vor-

bei. Plötzlich hörte er eine Männerstimme sagen: ›Heute vor
zwölf Monaten hat er uns das Mädchen genommen.‹ Worauf
ein anderer Mann erwiderte: ›Dabei nützt es ihm nichts. Er
glaubt, das Mädchen sei stumm, weil er nicht darauf kommt, die
kleine silberne Stecknadel hinter ihrem Ohr herauszuziehen.‹
Der erste Mann ließ sich wieder vernehmen und sagte: ›Dabei
würde das Mädchen ganz schön viel reden, wenn er das täte . . .‹
Eilig ging der junge Mann nach Hause, sah sich das Ohr des
Mädchens an, fand tatsächlich eine silberne Stecknadel hinter
dem Ohr und zog sie heraus. Da begann das junge Mädchen zu
sprechen und erzählte, wie es vor zwölf Monaten von den Elfen
gestohlen worden war.

›Bring mir Wolle‹, sagte die junge Frau, ›und ich werde dir eine
Weste stricken!‹ Das tat sie auch, und, als sie damit fertig war,
befahl sie: ›Jetzt gehst du zum Jahrmarkt. Dort wirst du einem
alten Mann begegnen. Wenn er dich in dieser Weste sieht, wird
er vielleicht böse werden, vielleicht aber auch nicht . . .‹

Am nächsten Tag zog der Mann ganz zeitig los. Er war noch
längst nicht auf dem Jahrmarkt, als ein Mann auf ihn zutrat und
fragte, wie er an die neue Weste gekommen sei. ›Es gibt nämlich
nur eine, die so etwas stricken kann‹, erklärte der Alte, ›und die
ist vor zwölf Monaten von den Elfen geraubt worden.‹

Die beiden Männer zogen zusammen los, und als sie im Haus
des Jüngeren ankamen, weinte und lachte das junge Mädchen
vor Freude, denn es hatte seinen Vater wieder. Der junge Mann
und das Mädchen heirateten, und der Vater des Mädchens
schenkte ihnen ein großes Vermögen. Zweihundert Pfund sollen es gewesen sein. Und es heißt, die Familie hätte von jenem
Tag bis heute immer genug Geld gehabt . . .«

Dem Erzähler war die Pfeife ausgegangen. Er zündete sie wieder an. »Sehen Sie«, meinte er, »das ist eines der Dinge, die sich
hier an dieser Stelle ereignet haben sollen.« »Wieviel von der
Geschichte glauben Sie?« fragte ich. »Manche glauben jedes
Wort.«

»Aber es ist doch nicht wirklich geschehen«, lachte ich und setzte mich auf die Erde.

»Hier sind noch weit seltsamere Dinge passiert«, belehrte mich der Mann in fast strengem Ton. »Stehen Sie von der Zauberstelle auf, und dann werde ich Ihnen von der Hexe von Maumakeogh erzählen.«

Das tat er, und er berichtete auch von dem lahmen Jungen in Mallaranny, der die zukünftige Eisenbahn vorausgesagt hatte.

Solche Geschichten dürfen freilich nur zu gewissen Zeiten erzählt werden, dann, wenn der Wind über das Meer bläst und die stillen blauen Berge ebenfalls zuhören.

3

Wer lange genug in Irland lebt, kann sich eine herrliche Sammlung ausgefallener Ausdrücke zulegen, die von der verblüffenden Phantasie der Iren zeugen. Wenn sie richtig in Fahrt sind, entschlüpfen ihnen die prächtigsten Vergleiche, wobei das Gälische ganz deutlich zutage tritt.

Ich habe eine Reihe solcher Ausdrücke auf meiner Reise gehört, aber noch schöner sind diejenigen, die ich gelesen habe. Hier ist nicht an die scherzhaften Bemerkungen gedacht, die man allenthalben hört, sondern an lebensvolle Wortschöpfungen, die in ihrer Farbigkeit Menschen und Begebnisse so exakt und einmalig schildern. Im Zeugenstand erklärte ein Arbeiter im Westen einem Bezirksgericht, weshalb er nicht in einem gewissen Haus wohnen wollte. »Es ist so zugig dort«, sagte er, »daß sich eine Wildente Rheuma holt.« Stephen Gwynn erzählt von einer irischen Köchin. Diese entdeckte eines Tages, daß der Brunnen ausgetrocknet war, und erklärte ihrer Herrin: »Da ist nicht genug Wasser drin, um eine Elfe zu taufen, und ich soll die Kartoffeln fürs Mittagessen aufsetzen . . .«

Arnold Bennett mokierte sich einmal in einer englischen Zeitung über »das ernsthafte Bemühen, die alte irische Sprache als lebende Sprache« zu etablieren. Er schrieb: »Diese sinnlose Querköpfigkeit, das kindliche Negieren von allem, was die Geschichte lehrt, hat mir einen Schock versetzt. Wie konnten die intelligenten Iren überhaupt ein solches Vorhaben beginnen? Weshalb hat man es zugelassen? Warum hat die öffentliche Meinung dieses Vorhaben nicht vom ersten Tage an durch Lächerlichkeit zunichte gemacht? Kann ein Land, das eine solche Tragikomödie zuläßt, Verständnis für die Literatur haben? Kann der literarische Genius auf einem solchen Boden gedeihen?«

Das »Land«, von dem Bennett sprach, war vermutlich Dublin. Wäre er allerdings durch das ursprüngliche Irland gereist, hätte er wohl gemerkt, wie lebendig die »alte irische Sprache« ist. Ich erwähnte bereits das Mädchen aus Connemara, das die amerikanischen Einwanderungsbehörden wegen seiner mangelnden Englischkenntnisse abgewiesen hatten. Und was den literarischen Genius betrifft, so entspringt er durchaus einem »solchen Boden«. Das Genie der Dichter Yeats und Synge wurzelt im alten Irisch. Vor allem hat die Wiederbelebung des Gälischen eine Volksbewegung in Gang gebracht, der letztlich die Unabhängigkeit Irlands zu verdanken ist.

Nur die Zeit kann das Urteil fällen, ob dies alles eine Tragikomödie war oder nicht. Mag das Gälische keine Handelssprache geworden sein, so hat doch der Wiederbelebungsversuch die irische Literatur befruchtet und den Genius des Landes entscheidend inspiriert.

4

Der kleine Mann war gerade dabei, die Decke zu weißen. Er fragte seinen Kollegen, ob er am Abend mitginge, um bei O'Brien die Totenwache zu halten, doch der Angesprochene lehnte ab. Seine Füße täten ihm weh, und der Weg wäre zu weit. Der Weißbinder bedauerte das sehr.

Ich wartete eine jener unausbleiblichen Arbeitspausen ab, die das Leben aller Anstreicher bestimmen, und dann führte ich den schmächtigen, kleinen Kerl zu O'Caseys Bierladen. Es ging ganz ohne Schwierigkeiten. Seit ich mich auf irischem Boden befand, hatte ich den Wunsch, an einer irischen Totenwache teilzunehmen. Die Sitte, die zuweilen in einen Leichenschmaus ausartet, stirbt allmählich aus, denn in den Augen der Kirche ist sie ein Relikt aus heidnischen Zeiten. Heute fordert man die Angehörigen auf, den Körper des Verstorbenen unmittelbar nach Eintritt des Todes bis zur Beisetzung in die Kapelle zu bringen. In manchen Gegenden wird das Trinken bei der Totenwache mit Exkommunikation bestraft. Die Geistlichen machen allerdings keinen Hehl daraus, daß derartige Veranstaltungen immer noch in den entlegenen Winkeln des Westens stattfinden und wohl auch künftig abgehalten werden.

Ich wartete, bis der Weißbinder sein Gesicht tief in einen Becher Porter getaucht hatte. Dann wagte ich meine Frage. Dürfte ich ihn am Abend zur Totenwache von O'Brien begleiten, ohne irgendwen zu verletzen? Selbstverständlich, antwortete der Maler, es wäre ein Kompliment für die Leiche. Die saloppe Handhabung einer so düsteren Angelegenheit machte mich unsicher. Ich verwies auf die Möglichkeit, daß die vulgäre Neugierde eines Fremden die Familie und Freunde des Toten verärgern könnte. Der Weißbinder beruhigte mich. Ich würde überhaupt nicht stören. Wozu sei denn eine Totenwache schließlich da? Als er erfuhr, daß ich ein Auto hatte, war er vollkommen überzeugt, daß die fast 15 Kilometer entfernte Totenehrung ohne meine Teilnahme nur eine sehr unvollständige Angelegenheit wäre.

Der Mann redete von Totenwachen wie ein Großstädter über den letzten Kinobesuch. Der Leichenschmaus von O'Flaherty jenseits der Berge hinter Letterash muß eine feine Sache gewesen sein. Allerdings hatte er sich noch besser bei der alten Frau Dempsey unterhalten. Dort hatte man getanzt. Mir wurde klar,

daß mein Gesprächspartner die Besuche in den Häusern der Verstorbenen als Freizeitgestaltung betrieb. Es war seine einzige.
»Gehen Sie zu jedem Leichenschmaus?« fragte ich.
»Gewiß«, rief er und tauchte im Bierglas unter. Er lachte fröhlich, als er wieder hochblickte. »Wer zu den anderen geht, bekommt selbst eine schöne Totenwache. Kommst du zu mir, gehe ich auch zu dir . . .«
Die letzte Bemerkung fand ich recht irritierend, aber mir war das Gespräch ohnehin entglitten. Mein Horror vor Ansteckungen ließ mich fragen: »Woran ist er gestorben?« »Ich glaube am vierzehnten Kind«, meinte der Weißbinder. »Es handelt sich um Frau O'Brien!«
Nachts um elf holte er mich ab. Er hatte fast die ganze weiße Farbe aus dem Haar gewaschen, den Hals geschrubbt, und er trug ein Hemd mit Krawatte. Das Haus, zu dem wir hinwollten, erwähnte er, sei arm und klein. Erfrischungen würde es dort nicht geben. Vielleicht wäre es ganz gut, noch einen »zu heben«, um uns für die traurige Pflicht zu stärken. Der Mann entschuldigte sich im voraus für die Totenwache. Die arme Verstorbene sei noch so jung gewesen. Wäre sie alt gestorben, hätte es keinen Grund zur Trauer gegeben. Für uns hätte das einen vergnügten Abend mit Tanz bedeutet. Eine junge Leiche sei eine traurige Angelegenheit, fügte er hinzu.
Ich meinte, eine Mutter von vierzehn Kindern könne nicht ganz so jung sein, aber mein Begleiter war da anderer Meinung. Ein noch lebender Vierziger war für ihn ein Mensch im gesetzten Alter, aber eine vierzigjährige Leiche erschien ihm jugendlich. Diese Art der Betrachtung war mir neu.
Wir fuhren fast 15 Kilometer in eine wilde und sehr verlassene Gegend. Der Mond schien hell. Die Berge, um die wir kurvten, wirkten riesig groß, und gelegentlich leuchtete das Meer silbrig weiß. Schließlich erreichten wir eine Gruppe von Hütten auf einem Hügel, die im Mondlicht hellgrün schimmerten. Alle Fenster waren erleuchtet.

Wir ließen das Auto stehen und liefen einen steilen, felsigen Pfad zum Meer hinunter. Mein Freund erklärte mir, weshalb so viele Männer in der Dunkelheit unterwegs waren. Wenn jemand stirbt, legt das ganze Dorf bis zur Beerdigung die Arbeit nieder, und Mitglieder aus jeder Familie wachen abwechselnd zwei Tage und Nächte bei dem Toten.

Am Ufer brannte ein winziges Licht. Es kam aus der Hütte der O'Briens. Auf dem Weg dorthin tauschten wir Grüße mit den plötzlich auftauchenden Menschen aus. »Gute Nacht, Pat«, hieß es, »Gute Nacht, Mick« und so weiter. Dann erreichten wir die kleine Hütte am Rande des Wassers.

Die Tür stand offen. In dem kleinen Raum herrschte die Lautlosigkeit des Todes. Mit gesenktem Kopf knieten wir nieder. Ich fühlte, daß der Raum voller Menschen war, roch den Torf und hörte die Grillen im Herd lärmen. Als wir aufstanden, trat ein alter Mann, der am Feuer gesessen hatte, auf uns zu. Er zeigte sich nicht im geringsten über meine Anwesenheit überrascht, reichte uns bereits gestopfte Tonpfeifen und wies auf eine Holzbank. Danach setzte er sich wieder ans Feuer, umfaßte den Griff seines Stocks und legte das Kinn auf die gefalteten Hände. Drei Kerzen in Messinghaltern erleuchteten die Stube. Auf dem Tisch lagen außerdem ein Haufen Tonpfeifen und ein Teller mit geschnittenem Tabak. Im Schein der Kerzen sah man die tote Frau. Sie lag auf einem in die Wand eingebauten Bett in der Nähe der Feuerstelle. Weiße Tücher, auf die man schwarze Kreuze genäht hatte, bedeckten das Bett. Die Leiche war in ein braunes Gewand gekleidet, wie es die Nonnen tragen, und man sah nur Gesicht und Hände. Die Augen standen halb offen. Eines davon sah mich mit einem Blick furchterregender Klugheit an.

Die schwere Arbeit, die vielen Geburten und das armselige Essen hatten diese Frau zugrunde gerichtet. Sie war nicht jung, wie mein Freund, der Weißbinder, behauptet hatte, sondern wahrscheinlich Anfang Vierzig und herzzerbrechend dünn.

Alle Armut war von ihr gewichen, und in der Majestät des Todes lag sie wie eine Königin da.

Ungefähr dreißig Männer und Frauen saßen in dem dunklen Raum. Die Männer trugen Mützen und Hüte und bemühten sich, ihre Pfeifen am Brennen zu halten. Keiner von ihnen sprach. Nur die Grillen erfüllten mit ihrem monotonen Zirpen das All mit einer durchdringenden Schärfe. Die Männer waren Feldarbeiter und Fischer, ihre Frauen vom gleichen Schlag. Hin und wieder seufzten sie und scharrten mit den Füßen. Im Nebenraum schnarchte jemand laut. Es war der Ehemann. Er hatte die ganze vergangene Nacht bei der sterbenden Frau gesessen. Der Alte am Feuer war ihr Vater.

Den Türrahmen füllte helles Mondlicht, so weich wie Samt, und vor der Hütte schlugen die Wellen sanft an die Felsen. Die Stille, nur von den spitzen Schreien der Grillen, jener »Sänger in der Glut«, unterbrochen, zerrte an meinen Nerven. Mir war es, als warteten wir auf die Auferstehung. »Schönes Wetter haben wir gehabt«, sagte der alte Vater und spuckte ins Feuer.

»Stimmt«, flüsterte mein Freund, der Weißbinder.

»Wir können es bei Gott gebrauchen«, fuhr der Alte fort.

»Das können wir«, stimmte der Weißbinder ein.

Die Grille zirpte wie wahnsinnig, und die glühenden Torfbrokken zerfielen mit leisem Puffen. Einige der vierzehn Kinder drängten sich in der Tür zum Nebenzimmer aneinander und starrten in die Stube mit der aufgebahrten Toten. Zwei von ihnen waren in Amerika und wußten noch nichts vom Tod der Mutter.

Immer wieder kamen Menschen in die Hütte, knieten nieder und machten das Zeichen des Kreuzes. Was hätte ich darum gegeben, die Grille zum Schweigen zu bringen, deren Zirpen mir wie Peitschenhiebe durch den Kopf ging! Würde denn nichts geschehen? Würden wir die ganze Nacht in dieser furchtbaren Stille bei der Toten wachen? Wo blieben die trauernden Frauen, die sich hin und her wiegen und die Totenklage anstimmen?

Plötzlich entstand hinter einem Vorhang aus Sackleinwand Bewegung. Ein Schwein grunzte! Ich hatte schon weit ärmlichere Hütten in Kerry und Connemara erlebt, doch niemals war ich einem Schwein in der Stube begegnet. Es sollte noch seltsamer kommen. Ein Ding, das wie ein weißer Sarg aussah, erhob sich über den Köpfen der Totenwächter. Es war eine weiße Kuh. Da sie merkte, daß die friedliche Routine des Alltags gestört war, hatte sie sehen wollen, was denn zu dieser Nachtstunde passierte. Die Tiere lebten in einem Anbau, der von der Wohnstube nur durch einen Sack und eine lange Holzstange getrennt war. Aus feuchten Nüstern blies die Kuh ihren Atem ins Sterbezimmer und blickte mit ihren sanften Augen, die nichts begriffen, umher. Das Bild war von solch klassischer Einfachheit, daß ich an die Geburt Christi denken mußte.

Es war alles so überwältigend. Im Schatten jenes Mysteriums, das der Menschheit von Anbeginn Leid gebracht hat, wachten einfache sanfte Männer und Frauen von den Feldern und dem Meer. Sie saßen in einer von Armut geschlagenen Hütte am Rande des Atlantiks, aber nichts Primitives lag in ihrer Trauer. Die verzehrende Stille war viel feierlicher als heftige Gefühlsausbrüche. Tiefe Gläubigkeit erfüllte diese Menschen. Alle sahen sie die tote Freundin auf den Stufen des Paradieses stehen. Das Leben hatte einen Körper verbraucht und ausgelöscht, aber die Zurückgebliebenen sahen nicht den Tod. Sie nahmen nur die Ruhe eines Gesichts wahr, von dem aller Schmerz gewichen war, und dies war für die Menschen ein Beweis, daß die Tote ihnen nur auf einem herrlichen Weg vorangegangen war. Ich hatte den Wunsch, ein großer Maler könnte die Szene einfangen. Sein Bild hätte nicht »Tod«, sondern »Glaube« geheißen.

Die Kuh stampfte in ihrem Verschlag, die Grille zirpte im Herd, der Torf wurde zu Asche, und die Kerzen im Wind tropften ölig. Zuweilen scharrten plumpe Füße auf dem Steinboden, die Menschen seufzten und flüsterten. Sie erzählten, die Tote sei eine gute Frau gewesen, und erinnerten sich an kleine Dinge ihres Lebens.

In einem jener geflüsterten Ausbrüche, die in gespanntem Schweigen hin und wieder entstehen, fragte ich den Mann neben mir, nur um meine eigene Stimme zu hören, woran die Frau denn gestorben sei.

»Schwindsucht«, flüsterte mein Nachbar mir ins Ohr.

Eine feige Panik, den Raum zu verlassen, ergriff mich. Ich wollte hinaus ins helle Mondlicht und im Wind am Meer laufen. Natürlich war es die Schwindsucht! Selbst die weiße Kuh, die da sanft und töricht die tote Frau anstarrte, sah schwindsüchtig und düster aus.

Wir gingen den steilen Pfad zum Wagen zurück.

»Das war traurig«, stöhnte der kleine Weißbinder. »Wenn nur der alte Mr. O'Brien gestorben wäre, dann wär's lustig geworden. Vielleicht hätte es sogar Tanz gegeben.«

Die Grille lärmte noch immer in meinem Hirn.

»Ich muß schon sagen«, lächelte der Weißbinder. »Sie haben sich so benommen, als wären Sie Ihr ganzes Leben zur Totenwache gegangen.«

Wir kamen an den kleinen weißen Hütten auf dem Hügel vorbei. Der Mond hatte sie grün angestrichen, und in allen Fenstern brannte noch immer Licht.

5

Eine schmale Brücke verbindet ein paar tausend Menschen mit Irland. Sie leben auf der Insel Achill im Schatten der blauen Berge und in der Düsterkeit brauner Torfmoore. Sie denken irisch und sprechen irisch, und wenn die Sonne scheint, wohnen sie in einem Paradies der Farben. Da können Berge, Himmel und Meer mit Neapel wetteifern, aber bei schlechtem Wetter brüllen die Wellen von allen Seiten, und die Ostwinde fegen wie Tausende von Teufeln um die Berge.

Es ist kaum zu schildern, wie die kleinen weißen Häuschen auf den Felsen stehen. Die winzigen Kartoffelfelder zeugen vom heroischen Bemühen auf steinigem Boden. Die Menschen von Achill aber lieben Musik und Tanz. Der Klang ihrer Fiedeln ist wie der Gesang von Spatzen. Und beim Kaufmann haben sie alle Schulden.

Auf Achill kann man nicht zu Geld kommen, Kredite werden also auf zwölf Monate gewährt. Die ganze Insel lebt auf Kredit und macht von einer Ernte zur anderen Schulden. Im Frühjahr verlassen alle gesunden Männer und manches stämmige Mädchen die Insel. Sie gehen nach England oder Schottland, um dort ihre starken Arme an fremde Bauern zu verkaufen. Fünf Monate lang arbeiten sie schwer, kommen dann mit den Ersparnissen wieder und zahlen die Rechnungen vom Vorjahr.

Im Land des ewigen Abschieds bleibt der regelmäßige Auszug aus Achill einmalig. Sonderschiffe aus Glasgow und Liverpool legen auf der Insel an, die Männer winken den Frauen Lebwohl und stürzen sich in den überseeischen Goldrausch.

Als ich auf der Insel weilte, war es gerade Frühjahr und Zeit, für die Jahreswanderung zu rüsten. Vor der Reise stechen die Männer in hektischer Eile ihren Torf. Auf Achill wird der Torf früher als sonstwo gestochen, denn er muß zum Trocknen gestapelt werden, ehe die Auswanderer losziehen.

Die Männer stehen mit seltsam geformten Spaten im braunen Moor und arbeiten schnell und methodisch. Die Frauen füllen große Weidekörbe mit Torf und tragen sie langsam auf ihren Schultern von den Feldern. Barfüßige Mädchen führen schwer beladene Esel. Großmütter mit verbrauchten Gesichtern und Gelenken, die von Rheuma und Schwerarbeit steif geworden sind, mühen sich mit Lasten ab, die ein Großstädter kaum fünfzig Meter schleppen könnte. Auf den Feldern arbeiten die Frauen, wenden die harte Erde und säen die Saat aus. Nichts darf auf Achill einen Mann davon abhalten, den Torf zu stechen, denn sonst bleibt der Herd im Winter kalt. Und dann

muß er sein Heim verlassen und seinen Schweiß so teuer wie
möglich verkaufen...

Welch eine seltsame und rührende Insel ist doch Achill, aber
niemand scheint sich dessen bewußt zu sein. Gott hat die Menschen auf diese Felseninsel gebracht, und darum will er auch,
daß sie dort bleiben. Wer würde es wagen, gegen die göttliche
Weisheit aufzubegehren? Der Boden ist hart, und es gibt kein
Geld, aber in England und Schottland kann man welches verdienen, und durch göttliche Vorsehung sind diese fremden Länder nur einige Schiffsstunden entfernt.

Kenner des irischen Wesens empfinden es als durchaus natürlich,
daß die wiederholten Aufenthalte in England und Schottland
die Leute von Achill nicht verändert haben. Sie sind konser-
vativ und offenbar immun gegen Ansteckungen der Moderne.

Sind die Männer fort, wird Achill eine Insel der Frauen. Sie versorgen Haus und Felder, arbeiten schwer und treffen Vorsorge
für den Herbst, wenn die Männer heimkehren. Diese Frauen
und die der Großstadt leben in zwei verschiedenen Welten. Es
ist tragisch, wie auf Achill die Schönheit verblüht. Mit dreißig
ist eine Frau alt, mit vierzig eine Greisin. Sie weiß nichts von
Bequemlichkeit oder Pflege, und niemals kommt für sie der
Tag, um die Hände in den Schoß zu legen und vom ruhigen
Hafen des Alters Rückschau zu halten. Die Frauen, die auf den
Feldern arbeiten und wie Lasttiere die Straße entlang ziehen,
gehen so gebeugt und haben so viele Falten, daß man ihr Alter
nicht schätzen kann.

Trotzdem gibt es Gelächter auf Achill. Die jungen Mädchen
lachen, während sie die Gänse über die Felsen treiben und wenn
sie mit ihren Körben über die niedrigen Steinmauern klettern.
Lachen erklingt, wenn sie die wilden Hunde davon abhalten
müssen, einen Fremden zu beißen. Am meisten lachen sie, so
wurde mir berichtet, sobald zum Tanz aufgespielt wird. Da sind
die Männer heimgekehrt, und in den Bergen zwitschern die Fiedeln wie Vögel auf dem Dach.

Ein eigenartiger Zauber umgibt die Insel. Der Maler Paul Henry hat viel davon in seinen charakteristischen Bildern eingefangen. Staunend entdeckt man, daß die Berge tatsächlich so blau sind, wie er sie gemalt hat, und ebenso blau ist das Meer. Die Wolken sind groß, und abends leuchtet der Horizont im grellen Grün. Zu gewissen Zeiten wird die ganze Insel – Land, Meer und Himmel – in einen überirdischen Glanz getaucht, für den es keine Worte gibt.

In einem Winkel von Achill gibt es Sandstrand. Dort spült der Atlantik weiße Wogen ans Land und wirft braunen Gischt hoch, der in der Sonne wie Diamanten funkelt. Man sieht braune Klippen, geheimnisumwitterte Landzungen, wildes Moor. An abgelegenen Stellen gibt es kleine Bergsiedlungen, in denen die Menschen in bienenkorbförmigen Steinhütten leben. Als ich auf Achill war, besuchte ich einen Mann, der in einer solchen primitiven Hütte wohnte. Er hieß Lavelle und war französischer Abstammung. Vor langer Zeit war die Familie zum Fischen auf die Insel Boffin gekommen.

Die Hütte, eigentlich ein steinernes Zelt, war ein Rundbau und hatte ein Loch im Dach als Abzug für den Rauch vom Torffeuer. Lavelle öffnete seine Tür höflich, um mir die Hütte vorzuführen. Er lebte zusammen mit einem weißen Pony, was auch den Haufen Futter erklärte. Der Raum war unerträglich heiß und stickig. Ich machte einen Bogen um das Hinterteil des Ponys und fragte mich, weshalb die Hütte in all den Jahrhunderten nicht abgebrannt war. Torf ist eben ein sehr sicherer Brennstoff. Fliegende Funken und abspringende glühende Teilchen wie bei Holz oder Kohle entstehen bei Torffeuer nicht. Andernfalls wäre auch die Kombination von Heuschober, Stall und Haus schon vor langer Zeit abgebrannt.

Es ist recht seltsam, einen Menschen in so vorgeschichtlicher Umgebung zu erleben. Selbst in frühester Zeit waren menschliche Wohnstätten mit farbigen Tierbildern bemalt, wie man in den Grimaldi-Höhlen der Mittleren Steinzeit in Italien sehen

kann. Diese irische Hütte war bar jeglichen Schmucks und
zeugte nirgends von einem Sinn für Schönheit.

Selbst die einheimische Bevölkerung betrachtet diese Behau-
sungen mit einer gewissen Neugierde. Im Vergleich zu derarti-
ger Primitivität ist das ärmste Häuschen mit Feuerstelle, Tür
und Schlafraum nahezu eine Villa. Die Insel Achill besitzt in
diesen vorgeschichtlichen Hütten etwas, das älter ist als die
Iren. Eigenartig, daß gerade ein Mann französischer Abstammung so hauste!

Brennend taucht die Sonne von Achill die Berge in blaue Schatten. Sie macht das Meer blau, den Himmel und selbst die nassen
Pfade auf den Bergen. Am Torffeuer sitzt der Priester und
pflegt seine Nervenentzündung. Er sagt, die Menschen auf der
Insel seien gut. Der Arzt, neben dem Geistlichen der einzige
prominente Einheimische, heilt die Kranken von Achill in der
örtlichen Gaststube. Er würde, sagt er überzeugt, sein Leben
hier nicht gegen die beste Praxis in Dublin eintauschen.

Der flammende Sonnenuntergang, das Meer, das langsam silbern wird, der erste Stern über den dunklen Hängen von
Croaghaun sind so schön, daß man immer wieder seufzen muß.
Achill gehört zu den Orten, die der Mensch fest im Herzen ver-
schließt. Er nimmt sich selbst das Versprechen ab, eines Tages
zurückzukommen. Eines Tages ...

6

Es regnete mit grimmiger, ruhiger Beharrlichkeit, als ich Sligo
verließ und die Straße durch Bundoran nach Donegal fuhr. Auf
einem großen Platz standen Viehtreiber mit langen Stöcken
herum, und ein paar Kühe stolperten die Straße entlang. Zuweilen fuhren Wagen mit Torf oder Gemüse beladen in den
Regen hinaus. Irland hat viele Städte, deren Namen in der Welt
bekannt sind und einen eigenen Klang haben, so daß der
Fremde dort Türme, Giebel und viele Menschen erwartet. Statt

dessen landet er verwundert in einer kleinen Stadt wie Donegal, in der sich ein paar Männer im Regen zusammendrängen und Kälber traurig blöken.

Der Gegensatz zwischen Erwartung und Wirklichkeit ist leicht zu erklären, denn der Ruhm solcher Ortschaften lebt nur in den Erinnerungen der Auswanderer, die, krank vor Heimweh, von einer Pracht erzählen, die es niemals gegeben hat.

Die Bucht von Donegal ist großartig, aber erst die Berge und die scharf ins Meer fallenden Klippen machen die Landschaft schön. Der Nebel verwehrte mir den Blick auf die Bergspitzen und lag wie ein weißes Tuch über dem Meer. Ich ging zum Rand der Klippen und sah durch den Nebel die Wogen wild und donnernd gegen die Felsen schlagen. Um mich waren die unbestimmten Schatten der Berge – Berge, die aus dem Meer stiegen und aus dem Boden wuchsen, grün und glatt im Regen.

Donegal kann man nicht vergessen. Connemara hat etwas Heldenhaftes an sich, Donegal ist viel sanfter. Würde man unter der steinigen Erde von Connemara nach der Vergangenheit graben, dann könnte man eine Streitaxt finden, die einer in einer Schlacht verloren hat. In Donegal darf man einen Topf Gold erwarten.

Es lohnt sich, im Atlantiksturm, der im Gebirge tobt, auszuharren, um den Abend zu erleben, wenn sich der Regen verzieht. Die Wolkendecke wird dünner, im wäßrigen Grau zeigt sich klares Blau, und plötzlich zieht eine Schönheit, die nicht von dieser Welt ist, über das Land. Die ganze Gegend wirkt verändert. Auf einem Feld steht ein Torfhaufen, der zuvor nur eine feuchte Pyramide in einer Wasserlache war. Das neue, verzaubernde Licht gibt der Szene eine veränderte Bedeutung. Der Torfhaufen erscheint plötzlich wichtig und lenkt die Aufmerksamkeit auf sich. Farbig schillert das Wasser am Rande des Moors, denn der Himmel ist heruntergestiegen und hat es berührt. Alles ist verklärt. Berge treten aus dem Nebel hervor, und mit einem Mal sind sie vom gleichen kühnen Blau wie das

Meer. Eine Lerche steigt auf, ein Regenpfeifer ruft im grünen
Sumpf, seltsam geformte kleine Steinmauern glänzen, die weißen Häuschen strahlen, und auf der Straße treibt ein Mädchen
mit einem Tuch um Kopf und Schultern einen alten Esel. Es ist
wie im Märchen. Man erwartet beinah, daß das Mädchen sich
als verkleidete Prinzessin zu erkennen gibt und daß einen das
arme zerzauste Tier auf seine stumme Art wissen läßt, es suche
eine verzauberte Rose.

Das Licht, das Donegal eine Stunde lang oder manchmal nur
für eine Minute in ein Gedicht verwandelt, ist äußerst beunru-
higend. Wenn jemand mit Sinn für Schönheit sich dieser Ver-
zauberung jeden Tag ausgesetzt sähe, wäre er dem Alltag nicht
mehr gewachsen. Sollte Irland jemals eine heilige Johanna hervorbringen, würde ihr der Engel in Donegal erscheinen, wenn
sie nach dem Sturm einen alten grauen Esel die Straße entlang-
treibt.

7

»Die ganze Landschaft wirkt uneinheitlich«, schreibt Padraic
Colum. »Kleine Fetzen und Stückchen von Acker- und Weideland liegen bunt durcheinander. Ein brauner Fleck, auf dem
Hafer wächst, zieht sich neben einem grünen mit Rüben oder
Kartoffeln einen Hang hinauf. Oberhalb von beiden wächst
Heidekraut. Auf einer grünen Höhe über dem Heidekraut
grast eine weiße Kuh, und am anderen Ende der Äcker ragt ein
Feld mit Kohlköpfen wie ein kleines Vorgebirge ins Meer. Es
gibt fast nur kleine und winzige Felder, allesamt von Mauern
aus lose aufgesetzten Steinen durchzogen und begrenzt ... Von
diesen Mauern umgeben wirken Kuh, Pferd oder Esel, als seien
sie in die seltsame Falle dieser Dorfbewohner geraten. Häuser
stehen überall dort, wo man ein paar Quadratmeter Boden bebauen kann. Bedenkt man, wie arm das Land ist, gibt es zahlrei-

che Hütten. Sie sind besser und bequemer als diejenigen, die zwanzig Jahre zuvor an gleicher Stelle standen. Diese Verbesserung ist den örtlichen Institutionen zu verdanken.

Es ist eine aufreibende Angelegenheit, seinen Lebensunterhalt aus einem Stück Boden von zehn Morgen in so windigem und regnerischem Klima zu gewinnen. Vielleicht wäre das Leben nicht ganz so aufreibend, wenn für die Haupterzeugnisse der kleinen Anwesen, Butter, Eier und Geflügel, in der Nähe ein Markt vorhanden wäre. Solche Märkte aber gibt es nicht. Die Leute können ihr Vieh, die Kühe und die Schafe, auf dem Markt verkaufen, aber Butter, Eier und Geflügel müssen sie dem Ladenbesitzer im Dorf verkaufen oder bei ihm gegen andere Güter eintauschen. Wahrscheinlich wäre es unmöglich, hier durchzuhalten, hätten nicht die Familien, praktisch fast alle von ihnen, irgendwelche zusätzlichen Einnahmen von außerhalb . . .

Durch ihre eigenen Erzeugnisse und das, was von weither dazukommt, gelingt es den Menschen, sich zu arrangieren. Sie sind standhaft und einsichtig, aber ihre wirtschaftliche Lage ist prekär. Nachts liegen sie wach und sorgen sich um ihren Torf und Hafer im strömenden Regen. Ein Ernteschaden oder gar die Vernichtung der Ernte sind Schläge, von denen sie sich ein ganzes Jahr lang nicht erholen. Ein mageres Torfergebnis läßt die Sterblichkeit steigen . . . Für Milch, Butter, Getreide und Heizmaterial sind die Familien Selbstversorger, doch das reicht nicht. Für eine ganze Reihe von Bedürfnissen müssen sie in den Dorfladen gehen. Der Kaufmann dort nutzt ihre Not aus, ihre Kurzsichtigkeit in wirtschaftlichen Dingen und daß sie nicht mit dem Geld haushalten können.

Auf dem irischen Land hat man ein sehr treffendes Wort für einen allzu listigen Kaufmann. Man nennt ihn ›gombeen‹, es ist die Bezeichnung für einen, der habgierig alles an sich reißt. Nicht alle Ladenbesitzer sind ›gombeen‹, aber in jeder Dorfgemeinschaft finden sich welche. Sie beherrschen das Dorf. Die

Bauern sind bei ihnen eingetragen und wagen sich nicht in einen anderen Laden. Nie wissen sie, wieviel sie dem Kaufmann schulden, denn er berechnet ihnen Zinsen auf die Außenstände. Er kauft ihnen ihre Butter und Eier ab, zahlt aber nie den vollen Preis dafür. Das im Ausland verdiente Geld, der Scheck aus Amerika, der Erlös der Kühe und Kälber – alles wandert in den Rachen des ›gombeen‹-Kaufmanns. Seine harten Praktiken erinnern an die Zeit der Feudalherrschaft im alten Regime.«

Padraic Colum hat auch vom einzigen Weg gesprochen, wie dieser Ausbeutung der bäuerlichen Bevölkerung zu begegnen ist, nämlich durch die Einrichtung von Konsumläden. Es gibt viele solche in Irland. Manche sind erfolgreich, andere nicht. Die Irische Landwirtschaftliche Gesellschaft ist dabei, das bäuerliche Leben neu zu organisieren. Der Bauer soll sein eigener Großhändler, Einzelhändler, Produzent und Verkäufer sein. Er soll all die Dinge selbst besorgen, für die er in der Vergangenheit unzählige Zwischenhändler brauchte. Das erscheint die einzig vernünftige Lösung vieler Probleme, um den irischen Bauern aus dem hoffnungslosen und untragbaren Zustand ewiger Verschuldung herauszuführen.

8

In den Bergen von Donegal gibt es weitläufige Siedlungen, die ich mangels einer besseren Bezeichnung »Dörfer« nennen muß. Irische Dörfer sind anders als in vielen Teilen der Welt. Die Häuser stehen nicht um Kirche und Rathaus herum, sondern ziehen sich häufig viele Kilometer am Berg entlang. Besonders im Westen ist das so.

Eines Abends spazierte ich durch ein solches »Dorf«. Mich begleitete ein glühender Anhänger der Gälischen Liga, der glaubte, die Zukunft Irlands hinge von der Wiederbelebung des Gälischen ab. Er bot sich an, mich zu einem alten Bauern zu führen, der für ihn ein typischer Vertreter der dortigen Bewohner war. Wir kamen zu einem weißen Häuschen, klopften an, und mein Begleiter rief einen gälischen Gruß. Ein alter Mann bat uns herein. Er trug geflickte Hosen und eine handgewebte Jacke und fragte, als ich ihm vorgestellt wurde, ob ich Gälisch könne. Als vollendeter Gentleman wandte er sich dann an mich und sagte auf englisch: »Willkommen in meinem Haus.«

Der alte Mann stellte einen Stuhl und einen Hocker vor das Feuer und bat uns, Platz zu nehmen. Trotz der Proteste meines Freundes holte er Tassen herbei und einen Topf aus der Asche des Torffeuers. Der Tee war sehr dunkel, stark, voller Gerbsäure und für meine Begriffe ungenießbar. Ich trank ihn ganz langsam und überlegte derweil, wie ich einer zweiten Tasse entgehen konnte.

Unser Gastgeber saß auf einer Bank an der Wand. Er mag ungefähr 65 Jahre alt gewesen sein, vielleicht sogar älter, und war mit seinem weißen Bart ein beeindruckender Patriarch. Die Augen waren eine eigenartige Mischung von Mönch und Playboy, eine im irischen Westen recht häufig anzutreffende Kombination. Mein Begleiter wollte gern seine gälischen Kenntnisse vorführen, aber der alte Mann bewies exquisites Benehmen, antwortete auf englisch und ließ mich so an der Unterhaltung teilnehmen.

Wir redeten über alles Mögliche, hauptsächlich über die örtlichen Behörden, die dem Mann offenbar mißfielen. Er war mit einem ihm zugewiesenen Stück Land nicht zufrieden, und es gab noch andere Dinge, die ihn ärgerten. So ganz konnte ich nicht folgen, sah mich im Raum um und genoß die Atmosphäre. Anders als die Hütten in den wilderen Teilen Connemaras war diese hier sauber und geräumig. Sie enthielt nur das Notwendigste, was allerdings kein Beweis für Armut war, sondern ein Zeichen, daß sich das Leben hauptsächlich im Freien abspielte. Es gab einen Stuhl, einen Hocker, die Bank und einen kleinen Tisch. Vor dem heiligen Herzen brannte ein rotes Licht, an der

Wand hingen zwei Bilder. Das eine war der Kalender des Lebensmittelhändlers und zeigte Christus mit einem Lamm, das zweite stellte rätselhafterweise Königin Victoria dar. Die Seele dieser Hütten ist das Torffeuer. Es ist sanft, fördert Geselligkeit und Zuneigung und beflügelt die Phantasie. Der Geruch von Torf verheißt dem Wanderer Wärme und Schutz. Noch am folgenden Tag riecht er das scharfe Aroma des Feuers in seinen Kleidern und denkt an die liebenswürdige Gastfreundschaft im irischen Heim.

Nirgends stand ein Buch, einzig sichtbarer Lesestoff war die zerfledderte Sonntagsausgabe einer New Yorker Zeitung. Der alte Mann erzählte mir von seinen beiden Töchtern und dem jüngeren Sohn in Amerika. Es ginge ihnen gut, aber sie hätten lange genug drüben gelebt und wollten nach Hause.

Mein Freund lockte unseren Gastgeber in die weiter zurückliegende Vergangenheit. Seit der Wiederbelebung des Gälischen werden die Bauern im Westen von der Intelligenzschicht umworben und umschmeichelt. Es wäre interessant, eine aus ihrer Sicht geschriebene Chronik der gälischen Bewegung zu lesen.

Der alte Mann merkte, daß er ein aufnahmebereites Publikum hatte, und begann mit seinen Geschichten. Er sprach von den Prophezeiungen des Columcille. Wie die meisten Bauern der Gegend glaubte er inbrünstig daran, obwohl sie inzwischen als Fälschungen entlarvt worden sein sollen. Columcille, erzählte der Alte, hätte eines Tages schwarzes Vieh vom Jahrmarkt ins Dorf über den Berg zurückgetrieben, über jenen Berg, der wie eine weibliche Brust aussieht. Wahrscheinlich hätten wir das bemerkt . . .

Die Geschichte war uninteressant und handelte davon, wie der Heilige auf wunderbare Weise einen Betrüger überlistet hatte. Viel interessanter war das Verhältnis des alten Mannes zu Columcille. Der Heilige war im Jahr 596 n. Chr. gestorben, aber der Alte sprach von ihm, als sei er ihm vergangene Woche in Donegal begegnet. Columcille war ihm sehr viel näher als irgendein lebender Politiker. Die Art, in der der Bauer von dem Heiligen erzählte, dessen blondes Haar und helle Haut beschrieb, machte mir eines gewiß: Hätte sich die Tür geöffnet und wäre Columcille vor dem Hause aufgetaucht, hätte dies den alten Mann nicht im geringsten überrascht. Er wäre aufgestanden und hätte »Willkommen in meinem Haus« gesagt.

Ein solches Verhältnis zu den Heiligen und Helden ist überall im irischen Westen zu finden. Verpaßt man den Anfang einer Geschichte, weiß man nie, ob vom Bauern im Nachbardorf oder von einem Heiligen in einer anderen Welt die Rede ist. Der Alte erzählte immer weiter. Zuweilen gebrauchte er ein gälisches Wort, wofür er sich bei mir entschuldigte. Die irischen Begriffe, sagte er, träfen den Sinn besser als die englischen. Ich starrte ins Torffeuer, das in weiße Asche zerfiel. Diese Feuer sind das echte Symbol der Gälen. Über ihrer weißen Asche blieb die Stimme der Gälen in den Jahrhunderten von Krieg und Leid lebendig und bewahrte die Erinnerung an die Geschichten und Legenden des alten Stamms. Elizabeth und nach ihr Cromwell konnten die Glut der irischen Torffeuer nicht ausblasen. Solange das Feuer brannte, glaubten die Gälen an ihre Vergangenheit.

»Gott sei mit Ihnen«, rief der alte Bauer, als wir uns verabschiedeten. Wir drehten uns noch einmal um und sahen ihn als Silhouette vor dem Licht seiner Hütte. Er besaß kein einziges Buch, aber in seinem Kopf war eine vollständige Bibliothek.

KAPITEL XII

*Ich überquere die Grenze nach Nordirland, spaziere um die
Stadtmauern von Derry, höre von der Belagerung und erinnere
mich an Columcille. Die Fahrt geht weiter nach Antrim, und ich
erkunde Belfast, sehe die Berge von Mourne und verabschiede
mich auf dem Hügel von Tara von Irland.*

I

Ich sagte Donegal Lebewohl und fuhr in Richtung Süden nach
Nordirland. Wem die Landkarte nicht gegenwärtig ist, den
mag das verwundern, es läßt sich aber ganz einfach erklären.
Donegal ist zwar das nördlichste Gebiet der Insel und liegt geo-
graphisch in Ulster, gehört aber nicht zu Nordirland, sondern
zum Freistaat. Als der Irische Freistaat gegründet wurde, wollten sich sechs der neun Grafschaften von Ulster um keinen Preis
zum Freistaat bekennen. Sie bildeten einen eigenen politischen
Block mit einem eigenen Parlament, und aus Ulster wurde
Nordirland.

Zu Nordirland gehören die Grafschaften Fermanagh, Tyrone,
Londonderry, Anntrim, Down und Armagh. Die drei Grafschaften von Ulster im Freistaat sind Donegal, Carvan und
Monaghan. Die letzteren beiden bilden die südliche Grenze
von Ulster und verschmelzen auf natürliche Weise mit dem Gebiet des Freistaats. Donegal im Norden aber ist höchst un-
zweckmäßig vom Mutterland abgeschnitten. Es wirkt fast wie
ein Findling oder ein Waisenkind. Eine schmale Verbindung,
quasi eine Hintertür zum Freistaat gibt es nur im Süden: ungefähr acht Kilometer von Bundoran bis Belleek. Abgesehen
davon verläuft die ganze südliche und östliche Grenzlinie von
Donegal auf der Grenze nach Nordirland.

So kommt es, daß man von Donegal aus nach Süden in Richtung Nordirland blickt, und von Londonderry, Tyrone oder Fermanagh aus schaut man nach Norden in Richtung Südirland, also zum Freistaat hin. Das klingt sehr witzig, aber für diejenigen, die mit dieser unnatürlichen Grenze leben müssen, ist es alles andere als das. Jedoch solange Nordirland nicht mit dem Freistaat vereinigt wird (und manche glauben, das wird niemals geschehen), wird diese unpraktische und kostspielige Grenze bestehenbleiben.

Kurz vor Strabane, das bereits zu Nordirland gehört, kam ich an die Grenze des Freistaats. Es war ein seltsamer Anblick. Einige Wagen warteten auf die Abfertigung durch die Zollbeamten, und aus einem Omnibus stiegen gerade Reisende aus. Sie waren mit braunen Tüten beladen und hatten sich offensichtlich neu eingekleidet. Ich fragte mich, wie viele Röcke wohl die Frauen übereinander angezogen hatten. Viele trugen neue Schuhe und hatten die alten hinter irgendeiner Hecke in Nordirland stehengelassen.

Ich habe in aller Welt Grenzen überschritten, aber niemals zuvor eine, die mitten durch ein Land und Volk ging. Auf beiden Seiten dieser Grenze wurde Englisch gesprochen. Würden die Beamten des Freistaats Gälisch sprechen, wäre die ganze Sache nicht so unwahrscheinlich. Die Beamten Nordirlands waren mit ihrem freundlichen Benehmen eine gute Visitenkarte für die nördliche Provinz.

Nach den Grenzformalitäten verlangte es mich nach einem großen Glas Whisky mit Soda. Ich trank es in einem mit düsterem Mahagoni eingerichteten Hotel aus viktorianischer Zeit, umringt von ebenso düster gestimmten Handelsreisenden. Einige saßen in kleinen Nischen und schrieben Bestellungen aus, andere saßen zwischen ihrem Gepäck, lasen Zeitungen und warteten auf den Zug.

»Wie gehen die Geschäfte?« fragte ich einen Vertreter, der nicht ganz so traurig aussah wie die anderen.

»Entsetzlich«, erwiderte er.

»Wann wird diese idiotische Grenze verschwinden?«

»Das hängt von der Einkommensteuer im Freistaat ab.«

»Das meinen Sie doch nicht im Ernst?«

»Was glauben Sie denn, was ich meine?«

»Ich dachte, Sie machen Witze.«

»Ich mache keine Witze.«

»Das tut mir leid für Sie.«

»Ich brauche Ihr Mitleid nicht.«

»Nehmen Sie einen Drink mit mir?«

»Soll mir recht sein.«

Dieser Mann hat mir eine ganze Reihe von Dingen klargemacht. Er war ein harter, verbitterter Zyniker. Einiges, was er sagte, fand ich richtig und behielt es für künftige Gelegenheiten im Gedächtnis. Andere seiner Äußerungen tat ich als die Illusionen eines Mannes ab, der dazu verurteilt war, mit einer völlig sinnlosen Ware, von der er selbst nichts hielt, ein Leben lang herumzureisen.

2

Beim Überschreiten der Grenze erlebte ich eine seltsame Wandlung. Als ich Monate zuvor in den Freistaat gekommen war, hatte ich mich wie ein Ausländer im fremden Land verhalten. Ich war – hoffentlich – aufmerksam gewesen, voller Achtung für das Fremde, hatte nicht diskutiert, sondern begreifen und mich wohl fühlen wollen. Nun in den Städten und Dörfern von Ulster merkte ich, daß die beiden Teile Irlands doch weit verschiedener waren, als ich ursprünglich angenommen hatte. Auf einmal schien ich wieder in England zu sein. Überall standen ebenso scheußliche Kriegerdenkmäler wie in England. Die englische Fahne wehte am Bahnhof, die Briefkästen waren rot, und die Briefträger sahen aus wie in England. Lauter

Alltäglichkeiten gewiß, aber nach dem Freistaat, der sich in allem so irisch wie möglich gibt, fielen sie mir besonders auf. Im Freistaat werden die Taten irischer Truppen im Weltkrieg nie erwähnt. Kein steinerner Soldat erinnert an die Toten. In Ulster aber ist jede Stadt und jedes Dorf stolz auf die Divisionen von Ulster, für die überall Mahnmale stehen wie auf den Straßen von England, Schottland und Wales. Ich blickte zu den Bergen, um mich zu vergewissern, daß ich nicht durch irgendein Wunder die Irische See überquert hatte, aber die Berge waren zweifellos irisch.

Ich kam in Londonderry – oder Derry, wie man dort sagt – am Spätnachmittag an. Vor mir lag eine große Stadt auf einem flachen Hügel an einem breiten Fluß, der Foyle. Der schlanke Turm einer Kathedrale erhob sich in der Mitte der Anhöhe über den Häusern. In der Ferne lag eine Kette niedriger Berge.

Man kann Derry mit einem Blick überschauen. Seine Mauern sind vollständig erhalten, bilden ungefähr die Form eines Parallelogramms und umschließen die Altstadt. Das neue Derry ist über diese Begrenzung hinausgewachsen und breitet sich außerhalb der Mauern nach allen Seiten aus. Ein herrlicher Spaziergang führt um die ungefähr acht Meter hohen, prächtig erhaltenen Mauern. Man blickt von ihnen über die Schornsteine und Dächer der Stadt in Tausende von Hinterhöfen, sieht auf Straßen und Plätze hinunter und geht über die Einfahrten der massiven Tore hinweg.

Die Geschichte von Derry, wie die von ganz Ulster, gehört zu den heroischsten Kapiteln der irischen Geschichte. Während der Herrschaft der Königin Elizabeth I. wurde die Kluft zwischen den Kelten und Sachsen durch die Reformation noch tiefer und komplizierter. Zum Kampf zwischen den Völkern kam nun der Religionskrieg. Immer wieder begehrten die Iren gegen die englische Regierung auf, und jede ihrer Rebellionen wurde niedergeschlagen. Das Land der Rebellen wurde beschlagnahmt und englischen »Verwaltern« überschrieben, Engländern, die in Irland leben und es anglisieren wollten. Zu den sogenannten Verwaltern zählten Walter Raleigh und Edmund Spenser. Raleigh erhielt 42 000 Morgen Land in Irland, Spenser das Schloß Kilcoman in der Grafschaft Cork, in den Jahren 1586–90 schrieb er dort sein bekanntes Buch *Faery Queen*.

In Ulster fand die letzte große Schlacht vor den Unruhen moderner Zeit im Jahre 1598 statt. Zu diesem Kampf rief Hugh O'Neill, Earl von Tyrone, auf. Er war einer der tapfersten Männer, der je gegen die Macht Englands aufbegehrt hat. Seine Erziehung genoß er in England buchstäblich unter den Augen der Königin. Der gutaussehende Ire scheint ihr gefallen zu haben. Sie war niemals zu beschäftigt, um nicht einen hübschen jungen Mann zu bemerken. Hugh O'Neill kehrte als vermeintlicher Freund Englands nach Irland zurück, hatte aber von Anbeginn die Absicht, den Kampf mit England aufzunehmen. Zunächst unternahm er das schwierige Unterfangen, den Streit zwischen den irischen Klans zu schlichten. Für alle Zeit beendete er den erbitterten Kampf zwischen seinem eigenen Klan, den O'Neills und den O'Donnells, indem er die Schwester von Red Hugh O'Donnell heiratete. Allmählich und geschickt versöhnte er die Stämme miteinander und unterwies sie in moderner Kriegsführung. Nach dem Tod seiner Frau entführte er die Engländerin Mabel Bagenal, Schwester von Sir Henry Bagenal, der die englischen Truppen in Irland befehligte. Von da an hatte O'Neill in Bagenal einen unversöhnlichen Feind.

Die rebellierenden Klans begannen ihren Kampf mit kleineren bewaffneten Auseinandersetzungen, aus denen sie zuweilen als Sieger und dann wieder als Geschlagene hervorgingen. Das englandfeindliche Spanien schickte ihnen drei Schiffe mit Waffen und Truppen zur Unterstützung. Die englischen Generäle marschierten auf drei verschiedenen Wegen nach Ulster, um die Klans niederzuschlagen, wurden jedoch zurückgeworfen. Der Krieg zog sich zwei weitere Jahre hin.

Im August 1598 kam es zu einem jener melodramatischen Zufälle, die so häufig in der irischen Geschichte sind. O'Neill befand sich drei Kilometer vor Armanagh in einem Ort namens Mouth of the Yellow Ford. Ihm gegenüber stand das englische Heer unter dem Befehl seines noch immer unversöhnlichen Schwagers, Sir Henry Bagenal.

Die vorwärtsstürmende englische Infanterie wurde von irischen Scharfschützen angegriffen, worauf Bagenal seine schwere Reiterei in die Schlacht schickte. O'Neill aber hatte, wohl in Erinnerung an die Schlacht von Bannockburn, Gruben ausheben und sie mit Gras bedecken lassen. Die schwerbewaffneten englischen Reiter gingen in die Falle, die Pferde brachen sich die Knochen in den Erdlöchern und stürzten mit ihren Reitern zu Boden. Während sie hilflos und sterbend in den Gruben lagen, griffen die leichten irischen Reiter an. Bagenal setzte daraufhin seine Geschütze ein, und es gelang ihm auch, die Iren etwas zurückzudrängen, doch O'Neill gab den Befehl zum Generalangriff. Das ganze irische Heer stürmte vor, und es kam zum Kampf von Mann zu Mann. Die englischen Reihen wurden aufgerieben und gaben nach. In diesem kritischen Augenblick entzündete ein unvorsichtig hantierender englischer Soldat einen Haufen Schießpulver. Im allgemeinen Durcheinander versuchte Sir Henry Bagenal, sein Heer wieder zu sammeln. Er hob das Visier seines Helms und wurde tödlich von einer irischen Kugel getroffen. Als die Engländer ihren Anführer vom Pferd fallen sahen, flohen sie und wurden von den irischen Klans verfolgt.

Der englische General, 23 seiner hohen Offiziere und 2500 seiner Leute lagen tot auf dem Schlachtfeld. Die irische Armee hatte 34 Fahnen erbeutet, die Geschütze, das Geld und die Vorräte des Feindes. Sie hatte nur 200 Tote zu beklagen. 600 Iren waren verwundet.

In Yellow Ford erlitten die Engländer die größte Niederlage, seit sie Irland betreten hatten. O'Neill wurde als Befreier gefeiert, und in ganz Irland erhoben sich die Klans gegen die Engländer. O'Neill hatte das Feuer entfacht.

Als Elisabeth von der Niederlage ihrer Truppen erfuhr, schickte sie das größte Heer auf die Insel, das jemals gegen Irland gezogen war. Es stand unter dem Kommando ihres Günstlings, des Grafen von Essex. Er kam mit 20 000 Mann Fußvolk und 2000 Reitern, doch stellte er sich äußerst töricht an und schloß Frieden mit O'Neill, worauf er nach England zurückkehrte. Dort fiel er bald danach in Ungnade und wurde zum Tode verurteilt.

Sein Nachfolger, der clevere Charles Blount, Lord Mountjoy, war ein Mann von einem ganz anderen Schlag. Er ließ den irischen Anführern gefälschte Briefe zugehen, säte Mißtrauen und Zwist in ihre Reihen, und bald waren sie zerstritten. Die entscheidende Schlacht wurde 1601 in Kinsale geschlagen.

In Kinsale befanden sich 3000 spanische Soldaten, sie wurden von 17 000 Engländern belagert. Die irischen Klans unter O'Neill und Red Hugh O'Donnell unternahmen zwei bravouröse Versuche, um den Spaniern zu Hilfe zu kommen. Schließlich verkaufte ein erbärmlicher irischer Verräter, ein Mann namens Brian MacMahon, die irischen Kriegspläne an England. Sein Lohn war eine Flasche Whisky! In einer dunklen Nacht gelang den Engländern ein Überraschungsangriff, die Iren wurden völlig aufgerieben.

O'Neill kämpfte noch zwei Jahre, aber er kämpfte für eine verlorene Sache. In Mellifont in Meath fiel der große Anführer auf die Knie und flehte um die Gnade der Königin. Man ließ ihm seinen Titel und einen Teil seiner Ländereien.

Professor G. M. Trevelyan hat in seinem fesselnden Werk *History of England* Irland im elisabethanischen Zeitalter beschrieben. »In der Politik der Kolonisation sah die Regierung das einzige Mittel, um die von Jahr zu Jahr feindlicher werdenden Einheimischen auf die Dauer zu unterdrücken. Dies eröffnete den ›Gentlemen-Abenteurern‹ und ›jüngeren Söhnen‹ aus Englands Städten und Landsitzen Tür und Tor. Man hat behauptet, die elisabethanischen Adler hätten den Spaniern das Meer streitig gemacht, während die Geier sich auf Irland stürzten. In vielen Fällen handelte es sich jedoch um ein und denselben Vogel. Unter den Eroberern und Ausbeutern Irlands waren Humphrey Gilbert, Walther Raleigh, Grenville von der ›Revenge‹ und der hochbegabte Verfasser der ›Faery Queen‹. Amerika und Irland waren für sie von gleicher Bedeutung und Anziehungskraft. Dort konnte man sein persönliches Glück machen und zugleich der königlichen Herrin dienen. Und man kämpfte für die einzig wahre Religion gegen den Papst und Spanien. Wenn Männer wie Raleigh und Spenser blind für die Tatsachen der rassischen und religiösen Probleme Irlands vor ihren Augen waren, war es unwahrscheinlich, daß sie der Durchschnittsengländer zu Hause in den kommenden Jahrhunderten begreifen würde.

In den letzten Jahren von Elisabeths Herrschaft hat sich die bis dahin bewegte irische Geschichte für die nächsten drei Jahrhunderte festgefahren. Die einheimische Bevölkerung begeisterte sich mit neu erwecktem Eifer für den Katholizismus und setzte ihn auf eine Stufe mit dem Haß auf England. Die neuen Kolonialherren indes, im Unterschied zum alten anglo-irischen Adel, identifizierten sich und ihre englische Herkunft mit dem Protestantismus. Sie betrachteten es als feierliche Verpflichtung, für die protestantische Sache zu kämpfen. Seitdem ist Irland der gläubigste Teil der britischen Inseln.

Unter solchen Gegebenheiten wurde schließlich aus den irischen Stämmen das irische Volk. Es war durch seinen Haß auf England und religiösen Eifer verbunden, und dieses Band wurde schließlich stark genug, um den alten Zwist der Klans zu überwinden. England trug von außen her seinen Teil dazu bei, dieses neue Band zu festigen. Unter den Tudors wurde damit begonnen, die einheimische Oberklasse zugunsten der Verwalter aus England abzuschaffen. Diese Entwicklung wurde unter Cromwell zum traurigen Ende gebracht. So kam es, daß das Bauernvolk der Iren keine Führer mehr hatte außer den Geistlichen und als Freunde nur die Feinde Englands.«

Die Mauern von Derry sind Zeugnis für die Geschichte. Als O'Neill die Gnade der englischen Königin erflehte, war Elisabeth bereits sechs Tage tot, doch die Kunde war noch nicht bis nach Irland gedrungen. Sir Robert Carey war bereits durch das rauhe Märzwetter nach Schottland geritten, um dem König Jakob VI. die Krone anzutragen. Als Jakob I. bestieg er den englischen Thron, ein Mann voller Niedertracht, hervorgegangen aus der Verbindung zwischen Maria Stuart, Königin von Schottland, und Darnley.

Jakob entschloß sich, das nördliche Irland mit englischen und schottischen Bauern zu »bepflanzen«. Als erstes ging er daran, die Anführer von Ulster zu beseitigen, O'Neill, den Grafen von Tyrone, und Rory O'Donnell, den Grafen von Tyrconnell, der ein Bruder von Red Hugh O'Donnell war. Gegen sie wurde eine Anklage wegen Hochverrats inszeniert. Sie wußten, wie sinnlos ein Versuch, sich zu verteidigen, sein würde, und flohen aus Irland.

An einem Septembertag des Jahres 1607 nahm ein Schiff von Rathmullan auf Lough Swilly Kurs nach Frankreich. Die beiden Adeligen sahen die grünen Berge Donegals verschwinden. Wie unzählige der Söhne ihres Landes, bekannte und namenlose, zogen sie in die Fremde, um leben zu können.

Die Flucht der Anführer besiegelte das Schicksal Nordirlands. Kaum hatten sie das Land verlassen, wurde Ulster protestantisch. O'Donnell starb bereits im Jahr nach seiner Flucht, O'Neill neun Jahre später. Er starb in Rom, jener Stadt, die schon manchem gebrochenen Herzen Trost gebracht hat. Die letzte Strophe eines alten Liedes war verklungen..

3

Jakob I. und seine Minister fanden die Zeit reif für das Experiment der »Verpflanzung« auf großer Ebene. Mehr als dreidreiviertel Million Morgen Land in Ulster wurde zum Pfand der englischen Krone erklärt. Das waren praktisch die ganzen sechs Grafschaften Donegal, Derry, Tyrone, Fermanagh, Cavan und Armagh.

Jeder Quadratzentimeter Boden aus dem Besitz der beiden geflohenen Adeligen wurde beschlagnahmt. In den Augen der Iren hatte dieses Land nicht den Adeligen persönlich gehört, sondern deren Klans. Solche Überlegungen indes tangierten Jakob und seine Minister nicht. Sie verstärkten ihre Maßnahmen, den Norden zur protestantischen Kolonie zu machen. Die Lords des Kronrats traten an die Stadt London mit dem Vorschlag heran, die reichen Handelsgesellschaften der Stadt sollten Land in Ulster erwerben. Den Londoner Kaufleuten wurde das eroberte Gebiet folgendermaßen beschrieben: »Das Land ist durch seine zahlreichen Quellen, Bäche und Flüsse gut bewässert. Es hat ausreichende Mengen Heizmaterial, entweder Holz oder in Ermangelung desselben Torf von guter Qualität. Irland verfügt über alles, was der Mensch zur Selbsterhaltung braucht, und könnte auch jährlich die Stadt London mit ihren vielfältigen Bedürfnissen versorgen. Besonders seien hier die für die Schiffahrt notwendigen Güter erwähnt – hauptsächlich Rindfleisch, Schweinefleisch, Fisch, Roggen, Erbsen und Bohnen. All dies wird in einigen Jahren den Mangel in der Stadt und ihrer Umgebung beheben sowie die Armenhäuser versorgen helfen. Das Land ist geeignet für Ackerbau jeder Art. Zur Aufzucht von Stuten und für die Viehzucht ist es ausgezeichnet, und so kann man in einigen Jahren große Mengen von Butter, Käse, Häuten und Talg erwarten.

Englische Schafe werden vortrefflich in Irland gedeihen, denn die Küste und der Boden sind sehr gut für sie. Sollte es notwendig werden, kann man Wolle sehr billig und in großen Quantitäten aus den westlichen Teilen Schottlands einführen. Viele Gebiete von Irland werden als ausgezeichnet für Krapp, Hopfen und Waid erachtet. Das Land hat mannigfaltige Felle in großen Mengen: Rothirsch, Fuchs, Schaf, Lamm, Kaninchen,

Marder und Eichhörnchen. Hanf und Flachs gedeihen dort besser als anderswo. Bei entsprechender Bearbeitung erhielte man erhebliche Quantitäten von Segeltuch, Kabel, Seil und anderen Bedürfnissen der Schiffahrt, zudem Garn, Leinen, Tuch und alle Stoffe aus Leinengarn, das es in Irland reichlicher gibt als im übrigen Königreich.

Baustoffe – Holz, alle Arten von Stein, Kalkstein, Schiefer und Schindel – kommen in den meisten Gebieten des Landes vor. Die Erde ist geeignet für Bau- und Dachziegel. Der Hafen von Derry ist ausgezeichnet, die Straße von Portrush und Lough Swilly, nicht weit von Derry entfernt, erträglich. Der Fischfang an der Küste liefert reiche Erträge der bekannten Salzwasserfischarten, besonders Heringe und Aale. Nach dem Michaelstag kommen alljährlich 140 bis 160 Schiffe der Untertanen Seiner Majestät und von Fremden an, um Heringsladungen zu übernehmen. Außerdem gibt es eine unbegrenzte Anzahl von Booten für den Fischfang . . .

Die Küsten sind aufnahmebereit für den Verkehr mit England und Schottland und für den Austausch von Gütern. Die Häfen liegen offen, sind zweckdienlich für den Weg nach Spanien und zur Meerenge, und sie sind bequem und bilden den nächsten Weg nach Neufundland.«

Aufgrund dieses Rundschreibens entsandte die Stadt London klugerweise vier »ernsthafte und diskrete« Bürger, um Irland zu erkunden. Ihr Bericht war günstig. Am 29. März 1613 kam es zur Gründung der »Gesellschaft der regierenden Körperschaft von London in der neuen Siedlung von Ulster im Reichsgebiet Irland«. Das Land wurde in zwölf Bezirke aufgeteilt und den englischen Handelsgesellschaften überlassen, wobei das Los über die Verteilung entschied.

Nach allem, was sich danach ereignete, ist es nur natürlich, daß aus Derry Londonderry wurde, doch nur Kartographen und Touristen gebrauchen die neue Bezeichnung. Der alte Name lebt weiter. Beim Spaziergang um die Stadtmauern wird der

Besucher ständig an die Geschichte der Stadt erinnert. Überall findet man noch Gewehre und Kanonen, sieht die alten Befestigungen und massiven Tore. Da gibt es Kanonen, die von den Lebensmittelhändlern gestiftet wurden, von Textilkaufleuten, und eine besonders große, Veteran der Belagerung und die »Brüllende Meg« genannt, ist das Geschenk der Fischhändler von London. So haben Londoner Kaufleute ein anglo-schottisches Bollwerk im irischen Norden errichtet. Die »Verpflanzung« wurde immer weiter vorangetrieben. Das einst den Klans gehörende Land wurde neu verteilt, viele der enteigneten Iren machten sich auf, in fremden Heeren zu dienen. Es war der Probeflug der Wildgänse.

Ich vermute, keine andere irische Stadt, Limerick vielleicht ausgenommen, hat ein so lebendiges Geschichtsbewußtsein wie Londonderry. Man kann kaum ein paar Stunden in der Stadt sein, ohne vom Schließen der Tore von Derry zu hören. Dank Macaulays berühmter *Geschichte Englands* ist dieser Vorfall der einzige in der irischen Geschichte, der auch den Engländern vollkommen bekannt ist. In Derry erzählt man alle Einzelheiten mit gebührendem Stolz: Wie dreizehn Lehrlinge die Tore Derrys vor einem katholischen Heer verschlossen, das die Stadt für Jakob II. erobern sollte. Wie Derry, das sich auf die Seite von Wilhelm von Oranien stellte, 105 Tage lang unsägliche Schrecken von Hungersnot und Krankheit ertrug. Wie das feindliche Heer aus miteinander vertäuten Holzklötzen eine riesige Sperre über den Fluß Foyle gelegt hatte, um Hilfe für die belagerte Stadt auf dem Seewege zu vereiteln. Und wie schließlich an einem Sonntagabend im August 1689 die hungernde Stadt zwei mit Nahrungsmitteln beladene Schiffe die Blockade durchbrechen und auf die Mauern von Derry zusegeln sah.

In der Chronik belagerter Städte zählt der Kampf in Derry zu den mutigsten. Derry steht auf dem gleichen Blatt der Geschichte wie Limerick, aber bei Derry stand mehr auf dem Spiel. Die Belagerung von Limerick geschah im Zeichen des alten nationalen Kampfes zwischen Engländern und Iren, von der Verteidigung des belagerten Derry hing aber Sieg oder Niederlage des Protestantismus in Westeuropa ab. Erstmals in seiner Geschichte war Irland zum Schlachtfeld Europas geworden. Die Lehrlinge von Derry haben die Stadttore vor einem Feind geschlossen, der weit gefährlicher war als Jakob II., nämlich vor Ludwig XIV.

Nur wenige Katholiken wissen übrigens, daß der Papst von Wilhelms protestantischer Armada wußte und sie auch billigte. Innozenz XI. hatte selbst die Katholiken zum Widerstand gegen die französischen Jesuiten und gegen die gallikanische Kirche aufgerufen. Als also Wilhelm von Oranien im November 1688 von Hellevoetsluis in See stach, hatte er paradoxerweise die Billigung des Heiligen Stuhls und verkörperte gleichzeitig die gemeinsamen Hoffnungen der Protestanten Europas. Ebenso war Gustav Adolf in seinem Kampf gegen Spanien und Österreich vom katholischen Frankreich und zeitweise auch vom Papst unterstützt worden.

Die mutigen Verteidiger von Derry müssen Furchtbares in der belagerten Stadt erlebt haben. Drei Tage, ehe die Blockade durchbrochen wurde und die Vorratsschiffe eintrafen, wurde eine Preisliste für Nahrungsmittel in Derry zusammengestellt. Eine Ratte kostete einen Shilling, eine Katze vier und sechs Pennies. Fisch konnte man nicht kaufen, sondern mußte auch den kleinsten Flußfisch gegen Hafer eintauschen. Ein Viertel Maß Pferdeblut kostete einen Shilling. Besonders grimmig ist eine Eintragung in der Preisliste mit der Feststellung »Ein Viertel Hund, fünf Shillings und sechs Pennies (fett geworden von den Leichen gefallener Iren)«.

Die Bewohner Derrys führen ihre Besucher zu der stolzen dorischen Säule, die zum Gedenken an den heldenhaften Verteidiger der Stadt errichtet wurde. Es war der Geistliche George Walker, der später in der Schlacht am Boyne fiel. Man sieht auch die Kathedrale und die Gräber der Verteidiger. Und man

bekommt eine Bombe gezeigt, die mit zwei weißen Fahnen und
einer roten und der Aufforderung, sich zu ergeben, über die
Mauern in die Stadt geschleudert wurde.

Abends flanieren die jungen Mädchen durch Derry. Sie sind
klein, einige mager, andere mollig und arbeiten in der Hem-
denindustrie. Aber auch dann noch spürt man, daß Derry nicht
eine Stadt wie andere ist. Wohin man in der Runde blickt, man
sieht die Stadtmauer, aus der das Rohr einer alten Kanone ragt.
Trotz allem, was danach geschehen ist und noch geschieht,
bleibt die Erinnerung an die Belagerung der Stadt im Jahr
1688/89 so frisch, als wäre das Ganze heute geschehen.

5

Eines Abends stieg ich auf die Stadtmauern und betrachtete mir
die vielen Schornsteine von Derry. Lange Zeit stand ich da
oben und träumte von fernen Tagen. Damals gingen in ganz
Europa die Lichter von Glauben und Wissenschaft aus. Nur in
Irland brannte die heilige Lampe weiter.

> Denn das Ende der Welt war vor langer Zeit,
> Als die Erde ward öd und leer,
> Rom in der Sklaverei versank,
> Und die Sonne ertrank im Meer.
>
> Caesars Sonne vom Himmel fiel,
> Und wer genau gab acht,
> Hörte die Völker stürzen tief
> In die dunkelste Nacht.
>
> Das Weltenende marschierte ein
> Im Pech- und Fackelschein.
> Über Roms einstige Straßen
> Gesichter wie Schaum sich fraßen.
> Ein wüster Traum war alles Sein.

Unförmige Schiffe waren im Meer
Voll fremden Golds und Feuer.
Haarige Männer, wie die Sünde groß,
Mit Hörnern kamen erbarmungslos
Durch den Schlamm wie Ungeheuer.

Große Könige in unseren Städten
Hatten Bärte rot wie Blut.
Überall brachten sie Verderben.
Gottes Kreuz, es mußte sterben.
Sie zerhackten es in Scherben.[1]

Zur Zeit, als die heidnischen Heere kreuz und quer durch
Europa marschierten und sich wie Geier um die Leiche Roms
scharten, erlebte die kleine Insel im Westen ihr goldenes Zeitalter. In England wucherte das Unkraut auf den von Rom einst
angelegten Straßen, und auf den Mauern von London wuchsen
Nesseln und Brombeerdornen. Die wilden Sachsen ließen ihre
Hörner vor London erklingen, aber es kam keine Antwort. Das
römische London war tot. In Frankreich, Spanien und Deutschland erschütterten die barbarischen Schreie der Hunnen und
Vandalen die Welt, und in ganz Europa hörte man nur das Klirren der Schwerter und den Todesschrei der Kultur.
Da zog das große Heer der irischen Heiligen in die Welt, um in
Europa die Flamme des Glaubens neu zu entzünden. In jedem
Jahrhundert machten sich die Heiligen im Namen Christi nach
Osten und Westen auf. Der hl. Fridolin, bekannt als der »Reisende«, überquerte den Rhein und errichtete das Kreuz in Säk-
kingen. Der hl. Kilian taufte den Herzog von Würzburg. Nach
Burgund zog der hl. Columbanus von Bobbio und gründete mit
zwölf irischen Mönchen die Klöster von Luxeuil und Fontaines.
Einer der Mönche, der heilige Gallus, ging nach der Schweiz und
gründete das Kloster, das seinen Namen trägt. Der hl. Molaissi
von Leighlin in Carlow begab sich nach Rom und studierte dort

[1] G. K. Chesterton: The Ballad of the White Horse (Methuen)

vierzehn Jahre. Das Kloster von Lagy in der Nähe von Paris ist eine Gründung des hl. Fursa, Sohn eines Prinzen im südlichen Munster. Nach Italien zog es den hl. Buite von Monasterboice. Er studierte dort viele Jahre. Virgilius, Abt von Aghaboe, reiste quer durch Frankreich und wurde Bischof von Salzburg.

Der in Lismore erzogene hl. Cataldus wurde Bischof von Tarent. In Paris am Hofe Karls des Kühnen lehrte John Scotus Erigena, der große Gelehrte, Philosophie. Der hl. Fiacre starb in Breuil in Frankreich. Der Fiaker ist nach ihm benannt. Mit diesem Fahrzeug fuhren die Pilger zu seinem Grab.

Steht man aber auf der Mauer von Derry, gedenkt man des Heiligen, der von allen am meisten geliebt wird. Es ist Columcille, die »Taube der Kirche«. Er gründete im Jahr 546 das Kloster von Derry. Damals dürfte auf dem Hügel über der Foyle nichts gestanden haben außer vielleicht ein kleiner Eichenwald. Das Wort Derry – oder Daire – bedeutet Eiche oder Eichenwald. Der Heilige war damals erst 25 Jahre alt. Man kann sich vorstellen, wie er aus den Zweigen von Akazien oder Eichen den kleinen Andachtsraum baute und wie er nach der Tagesarbeit den Wind in den Blättern rascheln hörte. In späteren Jahren, als Columcille schon lange Derry verlassen hatte, pflegte er an die Stätte seines ersten Wirkens zu denken. Einmal schrieb er, im Hain von Derry hätten die Engel Gottes gesungen, in jedem Blatt habe ein Engel gewohnt.

Beim einfachen irischen Volk ist selbst der hl. Patrick nicht so beliebt wie Columcille, der auf dem Lande so lebendig ist wie vor 1400 Jahren, als er unter den Menschen weilte. Jedes Zeitalter erzählte seine eigenen Geschichten von Columcille und webte neue Muster ins Tuch der Erinnerungen. Wie ich schon bei anderer Gelegenheit sagte, ist Columcille den irischen Bauern so gegenwärtig, daß sie nicht erstaunt wären, ihn auf der Straße zu treffen.

Columcille wurde im Jahre 521 in Gartan in Donegal geboren und hatte königliches Blut. Jenseits der grünen Berge seiner

Heimat an einem kleinen See findet sich noch heute der Stein, auf dem er einst gelegen haben soll. Die Sage behauptet, wer auf diesem Stein schlafe, sei gegen die Qualen des Heimwehs gefeit. Viele Männer und Frauen haben am Vorabend ihrer Auswanderung eine herzzerbrechende Reise zum Stein von Ráith Cnó unternommen.

Der Heilige hieß ursprünglich Crimthann. Kinder, mit denen er zu spielen pflegte und die ihn aus der Kirche in der Nähe seines Ziehhauses kommen sahen, nannten ihn »Colum von der Cill«; daraus wurde Columcille.

Die Erziehung Columcilles im 6. Jahrhundert vermittelt ein anschauliches Bild von der Kultur eines Staates, der der allgemeinen Zerstörung im Westen entgangen war. Columcille wurde zunächst in die Schule des hl. Finnen in Moville an der Foyle geschickt. Der hl. Finnen war königlicher Abstammung und hatte sieben Jahre in Rom studiert. Später kam Columcille in die Schule der Barden nach Leinster. Sie wurde von dem Dichter Gemman geleitet, der den Knaben in der alten druidischen Volkslehre Irlands unterwiesen haben muß. Columcilles nächste Schule war die vom hl. Enna gegründete Stätte in Aranmore, und es folgte die große Lehranstalt von Clonard am Boyne. Dort unterrichtete der hl. Finnen 3000 Schüler aus allen Teilen Europas. Abschließend kam Columcille in die Schule von Mobhi am Fin-glas – »dem schönen Strom« – in Glasnevin in der Nähe von Dublin. Die im Jahr 544 über Irland hereinbrechende Pest führte zur Auflösung dieser Lehranstalt.

Ein so bemerkenswertes Erziehungssystem und soviel Wissensreichtum zeugen von einem mächtigen und geordneten Staatswesen. Zu jener Zeit befand sich England noch in der verschwommenen und legendären Periode des König Arthur. Ist es nicht ein Rätsel der Weltgeschichte, daß die Iren nicht England nach dem Abzug der Römer eroberten und beherrschten?

Um der Pest auszuweichen, ging Columcille nach Ulster. Dort gab ihm sein Vetter, Prinz Aileach, den Eichenhain von Derry als erstes seiner Klöster. In den folgenden 15 Jahren gründete Columcille Klöster in Kells, Swords, auf der Insel Tory, in Lambay, in der Nähe von Dublin und in Durrow.

Das neu gegründete Kloster von Durrow führte zu Columcilles Exil und der Christianisierung von Schottland und England. Es ist eine lange Geschichte. Sein alter Lehrer, der hl. Finnen von Moville, war von einem zweiten Aufenthalt in Rom mit einem seltenen Manuskript zurückgekehrt. Höchstwahrscheinlich handelte es sich um die erste Übersetzung der Vulgata des hl. Hieronymus, die auf diese Weise nach Irland kam. Finnen, wie ein echter Büchernarr, schätzte sein Manuskript so sehr, daß er sich gegen eine Kopie wehrte und der einzige Besitzer der Schrift bleiben wollte. Hätte Columcille eine Weile gewartet, hätte sich der leidenschaftliche Bibliophile Finnen bestimmt umstimmen lassen, aber Columcille wollte nicht warten und begehrte eine Kopie der Schrift für seine neue Klostergründung. So lieh er sich das Buch aus und schrieb es im geheimen ab. Nacht für Nacht kopierte er beim Schein der Lampe die Seiten des Manuskripts. Als Finnen davon erfuhr, war er wütend. Er wandte sich an den Hohen König von Tara und brachte die erste Klage wegen Verletzung des Urheberrechts ein. Der König entschied zugunsten Finnens mit der Begründung, jede Kuh hätte ein Recht aufs eigene Kalb und jedes Buch folglich aufs eigene Kind, nämlich auf die Kopie. Die Entscheidung mißfiel Columcille, der wie der hl. Patrick ein äußerst heftiges Naturell hatte, sehr.

Noch eine zweite Begebenheit komplizierte die Lage und führte zu Columcilles Abreise von Irland. Während eines Festes in Tara geriet der Sohn des Königs von Connaught in Wut und brachte einen jungen Mann um, womit er gegen das Gesetz des jährlichen Waffenstillstands verstieß. Der Mörder floh nach Ulster und wurde dem Schutz Columcilles anvertraut, doch der König von Tara ließ ihn festnehmen und trotz der Proteste Columcilles töten. Wieder flammte Columcilles Wut auf. Der

Heilige stachelte seinen Klan gegen den Hohen König auf. Es kam zu einem schweren Kampf, in dessen Verlauf 300 Menschen getötet wurden.

Die Legende sagt, Columcille hätte für die Schlacht Buße tun wollen und sich deshalb entschlossen, Irland zu verlassen und an einen Ort zu gehen, von dem aus er sein Geburtsland nicht mehr hätte sehen können. Vielleicht ist aber die Vermutung logischer, daß er vom missionarischen Eifer seiner Zeit und seines Volkes erfüllt war. Zwei Jahre nach der Schlacht von Cuil Dremne verließ der Heilige mit einigen Gefährten seine Heimat, um Gottes Wort in die heidnische Welt zu tragen. Seine Trauer beim Abschied von Irland ist Ausdruck für das immer wiederkehrende Exil der Iren. Als Columcille die Möwen schreien hörte, wandte er sich an seine Mönche und sagte: »Diese Laute werden mich bis zu meinem Tod begleiten«.

Die Gruppe landete auf der kleinen, unwirtlichen Insel von Iona, die im klaren blauen Wasser gegenüber den roten Granitklippen von Mull liegt. »Es ist gut, daß unsere Wurzeln hier in die Erde kommen«, sagte Columcille.

Er und seine Männer haben auf edle und bleibende Art Wurzel geschlagen. Von Iona aus gelangte das Christentum nach Schottland und auch nach Lindisfarne an der Küste von Northumberland in England. So kam das Christentum von Irland nach England.

Columcille starb 75jährig vor dem Hochaltar seiner Kirche im Jahr 596. Im darauffolgenden Jahr landeten vierzig Mönche unter Führung des hl. Augustin an der Südküste Englands. Papst Gregor der Große hatte sie ausgeschickt, um Britannien zu bekehren, doch im Norden des Landes brannte bereits seit 30 Jahren das von Irland entzündete Licht.

Wenn die Dämmerung hereinbricht, wendet sich der Blick ab von den Mauern von Derry. Nichts erinnert mehr an den Eichenhain auf dem Hügel. Wenn aber der Wind vom Fluß durch die Stadt bläst und die Möwen über dem Wasser schreien, erinnert man sich des Heiligen, der in so schlichten Worten die Qualen des Exils ausgedrückt hat, als er sagte: »Diese Leute werden mich bis zu meinem Tod begleiten«.

6

Der Nachmittag war sonnig und warm. Landeinwärts blies ein frischer Wind vom Fluß. Ich habe Derry mit Wehmut verlassen, denn selten trifft man so freundliche Menschen wie dort. Nun kam ich durch eine von Menschen geprägte und geordnete Landschaft. Die Ernte stand hoch, und die Höfe jenseits der Straße wirkten sauber. Über Ulster lag der Friede, der einem Land so wohl bekommt, und überall sah man den Beweis von gelungenem Ackerbau und trefflicher Viehzucht.

Die Schönheit hat viele Gesichter auf der Straße von Derry nach Magilligan. Hier und da ragen Klippen aus dem Wasser, die Feldwege sind himmlisch, die Kornfelder fruchtbar und die Wiesen grün. Über dem breiten, stillen Wasser des Lough Foyle erheben sich die blauen Berge von Donegal im Sonnenschein, und über sie hinweg ziehen Wolken. Das ist eine Landschaft, in die man sich verliebt und die man malen möchte.

Die hellen, festen Sandbänke von Malligan sind großartig. Ich habe ein besonderes Verhältnis zu Sand, es ist für mich ein herrliches Gefühl, mit bloßen Füßen über festen Sand zu laufen oder auf Sandbänken unmittelbar am Meer entlang zu reiten. Ich wanderte am weiten Strand von Magilligan entlang bis zu der Stelle, an der die Sandbank von Derry ihre scharfe Nase fast bis nach Donegal hinüberschiebt. Mir gegenüber lagen die Berge von Donegal, und während ich über das klare Wasser des Lough Foyle blickte, nahm ich mir abermals ein Versprechen ab. Eines Tages würde ich in alten Kleidern und mit einem alten irischen Hut auf dem Kopf wiederkommen. Und ich hätte nichts zu tun, als träge herumzuliegen.

Mein Weg führte mich ostwärts über den Bann-Fluß, und nicht

lange danach gelangte ich in eine Stadt namens Portrush. Sie liegt auf einem Vorgebirge, das ungefähr einen Kilometer weit in den Atlantik ragt und von der Natur als vollkommene Ferienlandschaft geschaffen wurde. Hierher kommen die Menschen zum Golfspielen, Baden, Schwimmen und Tanzen und um all die anderen Mühseligkeiten eines Sommerurlaubs zu ertragen. Für mich aber wird Portrush auf immer als jener Ort im Gedächtnis bleiben, an dem ich einen der schönsten Sonnenuntergänge meines Lebens sah.

Ich stand hoch auf Ranmore Head. Die Sonne ging gerade unter. Einige Wolken trödelten noch am Himmel, entflammten, brannten eine kurze Zeitlang in hellem Rot, um zuerst rosa und dann düster-schwarz zu werden. Weit im Westen zeichneten sich zart die blauen Berge von Donegal ab. Im Norden lagen die westlichen Inseln von Schottland — Islay und Jura — und im Süden sah ich die schwache Umrißlinie des Vorgebirges von Kintyre. Es war ein Anblick, von dem man sich nicht losreißen kann. Das Meer spülte lange, träge fließende Halbmonde über den Sand, und als das Tageslicht abnahm, glänzte das Wasser silbern. Der Sand wurde grau, und am Himmel zitterte noch ein letzter Widerschein von Abendrot. Donegal und Schottland verschwanden im Nebel, und am Abendhimmel erschien der erste Stern.

7

Das Schloß Dunluce, hoch auf einem Felsen über dem Meer, hat das Pech, dem Giant's Causeway benachbart zu sein, jenem berühmten aus senkrecht stehenden Basaltsäulen gebildeten Küstenstreifen in Nordirland. So erblicken es viele Menschen nur von ferne, die sich die Ruinen bestimmt aus der Nähe ansehen würden, müßten sie nicht mit einer weltberühmten Sehenswürdigkeit konkurrieren. Ich muß gestehen, ich war so gespannt, mir den Giant's Causeway anzuschauen, daß ich Dunluce nur einen Blick durchs Fernglas zukommen ließ. Es sah verfallen aus und wirkte nur imposant, weil man es auf einem einmalig unfreundlichen Felsen erbaut hatte. Ein Turm war zu erkennen, in dem früher die Todesfee geschrien haben soll. In jüngster Zeit hat sie sich angeblich nicht mehr vernehmen lassen.

Mit dem Giant's Causeway – der »Treppe der Riesen« – ergeht es einem wie mit einer allzu häufig fotografierten Filmschauspielerin. Man ist verblüfft, wenn man ihr tatsächlich gegenübersteht. Seit frühester Kindheit kannte ich das Bild der eigenartigen Felsformation. Es hängt in englischen Eisenbahnzügen, wird in die Welt als Ansichtskarte verschickt und schmückt die Wände von Hotelzimmern in ganz England. Zusammen mit dem Stein von Blarney im Süden Irlands gehört der Giant's Causeway zu den einzigen natürlichen Formationen des Landes, die man auch in der unwissenden Außenwelt kennt.

Als ich den Giant's Causeway erblickte, war ich selbstverständlich nicht überrascht, doch äußerst erleichtert. Er existierte tatsächlich. Ich kam mir vor wie ein eifriges junges Mädchen, das mit der Nachricht nach Hause stürzt: »Ich habe die Garbo gesehen, und sie sieht genauso aus wie auf Fotos«.

Manche Menschen sind beim ersten Anblick der riesigen Steinsäulen enttäuscht. Die Fotos haben sie mehr erwarten lassen. Dem kann ich nicht zustimmen. Ich war weit beeindruckter, als ich für möglich gehalten hatte.

Etwas unbeschreiblich Seltsames ist um die Tausende mathematisch genau geformter Säulen, die sich am Rande des Meeres auftürmen. Die ganze Szene hat einen metallisch-grauen Glanz. Ich kenne keine anderen Steine, die so sehr wie Eisen oder Stahl aussehen. Der Giant's Causeway wirkt auf ganz seltsame Art modern. Man denkt an Kubismus und überlegt, ob die Architekten, die in Paris Geschäfte entwerfen, nicht vielleicht hier ihre Achtecke ausprobiert haben.

Selbstverständlich gibt es auch Fremdenführer, doch sie sind ganz anders als in Killarney, ernst und sachlich. In Killarney ist ein Fremdenführer ein Dichter, hier sind es Amateurgeologen.

»Ich habe die britische Gesellschaft hier gehabt, doch keiner der Anwesenden konnte sich mit den anderen einigen«, bemerkte der Mann, der mich herumführte. »Ja selbst die Amerikaner, die im eigenen Land stets was Besseres und Größeres besitzen wollen, sind hier sprachlos . . . hier ist eines der sieben Weltwunder. Und ich bin immer noch dieser Meinung, obwohl ich das alles kenne, seit ich ein barfüßiger Knabe war.«

Der Mann führte mich durch die drei Schichten des geologischen Phänomens und beschrieb eifrig, wie sich die Basaltlava abgekühlt und zusammengezogen hatte und dann säulenförmig geworden war. Um mir den Vorgang zu vergegenwärtigen, empfahl er mir, Stärke in einer Schüssel anzurühren und sie beim Erkalten zu beobachten.

Der Eifer der einheimischen Führer, wenn es um den Giant's Causeway geht, würde ihnen auf anderen Wissensgebieten einen akademischen Grad einbringen. Selbstredend ist die Phantasie ebenso beschäftigt wie in Killarney. Es gibt die üblichen Sagen und vermeintliche Ähnlichkeiten mit Menschen und Tieren.

Die außergewöhnliche mathematische Genauigkeit der Säulen ist äußerst beeindruckend. Die vertikalen berühren sich nicht, stehen aber so dicht beieinander, daß kein Messer dazwischen passen würde. Die meisten haben sechs Seiten, einige fünf und sieben. Unter den schätzungsweise 40 000 Riesensäulen soll es nur drei neuneckige geben, und nur eine einzige hat drei Seiten. Auf dem sogenannten kleinen Causeway zeigte der Führer auf ein Achteck, ein Fünfeck, ein Sechs- und ein Siebeneck. Er bestand darauf, daß ich mich auf den »Wunschsessel« setzte, der aus etwa drei Meter hohen Säulen besteht, die zu einer kleinen Plattform führen und eine Sitzgelegenheit mit Rückenlehne und zwei Armstützen bilden.

Auf dem großen Causeway gibt es ein großartiges Steingebilde von fünf vollkommenen Fünfecken, die um ein Siebeneck stehen. Das Ganze ist als »Fächer« bekannt. Hier ist auch der Schlußstein – ein versunkenes Achteck.

Der Giant's Causeway ist ein begehrtes Foto-Objekt, doch sollte man gerade deswegen keine Vorurteile haben. Der Besuch lohnt sich tatsächlich und sollte von keinem Touristen versäumt werden. Ich war genauso fasziniert wie einst als Kind beim Anblick der Bilder.

Eine weitere Erinnerung bleibt mir. Die zweite Bucht am Fuß der Felsen heißt Port-na Spania. In dem großen Sturm, der die spanische Armada um die nördliche Küste trieb, ging dort eine Galeone unter. Die ganze Mannschaft kam um. Es ist ein schrecklicher Ort für ein Schiffsunglück. Man kann sich vorstellen, wie das große Schiff unbarmherzig auf die senkrechten Felsen getrieben wurde, an denen die Wellen sich auftürmten und brachen. Und im Sturm war nichts zu sehen als der graue Stahl der steinernen Riesentreppe mit ihren unheimlichen Säulen. An dieser furchtbaren Stelle fanden Admiral Alonzo de Leya und seine Männer den Tod.

8

Die Küstenstraße vom Giant's Causeway nach Belfast ist an sonnigen Tagen meiner Meinung nach schöner als die Corniche in Südfrankreich. Auf der ganzen Strecke erheben sich zur Rechten die Berge und zur Linken liegt das blaue Meer. An klaren Tagen kann man über das Wasser bis nach Schottland sehen. An manchen Stellen ist es noch keine 20 Kilometer entfernt. Man sieht Islay, den unverkennbaren Paps von Jura, und über den niedrigen Mull von Kintyre hinweg erblickt man das Haupt des Goatfell und die Berge von Arran.

Mehr als 100 Kilometer lang fährt man überrascht und entzückt durch eine ständig wechselnde Landschaft. Die Hügel werden manchmal so groß wie Berge, Flachland wechselt sich mit Hochebenen ab, man sieht Schluchten und Wasserfälle. Es gibt stille, gemächliche Flüsse und Wälder, die an Märchen erinnern, große Flächen von Weideland, plötzlich auftauchende Moore, und das Meer ist stets in Sicht- oder Hörweite. Man sieht es über den gelben Sand spülen oder hört es an die Felsen donnern.

Unweit des Causeway, in der Nähe von Ballintoy, kommt man an einen Pfad zu einer Kluft in den Felsen, über die eine atemberaubende Brücke führt. Sie besteht aus zwei langen, parallel laufenden Seilen, die mit Querseilen verbunden sind, auf denen Bretter liegen. Als Geländer dient ein im Wind schwankendes Seil, und die ganze Brücke schaukelt dermaßen, daß es einem bei ihrem Anblick schon schwindlig wird. Darunter liegt ein Gefälle von ungefähr 30 Metern zu den scharfkantigen Felsen. Die Brücke wird von Fischern benutzt, die am Fuße der Felsen Lachse fangen. Ich sah einen Mann mit einem Kasten Fisch auf dem Rücken leichtfüßig über die furchtbare Brücke rennen. Gegenüber, einige Kilometer im Meer, liegt die faszinierende kleine Insel Rathlin. Dort hatte der Schottenkönig Robert Bruce im 14. Jahrhundert, in einer Höhle versteckt, seine berühmte Begegnung mit der Spinne, deren Versuche, sich aus dem Netz zu befreien, ihn zum Durchhalten ermunterten.

Ich fuhr durch Ballycastle nach Cushendun, einem himmlischen Ort am Meer, dann südlich nach Cushendall und schließlich ins herrliche Glenariff. Dort hat die Natur auf einer Strecke von drei Kilometern alle Schönheit in ein schmales Bergtal von Antrim gegossen. Zwei Bäche fließen singend über die Felsen, die Bäume spenden grünen Schatten, wilde Blumen sprießen, Blätter flüstern, und das weiße Wasser brüllt im Fallen. Die ganze Schönheit ist von grünen und braunen Bergen umgeben, und östlich liegt das Meer. Hier ist der Mensch glücklich, und nie wird er vergessen, was er gesehen hat.

Als ich den Klängen der Landschaft lauschte, holte ich ein Buch aus der Tasche, das bei Reisen durch Antrim sehr zu empfehlen ist: die von Moira O'Neill gedichteten *Songs of Antrim*. Viele dieser Lieder sind in aller Welt durch Menschen, die aus Ulster stammen, bekanntgeworden. Man kann sie nicht oft genug zitieren:

> In Slemish und Trostan ist dunkel die Heide.
> Hoch sind die Felsen und luftig blau.
> Weiß fällt im Winter der Schnee auf die Weide,
> Liegt übers Jahr und wird langsam grau.
> Im Sommer jedoch wird es schön auf der Weide.
> Ach, und die Schatten sind alle blau.

> Wilde Blumen das Lone Glen umkosen.
> Vergessen ist alles, wenn Wiesen süß rufen.
> Roter als anderswo blühen die Rosen
> Und wachsen noch unter den Pferdehufen.
> Schwarzäugig die Sonnenblumen tosen.
> So süß nicht wie wilde Blumen sie rufen.

> Wasser der Moyle, ich höre euch schallen.
> Zwischen uns liegt die halbe Welt.
> Die Regen auf Antrims Berge fallen.
> Schnee liegt darauf wie ein Himmelszelt.
> Träume der Nacht und Winde schallen.
> Was heißt da schon die halbe Welt?

Am bekanntesten ist Corrymeela. Ich glaube, die kleine Ortschaft liegt zwischen Cushendun und Tor Point. Ich kann mir gut vorstellen, was einer aus Ulster empfindet, wenn er irgendwo in der weiten und unfreundlichen Welt Moira O'Neill liest. Mir gefällt dieses Gedicht, weil es so gut die Sehnsucht nach der Heimat ausdrückt.

In England hol' das Heu ich ein
Und wollt', ich könnt' in Irland sein.
Englands Heu kann ich schon nicht mehr sehn.
Ach, Corrymeela und der blaue Himmel schön.

Zwischen Bäumen schwer fließt Wasser stumm.
In der Luft die Bienen schwirren herum.
Ich wollt', ich könnte Claddagh brennen sehn.
Bei Corrymeela und dem blauen Himmel schön.

In England sind sie reicher als die Juden.
Und Schuhe tragen hier die kleinsten Buben.
Ich gäb' meine Pfeife für ein barfüßig Kind.
Ach, Corrymeela im lauen südlichen Wind.

Hier haben sie Geld, doch Sorgen im Herzen.
Wär' ich auch nackt, mich würd' es nicht schmerzen.
»Gott schütze dich«, sagt' ich zum schönen Kind
In Corrymeelas lauem südlichen Wind.

Nachts hier niemals Lieder schallen,
Den Menschen kann man nicht gefallen.
Komm' ich hier raus, dann ist's ein Segen.
Ach, Corrymeela und dein sanfter Regen.

Es raucht in einem alten englischen Haus!
Für Andy Feelan gäb' ich hier einen aus.
Mollies Locken sucht man allerwegen.
Ach, Corrymeela süß im sanften Regen.

Immer weiter fuhr ich durch Antrim und entdeckte überall
Schönheit. Jenseits des Meeres grüßten die blauen Berge von
Schottland. Dann fuhr ich südlich nach Belfast, sah Straßenbah-
nen, Fabriken, Menschen auf Fahrrädern und Schiffe. Ich war
in der Hauptstadt von Nordirland angekommen.

9

Belfast ist groß und modern, von der industriellen Revolution buchstäblich aus dem Boden gestampft und sichtbar von Handel und Expansion des britischen Reiches im 19. Jahrhundert geprägt. Die Stadt hat nicht die Grazie von Dublin und zeigt Kraft und Ambition anstelle von Tradition. Dublin könnte man als weiblich bezeichnen, Belfast als männlich. Würden die beiden Städte zusammenkommen, wäre das Kind dieser Verbindung eine große und ausgewogene Nation. Der männliche Teil aber ist schüchtern und in Sorge um seine Unabhängigkeit. Er fürchtet sich vor dem weiblichen Teil, denkt an hohe Rechnungen, die ihm präsentiert werden könnten, und an viele unnötige Ausgaben. Auch die Angst, es könnte sich religiöser Fanatismus entwickeln, spielt eine Rolle. So hat sich Belfast den recht kostspieligen Familienstand eines Junggesellen gewählt.

Auf den ersten Blick ähnelt die Stadt Glasgow. Das auffallendste Gebäude in Belfast, die Stadthalle, ist ein großer Renaissance-Palast, der an die städtischen Bauten von Glasgow erinnert. Belfast selbst ist voll jener Vitalität, die Ulster zu den fortschrittlichsten Provinzen Irlands gemacht hat. Es gibt keine keltische Dämmerung, sondern harten schottischen Nebel. Allerorten wird die Verbindung zu Glasgow, Manchester und Liverpool sichtbar. In diesem großen Industriezentrum herrscht unermüdlicher Unternehmergeist.

Glasgow mußte die Schwierigkeiten mit dem zu engen Flußbett des Clyde überwinden, Belfast mußte auf sumpfigem Untergrund Fuß fassen. St. John Ervine hat die Entstehung seiner Geburtsstadt beschrieben:

»Der Fremde, der Belfast gerecht werden will, sollte sich tunlichst daran erinnern, daß die Stadt schnell gewachsen und jung ist. Innerhalb von 80 Jahren hatte sich die Bevölkerung versiebenfacht. Ungefähr die Hälfte der Stadt wurde in 35 Jahren gebaut, und zwar von Männern mit wesentlich mehr Unternehmergeist als andere. Das Stadtzentrum ist aus Sumpfland entstanden. Ein Fluß verläuft unter einer der Hauptstraßen, der High Street, und unter dem Donegall Place ist der Boden so feucht, daß man Pfähle einrammen mußte, ehe man Geschäfte bauen konnte. Um die Stadthalle ist die Erde so weich und sumpfig, daß ein einziger Hammerschlag genügte, um einen schweren Holzbalken tief und außer Sichtweite in den Boden zu rammen. Aus dem Schlamm und dem Wasser haben unsere Großväter Belfast geschaffen. Sie kamen von Hütten und Bauernhöfen, hatten Muskeln und Selbstvertrauen, und sie haben diesen wenig einladenden Sumpf bewohnbar gemacht, ohne sich Zeit für eine sorgsame Planung zu nehmen. Sie haben eine Stadt geschaffen. Ulster ist nur ein kleiner Teil einer kleinen Insel, aber es hat eine ungewöhnliche Rolle im britischen Empire und in den Vereinigten Staaten gespielt. Der unbezwingbare Pioniergeist, der aus Schlamm eine blühende Stadt stampfte, ging um die Welt.«

Alles in Belfast ist groß, und alle Klischee-Ausdrücke treffen auf diese Stadt zu. Sie ist ein »Industriezentrum«, die Schornsteine »rauchen«, die Fabriken haben »Mammutgröße«, und aus ihnen »strömen« die Arbeiter. Belfast ist also eine Stadt, die jeder begreifen kann und die keine Geheimnisse hat. Man muß sie so ernst nehmen wie ein spielendes Kind.

Dublin dagegen hat die Fröhlichkeit einer Frau in den besten Jahren und zeigt sich nie reserviert. Dort bittet einen die Frau mit einem Lachen zum Abendessen, streichelt einem die Wange, und wenn man ihr gefällt, bleibt man über Nacht. Es ist alles ganz moralisch, versteht sich. In Belfast lädt einen der Mann ein, und zwar zum Mittagessen. Er führt einen in einen düsteren Klub, stellt seine Freunde ernst und gemessen vor und redet mit ihnen ausschließlich über Geschäfte. Das ist das einzige Thema, das in Dublin nie zur Sprache kommt.

Der Mann aus Belfast – und dort trifft man nur die Männer und nicht wie in Dublin die Frauen – hat aber auch alle Vorzüge eines männlichen Charakters. Er ist ein Mensch, den man auf Anhieb durchschaut, ein redlicher, guter Kerl. Nie würde er einem einen Stich in den Rücken verpassen oder den Besucher in der gleichen Sekunde vergessen, da er das Zimmer verläßt. Er lobt lieber, als daß er tadelt. Bosheit ist ihm fremd. Wer ihm gefällt, ist sein Freund. Mißfallen tut er sofort kund, und damit ist die Angelegenheit für ihn erledigt. Der Mann aus Belfast ist so offen, daß er zuweilen ein wenig rauh wirkt. Bei ihm spielen die Loyalität zu England und die Liebe zum Geld eine dominierende Rolle. Machtgefühl ist ihm ein Genuß, und er hat Freude daran, etwas zu schaffen. Auf materielle Leistungen ist er auf ganz unphilosophische Art stolz. Viele Leute halten den Mann aus Belfast für einen Schotten, aber dem ist nicht so. Er ist ein kalvinistischer Ire. Zu seinen größten Tugenden zählen Ehrlichkeit und Verläßlichkeit, und niemals würde er einen im Stich lassen . . .

Das vorläufige Scheidungsurteil zwischen Dublin und Belfast ist ja ausgesprochen, – aber, liebe Frau Dublin, was für ein idealer Ehemann wäre Herr Belfast!

10

Manche Leute behaupten, Belfast hätte keine Geschichte. Das ist ein Irrtum. Im 18. Jahrhundert wurde die Stadt mit ihren damals 15 000 Einwohnern das Zentrum nationaler Hoffnungen und erreichte für Irland eine politische Unabhängigkeit, die mit der des heutigen Freistaats vergleichbar ist.

Damals trieben sich, durch den amerikanischen Unabhängigkeitskrieg bedingt, zahlreiche Freibeuter an den englischen Küsten herum – an vorderster Front der berühmte schottische Gärtnerssohn Paul Jones. Zur gleichen Zeit fürchtete England eine Invasion aus Frankreich. Die Sympathien von Ulster galten den amerikanischen Kolonisten. Erduldeten sie nicht ein ähnliches Unrecht?

Am 20. April 1778 tauchte ein als Handelsschiff getarntes Fahrzeug vor Carrickfergus auf. Es war die berüchtigte »Ranger« unter dem Kommando von Paul Jones. Von der Mannschaft eines Fischboots, die an Bord der »Ranger« kam und sich als Lotsen entpuppte, erfuhr Jones, daß das englische Kriegsschiff »Drake« mit 20 Geschützen im Hafen von Belfast lag. Er plante einen Angriff, der ganz England erschüttern und zur vorübergehenden Unabhängigkeit Irlands führen sollte.

Jones hat mit seinem Hang zu langatmigen Chroniken einen ausführlichen Bericht dieses Kampfes verfaßt. Er hatte ursprünglich vor, die »Ranger« als harmloses Handelsschiff zu tarnen, sich langsam der »Drake« zu nähern, sie vom Bug aus zu überfallen und das Feuer auf allen Decks zu eröffnen. Aber es kam anders. Ein Sturm zwang Jones, den verwegenen und historisch gewordenen Angriff in Whitehaven auszuführen. Dort verbrannte er alle Schiffe im Hafen, landete nach einigen Stunden auf der Insel St. Mary in Kircudbright und nahm ohne ersichtlichen Grund den harmlosen Grafen von Selkirk fest. Am Morgen des 24. April war Jones zurück in Carrickfergus, rechtzeitig, um die »Drake« aus dem Hafen von Belfast auslaufen zu sehen. Die Nachricht seiner wilden Eskapade war, wie er richtig vermutet hatte, nach Belfast gedrungen, und die »Drake« hatte den Befehl, ihn zu suchen.

Ein Boot wurde von der »Drake« zur Rekognoszierung der »Ranger« ausgesandt, doch, als der Offizier das Schiff des Freibeuters betrat, wurde er sofort festgenommen. Das englische Kriegsschiff begleiteten fünf kleinere Boote, eng besetzt mit Bewohnern von Belfast, die Augenzeugen der Seeschlacht sein wollten. Als sich die »Drake« näherte und die »Ranger« in Position ging, erschienen zu beiden Seiten des Kanals Rauchzeichen. Die Schaulustigen zogen sich nach Jones' Worten »klugerweise« zurück.

Als die »Drake« auf Rufweite herangekommen war, zog sie den Union Jack hoch, die »Ranger« hißte die amerikanische Fahne.

Es war gewiß das erste Mal, daß die amerikanische Flagge in englischen Gewässern wehte. Nach wenigen Minuten brach das erste Feuer von der Breitseite der »Ranger« aus und traf die »Drake«. Mehr als eine Stunde währte der heiße und harte Kampf der beiden Schiffe. Danach war die »Drake« erheblich beschädigt. Ihre Fahne hing durchlöchert im Wasser, ihr Rumpf war zerschossen.

So vollzog sich Amerikas erste siegreich geschlagene Seeschlacht vor den Augen von Tausenden von Einwohnern von Belfast. Gleichgültig, wie man zu der Moral und dem Benehmen von Paul Jones steht, treffliche Seemannskunst kann man ihm nicht absprechen.

Dieser Vorfall und die Überfälle an der schottischen Küste lösten in ganz England einen Schock aus. Der Schrecken war der Furcht vor einer Invasion Napoleons dreißig Jahre später vergleichbar. Selbstverständlich trug der Vertrag zwischen Frankreich und Amerika hauptsächlich zu dieser Angst bei. Paul Jones muß den Engländern wie die Vorhut des Krieges erschienen sein. In ganz England wurden militärische Lager errichtet. »Überall Lager«, schrieb Horace Walpole, »und die Damen tragen die Uniformen ihrer Ehemänner. Die ganze Welt besteht aus Politikern oder Soldaten oder beiden in einer Person. Überall lernt die Dienerschaft, wie man das Feuer eröffnet.«

Die Iren, sowohl die Protestanten als auch die Katholiken, wiesen darauf hin, daß England nicht in der Lage war, sie im Kriegsfall zu schützen. So forderten sie das Recht, eine Freiwilligentruppe zusammenzustellen, wie es in England der Fall war. Es war die alte Geschichte – England hatte Schwierigkeiten und Irland die Möglichkeit, eine Gelegenheit zu ergreifen. Belfast wies den Weg. Innerhalb eines Jahres zog die Stadt 40 000 Männer ein und bewaffnete sie. Die Truppe stand unter dem Kommando bekannter Leute jener Zeit. Henry Grattan und Henry Flood hatten den Rang eines Oberst. Grattan, der als

29jähriger Charlemont im englischen Parlament vertreten hatte, war der Anführer der patriotischen Partei. Die Freiwilligenbewegung erfaßte ganz Irland. Mit der Macht eines bewaffneten Landes hinter sich forderte Grattan die Aufhebung der Beschränkungen im irischen Handel und die Abschaffung der harten Gesetze gegen die Katholiken. (Er war übrigens selbst Protestant.) Er erreichte Freizügigkeit für den irischen Export, und 1782 wurden dann einige der Strafgesetze gegen die Katholiken aufgehoben. Danach kämpfte Grattan für die parlamentarische Unabhängigkeit von der englischen Krone. Am 16. Mai 1782 war der Jubel in Irland groß. Das Land hatte legislative Selbständigkeit und Home Rule (Heimatregierung) erreicht. In Dublin tagte ein irisches Parlament.

In den darauffolgenden Jahren kämpfte in Belfast Tone Wolfe um die irische Unabhängigkeit. Er gründete eine Vereinigung, der Protestanten und Katholiken angehörten, aber die Gesellschaft erhielt keine verfassungsmäßig gewährleistete Basis für ihre Arbeit. Sie wurde zum Geheimbund und Zentrum künftiger Rebellion.

Nach wenigen Jahren herrschte abermals Krieg zwischen England und Irland. In dieser furchtbaren Zeit voller Blutvergießen trugen tapfere Männer, aben auch irrende und übelmeinende ihren Teil zur Leidensgeschichte Irlands bei. Im Jahr 1800 erhob Grattan noch einmal seine leidenschaftliche Stimme im irischen Parlament. Er war damals 50 Jahre alt, schwer krank und zu schwach, während seiner Rede zu stehen. In seiner alten, ausgebleichten, blau-roten Uniform der alten Freiwilligengarde flehte er seine Landsleute an, nicht ihre politische Unabhängigkeit zu verwirken, indem sie die Vereinigung mit England unterstützten. Doch er predigte tauben Ohren, das Gesetz zur Vereinigung trat in Kraft. Mehr als ein Jahrhundert sollte vergehen, bis wiederum eine englische Zwangslage Irland Gelegenheit zur Befreiung bot. Niemals hat sich Geschichte mit so unausbleiblicher Konsequenz und Regelmäßigkeit wie in Irland wiederholt. Das Gesetz zur Vereinigung wurde außer Kraft gesetzt, und 1922 wurde die Fahne des Freistaats Irland gehißt. Aber Belfast war nicht mehr die Stadt, in der Grattan einst gelebt hatte.

11

Die Leute aus Ulster werden meiner Meinung nach in England schlechter verstanden als die Südiren und als »Schotten aus Ulster« bezeichnet, was überhaupt nicht den Tatsachen entspricht. Schließlich wird ein Einwanderer in Kanada, Neuseeland oder Australien nach einer Generation auch zum Kanadier, Neuseeländer oder Australier. Warum also soll der Mann aus Ulster eine Ausnahme bilden? Genügen nicht drei Jahrhunderte in Irland, um aus ihm einen Iren zu machen? Im Ersten Weltkrieg haben 75 000 Männer aus Ulster gekämpft, und zwar weder für England noch Schottland, sondern für ihre Heimat.

Der Dialekt der Nordiren ist herrlich und faszinierend. Einige Ausdrücke sind schottisch, andere irisch. Vieles wird – im Norden wie im Süden – von Unkundigen als vulgär erachtet, doch handelt es sich hierbei um sprachliche Relikte aus der Shakespeare-Zeit. Ulster ist eine wahre Fundgrube für den Sprachforscher. Die Siedler, die während der Herrschaft von Elisabeth I. nach Irland kamen, haben ihren Wortschatz erhalten, weil die Sprachveränderungen der Zeit nicht bis zu ihnen drangen. Nirgendwo anders dürften sich so reine und wortgetreue Ausdrücke der Shakespeare-Sprache finden wie in Ulster.

12

Zwei Dinge fallen dem Touristen in Belfast auf. Zunächst der Hafen. Er ist einer der größten auf den britischen Inseln und dient einem Land, das kleiner ist als die englische Grafschaft Yorkshire. Die zweite Sehenswürdigkeit ist das Parlament Nordirlands. Ein riesiger weißer Steinpalast steht auf einem kleinen Hügel einige Kilometer östlich von Belfast auf der Straße nach Dundonald. Das Gebäude, von den Engländern mit beträchtlichem Kostenaufwand errichtet, erhebt sich von einer Terrasse und sieht aus wie ein zu groß geratener Buckingham Palast. Unweit davon ist Schloß Stormont, der offizielle Wohnsitz des Premierministers.

»Und was machen Sie damit, wenn Irland mal vereinigt wird?« fragte ich einen Mann aus Belfast, der mich herausgefahren hatte.

»Wir gehen niemals mit dem Süden zusammen«, konterte er empört, »eher sterben wir.«

»Gewiß, aber würden Sie denn sterben müssen? Nehmen Sie an, der Freistaat entwickelte sich zu einem florierenden Agrarstaat ohne Schulden und mit niedrigen Steuern? Könnten Sie sich dann leisten, draußen zu bleiben?«

»Unsere Zukunft liegt nicht im Süden. Wir wollen nichts vom Süden außer Speck aus Limerick und Bier aus Dublin . . .«

»Vielleicht wird aber der Freistaat eines Tages Ulster nötig haben. Ist es denn richtig, daß in einem Land ein unabhängiger industrialisierter Norden existiert?«

»Wie könnten wir uns denn von den Katholiken beherrschen lassen?« fragte er wütend.

Ich hatte mit meinem Gesprächspartner über wirtschaftliche Erwägungen sprechen wollen, doch er war ein Religionsfanatiker. Trotzdem habe ich das Gefühl, der Religionshaß ist nicht so groß, wie er dem Zeitungsleser erscheinen mag.

13

Ich verbrachte einen erfüllten Nachmittag im Museum von Belfast, das man vernünftigerweise am Rande des Botanischen Gartens erbaut hat und das eine kleine, sehr schön zusammengestellte und entsprechend wirkungsvoll präsentierte Kollektion bietet. Der Besucher wird nicht durch die vielen Ausstellungsstücke verwirrt, die in älteren Museen nur gezeigt werden, weil niemand das Herz hat, sie in den Keller zu verbannen.

Die Magowan-Sammlung von Szenen aus dem alten Belfast von Frank McKelvey ist von unschätzbarem Wert in einer Stadt, die so rasch ihr Gesicht verändert hat. Sir John Lavery aus Belfast hat einen ganzen Raum von Bildern gestiftet, die seine Arbeit in allen Variationen zeigen. Hinzu kommen einige faszinierende keltische Relikte von den Ruinen auf der Insel Magee und ausgezeichnete Kopien von Kunst- und Kultgegenständen. Man sieht den Glockenstuhl von St. Patrick, das Kreuz von Monasterboice und das von Cong, die Brosche von Tara und den Abendmahlskelch von Ardagh.

Zu den Geheimnissen des Museums zählen seltsame, kleine, weiße chinesische Affen, die man in der Grafschaft Down gefunden hat. Wie alt mögen sie sein? Wie sind sie dahin gekommen? Vielerorts sind solche Affenfigürchen gefunden worden, und sie geben Anlaß zur Vermutung, daß in fernen Zeiten China und Irland Verbindung zueinander hatten. Mir jedenfalls ist keine befriedigende Erklärung für die rätselhaften Funde bekannt.

14

In der Nähe von Belfast liegt Carrickfergus, die alte Hauptstadt von Ulster. Sie erinnert an die Zeit, als die große Nachbarstadt ein bescheidenes Fischerdorf war. Auf einem Felsen steht ein eindrucksvolles Schloß, eine quadratische normannische Burg mit einer großen Mauer. Die Geschütze, wären es nicht Vorderlader, könnten Belfast beschießen.

Bei meinem Besuch führte mich ein ehemaliger Soldat mit einem Hauch von schwarzem Humor herum. Er stand im Pförtnerhaus und erklärte, wie das noch erhaltene Fallgatter funktionierte, und zeigte auf die Löcher, durch die kochendes Blei auf angreifende Feinde gegossen wurde. Beim schwarzen Brunnen hob er den Deckel hoch und erzählte, daß es dort spukte. Auch in den Kerker führte er mich. 30 schottische Soldaten sollen in dieses schwarze Loch geworfen und später, wie eine Sage erzählt, von einer hungernden englischen Garnison aufgefressen worden sein.

Schloß Carrick stammt aus den wildesten Tagen der irischen Vergangenheit, als englische und walisische Abenteurer über das Land herfielen und sich ihre Besitzansprüche sicherten. Einer der stürmischsten dieser Männer, der Ritter John de Courcy, soll das Schloß erbaut haben. Wie so viele, die während der Herrschaft von Heinrich II. auf Irland losgelassen wurden, besaß de Courcy keinen Pfennig. Er war ein unzufriedener Riese und von einer Prophezeiung besessen, die dem hl. Columcille zugeschrieben wird. Ulster, so hieß es, würde eines Tages von einem armen Ritter aus fremdem Land erobert werden, einem weißen Ritter auf einem weißen Pferd mit Vögeln auf seinem Schild. So groß würde das Gemetzel sein, daß die Menschen bis zum Knie in Blut waten würden. Die Prophezeiung paßte genau in de Courcys Konzept, und sie fesselte ihn so, daß er stets ein kleines Buch von Columcille mit sich führte, obgleich er kein Wort Gälisch verstand.

De Courcy versuchte, mit dem Ritter der Legende soviel Ähnlichkeit wie möglich herzustellen. Er war blond, ritt stets auf einem Schimmel und hatte Wappenvögel auf seinem Schild. Mit einer kleinen, gut bewaffneten Bande von 320 Rittern und walisischen Bogenschützen zog er los, um Ulster zu erobern.

Vor ihm ritt der Schrecken der Prophezeiung. Er fiel so plötzlich über Downpatrick her, daß die Stadt vom Hörnerklang und Lärm der Reiterei vollkommen überrascht wurde. Die halbverhungerten Soldaten erbeuteten Downpatrick, aßen und tranken alles in ihrer Reichweite, mordeten und plünderten.

Zufällig war Kardinal Vivian, der päpstliche Gesandte, damals in Downpatrick, wurde Augenzeuge der Geschehnisse und versuchte, de Courcy zur Rückkehr nach Dublin zu überreden. Als der verwegene Ritter ablehnte, rief der empörte Kardinal die Iren auf, ihre Stadt zu verteidigen und die Eroberer zu vertreiben. Eine heiße Schlacht entbrannte, aber die Iren waren machtlos gegen die Stahlrüstungen der ausgebildeten Soldaten. Welche Chance hatten sie mit ihren dänischen Äxten und Steinschleudern gegen die besten Reiter in Europa jener Zeit und gegen die besten Bogenschützen der Welt? Im Verlauf der Schlacht soll sich ein Teil von Columcilles Prophezeiung erfüllt haben, denn als de Courcys Männer die Iren die Küste entlangtrieben, standen sie bis zum Knie im blutgetränkten Sand.

Jahrelang kämpfte de Courcy um Ulster und konsolidierte jeden seiner Siege mit der Erbauung eines Schlosses wie das von Carrick, eine Politik, die in Irland ebenso wie in England, zum Prinzip normannischer Herrschaft gehörte. Das Ende dieses Abenteurerlebens war Schmach und Schande für de Courcy. Seine Feinde, die Anhänger de Lacys, intrigierten gegen ihn beim König und erreichten den Befehl, ihn als Verräter gefangenzusetzen. Die eigene Dienerschaft verriet de Courcy in Downpatrick. Die Feinde umzingelten ihn, als er am Karfreitag unbewaffnet und in Säcke gekleidet in der Kathedrale für seine vielen Sünden Buße tat. Als er de Lacys Leute erblickte, sprang er barfüßig und in Lumpen auf, raste in den Kirchhof, ergriff die nächstbeste Waffe, ein riesiges Holzkreuz auf einem Grab, und schlug 13 Männern die Köpfe ein. Erst dann wurde er überwältigt.

Aus irgendeinem Grund wurde er nicht umgebracht. Sein Ende

bleibt unklar. Es gibt in den irischen Chroniken Eintragungen, daß er, wie viele andere Rowdys, zu einem Kreuzzug ins Heilige Land aufbrach. Von da ab verlieren sich die Spuren dieses stürmischen Temperaments.

Im Hafen von Carrickfergus befindet sich am unteren Teil der Mauer ein Stein, auf den König Wilhelm bei seiner Landung getreten haben soll. Wahrscheinlich wissen nur wenige Menschen, wer de Courcy war, aber in Carrickfergus gibt es weder Mann, Frau noch Kind, die nicht die Landung von König Wilhelm III. beschreiben können. Am 14. Juni 1690 landete er hier, um in der Schlacht am Boyne zu kämpfen, und trat auf jenen Stein, der zusammen mit dem Vertragsstein von Limerick, wenn auch aus sehr gegensätzlichen Gründen, der meist verehrte Stein von Irland ist.

15

Von Belfast aus führt jede Straße zu schönen Zielen. Wenige Hauptstädte dürften eine so prächtige Umgebung haben. Im Norden liegen die herrlichen Bergtäler von Antrim, im Westen der große Binnensee Lough Neagh, der größte See der britischen Inseln, und im Süden die Berge von Mourne. Nach Osten gelangt man auf den prachtvollen See Strangford Lough mit dem salzigen Wasser und den weißen Möwen.

Ich verließ Belfast in Richtung Osten, zweigte in Dundonald nach Comber ab und erreichte auf dem Westufer des Strangford Lough die Grafschaft Down mit den freundlichen grünen Hügeln. Sie sehen aus, als hätte man Kirchenkuppeln vergraben, die mit Korn, Hafer und Senf bewachsen sind. Der Name Strangford Lough stammt aus der Wikingerzeit und bezieht sich auf die Kraft der Flut, die vom Meer aus durch eine enge Öffnung in den See vordringt.

Niemals werde ich den Anblick dieses Sees von einem hohen

Hügel in der Nähe von Killinchy vergessen. Der Wind vom Meer bewegte das Salzwasser. Am Rande des Sees wucherte leuchtend goldenes Unkraut, eine jodhaltige Pflanze, aus der die Iren der Frühzeit vermutlich die Saffranfarbe für ihre Kilts gewannen. Am nahe gelegenen Ufer waren zahlreiche kleine grüne Inseln. Man hätte meinen können, die Kinder der Berge von Down spielten alle im Wasser. Die Miniaturhügel mit den grünen Kuppeln im grünen Wasser waren teilweise oben bepflanzt. Streifen vom Mostrichgelb alternierten mit goldenem Weizen oder dunkelgrüner Runkelrübe. Die Möwen kreisten über dem Wasser oder standen als weiße Gruppe in dem leuchtend gelben Kraut am Ufer dieser Märcheninseln. Strangford Lough ist das Killarney von Ulster.

Nach ungefähr 14 Kilometern erreichte ich die Stadt Downpatrick. Dort bestieg ich sogleich den Hügel, auf dem die Gebeine des heiligen Patrick im Schatten der Kathedrale ruhen sollen. Es erübrigt sich, nach der Grabstätte zu fragen. Der viel begangene Pfad zum baumbewachsenen Kirchhof weist den Weg. Auf einer großen Tafel aus rohem Granit finden sich ein keltisches Kreuz und das Wort »Patric«.

Viele Ortschaften beanspruchen den Ruhm, letzte Ruhestätte des heiligen Patrick zu sein, unter ihnen Armagh. In Downpatrick hält sich die Legende, auch die heilige Brigid und der heilige Columcille seien auf dem kleinen Kirchhof begraben. Die Wahrheit wird man vielleicht nie erfahren.

St. Patrick starb um das Jahr 465, wahrscheinlich in dem kleinen Dorf Saul in der Grafschaft Down. Ganz Irland trauerte. Von jedem Kloster zogen kahlgeschorene Mönche zum Leichenbegängnis aus. Heilige und Gelehrte der keltischen Kirche kamen aus allen Teilen Irlands nach Saul. Zwölf Tage und Nächte erklangen die Kirchengesänge für den toten Heiligen. Die Nacht war taghell vom Feuer der Fackeln. Die Anführer von Oriel forderten, der Heilige sollte in Armagh beigesetzt werden, die von Ulidia wollten ihn in ihrer Hauptstadt Dun-

da-leth-glas ruhen wissen. Daraus wurde später Downpatrick.
Bis zu normannischen Zeiten hielt sich die Überlieferung:

> In burgo Duno tumulo; tumulanter in uno
> Brigida, Patricius, atque Columba Pius.

Frei nach dem Stil jener Zeit übersetzt, heißt das:

> In Down drei Heilige im Grab liegen still:
> Brigid, Patrick und Columcille.

Seltsamerweise wird dieses Versehen dem bösen John de Courcy zugeschrieben, der, so wird behauptet, die Gebeine der 523 in Kildare verstorbenen Brigid und die des 597 in Iona verstorbenen Columcille habe umbetten und die drei großen Heiligen Irlands in einem gemeinsamen Grab habe beisetzen lassen.

Fest steht, Columcille wurde zuerst in Iona begraben. Jahrhunderte später, als die Dänen die westlichen Inseln überfielen, brachten seine Anhänger die Gebeine zu einem anderen Ort. Ebenso flohen die Anhänger des heiligen Cuthbert mit dessen Gebeinen von Lindisfarne, zogen durch ganz Nordengland und setzten sie schließlich in der von ihnen später errichteten Kirche von Durham bei.

Unabhängig davon, ob der heilige Columcille oder die heilige Brigid in Downpatrick ruhen, der heilige Patrick soll dort zur Zeit von de Courcy begraben gewesen sein. Es existieren noch Briefe vom Abt eines in Downpatrick gegründeten normannischen Klosters. Sie bieten die Gebeine des heiligen Patrick im Austausch für eine Sommer- oder Ferienniederlassung in England an.

16

Wer ebensolche Schönheit wie an der Küste von Antrim sucht,
muß im strahlenden Sonnenschein eines Sommertags südlich
von Downpatrick nach Newcastle und dann bis zur Küste von
Kilkeel und Warrenpoint fahren. Dort, sehr nah am Meer, liegen einige der schönsten irischen Berge – die von Mourne. Sie
sind anders als die blauen Berge von Donegal und als die seltsamen Zacken von Kerry. Sie ähneln auch nicht dem wilden westlichen Hochland. Aber all diesen Bergen gemeinsam ist das
Unirdische der irischen Landschaft. Es ist, als läge auf ihr ein
Abglanz von einer anderen Welt. In allen irischen Gebirgsland-
schaften meint man zu träumen. Die Berge peinigen die Füße,
treiben das Blut zum Kopf und strapazieren die Muskeln, doch
sie beflügeln den Geist, und das habe ich bei den höheren Bergen auf dem europäischen Festland nicht erlebt. Ich habe in der
Schweiz und in Afrika Berge bestiegen, am Rande der Sahara
und in der libyschen Wüste, aber niemals bin ich der geheimnisvollen Schönheit der irischen Berge begegnet. Während meiner
Reisen in Irland habe ich mich oft gefragt, ob dieses Land so
viele Heilige hervorgebracht hätte, wäre es flach und von der
Natur so praktisch eingerichtet wie Holland.

Elf der Berge von Mourne sind über 600 Meter hoch, einer, der
Slieve Donard, 900 Meter, und zehn etwas unter 600 Meter.
Die ganze Bergherrlichkeit steht dicht zusammengedrängt auf
einem Gebiet von nur ungefähr 22 Kilometer Breite und elf
Kilometer Länge. Sanfte Kurven schwingen sich von Berg zu
Berg. Die Berge erheben sich aus Fichtenwäldern, und über ihre
Köpfe segeln die Wolken hinweg. Die dem Slieve Donard be-
nachbarten Spitzen wirken fast so hoch wie der große Berg
selbst, aber tatsächlich sind sie 300 Meter niedriger. Das grüne
Wasser der Irischen See erreicht fast den Wald am Fuß dieser
Berge.

Der Aufstieg zum Slieve Donard an einem heißen Tag erfordert Mühe. Man geht ihn von Newcastle aus an und steigt fast 300 Meter bis zu den Steinbrüchen auf. Zur Linken fließt ein kleiner Bach, und man müht sich mit klopfendem Herzen und schmerzenden Gliedern ab, bis man diesen Bach hinter sich gelassen hat. Dann schaut man hinab und sieht das Bergmoor, aus dem der Bach kommt. Die vielen Tümpel glänzen wie Silbermünzen im braunen Moor und Heidekraut. Nachdem man eine Stunde gestiegen ist oder eineinhalb, wenn man ein langsamer Bergsteiger ist, sieht man die prächtige breite Granitkuppe des Slieve Donard. Der mühsame Aufstieg ist beendet. Auf den letzten 1500 Metern Weg quält einen der Berg nicht mehr wie der Goatfell auf der Insel Arran oder der Ben Nevis. Der Slieve Donard ist ein anständiger und freundlicher Berg. Er will einem nicht übel, auch wenn er genug Ausdauer verlangt, um respektiert zu werden, und auch damit der Bergsteiger Achtung vor sich selbst hat, wenn er sich müde auf den Steinhaufen an der höchsten Stelle wirft. Die letzte Steigung ist recht mühsam und steil, aber die Füße finden festen Halt. Der Ausblick ist in Worten nicht wiederzugeben.

Schaut man nach Norden, liegt die ganze Grafschaft Down vor einem. Auf einem waldbewachsenen Hügel steht Downpatrick, und jenseits davon grüßt die herrlich gezackte Umrißlinie des Strangford Lough mit den grünen Inseln. Im Nordwesten sieht man das breite Silbermeer von Lough Neagh und östlich davon die Hügel von Belfast. Im Westen erheben braune Berge kilometerweit ihre einsamen Spitzen zum Himmel, und in Richtung Süden erblickt man die kegelförmigen Berge von Wicklow südlich von Dublin. Sie sind fast 130 Kilometer entfernt.

Blickt man nach Osten über die Irische See, liegt einem die capriblaue Bucht von Dundrum zu Füßen. Ganz in der Ferne ist die Insel Man auf dem halben Weg zwischen Irland und England. Sie sieht aus wie ein blaues Schiff auf See.

Auf der Rückseite des Slieve Donard ist ein See so blau wie ein Löffel voll Wasser vom Mittelmeer. Im Steinbruch daneben begegnen sich das Erhabene und das Lächerliche, wurden doch von hier die Steine für das Albert-Denkmal in London geholt. Überall gibt es jene Schönheit, die sich ins menschliche Herz eingräbt. Wie können wir je auf kalte Art international denken lernen, wenn jeder einzelne von uns einen kleinen Teil der Welt besitzt, den er um keinen Preis für die ganze Erde eintauschen mag? Auch für den Fremden ist die dem Meer zugewandte Seite von Down ein Flecken, an den er sich erinnert und den er liebt. Wo immer man in der Welt auf Menschen aus Down stößt, müssen die Worte »Berge von Mourne« für sie voller Erinnerungen sein. Dann sehen sie den weiten Höhenzug dieser Berge, das Schimmern der weißen Heidestengel, hören die Bienen, riechen die Sumpfmyrthe, erinnern sich an das braune Torfwasser, an die Wolkenschatten über den Feldern und den Klang der Wellen, die rhythmisch gegen die Felsen schlagen.

Solche Erinnerungen müssen Empfindungen auslösen, die kein Außenseiter begreifen kann. Es ist jener Sinn für die Zugehörigkeit zu den Bergen, das Gefühl, etwas unveränderbar Gutes und Dauerhaftes zu besitzen und ein Teil davon zu sein. In anderen Worten ist hier von irrationalen Emotionen die Rede, die so viel vom besten Blut der Welt vergossen haben — von der Liebe zur Heimat.

17

Den ganzen Nachmittag fuhr ich weiter durch ein sanft auf- und abschwingendes Land mit weiten Feldern zu beiden Seiten der Straße. Sie waren übersät von den winzigen blauen Blumen der Flachspflanzen. Mitte August wird der Flachs geerntet und in Sumpflöcher und Teiche zum Verfaulen gelegt. Später breitet man den Flachs zum Trocknen auf den Feldern aus. Durch diesen einfachen Vorgang werden die Pflanzen vom verweslichen Teil befreit und zu einem Bündel trockener, hauchdünner Fasern. Ehe man allerdings von Flachs im Sinne der Spinnereibetriebe sprechen kann, ist noch ein weiterer Verfeinerungsprozeß nötig. Auf den Feldern von Ulster ist der blühende Flachs der schönste Anblick.

Ich erreichte Armagh in der Dämmerung. Es ist eine Stadt aus rotem Marmor, die mit dem englischen Canterbury verglichen werden kann. Die ruhigen Straßen haben einen Hauch von Romantik. An die alten Zeiten erinnert nur noch wenig, denn Armaghs Ruhm wurde nicht in Stein gehauen, sondern durch Glaube und Lehre zeitlos. Die beiden Kathedralen, die katholische und die protestantische, erheben sich auf zwei Hügeln. Die protestantische Kirche ist ein kleiner, bescheidener Bau aus rotem Sandstein. Die katholische Kathedrale mit ihren Zwillingstürmen auf dem höchsten Hügel der Stadt ist imponierend, aber nicht anziehend und schon gar nicht irisch.

Bemerkenswert ist die Geschichte dieser Kirche. Sie wurde zum »Ruhm Gottes und zur Ehre Irlands« von Katholiken aus allen Teilen der Welt errichtet. Man schaut die Steine im Bewußtsein an, daß sie Stück um Stück gestiftet wurden – von den Iren in der Heimat und von denen, die in die Welt gezogen waren. »Ich frage mich«, schrieb Stephen Gwynn, »wie viele Tausende von Tagelöhnern ihr Geringes für dieses Gebäude in den dreißig Jahren seit Arbeitsbeginn hergaben.«

Über Armagh liegt der Friede aller Kathedralenstädte. Die Stadt hat Frieden, Sturm und abermals Frieden erlebt. Der heilige Patrick gründete dort im Jahre 423 seine Kirche, und es gibt eine schöne Legende dazu. Als der Heilige dabei war, die Stätte mit seiner Glocke, dem Gebetbuch und dem geheiligten Wasser zu weihen, kam eine furchtsame Hirschkuh mit ihrem Kitz durch das Dickicht. Sie war von den Menschen aufgeschreckt worden, die die seltsamen Segnungsriten miterleben wollten. Einige der Zuschauer hätten die Hirschkuh gewiß getötet, aber der Heilige hielt sie davon ab und erteilte ihnen die erste Lektion in christlicher Sanftmut. Er trug das zitternde

Kitz den Hügel hinab und ließ es dort frei. Die Mutter folgte ihrem Kind. Dann ging der Heilige zur Stelle zurück, an der die Hirschkuh gelegen hatte und sagte, dort solle der Altar Gottes stehen.

Das Buch von Armagh wurde im Jahre 807 im Kloster geschrieben. Es ist ein Manuskript des Neuen Testaments in lateinischer Sprache, dem die *Confessio* des heiligen Patrick folgt. Am Ende des Bekenntnisses notierte der Schreiber Ferdomnach: »So weit geht der Band, den Patrick mit eigener Hand schrieb.« Diese Worte, drei Jahrhunderte nach dem Tod des Heiligen niedergeschrieben, lassen vermuten, Ferdomnach hätte ein — nun leider verlorenes — Manuskript des heiligen Patrick abgeschrieben. Wer das heute im Trinity College in Dublin verwahrte Buch betrachtet, wird mit Interesse die zerfledderte letzte Seite lesen. Sie enthält eine Eintragung aus dem Jahr 1004 und kündet davon, daß der große König Brian Boru auf seiner Triumphfahrt durch Irland nach Armagh kam. Dort opferte er Gold auf dem Altar des heiligen Patrick und bestätigte der Stadt ihre religiöse Vormachtstellung aus alter Zeit.

Jahrhundertelang war das Buch von Armagh die meist verehrte aller irischen Handschriften. Die Schule von Armagh neben dem Kloster war die berühmteste im Irland des sechsten Jahrhunderts. Sie öffnete ihre Tore für die Wissenschaftler aus aller Welt. Als die normannischen Eroberer die gälische Kultur vernichteten, gab es 3000 Schüler in Armagh. Sie empfingen die Lehre, die nach dem Untergang der westlichen Kultur nur Irland am Leben erhalten hatte.

18

Von Armagh gelangte ich nach Newry an der Grenze und war zurück im Freistaat. Mittags entdeckte ich Dundalk, eine typische wohlhabende irische Marktstadt. Alles, was in einer irischen Marktstadt nur geschehen kann, passierte in Dundalk. Der große Platz vor dem Rathaus war voller Menschen, und niemals habe ich so viele Frauen auf einem irischen Markt gesehen. Wagen verstopften die Hauptstraße, Kälber brüllten in ihren Gitterkäfigen, Schweine quietschten und grunzten, Gänse zischten und fauchten. Vom Seidenstrumpf bis zum Blecheimer konnte man alles auf den Gestellen vor dem Rathaus finden. Seltsam fremd nahm sich in diesem typisch irischen Haufen einer jener Orientalen aus, die ohne viel Hoffnung durch die Welt reisen, um Teppiche und bunte Stoffe zu verkaufen. Er war noch recht jung und sprach ein ziemlich schlechtes Englisch. Er sei in der Nähe von Kalkutta geboren, erzählte er.

»Wie leben Sie in Irland? Wie begegnet man Ihnen? Wo wohnen Sie?«

»Die Iren sind gut«, sagte er, »und freundlich. Sie lassen mich in ihren Ställen schlafen und geben mir Essen. Ich kenne auch Schottland. Im hohen Norden in den Bergen sind sie gut, aber nicht im Süden. Da denken sie immer, man will stehlen. Aber die Iren sind freundlich, gut sind sie, und sie teilen mit einem ihr Essen. Oh, sehr gut und freundlich.« Das war, wie mir schien, ein hübsches Kompliment von einem hilflosen und unmotivierten Teilnehmer des Marktes.

Überraschend ist in Dundalk die Kirche von King's College, Cambridge, Man nennt sie die Pro-Kirche von St. Patrick, und sie ist eine vollkommene und sehr schöne kleinere Ausgabe von King's College.

In einem Raum mit den größten und lautesten Bauern, denen ich je begegnet bin, aß ich zu Mittag. Es gab lauwarme Suppe und das lieblos gekochte Fleisch, das man in so vielen irischen Hotels auf den Tisch bringt. Die irische Küche hat keine Phantasie. Die Qualität der Nahrungsmittel läßt zwar nichts zu wünschen übrig, aber was man daraus macht. Wo sonst bekommt man solche Butter, so frische Eier, solch einen Speck, so gutes Fleisch und das Gemüse direkt vom Garten? Zu den Geheimnissen Irlands aber gehört die Tatsache, daß all diese Dinge äußerst unerfreulich und sogar ungenießbar werden, nachdem sie in der Küche gelandet sind. Selbst Kartoffel, angeblich eine irische Sepzialität, werden entweder zu einem wässerigen Brei vermanscht, oder sie sind einfach eine Zumutung. Ich weiß nicht, ob es in Irland eine Hotelfachschule gibt. Auf alle Fälle habe ich das Gefühl, die irischen Frauen kochen nicht so gern wie andere, beispielsweise die schottischen. Nichts entzückt eine schottische Hausfrau mehr als ein Kompliment für ihre Brötchen, Suppen oder Kuchen aus Hafermehl. Besonders auf ihre Suppe ist die Schottin stolz, und fast alle machen eine Suppe, die die herrlichsten Schöpfungen französischer Chefkochs in den Schatten stellt. In Irland indes vergißt man häufig, was man da auf dem Teller hat, weil die Kellnerinnen so gut gelaunt und freundlich sind. So war es auch in Dundalk. Wir tranken Bier, reichten einander das Brot und sprachen über Preise von Kälbern, Schweinen, Enten, Gänsen und Land. Um diese Männer von Louth, Meath und Cavan war eine robuste und offene Herzlichkeit. Alles war ganz anders als die schweigenden und eher heimlichen Zusammenkünfte im Süden. Und die ganze Zeit lief ein vollbusiges Bauernmädchen mit sanften blauen Augen herum, servierte uns das Essen und redete die Bauern mit Namen an.

Dann gingen wir alle in einen anderen Raum und neckten das Mädchen der Bartheke. Es fing die Neckereien in der Luft auf und warf sie intelligent zurück, so schnell und schlagfertig wie ein Tennisstar in Wimbledon. Wir saßen da, unterhielten uns dröhnend, und durch die offenen Fenster hörten wir die Kälber, Hühner, Hunde und Gänse von Dundalk. Dann gingen wir schweren Schrittes zur Hauptstraße zurück, um die Geschäfte abzuschließen. Mir gefällt Dundalk. Von mir aus käme ich sehr gern an einem der nächsten Markttage wieder hin.

19

Mit schweren Erinnerungen beladen ist die alte Stadt Drogheda am Ufer von Boyne. Ein großes elisabethanisches Tor fällt auf. Die Ruinen sehen aus wie alte Zähne, sind braun und zerklüftet, und viele stammen noch aus den bösen Zeiten von Cromwell. In Drogheda hat Cromwell seine Absicht deutlich gemacht, das irische Volk zu unterdrücken und sein eindringliches Verlangen nach Unabhängigkeit auszumerzen. Er richtete seine Geschosse auf Drogheda, riß die Stadtmauern ein und ließ jeden zehnten Mann in der Garnison töten und die übrigen als Sklaven nach den Barbados-Inseln schicken.

Unweit von Drogheda sind die berühmten Ruinen von Monasterboice; noch interessanter als der Rundturm sind die keltischen Kreuze. Das große Kreuz ist fast 1000 Jahre alt und über acht Meter hoch. Es ist voller Skulpturen aus der biblischen Geschichte. Die eine zeigt — so heißt es jedenfalls — Christus zwischen einer Bande bewaffneter Männer in Gethsemane. Er trägt den Mantel eines irischen Anführers jener Zeit, während seine Feinde die langen Bärte der Wikinger haben. Es gibt noch zwei weitere sehr imposante Kreuze — das Kreuz von Muiredach und das von Columcille. Viele Leute behaupten, die Gesichter auf diesen Kreuzen glichen denen der Iren von heute. Padraic Colum hat gesagt, er könne eine Ähnlichkeit mit zweien seiner Freunde erkennen.

Eineinhalb Kilometer oberhalb Droghedas kommt man zur Stätte der Schlacht am Boyne. Als es Jakob II. nicht gelang, Derry einzunehmen, versuchte er sein Glück mit einer Zufallsschlacht. Wilhelm III. war in Carrickfergus mit einem zusammengewürfelten Heer von ungehobelten englischen Rekruten und harten ausländischen Söldnern gelandet — Franzosen, Finnen, Schweden, Dänen, Holländern und Brandenburgern. Wer dieses Heer anrücken sah, dem muß das internationale Truppenkontingent vor Augen geführt haben, worum es ging: Das protestantische Europa kämpfte gegen das französisch-katholische Paradepferd, den glücklosen Jakob. Ich habe bereits erwähnt, daß der Papst inoffiziell auf seiten der Protestanten war, und das macht es schwer zu verstehen, weshalb Protestanten und Katholiken sich noch immer gegenseitig die Schlacht am Boyne vorwerfen.

Jakob besetzte mit seinen 25 000 Mann den Hügel von Donore am südlichen Ufer. Wilhelm lagerte auf dem Hügel von Tullyesker am Nordufer. Er hatte das weitaus bessere Heer von 36 000 Mann. Am letzten Junitag des Jahres 1690 ritt Wilhelm aus, um das Gelände zu erkunden, und wurde an der Schulter von einer Kugel gestreift. Er blieb unverletzt, obgleich sich das Gerücht von seinem Tod verbreitete. Die Schlacht begann am nächsten Morgen. Wilhelms Heer war in drei Divisionen aufgeteilt, um den Fluß zu überqueren. Der rechte Flügel wollte dies in Slane versuchen, die berühmte Blaue Garde der Holländer ging gegenüber von Oldbridge ins Wasser, und Wilhelm selbst führte die Kavallerie an.

Die irischen Dragoner schlugen sich großartig und hielten im Angesicht schweren Feuers eine Stunde lang die Stellung am Fluß. Sie trieben die Infanterie ins Wasser zurück und widersetzten sich Säbelattacken von gewaltiger Stärke. In dieser Attacke fiel der große Schomberg. Allmählich aber gelangten Wilhelms Truppen ans andere Ufer und umzingelten die Franzosen. Jakobs französischer General, Lazlum, setzte seine Infanterie, die Artillerie und die Kavalerie unter Patrick Sarsfield ein, um den Feind zurückzudrängen, aber der Kampf war hoffnungslos. Die irischen Reiter ritten einen Angriff nach dem anderen, aber Stück für Stück wurden Jakobs Anänger zurückgetrieben. Zu später Nacht hatten sie sich nach Dunleek zurückgezogen. Wilhelm hatte die Schlacht gewonnen. Jakob floh und nahm Irlands besten Soldaten, Sarsfield, als Kommandeur seiner Leibwache mit. Auf beiden Seiten hatte es es ungefähr eintausend Tote und Verwundete gegeben.

»Tauscht die Könige«, soll Sarsfield gerufen haben, als er vom Schlachtfeld zog, »und wir werden noch einmal gegen Euch anrücken!«

»Dieser Tag«, schreibt Professor G. M. Trevelyan in seinem Buch *History of England*, »brachte den Iren für viele künftige Generationen Verfolgung und Tyrannei. Für Europa aber war die Sache des Protestantismus gerettet, und das britische Empire konnte seinen Weg von Wohlstand, Freiheit und überseeischer Expansion fortsetzen ... Die restaurierte englische Herrschaft in Irland zeigte wenig vom weisen und toleranten Geist Wilhelms. Er war außerstande, auf dieser katholischen Insel etwas zum Schutz der Katholiken zu unternehmen, deren Los er in England erleichterte. Das neue Regime in Irland war ein Spiegelbild der groben Unwissenheit und der Vorurteile der Whigs und Tories im Parlament zu Westminster. Sie waren die wahren Herrscher der wiedereroberten Dependance.«

Unter dem Sommerhimmel schlängelt sich der ruhige, schilfige Fluß zum Meer. Er ist sanft und fern aller Leidenschaften. Nichts weiß er von den Dingen, die die Menschen einst auf seinen Ufern trieben.

Ich kam zum Hügel von Tara, um Irland Lebewohl zu sagen, wie es sich gehörte, allein und bei Sonnenuntergang. Die Sonne stand tief im Westen, und bald würden Nebel auf die Wiesen von Meath fallen. Einst führten fünf breite Wege durch die Provinzen zum Hügel von Tara, aber jetzt ist da nichts mehr zu sehen. Nur der Wind rauscht durch das Gras, und Schafe blöken. Irland ist voller alter, unglücklicher Dinge, die so eigenartig vom Herzen Besitz ergreifen. Zu ihnen zählt der Hügel von Tara. Verlassen und zurückgezogen steht er da, als sei er auf Erden nach dem Jüngsten Gericht zurückgeblieben. Die Gestalt des heiligen Patrick mit Mitra und Stab stand vor dem Abendhimmel. Er machte das Zeichen des Kreuzes über Irland. In der Nähe lag ein alter Stein im Gras, der Lia Fail.

An diesem seltsam lebensvollen Ort kamen mir die irischen Erinnerungen. Ich sah die kleinen, glückhaften Szenen voller Deutlichkeit, das irische Heim, die Freundlichkeit, hörte Gelächter und Musik. Die weißen Berghütten des Westens waren wieder da, ich roch das Torffeuer, sah das flimmernde Licht am Himmel, die Kiebitze im wilden Moor fliegen, die Steinmauern und das grüne Licht am Rande der Torfmoore. Noch einmal hörte ich den wilden Wind und sah die vielen Pfade sich durch die Berge winden.

Als ich zuerst irischen Boden betreten hatte, glaubte ich, in ein Land voller Magie zu kommen. Nun, da ich Abschied nehmen mußte, wußte ich, daß Irland tatsächlich eine verzauberte Insel ist. Dieser leise Ton, einem Hauch gleich, ist in der Luft, im Wasser und in der Erde. Er erklingt in ganz Irland, ist, wie der Ruf einer Fledermaus zu hoch, um gehört zu werden, doch stets ist man sich seiner bewußt.

Eines Tages, so dachte ich, wird ein großer Ire auf diesem Hügel stehen und die Geschichte und Geschicke dieses Landes mit starken Händen ergreifen und sie der Welt zurückgeben. Er wird Irlands Vergangenheit ebenso lieben, wie er an die Zukunft glaubt. Bei ihm wird sich die unglückselige irische Eigenschaft verflüchtigen, nur rückwärts und nicht nach vorne zu schauen. Irland wird dann, seiner Zukunft gewiß, seine alten Wunden vergessen. Dieser Mann, der noch zu kommen hat, wird die beiden Völker vereinen, aus dem Land ein Ganzes machen und Irland die Zuneigung und Liebe der Welt sichern. Ich denke mir diesen Mann als eine Synthese aus Norden und Süden, aus Katholik und Protestant. Der Südländer in ihm wird in die Vergangenheit zurückschauen, der Nordländer nach der Zukunft greifen.

Es darf nicht mehr das Irland der Trauer geben. Das Irland des romantischen Nationalismus, die schöne tragische Königin unter den Völkern, muß einen neuen Weg finden. Das Land ist vom keltischen Zwielicht in die Hitze des Tages getreten. Es hat der Welt bewiesen, daß die Iren zu großen Unternehmen fähig sind. Vielleicht empfindet Irland jetzt noch die Ernüchterung eines Schlafenden, der vom heldenhaften Traum in die kalte Wirklichkeit gelangt, aber das wird vorbeigehen. Die Zukunft ist mit Irland. Es ist das einzige europäische Land, mit Ausnahme vielleicht von Spanien, das nicht durch die Industrialisierung entmenschlicht ist. Der typische Ire ist die einzig unsterbliche Gestalt, die die Welt kennt – der Mann hinter dem Pflug.

Die Sonne geht unter, der Hügel wird dunkel. Ich weiß, daß in diesem Augenblick die Menschen im Westen ihr Torffeuer zusammenharken. In Tausenden von kleinen weißen Hütten knien sie vor der großen Feuerstelle nieder, häufen die Asche um die rote Glut, und am Morgen wird ein neues Licht brennen. Die Schatten sind über die Felder von Meath gefallen. Die Luft der Nacht ist grau geworden. Auf dem Hügel von Tara steht der heilige Patrick mit erhobener Hand. In der Dunkelheit und Stille lausche ich wieder auf die verborgene Musik. Sie ist nicht für meine Ohren bestimmt. Nur den Wind im Gras kann ich vernehmen. So sage ich Irland Lebewohl.

Der Vertrag von 1922 gab dem Irischen Freistaat, oder Saorstát Eireann, denselben Status im Britischen Reich wie die Dominions Kanada, Neuseeland und die Südafrikanische Union. Damit endete ein Krieg, der sich über Jahrhunderte hinzog und in neuerer Zeit als die »Irische Frage« bekannt war. Das unglücklichste und beklagenswerteste Kapitel der Geschichte Großbritanniens ist nun zu Ende, und die beiden Völker haben endlich die Chance, sich zu befreunden.

Wir Engländer müssen fast ebenso viel über Irland vergessen, wie die Iren uns nachtragen. Wir müssen eine Unmenge Vorurteile und oft geradezu lächerliche Vorstellungen von Irland und den Iren begraben, die sich in Jahrhunderten des Kampfes und der Mißverständnisse angesammelt haben. Irland wird es hoffentlich eines Tages fertigbringen, Vergangenes als historisch zu betrachten und weniger in der unseligen Vergangenheit zu leben. Es war eines der vielen Mißgeschicke Irlands, daß die englische Bevölkerung so gut wie nichts über dieses Land erfuhr, auch kein Interesse zeigte und, abgesehen von ein paar wohlhabenden Leuten, auch nie die schöne Insel bereist hat. Möge mein Buch ein wenig dazu beitragen, die Engländer zu ermutigen, daß sie ihre Ferien in Irland verbringen und mit den unwiderstehlichen Iren Freundschaft schließen. Freundschaft und Sympathie zwischen zwei so warmherzigen und liebenswürdigen Völkern wären eine gute Beendigung der jahrhundertealten politischen Mißverständnisse.

Der Freistaat Irland ist das einzige europäische Land, in dem Engländer, zumindest heute noch, keine Sprachkenntnisse brauchen. Es ist schon sehr angenehm, wenn man sich in der eigenen Sprache verständigen kann. Ich möchte jedoch betonen, daß künftige Reisende Irland mit dem Bewußtsein besuchen sollten, sich in einem fremden Land aufzuhalten.

Als einige dieser Reiseberichte zunächst als Serie erschienen, wurde ich ebenso heftig gepriesen wie angegriffen. Manche Kritiker behaupteten, ich hätte niemals gesehen, was ich beschrieb – vor allem wurde meine Teilnahme an einer Totenwache angezweifelt –, andere wieder sagten, mir sei eine vollkommene Darstellung gelungen. Ich glaube, wenn man über Irland schreibt, ist dies unvermeidlich. In diesem Land gibt es über alles zwei entgegengesetzte, mit gleicher Emphase vertretene Meinungen. Ich habe an der Originalfassung später nichts geändert. Es hat sich alles so ereignet, wie ich es beschrieben habe.

Mein besonderer und schwer in Worte zu fassender Dank gilt den Iren und Irinnen, die mich mit typisch irischer Wärme und Gastfreundschaft in ihren Häusern aufgenommen haben. Die Erinnerung an ihre Großherzigkeit, ihren Humor, ihre Melancholie und ihre rasch erweckte Sympathie werde ich immer als etwas bewahren, das – eben Irland ist.   H.V.M.

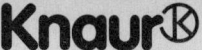

Knaur

Taschenbücher

Paul und Sylvia Botheroyd
SCHOTTLAND
WALES/CORNWALL
Auf den Spuren von
König Artus

Originalausgabe · Mit zahlreichen Abbildungen

Band 4630
272 Seiten
ISBN 3-426-04630-X

Cornwall, Wales, Schottland und England – das alte Britannien, geheimnisvolles und sagenumwobenes keltisches Land. Hier hat nach alten Legenden der Herr der Tafelrunde, der mächtige König Artus, geherrscht, immer wieder besungen von Barden und Dichtern. Folgen Sie dem Autorenehepaar durch diese geschichtsträchtigen Länder, begeben Sie sich auf die Spuren von König Artus.

Taschenbücher

Band 4629
240 Seiten
ISBN 3-426-04629-7

Im 8. Jahrhundert, als nahezu noch ganz Europa in Barbarei lebte, blühte auf der iberischen Halbinsel bereits eine glanzvolle Kultur: die der islamischen Mauren. Städte wie Granada, Sevilla, Cordoba waren Mittelpunkt der Gelehrsamkeit und der Künste, vor allem der Bau- und Dichtkunst. Nach 800 Jahren wurden die Mauren von den christlichen Heeren des legendären El Cid aus Spanien vertrieben, doch hinterließen sie unübersehbare Spuren.
Die Autorin führt den Leser in die faszinierende Vergangenheit Spaniens und läßt die Zeit der Mauren wiedererstehen.
Mit zahlreichen Fotos, Karten und Reiserouten.

Knaur

Taschenbücher

Deutsche Erstausgabe   Mit zahlreichen Abbildungen

Band 4628
160 Seiten
3-426-04628-8

Wer das ursprüngliche Italien, seine Geschichte und seine Kultur, kennenlernen will, der muß es auf den Spuren der Etrusker bereisen.

Aus dem Inhalt:

- Sozial-, Kunst- und Religionsgeschichte
- Sprache
- Architektur und Städtebau
- Grabarchitektur
- Epochenüberblicke
- Zahlentafeln
- Karten
- Reiserouten
- Glossar
- Wichtige Adressen von Arezzo bis Volterra

Knaurs Kulturführer in Farbe

Die beliebten Reisebegleiter zu den schönsten Stätten und Kulturlandschaften Europas.

Deutschland

Allgäu

Schleswig-Holstein

Frankreich

Elsaß

Paris und Île de France

Großbritannien und Irland

Holland

Italien

Florenz und Toskana

Österreich

Kärnten

Tirol

Wachau
Nibelungengau · Waldviertel

Knaurs Kulturführer in Farbe
Bodensee und Oberschwaben

Knaurs Kulturführer in Farbe
Franken

Knaurs Kulturführer in Farbe
Oberbayern

Knaurs Kulturführer in Farbe
Romantische Straße

Knaurs Kulturführer in Farbe
Provence und die Côte d'Azur

Knaurs Kulturführer in Farbe
Tal der Loire

Knaurs Kulturführer in Farbe
Griechenland

Knaurs Kulturführer in Farbe
Athen und Attika

Knaurs Kulturführer in Farbe
Rom und Latium

Knaurs Kulturführer in Farbe
Südtirol

Knaurs Kulturführer in Farbe
Heiliges Land

Knaurs Kulturführer in Farbe
Jugoslawien

Knaurs Kulturführer in Farbe
Schweiz

Knaurs Kulturführer in Farbe
Tessin

Knaurs Kulturführer in Farbe
Spanien

Knaurs Kulturführer in Farbe
Andalusien

Urlaub als Kulturerlebnis